7   24,80

esotera

Taschenbuch
im Verlag Hermann Bauer

W0190002

Günther Feyler studierte Musik und Betriebswissenschaft. Nach zwanzig Jahren erfolgreicher Tätigkeit im Managementbereich widmete er sich nach ausgedehnten Studien in angewandter Psychologie der Traum- und Schlafforschung. Er hospitierte bei bedeutenden Lehrern der Freudschen und Jungianischen Traumlehre sowie der Transpersonalen Psychologie. Seit zwölf Jahren gibt er Traumseminare in vielen Ländern Europas. Gleichzeitig unterhält er eine Einzelpraxis in transpersonaler Traumarbeit. Mittlerweile gilt Günther Feyler in Funk und Fernsehen als Traumexperte.

Günther Feyler

Träume –
Suchbilder der Seele

**Der Traum als Lebenshilfe
und Dialogpartner**

Verlag Hermann Bauer
Freiburg im Breisgau

Die Deutsche Bibliothek – CIP-Einheitsaufnahme

Feyler, Günther:
Träume – Suchbilder der Seele : der Traum als
Lebenshilfe und Dialogpartner / Günther Feyler. –
3. Aufl., 14.–19. Tsd. – Freiburg im Breisgau : Bauer, 1994
  (esotera-Taschenbuch)
  ISBN 3-7626-0666-8

Die vorliegende Taschenbuchausgabe im Rahmen der Reihe
esotera-Taschenbuch ist ein Nachdruck der gebundenen deutschen
Originalausgabe, die zuletzt 1988 im Verlag Hermann Bauer,
Freiburg im Breisgau, erschien.

Die Reihe *esotera-Taschenbuch* erscheint im
Verlag Hermann Bauer KG, Freiburg im Breisgau.

Mit 13 Zeichnungen

3. Auflage 1994 – 14.–19. Tsd.
© für die deutsche Ausgabe 1994 by
Verlag Hermann Bauer KG, Freiburg im Breisgau
Alle Rechte der deutschen Ausgabe vorbehalten
Umschlag: Seliger & Krafft, Freiburg im Breisgau
Umschlagfoto: Image Bank
Satz: Typo Tausend, Nürnberg
Druck und Bindung: Clausen & Bosse, Leck
Printed in Germany

ISBN 3-7626-0666-8

Meinen drei erwachsenen Töchtern
Dominique, Christine und Sylvia
herzlichst zugeeignet, damit sie den roten Klatschmohn
und die bunten Wicken ihrer Traumphantasie
auf den holprigen Lebenspfad streuen können.

Inhalt

Vorwort

Obwohl wir einer Renaissance der Traumzeit entgegengehen, stehen wir alle noch zu sehr unter dem nüchternen Würgegriff der nackten Lebensrealität. Kausal-logisches Zweckdenken beherrscht die Lebensszene. Wir alle haben weder Zeit noch Antrieb, uns mit der »vergessenen Sprache Gottes«, dem Traum, zu beschäftigen. Die Nachtseite unseres Lebens, die fast ein Drittel unserer gesamten Existenz ausmacht, steht im Schlagschatten des *aufklärenden* Denkens, obwohl die Traumgesichte und -botschaften mehr über uns selbst und die Welt aussagen können als alle Bücher dieser Welt.

Zu Unrecht ist der Traum von der Masse der Menschheit als skurriles Abfallprodukt des Spintisierens verpönt. Auch die Psychologen und Schulmediziner beginnen erst langsam wieder einen verstohlenen Blick hinter die Kulissen des Traums zu wagen, nachdem sie die Werke der großen Traumforscher wie Freud, Jung und Adler durchforstet haben. Sich öffentlich zu seinen Träumen zu bekennen, ist noch immer suspekt und gefährlich. Wie leicht kann man in den Augen unserer Gesellschaft als »Spinner« oder »Träumer« deklassiert werden.

Dennoch übt der Traum als okkultes Phänomen eine fast magische Anziehungskraft auf den Menschen aus. Instinktiv spüren wir, daß wir über den Traum im großen Bergwerk unseres Unbewußten das eigentliche Gold unseres Daseins schürfen können. Nur die Arbeit dafür scheuen wir. Die Psychotherapie hat sich konzessionsfreudig der Sofortintervention der Allopathie angeschlossen. Der Patient bleibt dabei auf der Strecke. Beim Traum muß ich zur Geduld raten. Eine neue Sprache lernen Sie auch durch Superlearning nicht in vierzehn Tagen so, daß Sie sie beherrschen. An den Traum muß man sich vorsichtig heranpirschen wie auf freier Wildbahn, man darf sich ihm nur langsam und ehrfürchtig nähern, man muß um Vertrauen mit sich selbst buhlen und man muß in ihn hineinlauschen, um erst einmal diese ewig wechselnde und doch melodiöse Musik seines vielstimmigen Orchesters ins Ohr zu bekommen.

Es ist wie mit dem Klavierspielen. Die meisten Klavierschüler enden beim Klimpern, ohne das Instrument souverän zu beherrschen. Darum geht es letztlich auch nicht. Aber wir müssen die richtigen Tasten auch bei einfachen Stücken treffen, einen Melodiebogen spannen und eine Kantilene singen lernen.

Der Umgang mit dem Traum wird Ihr Leben bereichern und Ihnen eine neue Dimension Ihres verkannten Selbst eröffnen. Die Beschäftigung mit dem Traum ist die einfachste, wichtigste und wirkungsvollste Form der Selbsterfahrung, die ich in den verschiedensten esoterischen Disziplinen kennengelernt habe. Träume machen uns licht und frei und öffnen die Fenster zu unserer Innenwelt. Wer sich selbst erfährt und erkennt, um den Markierungen im eigenen Lebensplan zu folgen, sieht nicht mehr die Schwärze der lastenden Existenz, sondern die unendliche Schönheit dieses Seins und der eigenen Seele. Wenn man dann zutiefst in sich eingebürgert ist, dann weiß man auch etwas über Gott und wer er ist!

Träume sind kein Gesellschaftsspiel und auch kein Zeitvertreib. Der ernsthafte Umgang mit ihnen ist Glaubenslehre für die innere Religion, die uns wieder zurückbindet an das Schöpferische. Wer den dornigen und struppigen Pfad erst einmal gewandelt ist, taucht tief in den Urwald seines archaischen Wuchses und in das Wurzelgeflecht seiner Abstammung ein. Er erkennt im unendlichen Schöpfungsmythos seinen Ursprung und seinen Auftrag. Erst dann kann ein Mensch wissend seiner Selbstverwirklichung, dem höchsten Auftrag der Evolution, strebend entgegengehen.

Traumbücher gibt es in unserer Zeit zahlreiche. Ich wollte den vielen, die auch ich gelesen habe, kein neues, gleichartiges oder ähnliches dazugesellen, denn ich glaube, daß man dem Traum nicht mit der knallharten Pragmatik einer »Deutungstechnik« zu Leibe rücken kann, sondern daß wir uns erst einmal völlig andere Denk- und Umgangsformen angewöhnen müssen, bevor wir uns den hehren Traumgefilden nähern. Da der Traum der intimste und persönlichste Spiegel menschlichen Lebens ist, wird man immer nur subjektiv und unmittelbar von den eigenen Träumen gepackt. Nach meiner Erfahrung gewinnt man für die eigene Seele wenig, wenn man die fleißigen Protokolle eifriger Psychologen von Traumtherapiesitzungen und ihre teils sehr einseitigen und konstruierten Deutungen liest. Sie werden deshalb in diesem Buch zu Ihrer großen Enttäuschung auf »handgestrickte« und verallgemeinernde Traumdeutungen verzichten müssen; und ich kann Ihre Enttäuschung auch nachfühlen.

Weil sich der Traum dem Zugriff des rationalen Denkens willentlich entzieht und mit dessen Eintreten sich sogar in Nichts aufzulösen scheint, müssen wir mit anderen Sinneswahrnehmungen an den Traum herangehen. Da hilft weder ein Symbollexikon noch irgendein obskures Nachschlagewerk, auch nicht der medizinische Ratgeber einer Illustrierten oder die Briefkastentante einer Gazette. Es gibt *keine* Traumtechnik und *keine* Traummethode, sondern nur ganz grobe Instinktraster und Fühlkomplexe, in die ich mich bei großer innerer Sauberkeit behutsam einfädeln kann. Das vergessen die meisten meiner hochgeschätzten Kollegen in ihren achtbaren wissenschaftlichen Traktaten und Tabellen. Wenn der innere Acker nicht bestellt ist, kann kein Samenkorn des Traums zu vollem Wuchs kommen.

Ich kann deshalb das Träumen auch aus keinem Buch lernen, erst recht nicht die »Deutung«, sondern höchstens die Glaubenslehre als Basisvorbereitung zu eigenen Studien und Experimenten, von deren Ernsthaftigkeit der seelische Erlös für die Lebenseinrichtung bestimmt werden wird. Wer mehr verspricht, betrügt sich. Mit dem »...sagen Sie mir mal, was das und das in meinem Traum bedeutet...« können wir – selbst als Traumexperten – nur achselzuckend und mild lächelnd umgehen und Nichtwissen eingestehen.

Alle Feststellungen und Reflexionen über einen Traum, alle Entscheidungen über moralische Einsichten und Einstellungen fällt niemals das vorgeschobene Ego-Ich eines Menschen, auch nicht der Analytiker oder Therapeut, sondern letztlich immer nur die einzige authentische Instanz, das *Selbst* des Träumers. Wenn ich da hineinzupfuschen versuche, versündige ich mich an der Unantastbarkeit, Unverwechselbarkeit, der Einmaligkeit und der Autonomie einer jeden Menschenseele, die Gott genauso haben wollte in ihrem spirituellen Entwicklungsstand, wie wir sie kennen- und schätzen lernen! Es gibt keine intellektuelle Traumtheorie, und hier gehe ich rücksichtslos mit allen Andersdenkenden in den Clinch.

Nicht zuletzt hat der große C.G. Jung, der für den Traum wirklich den »kleinen Katechismus« geschrieben hat und der mehr vom »Träume anschauen« verstand als das punktuelle Pseudowissen allere Universitäten zusammen genommen, selbst einmal gesagt: »Der Traum ist ein Naturprodukt der einzelnen Psyche«. Obwohl Jung mit zigtausenden Träumen beständigen Umgang pflegte, war jeder »neue« Traum für ihn ein unergründliches Mysterium, mußte jeder Traum immer wieder neu – in dem spezifischen Sinn der Träumerpsyche – neu erschlossen und betrachtet werden, war jeder Traum – von wem auch immer – eine erregende geheimnisvolle Botschaft des schöpferischen

Urgrundes eines Menschen, dem er sich mit großer Ehrfurcht und Demut näherte.

Genau diese Einstellung vertrete auch ich. »Wes das Herz voll ist, des geht der Mund über« (Matthäus 12/34). Der Traum bedient sich gerade dieser exzentrischen, impressionistisch verhangenen, umdüsterten oder von gleißender Lichtfülle überstrahlten, eigenwilligen Sprache, weil er nicht im Vulgärton des Umgangsgefasels degradiert werden will. Letztlich ist auch die Sprache der Bibel »eigenwillig« und ganz anders, weil sie auf vielen verschiedenen Ausdeutungsebenen nichts anderes ist als ein großer kollektiver Schöpfungstraum der Menschheit!

Wenn Sie dieses Buch unter den vorangestellten Leitgedanken als einen Saumpfad in die majestätischen Hochebenen des Traums verstehen, den ich Ihnen vorgetreten habe, dann haben Sie den rechten Zugang und die richtige Einstimmung für das Nachfolgende. Mit vielen Übungen zur Selbsterfahrung werden Sie Fortschritte machen und sich das Rüstzeug für eine gedeihliche und entwicklungsfähige Traumarbeit erschließen. Die vielen Wege, die in das Traummekka führen, will ich Ihnen zeigen. Gehen müssen Sie diese Wege allein. Auch kann ich Ihnen die Entscheidung nicht abnehmen, welcher Weg für Sie der beste ist, welchen Sie persönlich einschlagen möchten. Wenn Sie Traumappetit bekommen haben, steht auch immer noch die Möglichkeit offen, über meine Traumseminare im gruppendynamischen Prozeß die Instinkte für die Traumerkennung zu verbessern. Auch die vielen von mir initiierten Traum-Selbsterfahrungsgruppen in der Bundesrepublik geben hierfür gute Chancen.

Dank bin ich allen meinen vielen Traumlehrern schuldig, die *mich* auf den Weg brachten. Vor allem meinem geschätzten Freund und ATMAN-Partner Karl-Heinz Jaeckel, der mir aus dem reichen Born seines Wissens die Projektionsleinwand mit der Synthese östlicher- und westlicher Glaubenslehren aufstellte. Dankbar bin ich auch für die Umstände, unter denen dieses Buch entstehen durfte: Auf der Vulkaninsel Lanzarote im »warmen« Winter, wo die Urmutter Erde sich in Gottes Schoß zur seligen Ruhe zurückgezogen hat. Da, wo der Schöpferodem Gottes die Welt so geformt hat, wie sie in den Urtagen der Weltwerdung ausgesehen haben muß.

Und das alles während einer 42tägigen Fastenkur, über die ich in die innere Reinheit und geistige Klarheit vordringen wollte, die für die transpersonale Traumarbeit und den Umgang mit diesem zartesten Medium unserer Menschenseele unabdingbare Voraussetzung ist.

Mein Fastenarzt, HP Hans Böhmer, hat mich in dieser Zeit auch körperlich wundervoll »durchlichtet«. Auch an ihn richtet sich mein herzlicher Dank! Und fast glaube ich, daß dies das erste Buch überhaupt ist, das ohne jedwede Nahrungsaufnahme in sechsunddreißig Tagen fertig war. Meine Frau Caroline hat mir, wie immer, mit stiller und begütigender Ermunterung das Energieseil dazu gespannt. Danke, Caroline!

So rufe ich Ihnen aufmunternd zu: Erwecken sie wieder ihre inneren Bilder! Ein köstlicher Vorgeschmack auf die große, alleinige Seligkeit ihrer unsterblichen Seele wird der Dank dafür sein!

Günther Feyler

Vorwort

Der Traum – der nächtliche Begleiter im Leben eines jeden Menschen – wird in unserer Zeit in den meisten Fällen allein aus der Perspektive des Verstandes heraus betrachtet, aus jenem Bereich des Bewußtseins, das sich aus der Sinneswahrnehmung und seiner Informationsspeicherung, dem Gedächtnis, zusammensetzt. Der Intellekt maßt sich damit eine alleingültige Beurteilungsfähigkeit hinsichtlich einer doch offensichtlich feinstofflicheren Materie an, als er selbst es ist.

Nur wenige ganzheitsverbundene Kulturvölker, die Geist, Leib und Seele stets als gelebte Einheit empfanden, bewahrten sich direkte Bezüge zu allen ihren Seelenaspekten und verdrängten sie nicht, wie der westliche Mensch in seiner ausschließlichen, dekadenten Diesseitsbezogenheit in ein Unterbewußtsein und das Unbewußte.

Ziehen wir zur Verdeutlichung der Traumproblematik in unserem Lebensbereich hier nur ein kontrastreiches Beispiel anderer Seinserfassung zum Vergleich heran: das Leben der Senois im malaysischen Urwald. Für sie ist der Traum und seine Aussage seelisches Regulativ für den gesamten Tageslauf. Er hat zwingenden, richtunggebenden und handlungsausrichtenden Einfluß auf das Ego mit seinen selbstherrlichen Wunschvorstellungen. Jeden Morgen werden die Träume der vergangenen Nacht im Kreise der Familie vom Familienoberhaupt besprochen und in ihrer moralisch-ethischen Auswirkung auf den Alltag des Träumers festgelegt.

Klingt das nicht unglaublich für unsere Ohren? Das Hohe Selbst, Atman, die höchste individuelle Geistigkeit eines Menschen, der Geistmensch Rudolf Steiners hat bei diesen »einfachen« Dschungelmenschen noch direkten Kontakt und wirkenden Einfluß bis hindurch zur physischen Sphäre. Ist dieser Kontakt bei einem von ihnen gestört, handelt er also nicht nach seinem spirituellen Auftrag und wird krank, dann sehen das seine Nachbarn als »Verlust seiner Seele« an.

In dieser kurzen Schilderung ist der Grund für die ganze Schwerfälligkeit der Psychoanalyse ablesbar, die Misere unserer verstandesorientierten Medizin, Psychologie, Psychiatrie – und sogar teilweise der

Theologie, einschließlich sämtlicher sozialer und pädagogischer Bemühungen. Lohn der Bezuglosigkeit zu höheren geistigen Kategorien ist die Angst, die Aggression, die Depression, kurz gesagt, das Unvermögen, mit dem Leben in der rechten Weise fertig zu werden. Das mechanistische Weltbild ist immer noch weitgehend der selbstgesetzte Käfig, der seine verstandesgläubigen Insassen mit spiritueller Blindheit schlägt.

Ebensowenig wie das wissenschaftliche Objektivieren die Struktur der Seele erfassen konnte, gelingt es, das nun wirklich anschaubare, erlebbare okkulte Phänomen des Traumes gründlich und verständig seiner geistigen Schwingungsebene entsprechend zu betrachten. Je rationaler und intellektueller versucht wird, seine Funktion mit üblichen Denkkategorien zu ergründen, desto mehr entzieht es sich dem wahren Verständnis – wie der letzte Traum am Morgen geisterhaft verschwindet, wenn der Erwachende ihn schnell und mit rationaler Gewalt rekapitulieren möchte.

Die Schlüssel für die Tore zum Traum wie zu allen unterbewußten Bereichen sind der Menschheit seit Urzeiten bekannt. Das objektiv äußerliche Betrachten ihrer Form hält die Zeitgenossen vom subjektiven Einlassen in das Sesam der seelischen Gefilde ab. Alle Meditationspraktiken dienen dazu, sich dem Primatanspruch des Verstandes mehr oder weniger vorübergehend zu entziehen, um die feinstofflicheren Bereiche unseres individuellen Seins, unser Unterbewußtsein, den Astralkörper und die weiteren, noch höheren Stufen erfahrbar werden zu lassen. Echten Zugang zu ihnen gewinnen immer nur wenige. Nur der Traum ist ein Zipfel öfter herausragender und zum Teil ins Tagesbewußtsein rückender unterbewußter Vorgänge, die jedem offensichtlich werden können. Traumarbeit, Umgang mit dem eigenen Traumgeschehen ist vordergründiger als die Meditation, ein möglicher Beginn geistiger Rück-Sicht und Einkehr in sich selbst.

Das Einlassen, das Tiefenverstehen und Bewußtwerden hängt allein vom Entwicklungszustand des einzelnen ab, davon, ob er sich seiner geistigen Qualitäten bedienen kann oder will oder ob er sich noch an Irdischem orientiert. Darin liegt keine Bewertung seines Ichs, kein Urteil über seinen Zustand. Es handelt sich um den Ist-Stand seines Lebens, den Ausgangspunkt seiner zukünftigen Entwicklung. Im Gegensatz zum gesellschaftlichen Nivellieren oder kirchlichen Bestreben, nur das gleiche in jedem zu betonen, besitzt der eingelassene Mensch, der Esoteriker, die Ein-Sicht, jeden auf seinem individuellen Schicksalsweg belassen zu müssen, ihm nur Impulse geben zu können, damit er sich selbst besser und tiefgründiger anschauen und erkennen kann.

Erst das langjährige Hineinhorchen in sich selbst, das Nachgeben, den stillen Sehnsüchten auf der Suche nach Erlösung zu folgen, nach Befreiung von äußeren Fesseln und leid- und konfliktbeladener sogenannter Wirklichkeit, sind echte Voraussetzungen für ein Innewerden und Erwachen zu entfaltetem Bewußtsein. Sie bewirken eine innere Öffnung und Wandlung in jenen Menschen, für die geistige Gesetze nicht mehr auf Gebotstafeln stehen, sondern sie selbst zwangsläufig in eine neue Bahn der Selbsterfahrung in Richtung Selbstverwirklichung ziehen. Es ist ein allmähliches Eintauchen in den inneren Kreis der Wissenden, der geistig Reifenden; ein esoterisches Werden.

Der Autor dieses Buches ging und geht diesen Weg der Verinnerlichung. Auf ihm erwarb er sich die Kompetenz, Traumforschung aus der ungewöhnlichen Sicht höher bewußter Seinsbereiche zu betreiben. Er gewann seine Einblicke über die harten Zwänge innerer Erfahrungen, Bilder und Symbole, die selbstentdeckte Fehlhaltungen zum Leben nur gewandelte Wirklichkeit werden lassen, wenn der Entdecker sich selbst zu ihrer inneren Wahrheit bekennt und sich zu ihrer Anerkennung überwindet. So bildet traumgeschöpfte Weisheit, im Zusammenklang mit allen anderen Erkenntnismöglichkeiten eines geistigen Wachstumsprozesses, in dem jeder von uns steht, den profunden, ungewöhnlichen Hintergrund dieses neuen Traum-Buches.

In einer gewissen prätentiösen Art kennt es in vielen Formulierungen keine der gewohnten Schranken gegenüber dem respektheischenden Verstand, dessen Engherzigkeit in seinen Normen und Dogmen schließlich die allgemeine Ursache für die Verschleierung unserer unterbewußten bis spirituellen Seelenbereiche darstellt.

Wie ein Paradoxon mag es manchem erscheinen, in einem Buch des Einbettens in »wissenschaftlich nicht abgesicherte Bereiche«, im Loslassen von üblichen Denkkategorien und Einlassen in neue Seinsfühlungen eine faszinierende Fülle literarischer Zitate der Weltliteratur, aus der Welt der Denker vorzufinden. Der Verstand, unser Mentalkörper, ist nun einmal das einzige Vehikel, unseren Stand des Bewußt-Seins zu charakterisieren und begrifflich zu erfassen. So, wie wir ihn bisher hauptsächlich nach außen nutzten, dient er uns jetzt, an einem bestimmten Wendepunkt unseres Gewahrseins, zum Eintritt in die Innenwelt – bis zu jener Grenze, über die hinaus wir uns dann in andere Energiefelder hinein transzendieren.

Unsere persönliche Intelligenz, auf die jeder von uns recht stolz ist, genießt in diesen Kapiteln in vollen Zügen diese illustren Argumentationen zum Traum und seinen Hintergründen, die in einer die esoterische Seinserfahrung rundenden Apotheose münden.

München, Februar 1987   *Karl-Heinz Jaeckel*

Unterricht gibt nur das Leben – und noch besser: Der

Traum!

Träumen lernen ist daher der Weisheit erste Stufe. Klugheit gibt das äußere Leben. Weisheit fließt aus dem Traum. Ob es nun ein »wacher« Traum ist – dann sagen wir: »Ha, es ist mir etwas eingefallen«, oder – »ein Licht ist mir aufgegangen« – oder ob es ein Schlaftraum ist: In diesem Fall werden wir durch gleichnishafte Bilder belehrt.

Auch alle wahre Kunst entspringt dem Reich des Traumes. Desgleichen die Gabe der Erfindung. Die Menschen reden mit Worten, der Traum mit lebendigen Bildern.

Daß er diese Bilder aus den Geschehnissen des Tages nimmt, hat so manchen verleitet zu glauben, Träume seien sinnlos. Sie werden es freilich, wenn man ihnen keine Beachtung schenkt!

Dann verkrüppelt das Traumorgan, wie ein Glied verkrüppelt, das wir nicht pflegen, und ein wertvoller Führer verstummt; die Brücke zu einem anderen Leben, das weit wertvoller ist als das irdische, fällt in Trümmer.

Der Traum ist der Steg zwischen Wachen und Schlafen. Er ist auch der Steg zwischen Leben und Tod!

Gustav Meyrink

Warum wir ein Drittel des Tages mit Träumen verbringen

Am Anfang schuf Gott Himmel und Erde.
Und die Erde war wüst und leer,
und es war finster auf der Tiefe;
und der Geist Gottes schwebte auf dem Wasser.
Buch Mose 1

Gott muß die Erde geträumt haben. Er muß die Elemente kreiert haben, das Wasser, den Himmel, die Erde, den Wind, das Feuer, die Vögel, die Blumen, die Tiere und – zuletzt den Menschen, den er als Krönung der Schöpfung auserkor.

Nach dem uralten chinesischen Tao und dem ältesten Manifest der kosmischen Ordnung, dem I Ging, schuf er zugleich auch die Wesenszüge aller Lebewesen: das Schöpferische, das Empfangende, das Erregende, das Abgründige, das Stillehalten, das Sanfte, das Haftende und das Heitere. Zumindest die verfügbare Grundpotenz war angelegt, die dann auch mit dem unvermeidlichen Sündenfall prompt abgerufen wurde. Versuchung hat schon immer die herausragende Rolle in allem Leben gespielt: Widerstehen, Bewährung oder Untergang. So lautet das Gesetz in apodiktischer Kürze.

Gott muß sehr lange geträumt haben, bis er diese riesige Schöpfungsgeschichte vor dem alleinsichtigen Auge seines alldurchdringenden Geistes »ausgemalt« hatte, bis er all die wundersamen und noch immer unerklärlichen Schöpfungsmythen skizziert und in die formale Vorstellung gebracht hatte. So ist die Welt nichts anderes, so sind die sieben Schöpfungstage nichts anderes als das Traumtagebuch Gottes, in dem viele, viele Seiten illustriert waren, bevor dieses Buch in die Materialisation und Verwirklichung entlassen wurde.

Und wir können uns auch denken, daß viele Korrekturen anzubringen waren, bevor dieser größte und unerklärlichste Akt der Weltbelebung aufgeführt werden konnte. Und so sind vielleicht auch heute noch alle Mutationen, Veränderungen und Sterbeprozesse nur ein göttliches Korrektiv höherer Einsicht, die sich zum Besten für alles Leben auf unserer Mutter Erde auswirken mögen.

»Am Anfang war das Wort, und das Wort war bei Gott, und Gott war das Wort...«, heißt es im Johannes-Evangelium. Das Wort, der

Logos, ist Schwingung, wie auch die Farbe des Bildes und die Spannung im formalen Aufbau eines Bildes, dem eine innere Dynamik eignet. So könnten wir analog auch sagen: »Am Anfang war das Bild...« Das Bild war von jeher die lebenspendende, lebenerhaltende, lebenbeschließende Eingrenzung menschlichen Vorstellungsvermögens, das höchste Stimulativ für sein Denken und Handeln, bevor die unzureichende Lautkrücke des gesprochenen Wortes hinzukam, mit der wir ja auch heute noch nicht unsere so differenzierten Gefühle nur annähernd ausdrücken können. »Wenn Tränen der Freude und Ergriffenheit ganz von selbst aus den Augen laufen, dann hast du sozusagen die Empfangsbestätigung schriftlich und *fühlst* Gott in dir wirken«, sagt Felix Riemkasten.

Der Homo habilis, einer unserer frühesten Vorfahren, hatte aber dafür etwas viel Wichtigeres, was wir heute schon wieder einzubüßen drohen, nämlich eine hohe Imaginations-, eine hohe Einbildungs-Kraft. Heißt »imago« doch Bild und die Technik der bilderzeugenden Vorstellung »imaginieren«. Wie hätte er anders Tiere erfolgreich jagen und erlegen können, wenn nicht aus sorgsamer Beobachtung ihres Verhaltens in der damals noch wirklichen »freien Wildbahn«? Wie hätte er sich sonst Pfeile und Speere schnitzen, Fallen stellen und die Tiere auch fachgerecht ausweiden können, wenn nicht sogar Bild-Eindrücke vom Körperinneren dieser Tiere »in ihm« gewesen wären? Wie hätte er sonst leben können, wenn nicht aus dem Born einer kreativen, bilderschaffenden Phantasie, die ihm nur das auf den Tisch brachte, was er sich in seinem Inneren bildhaft ersonnen hatte?

Was waren die ersten Höhlenzeichnungen, die ältesten Zeugnisse menschlicher Kultur, anderes als die »Arbeitsvorlagen« des Existenzkampfes in bildhafter Form? Der an die Felswand eingeritzte Bison mit dem Speer in der Flanke oder ein sich waidwund aufbäumendes Reh? Hier sehen wir die ersten *Finalbilder*, die bereits in die Wunscherfüllung hineingestellten Ideen und geistigen Zeugnisse einer frühen Kultur, die ihren tätigen Handlungen Bildergeschichten an den Wänden ihrer Höhlenbehausungen vorausschickten, um über diese geistigen Blaupausen eine Strategie zur Lebensbewältigung zu entwickeln.

Das Bildgedächtnis des Menschen, im ältesten Gehirnteil, dem Stammhirn, angesiedelt, ist das phänomenalste Geschenk des Schöpfers an den Menschen selbst. Alle äußere Wirklichkeit (wobei man sich streiten kann, ob dies überhaupt *die Wirklichkeit* ist) wird detailgerecht auf unserem inneren Bildschirm gespiegelt und wirkt von dort aus initiativ, handlungsauslösend, dynamisch energieentfaltend.

Das Bilderleben des Menschen ist sein größter Energie-Generator, der zwangsläufig zielgerichtet in die Verwirklichung dieser inneren »geistigen Zeugung« drängt. Sie entwickelt sich aus der Befruchtung, kommt in den embryonalen Dämmer- und Entwicklungszustand, um dann »das Licht der Welt« zu erblicken. Von diesem Moment an schafft die Steuerung der unterbewußten Kräfte autonom – ohne unser geistiges Zutun – die Schritt- oder Etappenbilder, durch die sich unsere Leib-Seele-Körper-Einheit auf die Erfüllung und Befriedigung der Wunschvorstellung hinbewegt und nicht eher Ruhe gibt, bis die Seelenblaupause dreidimensionale Formengestalt angenommen hat: »Ein Bild sagt mehr als tausend Worte« folgert der Volksmund.

»Wir verstehen bloß jenes Denken, das nichts ist als eine Gleichung, aus der nie mehr herauskommt als wir hineingesteckt haben. Das ist der Intellekt. Über ihn hinaus aber gibt es ein Denken in urtümlichen Bildern, in Symbolen, die älter sind als der historische Mensch, ihm seit Urzeiten angeboren und alle Generationen überdauernd, ewig lebendig die Untergründe unserer Seele erfüllend. Volles Leben ist nur in Übereinstimmung mit ihnen möglich. Weisheit ist Rückkehr zu ihnen«, sagt C.G. Jung.

Eine abstrakte Idee zu verfolgen, wird zu einem Hindernislauf für den kunstfertigen und gedrechselten Verstand, der sich immer neue Konfigurationen von Wortgebilden »aus-denkt«, sofern »Gevatter Bauch«, unser Unterbewußtsein, nicht seine bereitwillige Zustimmung, sein Einverständnis gegeben hat. »Wenn Verstand und Gefühl im Widerstreit liegen«, so sagt es Couè, dem wir die autosuggestive Programmierungstechnik verdanken, »dann siegt immer das Gefühl«; das »innere Bild« könnten wir ebensogut sagen!

Warum wir träumen müssen? Darüber gibt es die unterschiedlichsten Hypothesen und Forschungsansätze, die, zusammengesetzt, ein mehr als konfuses Bild ergeben. Man kann die Lager unschwer teilen: Alle, für die nach Auffassung der klassischen Schulmedizin nur der Körper das mechanistische und auseinandernehmbare Untersuchungsobjekt ist, weil sie an die noch nicht beweisfähige und zudem auch noch unsichtbare *Beseelung* des Körpers glauben können, schlagen sich als akademische Thesenprotze auf die Seite des »ungläubigen Thomas«. Für alle, die angehalten sind oder den unabweisbaren inneren Drang verspüren (und das kennzeichnet heute die marode Forschung in unserem Land), immer wieder das gleiche Rad zu erfinden, sind Träume Schäume und schwer zu kategorisierende »Ausfallerscheinungen« nächtlich unkontrolliert und bedeutungslos wütender mikroelektrischer Impulse. Das Gehirn spielt verrückt, meinen sie.

Zu diesen Verwerfern und Realitätsfetischisten gehört kein geringerer als der britische Mathematiker und Nobelpreisträger Francis Crick, der über eine erst kürzliche, spektakuläre Veröffentlichung in der englischen Wissenschaftzeitschrift *Nature* die Traumfreunde schockierte. (Freud hätte sich spornstreichs im Grabe umgedreht.) Immerhin hat Crick die Struktur des Erbmoleküls DNS herausgefunden und ist dafür mit dem Nobelpreis ausgezeichnet worden. Dies nur zur Unterstreichung seiner zweifellos vorhandenen Kompetenz. Crick und sein Kollege Grahame Mitchison behaupten schlechtweg, daß wir nur träumen, um zu vergessen. So eine Art »nächtlichen Hausputz« meinen sie damit. Großreinemachen in den grauen Zellen, die ja am Tage ganz schön strapaziert werden. Crick spricht von »Reparaturarbeiten des Gehirns« und deutet die Träume so, daß sich eine weggetretene Form unseres Bewußtseins lediglich vergeblich bemüht, die verstümmelten Morsemeldungen der elektro-chemischen Impulse zu verständlichen Botschaften über das Esperanto der Traumsprache umzudeuten. Das chaotische Impulsgewitter im Stammhirn soll auch nur dafür gut sein, daß sich das verknotete und verknüpfte Nervengeflecht in der Großhirnrinde wieder entwirrt.

Die beiden – offensichtlich traumfeindlichen – Forscher (ein amerikanischer Oneirologe (Traumkundler) erzählte mir nämlich hinter vorgehaltener Hand, daß sich beide an ihre Träume nicht erinnern könnten...) glauben also nur an Aufräumungsarbeiten in dem Augiasstall unserer Gedanken, an eine Art Vergessensstrategie, um am nächsten Morgen wieder vollfit zu sein.

Daß die beiden so weit von der vermuteten Wirklichkeit doch nicht entfernt sind, widerspricht keinesfalls den Erfahrungen der modernen Psychiatrie, für die ja der Traum ein wertvolles Surrogat aus dem neurotischen Seelengewirr ihrer Patienten darstellt. Und es widerspricht auch nicht der von mir in vielen Jahren der Traumbeobachtung und Traumanalyse gefundenen Auffassung, daß die Traumkraft ein energetisches Flußprinzip unseres Unterbewußtseins darstellt. Dieses apokryphe und noch nicht in seiner genialen Molekülstruktur zu deutende seelische Gewebewasser fließt (wie es schon Heraklit sagte). Die Seele fließt, behaupteten schon die alten Assyrer, und wir finden nicht zuletzt in der Bibel ein mehrstrophiges Lied darüber, daß Wasser die selbstreinigende Kraft der menschlichen Seele ist.

Ich meine, daß unsere Träume nichts anderes sind als eine gigantische Kläranlage unserer Seele. Alles, was da am Tage unbewußt an Sinnesreizen aufgenommen und nicht sofort verarbeitet wird, alles, was uns stiefmütterlich und ungerecht behandelt fühlen läßt, alles, was wir anderen Menschen Böses zugefügt haben, alles, wonach wir uns schon lange sehnen, ohne es je bekommen zu haben, alle unbefriedigten Triebwünsche (so würde es Freud ausdrücken) scheinen nachts auf dem Hellsehschirm unserer Inwendigkeit in flackernden Symbolen und bewegten Bilderketten in üppigster Ausschmückung wie bei einer grandiosen Theaterinszenierung auf. Nachts haben wir unser »Las Vegas« mit allen Vergnügungen, zu denen wir keinen Mut, kein Geld oder keine Zeit haben und können das volle Sündenregister menschlicher Abgründe und himmlischer Höhen nach Belieben durchspielen und auskosten. Im eigenen Bilderzirkus spielen da in drei Manegen viele Truppen und wir selbst mit unseren vielfach aufgesplitterten Ichs total ver-rückt, um in einem wilden Energiefuriosum zur eigenen Entdeckung beizutragen.

Alles Unverarbeitete, Aufgestaute, Unbewältigte, Verdrängte landet in der Kläranlage unserer Traumgeschichten, wird dort instinktiv in die richtigen Kanäle und Abflüsse geleitet, gegurgelt, geschäumt, geklärt, auch aufbewahrt, abgeleitet, gefiltert, versetzt und kontrolliert. Haarscharf kontrolliert bis in die letzte verborgene Gemütsfaser unseres Herzens.

Morgens wachen wir auf, ohne das grandiose Werk unserer Traum-Heinzelmännchen auch nur gespürt, wahrgenommen oder beobachtet zu haben. Diese Wiese unseres Unterbewußtseins, die am Abend heruntergetrampelt und verschmutzt mit in den Schlaf genommen wurde, steht nun taufrisch wie am jüngsten ersten Morgen dieser Welt, aufgerichtet mit allen Gräsern, Blumen, duftender frischer Erde, dem Ruch des absolut Gesunden und Lebenspendenden wieder als Tummelplatz des Lebens und seiner Auseinandersetzungen zur Verfügung, wie ein aufgeräumter, frisch gemähter und neu markierter Sportplatz für den nächsten Wettkampf unseres Daseins.

Im Traum sollen wir hören. Da gibt es Botschaften, die höchstpersönlichen Nachrichten, auf der ultrakürzesten Welle nur für unseren inneren Empfangsapparat, den niemand (es sei denn über »angezapfte Träume«) abhören kann. Da werden wir geschreckt (durch Alpträume natürlich, die schon ein verstärktes Traum-Weckamin bei ganz Schwerfälligen darstellen) und auch gezüchtigt. Ja, da wird stille Vergeltung vorgespielt, da werden wir unserer Vergehen angeklagt und büßen zugleich über das Traumgeschehen – auch wenn wir es nicht gedeutet haben – einen Großteil unserer Sünden ab. Novalis sagte schon: »Der Traum ist eine Schutzabwehr gegen die Regelmäßigkeit und Gewöhnlichkeit des Lebens, eine freie Erholung der gebundenen Phantasie, wo sie alle Bilder des Lebens durcheinanderwirft und die beständige Ernsthaftigkeit des erwachsenen Menschen durch ein fröhliches Kinderspiel unterbricht.«

Das vermeintliche »Sodom und Gomorrha« unseres Traumlebens ist also in Wirklichkeit ein psychohygienischer Prozeß von allergrößter Tragweite. Seitdem der amerikanische Traum- und Schlafforscher Nathaniel Kleitmann und sein Assistent Eugene Aserinsky an der Universität von Chikago entdeckten, daß die Traumphasen eines Menschen mit schnellerer Augenbewegung hinter den geschlossenen Lidern einhergehen (die sogenannten REM-Phasen, abgeleitet von »rapid eye movement«), konnte man auch schlafende Menschen mechanisch bei Beginn des Träumens wecken. Die Ergebnisse waren verheerend und alarmierend zugleich, aber auch von tiefer Sinnbedeutung zur Ermittlung des physiologischen Stellenwerts der Traumtätigkeit überhaupt. Erst einmal versuchte der so »geschundene« Körper durch vermehrte REM-Phasen den möglichen Schlafentzug wieder einzuholen. Bei permanenter Traumunterbrechung stellten sich schon nach wenigen Tagen schwere Halluzinationen bei den Versuchspersonen ein, die letztlich zu schweren psychischen Störungen im Wachverhalten führten. *Ohne Träume ist kein Mensch lebensfähig!*

Von der Eingabe ist es abhängig, von dem, was man an sogenannten Tagesresten in die Traumverdauung mit hineinnimmt, was an Schrekkens- oder nächtlichen Horrorvisionen unseren Schlaf buchstäblich abwürgt oder ihn hütet, wie Freud sagt. Genauso bei der Verdauung im Körper. Esse ich spätabends noch Schweinshaxe mit Pommes frites und schütte einigen Alkohol als giftanreichernde Essenz über den Kolossalbrei, dann muß ich mich nicht wundern, wenn ich eine unruhige Nacht habe, die mich am nächsten Morgen »zerschlagen« erwachen läßt. Hier ist die Wiese des Unterbewußtseins ungefegt und zertrampelt, dort ist der Darm in einem verzweifelten Kampf gegen fettige Übergriffe und bleibt Verlierer. Kein Tier wütet so gegen sich selbst und ist so instinktlos wie die höchste Spezies unserer Schöpfung, der *Mensch!*

Nahrung schafft Krankheit oder Tod über die Kläranlage des Darms, Erleben schafft Träume, die befreien und beglücken oder die drohende Psychose verdrängter Bewußtseinsinhalte ankündigen über die Kläranlage des Unterbewußtseins. Der Funktionsgrad beider Systeme ist entscheidend.

Wach- und Unterbewußtsein weben an einem Stöffchen und sind

hierbei wie Kette und Schuß zu verstehen. Jeder Mensch – und das ist die unergründliche Einzigartigkeit göttlicher Schöpfungskraft – webt, strickt, häkelt oder knüpft ein anderes, individuelles Design mit einem ganz anderen Finish, haltbar oder durchlässig, offen oder geschlossen, fest oder locker, strapazierfähig, reißfest oder brüchig und »Fäden ziehend«. Das Bewußtsein ist die Kette und das Unterbewußtsein der Schuß, ohne den keine Bindung zustande kommt. »Wir leben und empfinden im Traum so gut wie im Wachen, und das eine macht so gut wie das andere einen Teil unserer Existenz aus. Es gehört zu den Vorzügen des Menschen, daß er träumt und es *weiß* (oder wissen sollte). Die Träume verlieren sich in unser Wachen allmählich herein, und man kann nicht sagen, wo das eine anfängt und das andere aufhört«, meinte schon der scharfsinnige Aphoristiker Georg Christoph Lichtenberg.

Träume sind also nicht sinnloses Flickwerk unserer Phantasie, wie Crick und Konsorten meinen, sondern existenzwichtige geistige Klärungsprozesse. Können wir uns denken, daß Gott uns während unseres Erdendaseins bei normaler Lebenserwartung vier bis fünf Jahre pausenlos träumen ließe, wenn er hiermit nicht einen ganz bestimmten Lebenssinn im Visier gehabt hätte? Der englische Psychologe Christopher Evans meint, daß Träume die im Wachzustand begonnene Arbeit fortsetzen. Unter der Bewußtseinsschwelle vollzieht sich das eigentliche, tiefengesteuerte, bildhafte Zukunftsleben, das mit dem Traum ein ideales Trainingscenter für die Fortbildung unserer Seelenkräfte besitzt. Schade nur, daß die meisten Menschen gar nicht um ihr Fitnessstudio wissen und auch dem lebenslangen lästigen Prozeß der Selbsterkenntnis aus dem Weg gehen...Unbewußt lebt es sich nun mal bequemer! Wie wäre es nun, wenn der eigentliche Zweck des Schlafens das Träumen wäre und nicht umgekehrt? Auch Evans meint, daß Träume »Generalproben für erwartete, erhoffte oder befürchtete Ereignisse« sind. Wir schlüpfen nachts in eine völlig neue Rolle, in ein neues Gewand, mit einem neuen Drehbuch und einem veränderten Rollentext. Wir können nicht auswendig lernen und uns »vorbereiten«, sondern spielerisch locker müssen wir improvisieren in den neugestellten, verwunderlichen Kulissen der Traum-Rahmenhandlung und müssen – ob wir wollen oder nicht – agieren, *ausagieren*, was uns am Tage mißlang, oder Stellprobe machen für das, was uns künftig gelingen *soll*.

Messungen der Gehirnströme während der REM-Phasen zeigen, daß wir im Traumgeschehen höchst aktiv und engagiert, ja geradezu begeistert »am Werke« sind, aktiver als in vielen Tageshandlungen, die wir ja sozusagen »im Schlaf« (womit wir die Routine meinen) absolvieren. Neues Wissen wird mit Erfahrungswissen – aber auch archaischem Wissen aus den Tiefenbereichen des Unbewußten, der Es-Schicht, wie Jung sagt – bunt gemixt und zu einem neuen Müslein zusammengekocht. Da werden computergetreu neue Datenbänke angelegt und neue Vorstellungs- und Bildkombinationen zu neuen kolossalen Bildgemälden und eigenartigen Collagen zusammengeworfen. Da wird neu beschriftet, neu rubriziert, neu etikettiert, neu ausgezeichnet, Wichtiges von Unwichtigem geschieden, kurzum die Spreu vom Weizen getrennt, jenem in der Seelenmühle gemahlenem Korn, das alle lebenswichtigen Substanzen für uns enthält. Unser phantastischer Biocomputer arbeitet also nachts auf Hochtouren, während wir im erholsamen Schlaf neue Kräfte für den beginnenden Tag sammeln.

Jonathan Winson, Hirnforscher an der Rockefeller-Universität in New York, ein profunder Kenner der Gehirnstrukturen, meint, daß alle Eindrücke, die ein Neugeborenes in den ersten Lebensmonaten und -jahren empfängt, musterbildend für die Ausformung der späteren Persönlichkeit sind. Weil eben Babys die Hälfte ihrer Entwicklungszeit »verträumen«, um damit die Koordination der späteren Verhaltensstruktur festzuschreiben, die natürlich auch noch von den Genen, der Vererbungsmasse, mitbestimmt sind. Interessant ist auch die Entdeckung, daß die Psyche, die man immer vergeblich zu lokalisieren versuchte und nirgendwo unterbringen konnte, im limbischen System eingeschlossen liegt. Hier wohnt die Instanz, die darüber entscheidet, was an Erinnerungen, Emotionen, Begebenheiten verwahrt wird oder zum Müll kommt.

Im Hippocampus, einem Vorhof des limbischen Systems, siedelt das Kurzzeitgedächtnis (drei Jahre), dann erst erfolgt der Transfer ins Langzeitgedächtnis. »Bürovorsteher Traum« entscheidet! Schon Jung sagt in seinem Grundwerk: »Jeder Traum ist Informations- und Kontrollorgan und darum das wichtigste Hilfsmittel beim Aufbau der Persönlichkeit.« Denn unter dem fest zugeklappten Kanaldeckel, der uns die Einsicht in die Abwässer unserer eigenen Seele vorenthalten soll, schlummert das Kanal- und Schleusensystem unserer »Neben«-Ichs, einer buntgemischten Truppe von »Quasi«-Ichs, mit denen wir uns nicht zu identifizieren gedenken und die doch zu uns *selbst* gehören wie das Salz in der Suppe! Die dritte Kolonne unserer Seelenschatten haust da unten zuweilen ganz üppig, aufsässig und verwegen und lehrt uns das Gruseln und Fürchten.

Doch diese Zweit-, Dritt- und womöglich Viert- oder Vielpersönlichkeiten von uns, die Teil-Ichs, wie ich sie nenne, können uns gelegentlich sehr zu Diensten sein und nicht selten sogar lebensrettende Ratschläge geben. Aus der Unterwelt kommen manchmal die besten Tips! Dazu noch einmal Jung: »Und in jedem von uns ist auch ein anderer, den wir nicht kennen. Er spricht zu uns durch den *Traum* und teilt uns mit, wie anders *er* uns sieht, wie *wir* uns sehen. Wenn wir uns daher in einer unlösbar schwierigen Lage befinden, so kann der fremde »andere« uns unter Umständen ein Licht aufstecken, das wie nichts anderes geeignet ist, unsere Einstellung von Grund auf zu verändern, nämlich eben jene Einstellung, die uns in die schwierige Lage hineingeführt hat.«

Dr. Nathaniel Kleitman, ehemals Professor für Physiologie an der Universität Chikago, zeigte, daß der Wach- und Schlafzyklus des Erwachsenen in einem 24-Stunden-Tag eine anerzogene Gewohnheit ist. Er bewies, daß der Zyklus geändert werden kann: 1938 verbrachte er mit einem Kollegen einen Monat in der Monmouth-Höhle in Kentucky. Bei konstanter Beleuchtung und Temperatur stellte Kleitmans Kollege – ein jüngerer Mann – bald auf einen 28-Stunden-Tag um: 9 Stunden Schlaf, 19 Stunden Wachen. Bei einem Neugeborenen wechseln Schlaf und Wachen in Perioden von 50 bis 60 Minuten Dauer ab. Diese Perioden (in den Diagrammen durch die Wellenlinien angezeigt) verlängern sich beim Vierjährigen auf 60 bis 70 Minuten und beim Erwachsenen auf 80 bis 90 Minuten. Wenn sich das Kind ans Familien- und Gemeinschaftsleben gewöhnt hat, drängt sich sein Schlaf auf eine einzige Periode von etwa acht Stunden zusammen; im Alter stellt sich ein Wach- und Döszyklus ein, ähnlich dem in der Kindheit (siehe Diagramm unten; schwarze Zonen bedeuten Schlaf).

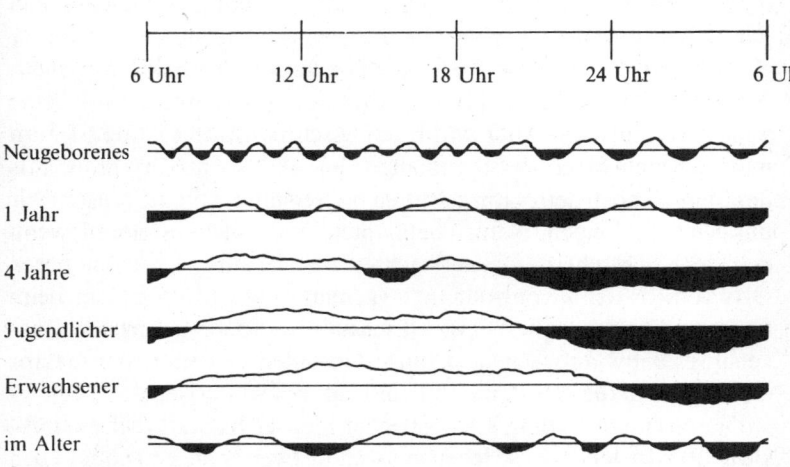

(Aus: MacKenzie: *Träume*. Emil-Vollmer-Verlag, Wiesbaden)

Der Traum ist der objektive Sachverwalter des wirklichen Selbst. Er hat Integrationsfunktion, um die vielfach gespaltenen und sich bekriegenden Spalt-Ichs zu befrieden und zu einer gemeinsamen, für die Wegfindung des Menschen zuträglichen und adäquaten Weise zusammenzubinden. *Träume sind Konfliktlöser in Reinkultur.* Immer, wenn Sie sich in den Sackgassen Ihres eigenen Verstandes hoffnungslos verrannt haben, sollte die Traumkraft als vermittelnde, höhere Instanz angerufen und konsultiert werden. Der Kopf kann fürchterlich in die Irre führen (und manche Menschen werden vom Drehkreiseleffekt ihres unablässigen Denkens wirklich irre). Die Traumkraft stellt alles wieder in die Balance. Sie ist die goldene Waage der Seele.

Im *I Ging* ist die Traumkraft DUI, der See, das Heitere. Berg und See zugleich mit der Reflexion des Himmels und der Transparenz des tiefen Bergsees. Aber sie trägt in sich auch das Schöpferische, den Himmel, KIEN, die aufsteigende Energie und zugleich auch im polaren Gegensatz das Abgründige von KAN, dem Wasser, was die Tragik der in den Körper eingeschlossenen Seele meint.

Das Träumen in dieser Ausdauer ist ganz einfach auch ein notwendiger hormonaler Prozeß, der für den Körper Balsam darstellt. Denn der Traum hat seinen eigenen Stoffwechsel, eigene Drüsen und einen eigenen (feinstofflichen Körper). All dies arbeitet nur im Traumzustand. Im Wachen wird der Schalter auf einen ganz anderen Funktionsbereich des Körpers umgelegt.

Letztlich ist der Traum – ausgehend von den Erkenntnissen der modernen Chronobiologie – einer der vielfältigen biologischen Rhythmen unseres Körpers, die ausgewogen und fein aufeinander abgestimmt sind und das Wohlfühlen bedingen. Wieviele Rhythmensysteme es im Körper wirklich gibt, darauf gibt es immer noch keine schlüssige Antwort. Aber anthropologisch betrachtet ist der Traum natürlich ein Ableger des circadianen Tag- und Nacht-Rhythmus. Als der Mensch noch den Naturgewalten trotzen mußte (heute müssen wir uns gegen die »eigene Natur« behaupten), war es lebensrettend, wenn er in der Leichtschlafphase aufwachte. Dies war ein gleichsam höheren Orts verordneter »Kontrollgang« (genau so wie Mütter nicht beim lautesten Krach, sondern speziell sensibilisiert beim geringsten Quäken ihres Babys aufwachen...), um festzustellen, ob dem Leben Gefahr drohte, durch die Natur, durch Feinde, durch wilde Tiere.

Dieser Traumrhythmus – und jeder Mensch hat natürlich ein individuelles Muster – ist so lebensnotwendig (weil er die Not vom Leben abwendet), er ist biologisch so unverzichtbar wie das Atmen. Denn auch der Traum »geschieht von selbst«, er ist der Kontrolle unserer Willensfunktionen gottlob entzogen. Wie lebensbestimmend diese fein synchronisierten Modulationen unserer Rhythmensysteme sind, geht schon daraus hervor, daß der Fütterrhythmus in den ersten Lebensmonaten den späteren sogenannten Zeittyp im Erwachsenendasein vorbestimmt: den Früh- oder Spättyp, den Morgenmuffel oder Nachtschwärmer, den »Hoppla-jetzt-komm-ich«-Typ, oder den »Nu-man-sachte«-Sanguiniker!

Unsere Traumkraft – so nenne ich diese Instanz gerne – ist die Erste-Hilfe-Station für unsere Seele, die bei jeder Verletzung, bei jedem Unfall, bei jeder Unpäßlichkeit, bei jeder Dummheit, bei jeder Lüge, bei jedem Vergehen in Aktion tritt. Von hier aus werden die Lebenssignale einer erlösenden und begütigenden Kraft ausgestrahlt. Es liegt nur an uns, ob und wie wir sie empfangen. Mit einem kleinen Kofferradio kann man auch nicht alle Ultrakurz-Frequenzen abhören. Wir müssen in uns einen fein regulierbaren Tuner herangezüchtet haben, um die Botschaften überhaupt zu empfangen.

Eine sehr enge und freundschaftliche Zusammenarbeit muß die Traumkraft mit unserem »schlechten Gewissen« unterhalten. Hier, scheint mir, werden alle Nachrichten lückenlos ausgetauscht. Auch mit unseren Schutzengeln muß offensichtlich ein beständiger Informationsaustausch bestehen, sonst wäre die Wissens-Vernetzung in unserem »unteren Selbst« nicht so tauglich und könnte uns nicht bei den geringsten Schlichen und Tricks erwischen, mit denen wir in unserem Leben herummanipulieren. Unserer Traumkraft bleibt nichts, ja rein gar nichts verborgen. »Der Herr ist mein Hirte«. Im Hirten unseres Traumbewußtseins steckt göttliche Ahnung und Wissen, Ausdruck einer höheren Intelligenz und kosmischer Weisheit.

Wer deshalb ungläubig mit der Traumkraft zu »experimentieren« und mit ihr Vorteile zu erschleichen versucht, wer mit ihr herummanövriert, um Psychospielchen zu treiben, auch anderen Angst und Schrecken einzujagen, der soll dieses Buch zuklappen und lieber Halma oder Mühle spielen. Wer nicht an Gott glaubt (die Glaubensrichtung oder Konfession spielt hierbei überhaupt keine Rolle), dem verweigert nach der *Huna-Lehre* das »untere Selbst« als Verstärker- und Übertragungsstation die Weiterleitung aller Botschaften an das »höhere Selbst«, das erst den Kanal öffnet zu den Anhör- und Wirkstationen der göttlichen Hierarchien. Gott ist über den Traum beständig am Werke, aber er entzieht sich unaufdringlich dem Geist, wenn er mißachtet und verleugnet wird.

Kein Mensch kann sich in seinen Träumen den numinosen und geheimnisvollen Seiten seines Lebens entziehen. Trotz beständig weiterreichender Ergründung unseres menschlichen Gehirns durch die Neurophysiologen wird man die geheimnisvolle Elektro-Chemie in unserem Denkapparat weitgehend enthüllen, aber dennoch ratlos vor der Frage stehen, wer in dieser Sendezentrale unserer Träume die Regie führt, wer spricht und wer für die Redaktion der Botschaften zuständig ist. Dieses Geheimnis wird nach meiner Auffassung und Hoffnung nie gelüftet werden. Um so mehr muß uns diese in höchstem Maße spirituelle und lebensaufbauende Funktion, die seelische Blutspender-Eigenschaft hat, die Lebensstärke transfusioniert, mit tiefer Demut und gläubigem Vertrauen in den Schutzmantel göttlichen Beistandes einhüllen. Wer von seinen Träumen getragen ist, ist für das Leben geborgen!

Entspannungs-Einführung

Du liegst entweder – oder sitzt mit geradem Rücken auf einem Stuhl. Wenn du liegst, sind die Beine leicht gespreizt, und die Füße fallen nach außen. Die Arme liegen ebenfalls locker, etwas vom Körper entfernt, die Hände liegen mit den Handflächen nach oben, die Finger- und Daumenspitzen weisen zueinander hin.

Wenn du sitzt, liegen beide Füße (ohne Schuhe) fest mit der ganzen Fläche auf dem Erdboden auf. Die Arme liegen locker auf den beiden Oberschenkeln, die Handhaltung ist die gleiche wie beim Liegen. Wir atmen langsam und natürlich ein und aus. Der Atem geht leicht und frei, wir konzentrieren uns ausschließlich auf unseren Atemrhythmus.

Wir fühlen uns ganz leicht und unbeschwert, sorglos und frei. Wir lassen uns ganz gehen, Wir fühlen, wie sich alle Muskelverspannungen langsam lösen, wie die Schultern etwas tiefer herunterfallen, wie sich unser Gesicht glättet, wie sich die Kiefermuskeln entspannen.

Die unruhigen Gedanken lösen sich auf wie Nebelschwaden, die kommen und gehen und niemals verweilen. Unsere Denkgespinste werden immer feiner, immer durchsichtiger – und lösen sich schließlich ganz auf. Ohne unser Zutun. Wir sind geborgen in höherer Obhut. Wir sind aufgehoben in absoluter Sicherheit. Wir fließen mit im ewig ziehenden Strom kosmischer Veränderung – entfernen uns immer weiter von unserem wollenden Ich und versinken in unser absichtsloses Selbst. Wir sind ganz in uns und fallen immer tiefer und tiefer – immer tiefer und tiefer – in wohlige Entspannung und Trance.

Unser Atem geht noch ruhiger. Er vermittelt uns alle Energieströme zwischen Himmel und Erde. Gott atmet mit uns und in uns. Unser Herz schlägt regelmäßig und zuverlässig. Unser inneres Gleichgewicht ist in völliger Balance. Wir sind weggetaucht von allen äußeren Sinneseindrücken, in uns zurückgezogen, verinnerlicht, von Frieden umgeben, begnadet.

Tagtraumübung

Deine verschütteten Ichs

Eine »Untergrund«-Erfahrung deiner Person

Nach vorangegangener Tiefenentspannung (siehe Entspannungs-Einführung) läßt du spontan ein Foto von dir selbst auftauchen. Irgendein Foto, das du kennst und das dir in diesem Moment in den Sinn kommt – egal aus welcher Zeit. Es kann ein Kinderfoto, ein Schulfoto, ein Hochzeitsfoto, eine Urlaubsaufnahme, ein Familienbild oder was auch immer sein. Warte geduldig, bis du dieses Foto von dir vor deinem inneren Auge auftauchen siehst. Und wenn es nicht kommt, dann kramst du einfach im Geiste in deinen Fotoalben oder in deiner Bilderkiste und wählst eine der vielen Aufnahmen, die es von dir gibt, aus.

Schau dich auf diesem Foto selbst wie in einem Spiegel an und fokussiere deine ganze innere Aufmerksamkeit auf nichts anderes als auf diese Momentaufnahme einer bestimmten Zeit- und Entwicklungsqualität deines Lebens. Versuche dieses Bild wie einen gelungenen Schnappschuß deines eigenen Selbst zu sehen, in dem alles enthalten und alles zu erkennen ist, was in dir lebt.

Während der unverwandten, konzentrierten und langen Betrachtung deines Bildes auf deiner inneren Leinwand entwickelt sich jetzt langsam ein verändertes Bild – wie bei einer Trickaufnahme. Langsam wird das Bild überblendet und bekommt die Physiognomie deines *Ideal*-Selbst. Achte genau darauf, was sich jetzt verändert – welche

Gesichtszüge mutieren, welche in dir liegenden und verborgenen Wahrscheinlichkeiten in deinem *neuen* Gesicht auftauchen.

Eine andere Bewußtseinsebene in dir nimmt alles ganz leicht und spielerisch auf und registriert es zuverlässig in deinem Gehirn. Plötzlich erkennst du, welche entfremdeten Teilpersönlichkeiten deines Selbst in diesem Foto »entwickelt« werden. Ein neues Polaroid von dir entsteht! Wie aus einem Puzzle neu zusammengesetzt, siehst und erkennst du dich jetzt in einer Darstellung, zu der du dich näher hingezogen, mit der du dich näher verwandt fühlst.

Du erkennst jetzt viel besser, *wer* du eigentlich bist und wozu du auf diese Erde gekommen bist. Aus einer neuen Mixtur deiner Anlagen und Begabungen taucht plötzlich ein ganz neues *Selbst* auf: einzigartig, unangreifbar, autonom, souverän, wichtig und bedeutungsvoll, angefüllt mit reicher Erfahrung.

Du prägst dir dieses veränderte Porträt in allen Einzelheiten genau ein. Und während du beständig auf dieses neue Bild hinmeditierst, erkennst du doch, daß dies kein bleibendes, kein beständiges Bild von dir ist. In diesem Antlitz, in dieser »Visitenkarte« deines Lebens, in dieser Signatur deines Selbst, in dieser Haltung, in diesem Ausdruck und in dieser Mimik sind auch noch andere Tönungen und Schwingungen oder Schattierungen, die in dir sind und die du selbst noch nicht kennst. Es sind die Welten deiner anderen Wahrscheinlichkeiten auf anderen Ebenen, die jetzt auftauchen und dich transzendieren.

Versuche in einer beliebig langen und intensiven Hinwendung deines ganzen Wesens diese »dahinterliegenden« Selbste aus der Facette deiner unermeßlich reichen Persönlichkeit zu erspüren.

Tagtraumübung

Selbsterkenntnis ist der erste Schritt ...

Setz dich locker und entspannt auf einen Stuhl mit gerader Rückenlehne und achte darauf, daß deine Wirbelsäule senkrecht ist. Konzentriere dich langsam ganz auf deinen Atem. Kopple dich ab von allen Sinneseindrücken um dich herum. Du bist in einem Vakuum mitten in dieser Welt. An einem Platz, wo dir niemand etwas anhaben kann, wo dich niemand erreichen kann, wo du ganz für dich alleine bist.

An diesen Platz kannst du jederzeit wieder zurückkehren. Du lenkst deine ganze Aufmerksamkeit auf den Punkt in deinem dritten Auge, direkt über der Nasenwurzel, und spürst, wie dein Bewußtsein dort erbsengroß zusammenschmilzt.

Beim Einatmen konzentrierst du dich auf *Ich* und beim Ausatmen auf *atme*. In dieses Mantra »Ich atme...« schwingst du dich im Rhythmus deines Atems ganz langsam ein und wirst selbst zum Atem. *Es* atmet dich.

Wenn du dich wundersam entspannt fühlst, wenn du wirklich abschalten konntest (sonst wiederhole die Übung lieber zu einem späteren Zeitpunkt, wenn du ruhiger bist), dann gehe in eine innere, stille Meditation der Selbstreflexion und stelle dir sieben Kernfragen über dein eigenes Leben. Für jede Frage nimmst du dir drei bis fünf Minuten Zeit (die Übung dauert also maximal zwischen vierzig und fünfzig Minuten). Wenn du die Frage gestellt hast, wartest du geduldig, bis aus deinem Inneren langsam oder spontan eine Antwort auftaucht. Setze keinen Zwang und keine Absicht hinter die Fragestellung und bleib bei allem locker und entspannt.

Kommt auf die eine oder andere Frage keine Antwort, so zeigt dies deine innere Unentschlossenheit und daß dein Unterbewußtsein, das die Antwort in jedem Fall kennt, zur Stunde noch nicht auskunftsbereit ist. Wiederhole dann diese Übung mit der entsprechenden Fragestellung zu einem späteren Zeitpunkt. In jedem Falle sollten die Antworten schriftlich festgehalten werden.

Die sieben Kernfragen der inneren Meditation

1. Welche Erwartungen stelle ich an mich und andere?
2. Welche inneren Bedürfnisse bestimmen meine Handlungsweise?
3. Was motiviert oder frustriert mich in meinem Arbeitsverhalten?
4. Welche Wünsche habe ich mir bisher bewußt oder unbewußt versagt?
5. Was kann ich an anderen Menschen ganz und gar nicht leiden?
6. Welche Menschen kann ich vorbehaltlos und aufrichtig von Herzen lieben?
7. Welche unvollendeten Handlungen oder Pläne will ich in diesem Jahr beenden?

Wenn dir die Antworten »eingegeben« wurden, kannst du darüber weiter reflektieren. Feststellungen über den eigenen Wesenskern sind nur dann von Nutzen, wenn du auch Entscheidungen triffst und Veränderungen mit dir vereinbarst. Sonst bleibt eine solche Übung leerer Selbstzweck!

Alle Vierteljahre solltest du deine damals gefaßten Beschlüsse auf Einhaltung und Erreichung des Ziels hin kontrollieren. Ergibt sich ein unbefriedigendes Ergebnis, so frage dich: »Warum ist mir das ... nicht gelungen?« oder: »Warum konnte ich von meiner alten Kernüberzeugung nicht abrücken?« oder: »Warum kann ich in dieser oder jener Situation nicht vollbewußt reagieren?«

Träume – Spiegel des Selbst

Träume sind unsere wichtigsten Entscheidungshelfer

> »Die Welt der Imagination ist die Welt der Ewigkeit. Sie ist der göttliche Busen, in den wir heimkehren werden, wenn dieser gewordene Leib tot ist. Die Welt der Imagination ist unendlich und ewig, während die Zeit des Zeugens und Werdens endlich und zeitlich ist. In dieser ewigen Welt existieren die bleibenden Wirklichkeiten jedes Dinges, das wir in diesem vergänglichen Spiegel der Natur erblicken. Alle Dinge sind in ihren ewigen Formen enthalten im göttlichen Leib des Erlösers, des wahren Weinstocks der Ewigkeit, der menschlichen Imagination...«   William Blake, 1810

Schöpferischer Einfall, Geistesblitz, innere Erleuchtung, oder besser gesagt »Erlichtung«, Musenkuß, Traumgespinst – was soll man davon halten in einer realistisch-aufgeklärten Gesellschaft? Intuition, was ist das, kann man sich darauf überhaupt verlassen? Oder ist es nicht nur angestrengte und hart erkämpfte Denkleistung, die die Früchte unserer Arbeit bringt? Was heißt denn das: Anbindung an das Unbewußte? Sicher kann man Intuition nicht gewaltsam herbeiführen, genausowenig, wie man Träume herbeizwingen kann. Der Wille funktioniert nicht mehr in diesem Schaltbereich unserer Psyche. Und das ist schon eine eigenartige Erfahrung. Intuition erwächst aus der Ruhe. Die Stille ist ihr Nährboden, der Prozeß der Tiefenentspannung im somnambulen Halbbewußtsein.

Intuition ist schöpferisches Denken, das aus einer anderen Ecke unseres Körpers kommt, aus dem »Bauch«, wie wir gerne sagen. Von dort, wo im Solarpexus alle feinen Endungen·unserer Gefühlsnerven zusammenlaufen. Intuition kreiert neue und originelle Problemlösungen. Intuition kann Genieblitze zaubern und Phantasmagorien heraufbeschwören, die sich später als hellsichtige Realität herausstellen. Intuition ist künstlerisches Ausdruckspotential des Menschen und eine Synthese aus Erfahrung und Phantasie.

Kann man Träume gar »bestellen« und als schöpferischen Auftrag annehmen, kann man »träumen lernen«? Oder sind Träume immer noch die Hirngespinste von Labilen, die verdrängten Wunschbilder und Kompensationsgemälde von Menschen, die sich nicht »ausgelebt« haben, wie Freud einst meinte?

Vorweg müssen wir erst einmal beachten, daß sich die eigentlich schöpferische *Kehrseite* des Menschen, die der äußeren Lebenswirklichkeit abgewandte Nachtseite, nicht zwingen und manipulieren läßt. Sie entzieht sich dem willentlichen Zugriff und ist schon deshalb für den »aufgeklärten« Normalverbraucher des 20. Jahrhunderts ein unabweisbares Menetekel mystischer Erfahrung.

Goethe sprach vom »Anschauen der inneren erschaffenden Natur«! Er hatte – wie sicherlich alle herausragend schöpferischen Persönlichkeiten der Weltgeschichte – eine sehr starke innere Bindung zum Traum und zum kreativen Prozeß. Er meinte damit auch nichts anderes als das Symbol, als die Bildimagination, das »kreative Visualisieren« oder »Tagträumen«, wie wir heute sagen, was alles viel wirkungsvoller und einfallsreicher, viel ideenträchtiger und lebensvitaler ist als die bloße abstrakt-geistige Vorstellung im »nackten Gedanken«.

Wir sprechen heute so viel über Kreativität und wollen nicht erkennen, daß wir mit den ausgefuchsten Kreativitätstechniken, die heute noch auf umständliche Weise gelehrt werden, eigentlich schon längst am Ende der Fahnenstange unserer linken Gehirnhemisphäre, im »durchdachtlogischen« Bereich angelangt sind. Kreativität ist ein individuelles Phänomen, das nicht lehrbar oder erlernbar ist, es sei denn, wir setzen uns endlich mit unseren »inneren« Bildern, mit unseren Träumen, mit unseren eigenen Fabelmärchen, mit unserer Phantasiewelt »auseinander«! Nur über die Zukunftsbewältigung aus unserem eigenen Inneren heraus können wir die Zukunft unseres verwüsteten Planeten noch retten.

Kürzlich schrieb Gert Heidenreich von der »Enteignung« einer Grundfähigkeit des Menschen, der *Phantasie*! Zu reden ist hier von der »Glotze«, den vorfabrizierten, artifiziellen Bildern unserer Vermassungsgesellschaft, die uns eine unheil manipulierte Welt auf den Bildschirmen vorsetzt! Dabei liegt die eigentliche innere Mattscheibe in unserem Unbewußten. Heidenreich folgert spitzfindig über den ethymologischen Hintersinn: »Video«, lateinisch für »Ich sehe«, entspricht dem altindischen »veda« und heißt dort »Wissen«, gotisch »witan«, althochdeutsch »wizzan«, neuhochdeutsch »wissen«. Was ich gesehen habe, weiß ich.

Ja, sehr richtig, die »inneren Bilder« *sind* das Wissen, das archetypische, über Jahrtausende im Menschen eingefleischte, engrammierte Wissen aus Jahrtausenden seiner genealogischen und anthropologischen Entwicklung – nicht aber der dünnblütige Bildsalat einer sich an Platitüden und Klischees überschlagenden Medienindustrie, die ihr Endziel auf Verdummung programmiert hat. Alle Entscheidungshilfen sind letztlich *allein* im Menschen *drinnen* und nicht draußen angesiedelt. Denn nur das innere Gedächtnis, die innere Schaltzentrale weiß um die Homöostase des Menschen, seine Harmonie, seine »wohltemperierte« Grundstimmung, sein Wohlbefinden, seine Ausgewogenheit! Alles andere sind Rat-*Schläge*: Schläge ins Gesicht des anderen. Hier liegt der Diabolus der modernen Psychotherapie, die auch schon, wie die klassische Medizin, alles in Schubladen, Kategorien und »fachdenklerischen« Absurditäten »ablegen« und »ordnen« möchte, wo doch jeder Mensch eine *andere* Ordnung hat!

Alle Antwort liegt im Menschen selbst. Alle Entscheidungssicherheit kommt nur aus dem Menschen selbst. Unsere Gesellschaft mit ihren großflächigen und vordergründig materiellen Projektionen ist da der schlechteste Ratgeber, denke ich.

Tagtraum-Manöver sind eine wunderbare Vorübung auf die wachsende Bereitschaft, sich mit seinem eigenen inneren Ratgeber (viele sprechen auch von ihrem »inneren Führer«) in Verbindung zu setzen. Über den Tagtraum schafft man den Zugang zur Traumwelt insgesamt viel leichter, unkomplizierter und lockerer, als wenn man sich gleich auf die tiefgründige und »erschöpfende« Analyse seiner Nachtträume wirft. Hier ist man dann unversehens erst einmal schnell am *Ende*!

»So ward aus Abend und Morgen der erste Tag«, steht in der *Heiligen Schrift*. Ist damit nicht eindeutig ausgedrückt, daß das *Wesentliche*, die Geburt des Bewußtseins, in der Nacht passiert ist, in der aus feinen Verstrickungen und sublimen Gespinsten unseres Unterbewußtseins das Tagbewußtsein erst langsam heraufdämmert?

Unser Tagbewußtsein ist nur der kleinere, unscheinbarere, sichtbare Teil des Eisbergs Bewußtsein, dessen viel größerer Materieanteil unter der Oberfläche des Tagerlebens, unsichtbar in der Dämonie oder glücklichen Erleuchtung unseres nächtlichen Traumbewußtseins verborgen bleibt. Aber nicht verborgen bleiben muß!

Tagträume sind lebensnotwendig und als ewig fließendes Gleichgewicht unverzichtbares, kreatives Werkzeug des Menschen. Tagträume sind nicht nur geistiges Phantasiegespinst aus überfälligen Tagesresten, die unverdaut wiedergekaut werden, nicht nur ein Quentchen versagter Wunscherfüllung, wie Freud fälschlich meinte, sondern Kompensation und Ausgleich für die so vielfach erlittenen Frustrationen, versagten Gefühle und Emotionen.

Tagträume heißen auch Zielansprache, Sandkastenmanöver im Vorfeld des Tuns, für das der Traum insgesamt wesentliche Handlungshinweise vorliefert, Strategieentwicklung, Simulation, geistiger Vor-alarm, Konditionstraining und Wirklichkeits-Vorerleben in einem. Vorbereitende Handlungsschritte in der Tagtraumphantasie klären auch handwerkliche Phasenabläufe. Konstruktionen werden vorent-worfen, Reden vorgesponnen und vorgesprochen, Erfolge vorgeplant und Belohnungen vorgekostet. Tagträume sind der schöpferische Aus-flug in die unbeschwerte, weil vorausschaubare (übersehbare) *Zu-kunft*. Sie sind kreativer Feuerbogen im Vorfeld der kühnsten mensch-lichen Hoffnungen.

Aber auch in der Reflektion und Bewältigung vorangegangener Er-lebnisse und Seelen-Erdbeben klärt der Tagtraum erlittenen Unbill und Schmach als gerechte Zuteilung für begangene Fehler (und er er-klärt dies sehr genau!); er läutert in Lernprozessen. Der Tagtraum schafft Demut statt Auflehnung; er polt um von der schnöden und fesselnden Äußerlichkeit hochstilisierter Probleme in die stille Einsicht und Einkehr weiser Innerlichkeit!

Unsere auf Leistung und Zuwachs (»Wildwuchs« wäre da schon besser) programmierte Wettbewerbsgesellschaft hat mit *Träumereien*, Phantasien oder Tagträumen wenig im Sinn.

Für »Hirngespinste« ist kein Platz mehr in unserer »verwalteten« Gesellschaft, denn *Träume* lassen sich nicht verwalten. Dabei verken-nen wir, daß ein entwickeltes Phantasieleben nach allem, was die Wis-senschaft heute darüber weiß, ganz wesentlich zu persönlicher *Unab-hängigkeit* und *Souveränität* beiträgt.

Der Traum läßt uns wohl bisweilen in Tiefen und in Falten unseres Wesens blicken, die uns im Zustand des Wachens meist verschlossen bleiben. Er bringt uns so feine Apercus der Selbsterkenntnis, so lehr-reiche Anspielungen auf unsere Schwachheiten, so verklärende und erklärende Enthüllungen halbbewußter Gemütslagen und Stimmun-gen, daß wir erwachend und erkennend staunen über den Dämon und Helfer, der uns in die Karten des Lebens hineinschaut und das ganze, manchmal »abgekartete« Spiel unseres Lebens »durchschaut« und auch vorhersagen kann.

Unser eigenes Leben liefert uns den Code: Die unbewältigten Tages-ereignisse, die gegenwärtigen Lebenssituationen, die widerstreitenden Kräfte des eigenen Ich in abgespaltenen Triebzentren und Wesenhei-ten, unsere Umgebung, die Menschen, mit denen wir zusammenleben oder mit denen wir zu tun haben, die Vorgesetzten, die Mitarbeiter und Kollegen – sie alle erscheinen als Deuter von Vergangenheit, Gegen-wart und Zukunft in unseren Träumen.

Träume eröffnen uns die beste und billigste Studienmöglichkeit über unser eigenes Selbst und die vielen Einzelfacetten unseres widerstreitenden Ichs, mit dem wir regelmäßig im Clinch liegen. In der verschlüsselten und symbolträchtigen Traum- und Tagtraumsprache, die man erlernen kann wie eine beliebige, gar nicht allzu schwere Fremdsprache, bekommen wir Problemlösungen für bedrängende Lebens- und Entscheidungssituationen. *Noch wichtiger aber sind die Hinweise zur Erweckung und Stärkung unserer inneren Möglichkeiten spiritueller Entwicklung und Werdung.*

Für die Entscheidungsmatrix des Handelnden – und wir alle sind ja nicht nur »Handlungsreisende« nach Miller, sondern »handelnd Reisende« – spielt der Traum in vielen Planquadraten ganz neue situative Betrachtungen Ihrer gegenwärtigen Lebensumstände und »Verfolgungen« ein. Die Traumerinnerung klärt Ihre menschlichen Bindungen und deren Wertigkeit. Die buntschillernden Traumstories klären Ihre wirkliche, innere Einstellung zu Menschen und Projekten Ihrer beruflichen Aufgabe, und letztlich – und damit schließt sich wieder der Kreis – bekommen Sie bei methodisch richtiger und systematischer Eingabe von Problemelementen in das Traumgespinst auch wichtige Entscheidungen »zugeträumt«. Und – vertrauen Sie darauf – diese Entscheidungen Ihres Unbewußten sind an Zuverlässigkeit weitaus treffsicherer und beständiger als manch umständlichabstrakte, auf vordergründigen Gewinn angelegte Gedankenkonstruktion, hinter der nur wieder der »Wunsch als Vater des Gedankens« steht.

Ein altes chaldäisches Sprichwort sagt, daß jeder Zustand erst geträumt wird, bevor er sich verwirklicht (verwirklichen kann). Jedes feinstoffliche Urkonzept – und der Traum ist ein solches –, das sich später energiebesetzt oder energiestimuliert auf eine Materialisation zubewegt, muß zuerst einmal gedacht oder geträumt worden sein.

Kurzum: Träume sind Ihre wichtigsten Lebenshelfer und der *Spiritus rector* Ihres Unbewußten. Aber diese Träume wollen ernst genommen werden, sonst stellt die sensible Traumkraft sich erst gar nicht ein, sonst nimmt sie erst gar nicht den Dialog mit Ihnen auf. Nicht ernst genommene Träume »fliehen« und entziehen sich dem Zugriff. Ihre Traumkraft zieht sich sofort zurück, wenn Sie ihr keine Beachtung schenken.

In langen Experimentierreihen habe ich herausgefunden, daß fast 95 Prozent aller Menschen ein lückenloses Traumerinnerungsvermögen entwickeln können (wenn sie wollen und das mit dem geforderten

Ernst und der Gradstufe ihrer spirituellen Entwicklung in Einklang bringen). Zuvor aber muß jeder Traum beachtet und notiert werden, auch das unwesentliche Fragment, auch der banalste »Traumfetzen«. Sonst zieht sich die Traumkraft beleidigt zurück, was sie auch bei mir, einem Profiträumer, schon oftmals getan hat, wenn ich den »inneren Anweisungen« nicht folgte oder mein (seinerzeit noch) dominanter Kopf seine Zustimmung und Gefolgschaft versagte.

Träume kann man nicht deuten wie Kaffeesatz oder Bleigießen! Wehren Sie sich vor allem dagegen, wenn andere Menschen in Ihren Träumen herumdeuten oder herumfuhrwerken wollen, Ihnen allerhand eigene Assoziationen und Projektionen »aufschwatzen« wollen. Das ist der Todesstoß für die Traumdeutung!

Jeder Träumer ist sein eigener bester Traumdeuter! Nur muß er sich ein wenig mit seiner persönlichen Symbolsprache anfreunden, die immer nur im Gesamtzusammenhang des Traums richtig erkennbar ist. Auch müssen Sie sich die Zeit nehmen, um sich mit den Imaginationen immer wieder zu befassen, um Ihre Träume immer wieder zu umrunden und zu umkreisen, sie nachzuerleben, bis sich der Bildgehalt ganz vor Ihrem inneren Auge erschließt.

Wichtig ist, die Stimmungen und Affekte nachzuempfinden. Sie müssen die Rolle Ihres Traum-Ichs bestimmen lernen. Auch die Zeit- und Raumkriterien sind aufmerksam zu beobachten. Zehn Minuten täglicher Beschäftigung mit Ihren Träumen sind das Mindestpensum. Sonst können Sie nicht assoziativ und fabulierend alle im Traumerleben auftretenden Personen, Gegenstände, Objekte, Landschaften und Irrationalitäten empfindungsmäßig umkreisen. Machen Sie sich aber klar, daß Sie damit vielleicht mehr erzielen als durch zwei Stunden angestrengten (und damit verkrampften) Denkens!

Natürlich ist die Fähigkeit, Ihr Traumerlebnis zu »lesen« und zu verstehen, ein Einfühlungs- und Wahrnehmungsprozeß (nicht so sehr eine Gedankenakrobatik), der Aufmerksamkeit und Hin-Wendung verlangt. Da wir jedoch alle Amateurträumer sind, können wir auch alle Traumerkenner-Amateure werden (ich vermeide hier mit Fleiß das Wort »Traumdeuter«). Mit wenigen Vorstudien und dem Besuch weniger Traumseminare, in denen über Tagtraum-Streifzüge, Traumerleben, Traumerinnerung, Traumsymbolik und Traumauslegung experimentell »im eigenen Kopf« erprobt werden, werden Sie in kürzester Zeit befähigt sein, mit den Wachhunden Ihrer Psyche hervorragend umzuspringen.

Zum Schluß noch eine Anmerkung, die unseren kopfbewußten Managern in Deutschland den Angstschweiß auf die Stirn zaubern dürfte: *Management by Intuition* ist ein neuer, in Amerika begründeter Führungsstil mit unverkennbarem Trend zum *Träumen*. Nonkonformistischer Einsatz des Unterbewußtseins spielt hier eine herausragende Rolle.

Der Management-Professor Henry Mintzberg von der McGill-Universität eskaliert seine Auffassung bis zu einem für uns schwer verständlichen Extrem:»Der perfekte Manager ist eine Märchenfigur und ein Träumer vor dem Herrn!«

Er meint damit den obligat übersprudelnden Quell überschäumender Phantasie, die für einen Manager, die für jede Führungskraft angesichts der heutigen großen Herausforderungen unerläßlich ist. Mit den abgestandenen Weisheiten von gestern werden wir die Zukunft nicht mehr zwingen.

Computergestützte Analysen sind seiner Meinung nach nur ein Scheinvorwand zur Verklausulierung längst gefällter Intuitionsentscheidungen, die oft auf sekundärem Traummaterial basieren. Aufgrund der immer ausgeklügelteren und intellektualisierteren Planungs- und Prognosesysteme, die sich auf riesige Datenbänke stützen werden, wäre es bislang anachronistisch gewesen, der »bloßen Eingebung« das *Primat* einzuräumen.

»Diese ›bloße Eingebung‹ aber«, so sagte mir kürzlich einer der führenden Entwicklungs-Konstrukteure aus der deutschen Automobilindustrie, »ist mein lebendiges und wichtigstes Handwerkszeug geworden. Die Denkmaschinen sind tot, – es leben die Träumer und ›Märchen-Manager‹, die ›Verrückten‹, die dann langsam zu den Normalen werden, oder...?«

»Alles, was wir haben« so noch einmal Professor Mintzberg, »Intuition, Traumeingebung, sechsten Sinn und Fingerspitzengefühl, haben wir bisher im Entscheidungs-Management ängstlich totgeschwiegen«. Dabei ist unbestritten, daß sich unterhalb der Schwelle unseres Bewußtseins aus Gesprächen, Erlebnissen, Beobachtungen und Analogieschlüssen (und das ist echte Esoterik), ja sogar aus »Klatsch und Tratsch« (wir würden in der Traumsprache von »Tagesresten« sprechen) ein Konglomerat von *Softinformation* (Computer-amerikanisch – Anmerkung des Verfassers) zusammenbraut, das zum Zeitpunkt der Reife in Form einer Lösung oder eines Warnsignals benutzt werden kann.

Dr. Edgar Mitchell, einer der Mondastronauten, hat sogar das *Institut of Noetic Sciences* zur Intuitionserforschung gegründet und vermarktet seine traumwandlerisch sicheren Erkenntnisse ebenso souverän wie einst. Auch Amerikas unbestrittener Motivationspapst Dr. Ernest Dichter hilft seinen Klienten in Provo im Staate Utah mit seinen *Forecast System* bei der Suche nach potentiellen Schwachpunkten. Manager, Vorarbeiter und Arbeiter werden darüber befragt, was nach ihrem *Gefühl* alles schief gehen kann. Diese Auswertungen sind die beste betriebliche Vorsorge, die es geben kann. Mit einem exakteren, höheren Wahrscheinlichkeitsgrad als alle »hochgerechneten, extrapolierten« Denkergebnisse. Dichter fertigt mit den »Gefühlserlebnissen« dann in klassischer Fehler-Analyse einen sogenannten »Fehler-Baum«. Die Bosse können aus der ausgewerteten Querschnitts-Information die »vorgeahnten« oder »vorgeträumten« Fehler-Risiken herauslesen, Entwicklungen oder Entscheidungen beargwöhnen oder gar gefährden.

Gerade die sogenannten gefährlichen Begegnungen oder Krisenzeiten im Leben, die Ängste entfesseln, alte Erlebnis- und Spurmuster wieder aufbrechen oder revitalisieren und zum ungeschriebenen Gesetz der Furchtsamkeit führen, nivellieren die Entschlußkraft des Menschen, seinen Wagemut und die kreative Entfaltung des intuitiven Wissens. Wieviele Gefahren kommen heute täglich auf Sie zu? Wievielen heimtückischen Attacken anderer Menschen müssen Sie heutzutage im Machtdschungel des Existenzkampfes ausweichen? Mit wievielen unbekannten und ganz anders denkenden Exoten, die Ihnen kalte Schauer den Rücken herunterjagen lassen, haben Sie im täglichen Berufssport zu kämpfen? Warum wachen Sie oft nachts schweißgebadet aus Angst- oder Alpträumen auf, die ja ein deutliches Signal für verdrängte Gefahren und latent schlummernde Ängste aus unbewältigten Situationen sind?

Im realen Leben müssen Sie zu Recht einmal aus Selbstschutz- oder Überlebensinstinkt »kneifen« oder ausweichen. »Ein Mann, der flieht, kann wieder kämpfen«, sagte einst Moltke. Im luziden, das heißt »erlichteten« Traum, der auch gelegentlich mißverständlich als *Klartraum* bezeichnet wird (Anmerkung des Verfassers: Ein Traum wird niemals die wachbewußte Klarheit aufweisen...), wenn Sie also im Traum wissen, was und wie Sie träumen (und das ist an der Schwelle der Somnolenz zum Schlafübergang nach vorangegangener Tiefenentspannung erlernbar oder sogar trainierbar), können Sie der gefährlichen Konfrontation mutig entgegengehen und sich zum Infight und einer handfesten Auseinandersetzung »live« rüsten.

Im Traum kommt ein Tiger fauchend im Dschungel auf Sie zu! Im

Realerleben wären Sie einem Herzschlag nahe und würden ganz instinktiv die Flucht antreten. Anders im luziden Traum: Sie können den Tiger bei seinem Angriff mit halbgeschlossenen Lidern aufmerksam beobachten, um sich sein Aggressionskonzept vom Verhalten her genau einzuprägen. Sie können den Tiger »besprechen«, umstimmen, aufhalten, in ein harmloses Zebra verwandeln, das Ihnen aus der Hand frißt. Sie können mit magischen Kräften Ihren »Traumfreund« anrufen, der den Tiger auf einen geheimen Laut hin in eine schnurrende und liebenswürdige Großkatze verwandelt. Der Tiger kann, ängstlich geworden, einen großen Bogen um Sie herum machen, während Sie mit aufgeladenem Selbstbewußtsein den Triumph Ihrer Suggestionskraft und Unverletzlichkeit auskosten.

. Wenn Sie im luziden Traumgespinst eine bestandene Generalprobe gelenkter Abwehrphantasie hinlegen, dann werden Sie auch im knallharten Tageserleben und -geschehen mit sehr schwierigen Situationen besser und eleganter fertig werden. Sie haben ja im Traum vorgeübt und vortrainiert! Ihrem Unterbewußtsein sind bestimmte Probleme und Konflikte nicht mehr neu, sondern schon bekannt oder gar vertraut. Die Imitationskraft Ihres Bewußtseins holt sich das Lehr- und Anschauungsmaterial aus dem Arsenal Ihrer luziden Traumschöpfungen! Sie werden kühner und sicherer, letzlich sogar *unverwundbar. Sie werden selbstbewußter und standfest!*

Am allerwichtigsten ist, daß Sie den Traum erst einmal nicht mehr als lästiges oder unwertes Abfallprodukt Ihrer Psyche ansehen, sondern als den natürlichen *Ein-Druck* Ihres Doppellebens, das nun einmal aus zwei grundsätzlich unterschiedlichen Bewußtseinszuständen (eigentlich sind es sieben oder zweimal sieben auf verschiedenen, spiegelbildlich verschobenen Ebenen) lebt, webt, besteht und gespeist wird.

Wie ist es um Ihr Lebensschiff bestellt?

Versuchen Sie doch einfach mal den Einstieg in diese uns allen vertraute, die vielgelästerte »Abwesenheits«-Technik, mit der wir jeden Tag unfreiwillig mehrmals operieren. In meinen Seminaren praktiziere ich auch bei Anfängern diese Traum-Vorübung mit großem Erfolg. Auch chronische Traumverweigerer sprechen auf diese Übung fast automatisch an. Absolute Ruhe und Ungestörtheit nach vorangegangener Tiefenentspannung (schon das ist ja für die meisten viel zu »aufgekratzten« und nervösen Menschen ein Problem!) ist die unabdingbare Voraussetzung für den Erfolg. Wiederholen Sie diese Tagtraum-Meditation zweimal pro Woche und machen Sie anschließend sofort Notizen.

Am besten legen Sie sich anfangs flach auf die Erde. Später bewältigen Sie eine solche Meditations-Andacht schon in der klassischen Kutscherstellung des autogenen Trainings. Lassen Sie einfach ohne Absicht und Bemühung – vor allem aber *ohne Willen* – die Bilder kommen. Aber verkrampfen Sie sich nicht in der Erwartung der Bilder. Dann schlägt Ihnen die Traumkraft ein Schnippchen!

Gehen Sie dann mit ganz simplen Menschenverstand und wachem Gefühl an Ihre eigene Tagtraumdeutung heran. Übergehen Sie anfangs die spinösen Irrealitäten und beschränken Sie sich auf das Verständliche, Ihnen Vertraute.

Allein schon der Schiffstyp ist ein Guckloch auf Ihr *Selbstbild*! Denn es geht um *Ihr* Lebensschiff, um Sie selbst und um nichts anderes. Alles andere können Sie mit Ihrem rational ausgefuchsten Tagesverstand und ein paar fleißigen Assoziationsreihen selbst herausschnüffeln. Wetten?

Hier nun die Vorgabe für die gelenkte Tagtraum-Meditation. Am besten sprechen Sie die unten angegebenen Fragen auf Band oder lernen sie auswendig.

Sie – der Träumer – sind ein *Schiff*. Ihre Träume spiegeln den Schiffstyp, eventuelle Betriebsprobleme, Fahrsituationen, Begebenheiten und Schwierigkeiten oder Schönheiten auf Ihrem Schiff wider.

Stellen Sie sich folgende Fragen und meditieren Sie darüber:

Was für ein Schiff bin ich?
Ein Motorschiff?

Ein Segelschiff?

Ein Kriegsschiff?

Ein Passagierschiff?

Ein Ozeandampfer?

Ein Frachtschiff?

Ein Tanker?

Ein Ruderboot?

Eine Fähre?

Eine Barkasse?

Ein Rettungsboot?

Ein Kajakboot?

Oder was sonst für ein Typ?

Wie ist die augenblickliche Wetterlage auf meinem Lebensmeer?

Sonne, Regen, bewölkt, aufziehender oder abflauender Sturm?

Wie ist meine Besatzung?

Wie laufen die Maschinen? Komme ich zügig voran?

Auf welchem Kurs ist mein Schiff? Welches Ziel visiere ich an, wohin will ich?

Wer ist mein Reeder oder der Eigentümer des Schiffs?

Wo will ich noch anlegen? Welche Häfen beabsichtige ich noch anzulaufen?

Gibt es irgendwo Betriebsprobleme auf meinem Schiff?

Rostige Stellen oder die Gefahr eines Lecks?

Wer steht auf meiner Kommandobrücke?

Macht das Schiff noch gute Fahrt?

Hatte ich einmal eine Havarie?

Welche anderen Schiffe habe ich auf der Fahrt getroffen?

Wie ist die Stimmung an Bord?

Sie können diesen Fragenkatalog noch beliebig erweitern. Oder auch ganz spezifische Fragen anhängen, wenn es Ihnen um die »Belichtung« eines besonderen Lebens- oder Betriebsproblems geht.

Sie *selbst* sind also das Lebensschiff! Sind Sie vielleicht mit einem Motorboot unterwegs? Dann ist Ihr Energiepotential in direkter Getriebeübersetzung – realistisch – gut am Werken, aber auch Ihr emotionaler Erlebnishunger groß und lebhaft. Machen Sie gar einen Ausflug, eine Vergnügungsreise oder quetschen Sie sich, wie einst ein Seminarteilnehmer mit einer Gondel, immer dicht an der Havarie durch gurgelnd ölige Schlammassen in winzigen und stinkenden Kanälen von Venedig an Gefahren vorbei?

Aufgewühltes und verschmutztes Unterbewußtsein mit einigen Verdrängungen übervorteilter Geschäftsfreunde, Balancieren auf gefährlichen Klippen gerade noch seriöser Geschäfte war später die eigene, ganz leicht überkommene Deutung dieses Mannes.

Er träumte übrigens einige Wochen später eine Wiederholung des Traums mit einer fast identischen Kulisse, mit gleichen und ähnlichen Geräuschen, nur daß es an einer ganz engen Kanalstelle bei einem Ausweichmanöver einen *crash* gab.

Dieser vorgeträumte *Zusammenstoß* war ein Nachträumen, ein nachgeträumtes Warnsignal, denn am Tage darauf hatte unser forscher und ehrgeiziger Manager einen Zusammenstoß mit seinem Abteilungsleiter, der ihm frank und frei eröffnete, daß er zu einem vom Träumer fest zugesagten Liefertermin, der in Wirklichkeit niemals einzuhalten sei, nicht stehen, eine solche Zusage nicht verantworten und eine solche Manipulation einfach nicht ertragen könne.

Ein Tagtraum hatte diese Warnungssequenz eingeleitet und unserem Träumer unmißverständlich zu erkennen gegeben, daß er »schmutzige« Geschäfte mit zuschnürenden Verengungen (Kanalstelle) machte. (Die winzigen Kanäle in Venedig mit sich zum Himmel gegeneinander neigenden verfallenen Häuserfronten!)

Sind Sie »Owner« eines Segelschiffs und fahren Sie mit vollgesetzten Segeln in steifer Brise, dann machen Sie »Lebensfahrt«! Sie stehen in günstiger Konstellation für die Verwirklichung Ihrer Vorhaben und Pläne. Haben Sie aber die Segel gerefft, dann herrscht »Flaute« in Ihrer Lebenssituation, wobei ein gebrochener Mast kürzlich einmal eine »gebrochene« Hoffnung symbolisierte und deutlich umschrieb: Der Träumer war durch eine erhoffte und nicht eingetretene Beförderung am Arbeitsplatz deprimiert und »schipperte« nun ohne Kurs und Antrieb auf seinem »Berufsmeer« herum, ohne einen sicheren Hafen vor Augen zu wissen.

Das »vor Anker gehen« ist spezifisch mit begleitenden Aspekten im Gesamtbild des Traums zu sehen und hat überwiegend positiven Hintergrund: Stille und Ruhe kündigen zumeist neue Aktivitäten, neues »Auslaufen« an, die Entstehungsphase neuer Pläne und Verwirklichungen.

Ein »verhinderter« Choleriker befuhr kürzlich ein Torpedoboot, ein streßgeplagter Abteilungschef strauchelte auf der kleinen Treppe zur Kommandobrücke immer wieder und verstauchte sich dabei einen Fuß! Können Sie sich darauf einen Reim machen? Das ist eigentlich nicht so schwer.

Er sah am großen Ruder seines Schiffes immer andere Menschen, die er im Tagtraum nicht identifizieren wollte oder konnte. Andere »drehten« eben an seinem Lebensrad! Er war zum Handlanger anderer degradiert. Auch wurde ihm von einem Maat gemeldet, daß alle Torpedos verschossen seien. Kampfunfähig also. Eine vertrackte Situation!

Unser Freund hatte sein Pulver »verschossen«. So schien es ihm dann auch selbst in der Erkennung, und wir imaginierten gemeinsam in einem späteren Tagtraum eine Lösung aus diesem Dilemma: Er näherte sich nicht kriechend von unten, sozusagen »heranrobbend« der Kommandobrücke seines eigenen Schiffs, sondern schwebte einfach fliegend, von oben kommend, auf der Kommandobrücke ein. Mit markigem Donnerruf forderte er das Steuer, bekam es auch und hielt es dann fortan »mit Sicht auf einen beweglichen, abgepaßten Kurs« fest in der Hand!

Sein cholerisches Temperament war offensichtlich auch durch den Typ des »kleinen Kriegsschiffs« trefflich und charakteristisch gekennzeichnet worden, was bildlich für »Aufregung« und »Auseinandersetzung« steht, auch Unheil im Gefolge haben kann. Man kann verwundet werden oder gar in Gefangenschaft geraten.

In sybillinischen und chiffrierten Andeutungen gibt jeder Traum verfremdete, aber zumeist doch vage bis sehr deutliche und absolut sichere Hinweise, in welcher Richtung sich Aggressionen austoben werden und mit welchem Erfolg. Auch die unausbleiblichen Konsequenzen werden vom Tagtraum in bunten und plastischen Bildern gezeichnet. Das Traumgeschehen besitzt dabei eine so läuternde und aufrüttelnde Eingebungskraft, vermittelt so viel Initiatisches, daß der Träumer förmlich gezwungen ist, vollbewußt, auf »Gegenkurs« oder auf »Ab- oder Umrüstung« zu schalten.

Ein Frachtschiff kann Belastung oder Ballast bedeuten. Schwere des Lebens und der Lebensbewegung, aber auch Gütererwerb, Zugewinn, »Überfrachtung«, Transportgeschick (hohe Belastbarkeit). Lexikalisches Deutungsbemühen führt *niemals* in die persönliche Symbolebene des Träumers hinein, führt nie zu eindeutigen Aussagen, sondern die Symbole sind immer im Traumkontext mit den abhängigen Ambivalenzen und Polaritäten zu betrachten.

Die persönlichen Traumsymbole können sich – und diesen Schabernack treiben sie oft – von Traum zu Traum unfreiwillig verändern! Und plötzlich meinen sie dann etwas ganz anderes als bisher.

Die auftauchenden Symbole müssen *immer* auch an den Merkmalen und dem Randabfall der Tagesreste genau überprüft und einsortiert werden. Verzwackt ist eben, daß das gleiche oder ähnliche Symbol in zwei verschiedenen Träumen des gleichen Träumers eine ganz andere Bedeutung haben kann, bei verschiedenen Träumern sogar eine gegenpolige Bedeutung.

Gerade das macht die Tagtraumdeutung – wie überhaupt die gesamte Traumerkennung – zu einem individuellen, für einen anderen Menschen kaum nachvollziehbaren mikrokosmischen Morsesystem der Seele auf dem Informationsweg zur Lebenserfüllung.

Ein ausgelaufener Tanker (sprich energieverlustig gegangener Mensch) mußte sich kürzlich auf hoher See reinigen. Damit war eine Denkpause gemeint. Sein Unterbewußtsein mußte »geklärt« werden in einer persönlichen Angelegenheit, die Energie für den Beruf abgezapft hatte, wobei auch synonym im Anschauungsverlauf noch deutlich wurde, daß dieses »Ausgelaufensein« Ratlosigkeit in der Situation neuer vorgedachter Entscheidung war.

Zur Wetterlage als dem atmosphärischen Symbol der gegenwärtigen Lebenssituation braucht sicher nichts angefügt werden. Das spricht einfach für sich, denn mit dem Wetter kann schließlich jeder Mensch umgehen; letztlich kreisen 30 Prozent aller Gespräche und Unterhaltungen um das Wetter!

Die Besatzung kann familiär, von der sozialen Umweltsituation, vom Freundeskreis (der viel »besetzt« hält), von Arbeitskollegen und Vorgesetzten her anvisiert werden.

Der Kurs ist die Zielsetzung, die »rostigen Stellen« im Schiffsrumpf zumeist seelische Korrosionen oder Schadstellen an der psychologischen Takelage des Träumers. Über die Individual- oder Fremdlenkung (auch »Fernsteuerung« gibt es da häufig) haben wir schon gesprochen. Die Havarie (siehe Beispiel) spricht für sich, und die Begegnungssituation auf hoher See oder in irgendeinem Hafen zeigt Beobachtungs-Intensität, Kommunikationsfähigkeit, Bereitschaft zur Begegnung schlechthin. Das, was da kreuzt, passiert im weitesten Auslegungsfeld spezifischer Konfrontationen, von der »unheimlichen dritten Art« angefangen bis zu nichtssagend alltäglichen Begegnungen ohne Stellenwert. Da wird einfach nebensächlich Unbewußtes aus dem Tagerleben nachgeschleppt und zu Traumgirlanden verarbeitet.

Die wenigen hier angeführten Beispiele mögen deutlich machen, wie über diese fundamentale Lebensschiff-Übung wertvolle und entscheidende Hinweise für die vom Unterbewußtsein autonom gesehene Lebenssituation eingespielt werden. Darüber hinaus »scheint« auf, welche Handlungsalternativen gegeben sind. In erneuten »Kreuzfahrten« können diese Spielräume ausgeweitet, vorerprobt und durchexerziert werden. Diese Tagtraumerprobung ist wichtige Lebenspraxis mit ganz realem Hintergrund und wirklichkeitsnaher Zukünftigkeit!

Versuchen Sie nicht, nach Ihrer ersten Tagtraumreise die Qualität Ihrer Bilder einer besonders kritischen Prüfung unterziehen zu wollen. Da phantasieren manche in Cinemascope-Format, in Breitwand, in Supercolor oder in mattem Schwarzweiß, manche in altmodischem Sienabraun wie auf vergilbten Radierungen. Manche sehen ganze Kolossalszenen wie bei Cecil de Mille in Hollywood; manche haben nur einen Guckloch-Ausschnitt oder nur schemenhafte Schatten und Lichtspiele auf ihrer inneren Mattscheibe. Vergleichen Sie nicht und werten Sie nicht! Alles, was da kommt, kommt zuerst einmal aus *Ihnen* selbst, ist kein fremdes Machwerk, keine wie auch immer geartete Manipulation, sondern Eigenproduktion von *Ihnen*, von niemand anderem. Alles, was da zu leben beginnt, hängt mit Ihrem Leben, mit Ihrer Psyche, mit Ihrem Da-Sein zusammen und mit nichts anderem.

Das macht die unvergleichliche Exklusivität des Traums aus! Nehmen Sie alles ernst, was da passiert. Es sind die Winkelzüge, die verkappten Eigenheiten, die Schrullen, die kaum vernarbten Verletzungen Ihrer Seele, die sich da melden in bewegten oder fixierten Bildern. Es sind die Energieblockaden, die Kraftdurchflüsse hemmen und zu statischen Fehlentwicklungen Ihrer inneren Haltung werden. Schauen Sie genau hin, beobachten Sie genau, sezieren und verinnerlichen Sie genau, dann wird der gelenkte Tagtraum zu einem immerwährenden Schöpfungsquell Ihres an Kreativität überreichen Lebens.

Träumen mit offenen Augen ...

Träume sind lebenswichtig für ihre geistige Gesundheit!

> »Ist nicht etwa das ganze Leben ein Traum? Oder bestimmter: Gibt es
> ein sicheres Kriterium zwischen Traum und Wirklichkeit, zwischen
> Phantasmen und realen Objekten? Das allein sichere Kriterium zur Un-
> terscheidung des Traums von der Wirklichkeit ist in der Tat kein anderes
> als das ganz empirische des Erwachens, durch welches allerdings der
> Kausalzusammenhang zwischen den geträumten Begebenheiten und
> denen des wachen Lebens fühlbar abgebrochen wird.«
>
> Arthur Schopenhauer

Tagträume sind ewig hochsteigende Energieblasen aus unserem Unterbewußtsein, die unablässig wie Kohlensäure aus dem Meer uner-
schöpflicher Phantasie hinaufperlen. Die Forschung hat herausgefunden, daß wir alle paar Minuten so einen Aufglucker aus der Innenwelt
unserer Sinnesreize hochsteigen fühlen, der uns der Wirklichkeit entrückt, eben verrückt träumen läßt. Diese Phantasieeskapaden dauern
jeweils nicht länger als vierzehn Sekunden, die kleinsten etwa zwei bis
drei Sekunden. Rechnet man das hoch, so ergeben sich bei einem
Wacherleben von sechzehn Stunden erhebliche, wenn auch unterbro-
chene Tagtraumzeiten.

Glauben Sie nun noch immer, vollbewußt und wach zu leben? Ver-
weist diese perlende, quellende Schöpfungskraft ewigen Phantasierens
nicht unsere vorherrschende Auffassung, daß unser Verstand, die Ratio und die intellektuell hochgejubelte Vernunft im Wachzustand ob-
siegt, in die Welt der Fabel? Sehen wir uns doch nur die abwesend
starrenden, wie verklärt oder träumerisch dreinblickenden Menschen
unserer Umgebung am Tage wirklich wachen Auges einmal an. Wir
stellen fest, daß mehr als die Hälfte aller uns zugesellten Menschen
irgendwo auf einem flüchtigen Trip einer Seelenwanderung sind, die sie
uns weltenfern entreißt.

Beobachten wir uns doch einmal selbst: Planetenfern dringt gelegentlich die Stimme eines anderen Menschen an unser Ohr. Wir haben
Mühe, uns bewußt werden zu lassen, was derjenige eigentlich gesagt
oder gemeint hat. Weil wir in der Innenwelt unseres geistigen Speichers
gerade eine phantastische Kapriole geschlagen haben, um uns aus der

erdrückenden Wirklichkeit einer bedrängenden Situation unterbewußt zu befreien.

Was ist eigentlich die heutzutage verpönte Phantasie, die im Zweckbereich des rational-linearen menschlichen Denkens zu einer suspekten Abnormität geworden ist? Phantasie kommt aus dem Griechischen und heißt soviel wie Vorstellung. Ich stelle etwas vor mich hin, einen aufkeimenden geistigen Impuls, eine Idee. Indem ich eine Idee vor mich hinstelle, stelle ich sie räumlich zugleich aus dem Intuitionsbereich der Gegenwart in die Zukunft. Denn ich stehe ja hinter der Idee, hinter der Phantasie, raumzeitlich also in der Vergangenheit.

Wir sprechen deshalb soviel von Phantasievorstellungen; sie sind der äußeren Welt unserer Wirklichkeit entflohen, sie stammen aus der Schatzkammer unserer inneren Erfahrungswelt. Die hunderttausend verschiedenen Sprachen der Wahrnehmung von Sinnesreizen, die einer unendlichen Mutationskette von winzigsten Informationspartikeln gleichen, werden bildhaft anschaulich in Illusionen oder Phantasien ermalt zu wechselnden Bildern. Diese Bilder rauschen plötzlich vor der krachledernen Wirklichkeit unseres wahrnehmenden Verstandes wie ein Fernsehspot, wie ein Minitrickfilm vorbei, um die öde Nachrichtensendung unseres Wachbewußtseins ein bißchen aufzumöbeln und zu unterbrechen. Hochgeschwemmt werden diese Hohlräume unserer Phantasie, von denen die meisten, kaum wahrgenommen, spukhaft an der Oberfläche in der bewußten Wahrnehmung wie buntschillernde Seifenblasen zerplatzen, aus den tiefen und tiefsten Seelenschichten irrationaler Wünsche und assoziativer Strebung, die Freud als das Urmaterial, als den Stoff, aus dem die Träume sind, angenommen hat.

Woraus nun setzt sich dieses Material zusammen? Aus Gefühlen und Affekten, die keine Existenzchancen in unserem Leben bekamen. Aus unbewußten Wünschen und Erwartungen, die keinen Resonanzboden fanden. Aus Leid und Freude, aus Erfahrung, die nicht nach außen dringen konnte, aus Protestschreien gegen Vergewaltigung von Gefühlen, die weggeputzt wurden, als lästiger Ballast und unnütze Reflektionen, die bei der täglichen Arbeit und der Logik stören. Alles dies sind Sendungen aus der Welt des unwirklich Wirklichen, einer anderen Vorerfahrungswelt, in die unser dreidimenionales Bewußtsein nicht einsteigen kann. Unüberwindliche Kommunikationsbarrieren trennen uns noch immer von der kosmischen Vieldimensionalität eines aufgefächerten Allbewußtseins, das gelegentlich wie eine fremde Flaschenpost an die Ufer unserer Wahrnehmung angespült wird.

Sigmund Freud hat die Frage nach unseren Wach- und Tagesträumen, mit denen wir von unterkühlenden, realistischen Wirklichkeiten immer wieder abheben in fremde Wolkengebilde, in seinem Aufsatz *Der Dichter und das Tagträumen* (1910) trefflich umrissen. Freud sagte: »Man darf sagen, der Glückliche phantasiert nie, nur der Unzufriedene. Unbefriedigte Wünsche sind die Triebkräfte der Phantasie, und jede einzelne Phantasie ist eine Wunscherfüllung, eine Korrektur der unbefriedigten Wirklichkeit.« Wie grausam, karg und unzulänglich muß also unsere Wirklichkeit sein, wenn sie solch ein Feuerwerk von Phantasiekaskaden zum Ausgleich der polaren Spannung braucht. Tagträume sind als gaukelnde Hoffnungsschimmer von lebensrettender Bedeutung. Tagträume sind unerläßlicher seelischer Respons auf eine nackte Wirklichkeit, deren Brutalität alleine das zarte Federkleid unserer Seele ausrupfen würde. Tagträume sind Wachphantasien, die uns also bei vollem Bewußtsein erreichen und aus diesem Grund auch bewußt zu steuern sind. Sie bleiben unverschlüsselt und sprechen im Klartext. Langwierige Deutungen bleiben uns erspart.

Der Traumzugang wird deshalb über die Schneise der Tagträume erleichtert, weil auch die Abreaktionsfunktion zu einem seelischen Befreiungsakt und positiv empfunden wird.

Wir können unausgelebte Aggressionen, deren Verdrängung zu negativem DIS-Streß führen würde, im Tagtraum unkontrolliert wüten und toben lassen. Wir können unblutige Morde inszenieren, furchtbare Verschwörungen anzetteln, grausame Foltern ausdenken, erotisches Lusterleben suggerieren, es bis zu inzestuösen oder sogar sadomasochistischen Aktivitäten ausweiten, ohne Gefahr zu laufen, entdeckt zu werden. Der ganze Höllensturm unserer Schattenseiten kann losbrechen, ohne daß es zu Konflikten oder peinlichen Auseinandersetzungen kommt. Das ganze Kartenhaus ängstlich gehüteter Konventionen kann zusammenstürzen, ohne daß die bürgerlich weiße Weste auch nur einen winzigen Fleck bekommt.

Tagträume können prophylaktisch Leistungen und Erfolge vorprogrammieren, Tagträume können immensen psychischen Gewinn ausschütten. Wir können einsame Machtdemonstrationen unserer Großherrlichkeit zu schauerlich monströsen Revolutionen ausweiten. Wir können befehlen und unterwerfen, Machtgelüste austoben und kompensieren oder dekompensieren, was aus dem Überdruckkessel unserer Psyche auch immer entweichen oder neu angefeuert werden will.

Die positiven Erwartungsausströmungen im Sinne des Hinträumens, Vor-Sehens, des Aufgebens sind Staustufen für ausstehende Tätigkeiten und Handlungen unseres Wachbewußtseins, mit denen wir unsere Schwächen ausgleichen und kupieren. Ewig fließendes gleichgewichtiges Phantasiegespinst und Traumerfüllung, ewiger Friede, Ursehnsucht verzweifelten Menschseins ist raumerfüllte Wirklichkeit im Tagtraum.

Tagträume sind der schöpferische Ausflug in die unbeschwerte, weil vorausschaubare und manipulierbare Zukunft. Sie sind kreativer Feuerbogen im Sternenfeld der kühnsten menschlichen Hoffnung. Aber auch in der Reflektion und Bewältigung vergangener Erlebnisse und Seelenerdbeben klärt der Tagtraum erlittenen Unbill und Schmach als gerechte Zuteilung für begangene Fehler; er läutert in Lernprozessen. Der Tagtraum schafft Demut anstatt Auflehnung, und er polt um, weg von der schnöden Äußerlichkeit hochstilisierter Probleme in die stille Einsicht weiser Innerlichkeit.

Das häufigste Thema der Tagtraumtätigkeit, so sagt der amerikanische Psychologe Leonard Giambra, ist die persönliche Leistung. Typisch für diesen Themenkreis sind Wachträume, in denen sich die Männer ausmalen, wie sie ihren Chef im Betrieb oder im Büro schon die lange gesuchte Lösung eines besonders prekären Problems präsentieren, wie sie unüberwindlich scheinende Schwierigkeiten geschickt aus der Welt schaffen oder wie sie sogar unter Einsatz ihres Lebens eine ganz besondere Leistung vollbringen, zum Beispiel ein Kind vor dem Ertrinken bewahren. Leistungsphantasien haben also eine deutliche Vormachtstellung; oftmals geht es aber auch in der Rangfolge der Häufigkeit um Besitz oder Machtansprüche des Tagträumers.

Tagträume kommen nicht nur bei besonders phantasiebegabten Menschen vor, sondern ebenso auch bei denjenigen, die nur über eine relativ geringe Einbildungs- oder Vorstellungskraft verfügen. Zu den alleine für den Tagtraum typischen Merkmalen gehören folgende: Tagträume sind Wachphantasien, sie treten spontan, also unaufgefordert in Erscheinung; anders als die Schlafträume können sie willentlich hervorgerufen und dann weitgehend gesteuert werden.

Jerome Singer sagt, daß phantasievolle und einfallsreiche Menschen offensichtlich viel leichter in der Lage sind, ihre spontanen Impulse und aggressiven Anwandlungen bewußt im Zaum zu halten.

Notorische Gewalttäter, so fand eine Untersuchung heraus, zeichnen sich in psychologischer Hinsicht vor allem durch ihre mangelhaft ausgeprägte Phantasie und Vorstellungskraft aus. Zu vergleichbaren Ergebnissen kam der New Yorker Psychologe Leonard Goldberg, als er eine größere Gruppe seelisch gestörter Kinder untersuchte. Wie er herausfand, äußern sich derartige Störungen bei phantasiereichen Kindern gewöhnlich weit weniger aggressiv als bei ihren einfallsarmen Altersgenossen. Das läßt die Vermutung aufkommen, daß Phantasiereichtum aggressive Verhaltenweisen weitgehend hemmt, dagegen ein einfallsarmes Innenleben ihr Vorkommen begünstigt.

Wenn wir uns die Bilderwelt eines Ludwig Richter ansehen oder gar die Phantasmagorien eines Ernst Kirchner – und die Liste wäre endlos fortzuführen –, dann erahnen wir, daß die Welt früher voller Wunder und Märchen war, zum Bersten angefüllt mit inneren Visionen, hypnagogen Bildern und den schönsten Träumen, gegen die sich die in vielen meiner Seminare erhobenen »Steno«- oder »Telegramm«-Träume gelegentlich *arm* ausnehmen. Vor wenigen Jahren druckte eine englische Tageszeitung noch regelmäßig Träume ab, die präkognitiv die Ergebnisse von Pferderennen voraussagten. Was heute das computergebastelte Vulgär-Sonnenhoroskop ist, das waren früher die Träume in laienhafter, aber doch zugewandter Betrachtung.

Kompensatorische Leistungsphantasien obsiegen in der Themenrangliste des Tagträumens. Wir sind eben viel besser und tüchtiger, als es die anderen wahrhaben wollen. In Tagträumen fällt uns auch spielend leicht ein, was wir dem Chef eigentlich bei diesem verzwickten Gespräch über die Gehaltserhöhung sagen wollten, das uns aber trotz zermürbenden Nachdenkens während des Gesprächs einfach nicht in den Sinn kam. Krampft der Kopf, schließt das Unterbewußtsein die Schotten und zieht sich vor so viel Ignoranz der Verstandesdiktatur beleidigt zurück. Genauso ist es übrigens auch mit der Traumkraft, die verhöhnt, bespöttelt, beleidigt, bekrittelt, beargwöhnt einfach ihr Bündel packt und auf Urlaub geht. Es kann dann Wochen dauern, bis die Friedensverhandlungen wieder anlaufen können, damit die Traumkraft erneut in ihrer Heinzelmännchen-Werkstatt unseres Unterbewußtseins an die Arbeit geht. Die Traumkraft ist ein Mimose!

Es gibt keinen bestimmten Code, es gibt auch kein Schema für Tagträume. Das ist ja gerade der großartige Irrwitz, daß sich der Traum der kategorisierenden wissenschaftlichen Vermarktung, der alleswissenden Forschung listig zu entziehen weiß. Deshalb ist der Traum ja gerade der Verächtlichmachung und den Schmähungen der klassischen Psychologie anheimgegeben, die sich hier genarrt und verulkt findet, weil sie mit ihrem Schubkästchen- und Beweisdenken vor dem Traum einfach kapitulieren muß. Das ist vielleicht der größte Dank überhaupt, den wir dem Traum als sublimem Hochgewächs feingesponnener Seelenkultur abstatten können.

Wichtig ist immer der psychische Gewinn solchen Abseilens aus dem Tagesstreß. Es tritt eine echte Erholungs-Regression ein; die Seele schöpft sozusagen wieder Luft im stickigen Denkdunst des verräucherten Büros und schlägt sekundenlang eine kleine Befreiungsschneise in den dunklen Wald der fürchterlichen Denkakrobatik. *Träumen Sie weiter – »unsichtbar« für Momente am Arbeitsplatz.* Schnellerer Antrieb oder Antritt nach einer solchen Sekundenpause wird der Lohn sein, weniger Adrenalin im Blut und weniger Übersäuerung ihres empfindlichen Magens, der ja schließlich die Wohnstatt ihrer Träume ist. Von dort steigen sie zumindest auf, um sich in den Gehirnwindungen ihres Kopfes zu unglaublichen Abenteuern zu verabreden.

»Jage einen halben Tag einem vergessenen Traum nach«, sagte W. Wordsworth und wollte damit andeuten, daß wir unsere Tagtraumperlen vor die Säue unserer eigenen Vergeßlichkeit werfen. In der uralten chinesischen Weisheitslehre findet sich eine schöne Parabel:

Einst träumte Dschuang Dschou, daß er ein Schmetterling sei, ein flatternder Schmetterling, der sich glücklich fühlte und nichts wußte von Dschuang Dschou. Plötzlich wachte er auf: Da war er wieder wirklich und wahrhaftig Dschuang Dschou. Nun weiß ich nicht, ob Dschuang Dschou geträumt hat, daß er ein Schmetterling sei, oder ob der Schmetterling geträumt hat, daß er Dschuang Dschou sei, obwohl doch zwischen Dschuang Dschou und dem Schmetterling sicherlich ein Unterschied ist.   Dschuang Dsi

Entspannungs-Programmierung

Denke jetzt an etwas Schönes, an etwas Beruhigendes, an etwas Heiteres, an etwas Leichtes. Vielleicht liegst du auf einer Sommerwiese, kuschelst dich so richtig in das warme Gras hinein und schaust in die ziehenden Wolken. Du gibst ihnen deine Gedanken – wenn sie dir noch einfallen – gleich mit. Keine Idee überfällt dich, keine Vorstellung bedrängt dich.

Du fühlst dich ganz ruhig und harmonisch. Tief verinnerlicht. Du fühlst deine Lebensmitte. Du spürst dein Ich – deinen Herzschlag!

Dein Atem geht ganz ruhig. Du liegst ganz locker und entspannt.

Du fühlst dich wohl. Pudelwohl! Du fühlst dich gelöst. Die Wolken ziehen langsam an dir vorüber. Alle Aufmerksamkeit entgleitet dir. Du schmilzt zu einem einzigen Punkt deines konzentrierten Bewußtseins zusammen.

Jede Zelle deines Körpers wird in diesem Augenblick von Ruhe und Frieden getränkt. Und wenn immer noch Gedanken oder Gefühle auftauchen, so wehre dich nicht. Laß alles ganz leicht und zwanglos durch dich hindurchfließen.

Tiefe Ruhe fließt in dein Bewußtsein. Ruhe fließt auch in dein Nervensystem. *Ruhe* durchströmt deinen ganzen Körper! Du bist in voller Harmonie mit deiner Umwelt! Du bist völlig zufrieden mit dir selbst. Du liegst genau am richtigen Platz in diesem Weltsystem. Du lebst und schöpfst geistige Kraft. Mit jedem Atemzug strömt sie in dich ein! Du bist ein helles, strahlendes Wesen, in völliger Harmonie mit dem Leben, ein Kind des Kosmos.

Dein Körper liegt ganz locker und entspannt auf einer Sommerwiese. Du spürst die Wärme der Erde unter dir. Und ihren Duft! Du spürst die Wärme der Sonne auf deinem Körper. Du fühlst die Luft auf deiner Haut.

Dein rechter Arm fühlt sich nun locker und gelöst. Dein rechter Arm strömt angenehm warm. Dein linker Arm fühlt sich locker und gelöst. Dein linker Arm strömt angenehm warm. Dein ganzer Körper fühlt sich ruhig und harmonisch. Dein Herz schlägt ganz regelmäßig und ruhig. Es *atmet* dich. Die Stirn ist hell und klar. Dein Atem wird immer tiefer und tiefer. Der Leib strömt angenehm warm. Ruhe und Harmonie fließen in dich ein.

In dieser Ruhe verweilst du. In dieser Ruhe bist du geborgen. In dieser Ruhe bist du aufgehoben. In dieser Ruhe bist du bei deinem Schöpfer. Seine Kraft strömt in dich ein. Seine Eingebung lenkt dich und deinen Körper. Sein höherer Wille läßt dich gesunden. Jetzt und in diesem Augenblick. Im Schoß des Kosmos bist du gut aufgehoben. In dir ist tiefer Frieden. Tiefer *Frieden*. Tiefer Frieden. Du warst dir noch nie so nahe... Du bist in dir, *du bist*!

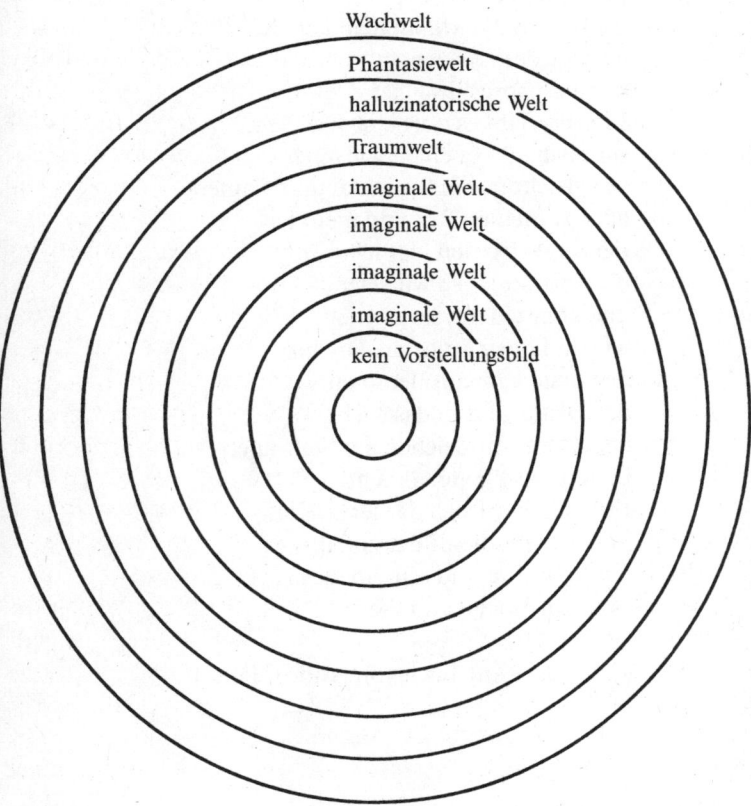

Die Holo-Bewegung. Welten in Welten.

(Aus: Gerald Epstein: *Wachtraumtherapie*, Verlag Klett-Cotta, Stuttgart

Mir träumte

Mir träumte, ich sei versunken,
tief im Chinesischen Meer,
versunken nur, nicht ertrunken
und Lärm kam von Süden her.
Das waren die Insekten,
die bauten die Mandelbaumstadt,
worin jedes Lebewesen
seine Entsprechung hat.
Für dich gibt es dort eine wie dich,
für mich gibt es einen wie mich,
der gleicht mir in Schicksal und Namen
der hat meinen Ruf und mein Ich.
Da fragte ich den, der ich war,
ob er wisse, wozu wir seien,
und er erwiderte sorgsam,
wir sind der Zweite aus Dreien,
der Erste kam aus dem Feuer,
der Dritte geht in das Licht,
der Zweite im Zeichen der Schwäne,
besitzt das zweite Gesicht.
Ihm offenbart sich der ferne Klang,
ihm werden die Bilder zuteil.
Erwache nun und schreib dies als Lied,
es sei dir Bogen und Pfeil.

(Aus dem Notizbuch von André Heller)

Wachphantasien gestalten die Wirklichkeit!

Die Phantasie muß wieder an die Macht kommen

Phantasie ist der Raum, in dem Geist vor der Realität flieht.
Norman MacKenzie

Wir haben die phantasieloseste Gesellschaft seit Menschengedenken! Alles ist ausgefuchst auf kausal-logisches Denken, auf rationale und beweiskräftige Argumente. Es wird diskutiert, schon an den Schulen mit den Lehrern (höchst überflüssigerweise). »Discutere« heißt »auseinandersetzen«. Man setzt sich auseinander, nicht zusammen. Man entfremdet sich. Die zungengewaltigen Rechthaber beherrschen das Feld. Rhetorik – einst Sprechkunst im antiken Athen – ist im Manager-Kauderwelsch zu einer rabulistischen Farce entartet. Alles – *selbstredend* – unter dem Primat des allgewaltigen Verstandes, des geschärften Intellekts, der klaren Logik. Wir sind Monster an Sachlichkeit und Nüchternheit geworden, seit das linkshemisphäre Denken über alle Lernformen zu einmaliger Blüte hochgejubelt wurde. »Alles Denken hängt mit Wortemachen zusammen; das Wortemachen hängt zusammen mit Sprechen, das Sprechen hängt zusammen mit Kieferbewegung. Nun aber bewegt sich der schwere, schlaffe Unterkiefer *nicht*, und dann hört das Wortemachen auf und damit endlich das Denken.« (Felix Riemkasten)

Wir sind eine Sprechgesellschaft geworden, aber längst keine Denkgesellschaft mehr. Das eigentliche Denksprechen ist entartet zum Sprechdenken, denn leider funktioniert dieser Regelkreis auch umgekehrt. Wir reißen habgierig (um Aufmerksamkeit) den Mund auf, beginnen zu plappern; der überwältigte Atem muß notdürftig nachholpern und eine kleine Luftsäule aufbauen. Über die Rückkoppelung geht nun im Gehirn eine ganz kleine Funzel an und bringt Energie in den Heizstrom unserer Gedanken. Jetzt endlich – nach vielleicht einem halben Dutzend leerer und gefaselter Sätze – schießt der erste wirkliche Gedanke ein. So ist das! Niemand hat mehr Zeit zum Zuhören. »Zuhören«, verdolmetschte mir einmal ein Cambridge-Professor und schmunzelte dabei vielsagend: »Wissen Sie, jedes Volk hat die

63

Sprache, die es verdient, und schafft sich die Wortbedeutung, die zutreffend ist!«

»Wie meinen Sie das?« fragte ich arglos. »Ja, nehmen Sie doch das Wort *zuhören* und schauen Sie es sich einmal genau an«, und dabei machte er eine vielsagende Geste, in dem er mit beiden Händen seine Ohren zudeckte. Ich hatte verstanden: »*Hinhören* müßte es heißen«, sagte er begütigend. »Zum anderen hin, um wirklich dessen Aussage aufzunehmen, um sich in den Hintersinn einzufädeln.«

Dieses Beispiel des beständigen Wischiwaschi und Aneinandervorbeiquatschens hat mich tief berührt, weil damit der fast grausame, materielle Egoismus, dieser Aufputz unseres raffenden vordergründigen Ichs mit all seinem Machtstreben und seiner Dominanzsucht gekennzeichnet wird.

Alles kommt von »überzeugen«, diesem Lieblingswort der deutschen Sprache, das für mich einen bedrohlich-aggressiven Unterton besitzt. Wer mich zu überzeugen trachtet, will mir seine geistige Zeugung, seine Meinung, seine Perspektive, seine Auffassung einfach überstülpen wie einen Kartoffelsack. Dagegen wehre ich mich. Dagegen wehren doch auch Sie sich – oder?

Diese geknechtete Spezialisierung auf das linkshemisphäre Denken in logischen Sequenzen und formaler Rationalität ist schuld daran, daß wir den Untergang der Phantasie und Kreativität beklagen. Aber am Horizont zeichnet sich zum Ausgang unseres Jahrhunderts eine Zeitenwende an, die das Land des Lächelns, nämlich *Phantasien*, wieder in die Renaissance bringt. Das Ausmachbare, Greifbare, Diesseitige, Gegenständliche, mit dem sich *alle* befassen, hat an Reiz und Faszination verloren. In der Gedanken dürrer Kühle wachsen nur noch Plastikblumen und Wegwerfartikel, zu denen bald auch die Menschen gehören. Der riesenhafte Erfolg von Michael Endes *Unendlicher Geschichte* und *Momo* hat gezeigt, daß wir uns alle nach etwas Unendlichem, Unbegreifbaren sehnen, ohne daß wir es konkret ansprechen können. Von der geradlinigen Autobahn vertikalen Denkens bewegen wir uns mit einer archaischen Unausweichlichkeit wieder auf die schmalen Waldwege phantasievollen Fabulierens zu.

»L'imagination prend le puvoir« stand im Mai 1968 an der Universitätsfassade in Paris: »Phantasie an die Macht«, und es scheint, daß dieser Aufschrei nicht ungehört verhallt ist. Die hosiannagleich angebeteten Wirklichkeiten und Realitäten unseres modernen Lebens zerfallen langsam zu Staub und Asche. Hinter den prachtvollen Fassaden des veräußerlichten Lebensstandards werden gähnende Langeweile und Überdruß, Verweichlichung und moralischer Verfall sichtbar. Die Sirenenklänge alles Kaufbaren sind in ächzende Mollakkorde von Resignation und Sattheit umgeschlagen. Man hat den Spaß an der Freud verloren. So sind schon viele Kulturen untergegangen, wenn sie sich nicht in letzter Minute zu einer Umkehr und Besinnung auf die inneren Werte entschlossen haben.

Daß die Phantasie und damit ihre wichtigste Urerscheinung, der Traum, mittlerweile wieder einen höheren Stellenwert bekommt, ist an vielen Erscheinungen abzulesen. Auch auf der Kinoleinwand, dieser gigantischen Ersatz-Breitwandbühne für die ungelebten Träume der Menschen, vollzieht sich ein deutlicher Kurswechsel zu irrationalen Fiction- und Fantasy-Produkten. »Mit dem Film verfügt die Gesellschaft über das beste Instrument, um die Welt der Träume, der Emotionen, des Instinkts auszudrücken«, sagt der großartige spanische Regisseur Luis Bunuel. »Der schöpferische Mechanismus der filmischen Bilder ist in seinem Ablauf unter allen menschlichen Ausdrucksmitteln dasjenige, das am meisten an die Arbeit des Geistes während des Schlafs erinnert.« Eine ganz andere Funktion hat jedoch das Fernsehen auf die menschliche Psyche, was ich später noch beleuchten werde. Mit dem *Krieg der Sterne* haben die Flimmerausflüge und Expeditionen in das Weltall angefangen; jetzt werden ganze Phantasiereiche, Zwischenwelten und Höllenschlünde aufgetan, um der bibbernden Seele (wie im Alptraum) klarzumachen, daß es neben Schwarzbrot und Cola auch noch andere Nährstoffe für die hungrig-durstige Seele gibt, deren unbefriedigte Wirklichkeit am Ausdörren war.

Wir sehen es an den unzähligen Buchveröffentlichungen über Träume, Phantasie und Kreativität, wir sehen es an Theaterstücken und der Götterdämmerung des Bayreuth-Spektakels, dem Wiederaufleben des Parsifal-Kults, der Wiederauferstehung E.T. Hoffmanns und an vielem anderen. Auch Märchen sind wieder zu Bestsellern geworden, und ganze Märchen-Anthologien aus aller Herren Länder zieren den Buchmarkt und geben ihm ein neues Phantasiegefälle.

Der breite, anarchische Strom der Phantasie ist wieder in Fluß geraten und schwappt steigend über die lange genug abgegrenzten Ufer der Vernunft. Aus dem *homo sapiens* wird langsam wieder der *homo phantasticus*, als der der Mensch einmal begann, angewiesen auf die Überfülle der in ihm wohnenden natürlichen Kreativität, die heute zweckdienlicher Gedankenzirkelei gewichen ist.

Die Träumer dürfen also Hoffnung schöpfen. Auch die esoterische Neugierde und das Wiederaufleben okkulter Praktiken, das Haschen nach parapsychologischen Sensationen sind ein beredtes Zeichen, daß uns allen die Realität zum Halse heraushängt und wir zu einer Völkerwanderung in das Land unserer Träume aufbrechen. War es einmal der *stream of consciousness*, wie Jerome Singer den einen Strang der elektrischen Impulsversorgung für das Gehirn nannte, dann ist es jetzt der *stream of pictures*, der die Arterie unserer seelischen Zweikreis-Selbstversorgung endlich wieder in Gang setzt.

Entziehen wir dem Menschen das Trommelfeuer sinnlicher Außenreize und sperren ihn in eine dunkle, schalldichte Zelle, dann nähert er sich endlich seinem vergessenen Normalzustand, dem »Verrückt-Sein«: Die geordnete, klassifizierte Normalwelt stürzt ein, und die Visionen der unterdrückten, aber auf die große Chance lauernden Wirklichkeit blasen zum Generalangriff. Die menschlichen Schatten veranstalten auf der inneren Leinwand ein furioses Pandämonium und die tollsten Visionen werden »inneres Dasein«! »Sensorische Deprivation« nennen das die Psychologen.

Im Tagtraum nun bekommt dieser *stream of pictures* gleichsam seine »Phantasie-Hamburgers«, mit denen der erste Appetit auf Denkentlastung zugunsten von emotionaler Aufräumungsarbeit gestillt wird.

Die Ethnologen sagen, daß archaische Menschen mit offenen Augen träumen können. In uns allen steckt verschüttete und zugekleisterte Ur-Erfahrung, so daß wir von diesem »Trick« öfter Gebrauch machen als uns lieb ist. Je höher die rationalen Anforderungen an unsere Gedächtnis- und Denkmaschine sind, um so öfter koppeln wir ab. Betrachten Sie doch einmal mehrstündige Konferenzen und beobachten Sie die »abgeschalteten«, überforderten Gesichter, hinter denen sich längst Endes »Unendliche Geschichten« in Eigenregie abspielen, ohne daß noch ein Funken Aufmerksamkeit in der Szene wäre. »Auf Tauchstation gegangen« sagen wir im Volksmund. »Ich muß mal abschalten« sagen andere und meinen damit, daß sie wie Prof. Piccard mit ihrem Seelenunterseeboot auf Tauchstation gehen, um die bunte und üppig wuchernde Meeresflora ihres eigenen Unterbewußtseins zu bestaunen und sich daran zu ergötzen. »Aussteiger«, so haben Sprachforscher festgestellt, ist 1986 das beliebteste Modewort der deutschen Sprache gewesen. Gibt es ein zuverlässigeres Indiz für die überkochende Lustlosigkeit des Erlebens in dieser formalisiert-verbeamtet-erstarrten Welt? Denn »aussteigen« heißt, den Zug verlassen, abspringen, sich nicht mehr auf demselben Gleis einfach weiterfahren lassen; leben, nicht gelebt werden, der eigenen Intuition folgen und der inneren Stimme zuhören.

Nach einer gewissen Zeit schlägt das Pendel immer wieder in der Gegenrichtung aus. Aus der gleißenden Tageswirklichkeit hinaus wollen wir nun eintauchen in das mysterienhafte Dunkel der Nacht- und Schattenseite unseres Lebens, in das Dämonium unserer Unnatur. Traumdeuter haben Hochkonjunktur, Seelentröster und Neurosenflikker auch. Überfallen werden wir von einer Flut von Symbolen, die wir leider nur noch ebensowenig verstehen können wie die Bedeutung der Liturgie in der Kirche. Schließlich haben die Kirchen ihre Schäfchen nur deswegen verloren, weil sie ihre Rituale selbst nicht mehr verstehen und deshalb auch nicht sauber zelebrieren können. Über diese »Bodentruppe« des lieben Herrgotts schafft es der Heilige Geist schon lange nicht mehr, in die Herzen der Menschen zu dringen.

Tagtraumübung

Hol dir Antwort aus deinem Unterbewußtsein!

Setze dich auf einen Stuhl mit möglichst gerader Rückenlehne und gehe in die bekannte Ruhe- oder Meditationshaltung. Konzentriere dich ausschließlich auf deinen Atem und schwinge dich ein in den gleichförmigen, natürlichen Rhythmus dieser Lebenspumpe. Laß keinen anderen Gedanken zu und konzentriere dich allein auf das Wort *Stille*. So wird alles um dich herum bald still, und du kommst in eine wohlige Entspannung und leichte Trance.

Du stellst dir vor, du sitzt an einem stillen Gewässer, an einem ruhigen Bergsee, umrahmt von mächtigen Bergen, die sich auf der ruhigen Wasseroberfläche widerspiegeln. Du kommst an diesen See der Erkenntnis, um an die Quellen und Zuflüsse deines eigenen Lebens zu kommen. Der See lockt dich zum Bade, aber du möchtest ja nicht nur an der Oberfläche schwimmen, sondern tiefer gründen. Dafür kannst du dir eine komplette Taucherausrüstung mitnehmen, vom Schnorchel angefangen bis zum Taucheranzug oder gar einer Taucherglocke oder einem kleinen Unterseeboot.

Du bist gut und sicher ausgerüstet und kannst nun auf den Grund deines Sees tauchen. Langsam sackst du tiefer; es wird immer dunkler, aber du hast einen eigenen kleinen Scheinwerfer und kannst alles sehen. Was siehst du? Was entdeckst du alles? Präge es dir in jeder Einzelheit genau ein. Laß dich ganz von diesem Zauber der Unterwasserflora und -fauna einfangen – und beobachte!

Dann siehst du plötzlich auf einer glatten Sandbank auf dem Grunde des Sees ein geschriebenes Wort. Du paddelst näher, um es zu erkennen. Jetzt kannst du es lesen. Dieses Wort bezeichnet das, was dich von der Erfüllung einer wichtigen Lebensaufgabe abhält. Sieh dir das Wort genau an. Hinterfrage seinen Sinn! Frage dich, was es dir sagen will, und überlege dir, was du damit anfangen kannst.

Wenn du lange genug überlegt hast und zu einer Erkenntnis gekommen bist, kannst du langsam wieder ans Auftauchen denken. Du hast einen Ventilschlauch an deinem Taucheranzug mit einem roten Ziehgriff, den du jetzt zum Auftauchen betätigst. Langsam entweicht Ballast aus deinem Anzug und anfangs unmerklich, später dann jedoch immer schneller, steigst du höher und höher. Du siehst, wie es immer heller um dich herum wird und wie du langsam der Wasseroberfläche entgegenschwebst.

Und plötzlich bist du wieder oben und erkennst dich im »See der Erkenntnis«. Ein Ruderboot wartet auf dich, das dich wieder ans Ufer zurückbringt. Du machst jetzt einige tiefe Atemzüge und weitest dein Bewußtsein wieder ganz in deinen Körper aus. Du spürst die Muskelkraft in deinen Gliedern, die auf jede Bewegung gehorchen. Du räkelst und entspannst dich, wälzt dich etwas nach rechts und nach links und öffnest dann langsam wieder die Augen!

Die sechs Schichten der Person

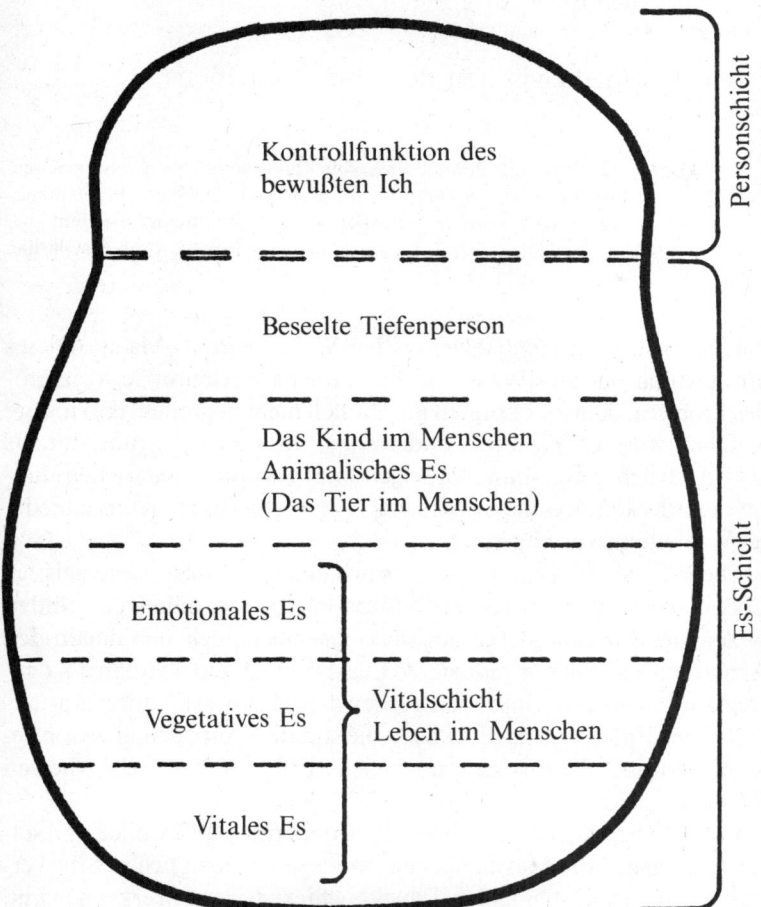

Kontrollfunktion des bewußten Ich

Personschicht

Beseelte Tiefenperson

Das Kind im Menschen
Animalisches Es
(Das Tier im Menschen)

Emotionales Es

Vegetatives Es

Vitalschicht
Leben im Menschen

Vitales Es

Es-Schicht

Traum oder Wirklichkeit?

Über das Spiel zwischen Bewußtseinsebenen

> Das träumende Bewußtsein ist neben all seinen anderen Funktionen ein Instrument der *Befreiung*; es kann die konventionellen Wahrnehmungsmuster aufbrechen und neue Formen des Bewußtseins freisetzen.
>
> Alan McGlashan

Alle unsere Probleme entstehen aus dem Verkennen der »Maya«. Dieses hinduistisch-buddhistische Wort bereitet uns Westeuropäern ein großes Problem, denn wir können und wollen nicht begreifen, daß unsere Netzhautwirklichkeit nichts anderes als Illusion ist. Darüber hinaus auch noch den weitgespannten Bogen eines gesamten kosmischen Konzepts entdecken zu wollen, übersteigert dann gar erst recht unser biederes Vorstellungsvermögen.

Die Welt als Illusion indes stellt uns auf eine ganz andere geistige Ebene, in keinen manifesten, sondern in einen ständig wechselnden Bezug des Miteinanderverflochtenseins, aber auch der dauernden Austauschbarkeit. Wir reduzieren uns damit auf ein achtbares Körnchen im kosmischen Getriebe, brechen den Machtwahn unseres attackierenden Ego-Ichs und blockieren die ständige Aufrüstung dieser Legionärstruppe, die uns zu immer mehr Erfolg und Ansehen hetzen möchte.

»Maya« bedeutet »Täuschung, Illusion, Trick«. Wir wollen und sollen nicht gegen die Maya angehen, sondern uns lediglich mit ihr verbünden und sie als Dunstnebel eines Nichtexistierenden erkennen und durchschauen lernen. »Man muß sich eines Tages mit seiner Einsamkeit anfreunden. Wenn du ihr einmal in die Augen geschaut hast, verändert die Einsamkeit ihre Farbe, ihre Qualität; sie schmeckt dann völlig anders. Sie wird zur All-Einheit! Dann ist sie nicht mehr Isolation; sie ist Alleinsein mit dir selbst. Isolation birgt Unglück; All-Einheit weitet sich zu Glückseligkeit aus«, sagt Bhagwan.

In der Natur gibt es kein Problem. In diesem Chaos einer unbegreiflichen Scheinordnung gibt es im Flußprinzip des Werdens und Vergehens mystische Gesetzmäßigkeiten, die wir nicht ergründen können (sicher auch nicht sollen, denn sonst könnten wir ja, worum wir uns nach Leibeskräften bemühen, in das Schwungrad der Schöpfung korrigierend eingreifen). Wir werden in diesem Kampf gegen die Natur *immer* unterliegen. Die Alternative heißt: Mit der Natur zusammen siegen. Das ist auch wiederum das Geheimnis des Gesund-Werdens!

Der Kosmos denkt gar nicht daran, unseren heißen Bemühungen um die Erkenntnis einer physikalischen oder philosophischen Weltordnung, einer abgegrenzten Begriffsfassung von Wirklichkeit oder Traum auch nur im geringsten entgegenzukommen, denn in ihrer Genialität mogelt sich die Welt an jeder Ordnung vorbei (weil sie sich unauffällig und für uns nicht wahrnehmbar selbst ordnet) und entzieht damit unserer Wissenschaft den gesamten Untersuchungsboden, indem sie ständig narrt und uns an der Nase herumführt. So ist das nun einmal mit den verschiedenen *Wirklichkeiten!*

Wir dürfen uns, wir dürfen all die Konventionen, in deren Dorngestrüpp wir immer wieder hängenbleiben und uns blutig kratzen, wir dürfen die Institutionen und die »große Ordnung« nicht allzu ernst nehmen und uns selbst damit verwechseln! Das Wort *Wirklichkeit* ist ein Absurdum, ein Paradoxon, eine Hilfsbezeichnung, eine Spiegelung unseres Geistes, die mit der eigentlichen Realität nichts zu tun hat. Wer träumt und seine Träume beobachtet, wer seinen Zweitkörper abspalten kann (um Astralreisen zu unternehmen, die die Fortgeschrittenenstufe der luziden Traumtechnik darstellen), der ahnt und weiß, wie schnell eine Wirklichkeit in eine andere Wirklichkeit umwechseln kann und wie austauschfähig sie ist. Denn einen Traum erleben wir ja so plastisch, so wahrheitsgetreu, so lebendig und mit vollem emotionalen Engagement (ja noch weitaus lebendiger und dynamischer als in der Wachwirklichkeit), daß er für uns in der Phase des Träumens *die einzige, in diesem Moment verfügbare und annehmbare Wirklichkeit darstellt*, hinter der alle anderen Wirklichkeiten, auch die des Aufwachens, erst einmal stark verblassen.

Die Mystiker haben sicher recht, wenn sie folgern, daß der Traum nur eine Verlängerung des Schlafes auf einer anderen Wirklichkeitsebene darstellt und die Welt nichts anderes ist als ein Traum, aus dem wir nie erwachen.

In unseren Träumen passieren so viel unmögliche Sachen, so skurrile Dinge, so unglaubliche Begebenheiten, die gar nicht »wirklich« sein können, meinen die Realisten. Wer aber sagt uns zweifelsfrei, daß diese Dinge nicht auf einer anderen Ebene *doch* existieren und genauso vorstellbar sind wie das, was wir uns auf unserer Netzhaut von der anderen Tagwirklichkeit vor-stellen? Der Traum sagt es uns, denn der

Traum ist in uns, er kommt nicht von irgendwoher, niemand hat ihn uns in den Kopf gesetzt oder hineinsuggeriert. Er ist unser Machwerk, er ist unsere Innenspiegelung, er ist *unsere* Sprache aus einer anderen, wesentlich üppigeren und kosmisch angelegten Dimension, in der der Mensch Schwingungen bekommt und das ganze Weltall durcheilen kann. Andere Wirklichkeiten sind unabhängig davon, denn jeder Mensch trägt eine andere Maya, eine andere Täuschung, eine andere subjektiv gefärbte Wirklichkeit in sich. Wir haben kein Anrecht darauf, daß uns der andere versteht! Wir verstehen uns ja selbst noch nicht einmal!

Was sagt denn nun unsere Wissenschaft zu diesen Wirklichkeitsverschiebungen auf ungewohnten Realitätsebenen? Jeder Gegenstand sendet eine Art elektromagnetischer Wellen aus, die in einem bestimmten Rhythmus, nach einer Frequenz, von unserer Netzhaut aufgenommen werden. Neben den lichtempfindlichen Zellen unseres Auges wirkt speziell in unserem Sehapparat ein phantastischer Biocomputer, der diese Millionen und Milliarden Signale blitzschnell in chemisch-elektrische Impulse umcodiert und an die Sehrinde im Gehirn weiterleitet. Hier entsteht das eigentliche, virtuelle, das heißt scheinbare Bild, das aber keineswegs mit dem tatsächlichen übereinstimmt. Das ist der Treppenwitz unseres Sehens! Es gibt nämlich gar keine Gegenstände, gar keine Farben, kein Licht, keine Bewegung, sondern nur elektromagnetische Wellen von ungeheurer Auffächerung und sublimer Differenzierung, aus denen wir uns »unsere Welt« vorstellen, das heißt, vor uns hinstellen, womit wir und niemand anderes die Verursacher unserer Wirklichkeit sind. Nehmen wir jetzt noch den Selektionsinstinkt hinzu, dann sieht an einem Gegenstand, den wir einem Dutzend Menschen zur Betrachtung und Schilderung vorlegen, *jeder* etwas spezifisch anderes, was auf ihn den größten Eindruck macht.

Um das noch mit einem praktischen Beispiel zu untermauern: Vor einiger Zeit war ich eingeladen, zusammen mit Psychologen, Verkehrsrichtern, Staatsanwälten, Polizisten und Ärzten einige Filme von Verkehrsunfällen anzuschauen. Jeder mußte anschließend berichten, was er gesehen hatte. Auf diese Weise sollte die subjektive Auslegungsvariante eines bestimmten Falles erkannt und dann unter Experten ausdiskutiert werden. Das Ergebnis?

Es gab so viele unterschiedlich und teils sogar widersprüchliche Unfallhergangsschilderungen wie anwesende Personen. Jeder sah etwas anderes. Einige sahen Radfahrer in den Unfall verwickelt, die nie auf der Leinwand erschienen waren. Viele sahen Autofarben anders, verwechselten männliche und weibliche Tatbeteiligte, phantasierten völlig neue Randbedingungen in den Ablauf hinein... Es gab nichts, was es nicht gab. Und was stellte sich dann letztlich heraus?

Jeder hatte aus seinem eigenen geistigen Speicher etwas in den Film gemixt, was ihm *angelegen* war, womit er selbst Probleme hatte oder gehabt hatte. Diejenigen, die einen nichtexistenten Radfahrer in der Unfallverwicklung entdeckt hatten, waren selbst einmal in ein Unfallgeschehen mit einem Radfahrer verstrickt gewesen. Die Männlein und Weiblein vertauscht hatten, hatten mit dem jeweilig erkannten Geschlecht selbst ein erkennbares Trauma. Jeder fühlte sich an seinem eigenen verletzlichsten Punkt getroffen. Dies war nun die *objektive* Sicht, wie wir dazu großkopfig sagen würden. *Es gibt keine Objektivität!* Es gibt nur eine sich ständig verändernde Wirklichkeit, die wir in der Momentaufnahme einer bestimmten Sicht herausfiltern können zu einem Bild, das schon beim Betrachten wieder der Vergänglichkeit anheimgefallen ist.

Und da kämpfen die Menschen nun verbissen um ihr Recht (was auch nur wieder eine kodifizierte Wohlverhaltensklausel zur Unterdrückung freier Gefühle darstellt) und fertigen sich ein Recht (ein subjektives natürlich) indem sie sich »rechtfertigen«. Und was passiert letztlich – um beim Beispiel des Verkehrunfalls zu bleiben? Der Herr Richter fällt Recht aus dem Puzzle von Tatbestandsaufnahme, Aussagen von Verteidigern, Staatsanwälten und Zeugen, Beweisstücken und vielem mehr, wie *er* es sieht. Er kann es nicht anders sehen, und die anderen sehen es wieder anders. Und damit »fällt« er wirklich manchen Unschuldigen. Können wir in diesem glänzend inszenierten Betrugs- und Täuschungsspiel der Maya überhaupt noch etwas ernst nehmen?

Unser Gehirn kann nicht mehr als fünfzig Imformationen pro Sekunde verarbeiten. Dann streikt es und ist überfordert. So können wir mit unserem Gucklochblick keine kleinen oder winzigen Strukturen und auch keine weit entfernten Situationen klar erkennen.

Die wesentliche »Wirklichkeit« dieser Welt beginnt aber erst unter dem Elektronenmikroskop, wenn wir entdecken, daß zum Beispiel in einem Kubikzentimeter Sauerstoff nicht weniger als 27 Trillionen Moleküle herumschwirren, die in einer Kette hintereinander zwanzigmal um den Erdball reichen würden? Können wir das sehen? Wissen wir nun endlich, wie wenig wir sehen, wie viel wir uns »einbilden« und daß wir uns letztlich in nichts anderem aufhalten als in einem riesigen Phantasie-Tivoli, in dem täglich die Kulissen wechseln?

Wir werden also buchstäblich ganz schön »hinters Licht« geführt. Seit Einstein sind sowieso unumstößliche Gewißheiten ins Wanken gekommen, als die herkömmlichen Raum- und Zeitvorstellungen als relativ erkannt wurden. Und genau das haben wir ja auch im Traum, der mit verschiedenen subjektiven Zeiterlebnisebenen arbeitet und ebenfalls die totale Aufhebung des Raum-Zeit-Kontinuums zum Meisterstück seiner hohen Kunstfertigkeit macht. Das erklärt letztlich auch die Möglichkeit von präkognitiven Träumen, mit denen die Zukunft die Vergangenheit einholt. Das erklärt auch, warum wir in Sekundenabfolgen Geschehnisse aus einer Kette von Jahren erleben können und sich Sekunden im Traumerleben zu Horrorstunden ausdehnen können, aus denen es kein Zeitentrinnen mehr zu geben scheint.

Wie sagt Calderón de la Barca: »Der König träumt, er sei ein König, und tief in diesem Traum versenkt gebietet er und herrscht und lenkt, und alles ist ihm untertänig. Doch es zerstört sein Glück der Tod, der ihn zu wecken immer droht. Wen kann die Herrschaft lüstern machen, der weiß, sie schwindet beim Erwachen?«

»In den Quantensprüngen des menschlichen Bewußtseins ist die Auflösung des Todesraumes die schwierigste Erfahrung«, sagt Dr. Joy in seinem Buch *Wege der Erfüllung*. Diese tiefste und wichtigste Erfahrung aber proben wir mit dem Schlaf (*thanatos*), dem Bruder des Todes, dessen Schwester der Traum ist. Jede Nacht proben wir diesen Tod, dieses Bewußtseinschwinden und den Übergang in andere Bewußtseinswelten feinstofflicher Natur. Schlaf und Traum helfen uns, die übersteigerte Identifizierung mit unserem Körper aufzulösen und zu transformieren. Es ist egal, in welchem Bewußtseinszustand wir uns de facto jetzt eben befinden, denn der Verlust des einen wie anderen ist absolut bedeutungslos, weil unsere Seele *immer* lebt, durch die verschiedenen Ebenen hindurch.

In der Rumpelkammer unserer »gewöhnlichen« Realität können wir nicht im Wachbewußtsein den tieferen und wertvolleren Teil unserer wirklichen, gottverwobenen Seinsheit entdecken. Auch nicht in Büchern und Romanen und schon gar nicht im Fernsehen. Das Außen wirkt wie ein makabres Zerrspiegel-Kabinett auf einem Rummelplatz der Gefühle: Mal sehe ich mich wie eine aufgedunsene Tonne, mal sehe ich mich wie ein Geißbockstecken. Wer bin ich nun eigentlich wirklich?

In jedem Fall ist unser Leben etwas Vorausgeträumtes, etwas Vorgeträumtes, etwas Erträumtes und Durchträumtes. Das ganze Spiel, das wir mit verbissenem Ernst als Auseinandersetzung gestalten, hängt überhaupt nicht mit der Wirklichkeit zusammen, sondern nur mit un-

Erlebnis-stadien	1	2	3	4	5	6	7	8	

Bewußtseinszustände

C. Überwache
B. Normal-wache
A. Unterwache

Grenze des Bewußtseins

Nullpunkt des intellektuellen Faktors

Höhepunkt des aktuellen Faktors

überwach ▲

Nullpunkt des aktuellen Faktors.

unterwach ▶

Grenze des Bewußtseins

Kurvenbeschriftungen: mystisch — allgemein – mystisch — exaltiert – mystisch — Aneignungsakt — Zustimmungsakt — Billigungsakt — für richtig erklären. Reine Denkvorgänge.

Rechte Spalte:
- Tod / Erstarrung
- Außersichsein (Ekstase. Nirwana)
- Entrückung (Exaltation)
- Entzückung (Exzitation)
- Hellwachsein
- Überwachsein
- Verschiedene Stufen des Normalwachseins
- Träumerei
- Angespannter Schlaf
- Traumschlaf / Tiefschlaf
- Tiefe Hypnose / Absinken des Bewußtseins
- Tod / Erstarrung

seren Illusionen, mit unseren Erwartungshaltungen, mit unseren Vorstellungen und Fixierungen, dieses oder jenes unbedingt zu brauchen oder bekommen zu müssen. Haben wir es dann, ist es uns nur noch ein Achselzucken wert, und wir stolpern weiter im Hamsterrad des Samsara, dieses unheilvollen und wahrhaft todbringenden Kreislaufs, der das Ergebnis unserer selbstfrustrierenden, übergeschäftigen Aktivität ist. Das ist nichts anderes als das Sichsträuben und nicht Wahrhabenwollen des ewigen Kreislaufs von Geburt zu Tod. Wir wollen die große Gesetzesmäßigkeit des Kosmos nicht anerkennen, die zumindest im Stirb- und Werdeprinzip einen wichtigen Eckpfeiler für das menschliche Leben gesetzt hat.

Wir kämpfen immer mit unserem eigenen Schatten und sehen in ihm den großen Lebensfeind. Das ist das untaugliche Problem, mit dem wir uns völlig unnötig herumschlagen und das uns wie eine rollende Lawine von hinten überrollt und eines Tages erschlägt. Erst das Nirwana des Buddhismus erlöst uns davon. Auf den christlichen Glauben übersetzt sollte das »Mit-dem-Vater-Einssein« im intentionalen Erleben ebenfalls die Befreiung von Maya bedeuten, die der Herr uns in einem ergreifenden Akt der Selbstaufgabe vorgelebt hat.

Liefern wir uns dem Traum in anfänglicher Absichtslosigkeit und völliger Hingabe aus, zeigt er uns etwas von der Ungeheuerlichkeit des Lebens und auf der Kehrseite etwas von dem wahren Erlösungselysium dieser Welt. Er testet uns gleichsam vor und richtet seine Botschaften qualitativ auch nach dem erreichten Grad unseres spirituellen Bewußtseins aus.

In diese Welt des nackten Lichts sind wir schlafend und träumend hinübergedämmert. Vom Schlaf und Traum sind wir dann langsam in das Leben hinein »aufgewacht«. Und wir treten auf gleichem Wege den Rückzug an, wenn wir eines natürlichen Todes sterben. Im mikrokosmischen Sinne vollzieht sich dieses Schauspiel auf einer kleineren Spielbühne an *jedem* Tag unseres Lebens. Damit vollziehen wir eine Wellenbewegung unseres Bewußtseins, die uns einschwingen läßt in einen der vielen kosmischen Rhythmen, zu denen auch der Traum gehört. Können wir ihn deshalb überhaupt übersehen und mißachten?

»Der Traum ist die kleine verborgene Tür im Innersten und Intimsten der Seele, die sich in jene kosmische Urnacht öffnet, die Seele war, als es noch längst kein Ichbewußtsein gab, und die Seele wird, weit über das hinaus, was ein Ichbewußtsein je wird erreichen können«, sagt C.G. Jung. (Werke 10, 168)

Wir sprechen immer nur von *einem* Körper (und meinen damit den physischen), wir sprechen immer nur von *einem* Bewußtsein (und meinen damit das Wachbewußtsein) und verkennen doch, daß wir weitaus genialer, weit vielschichtiger angelegt sind, als wir es wahrhaben möchten. Es gibt insgesamt vierzehn verschiedene Bewußtseinszustände. Diese Bewußtseine (und es ist typisch für unsere Sprache, daß der legitime Plural hier schon fehlt) teilen sich in drei Kategorien auf, in das Normalbewußtsein, das Unbewußte und Überbewußte. Wenn wir nun das Normalbewußtsein noch einmal unterscheiden nach

überwach,
denkwach,
wach,
halbwach,
somnolent,

dann haben wir die Bewußtseinszustände zusammen, die sich im kybernetischen Regelkreis in der Erstarrung des Todes wieder treffen. Der Tod ist also über zwei Wegrichtungen zu erreichen, über den höchsten Grad der Erleuchtung als befreiende Erlösung, besser Ablösung; er ist auch umgekehrt über die Zwischenstufe des Komas, das auch noch ein Bewußtseinszustand ist, im gefürchteten Aushauchen des Lebens und dem Verlust unseres physischen Körpers zu erlangen.

Gehen wir ruhig davon aus, daß wir uns am Tage überwiegend im halbwachen bis wachen Zustand aufhalten und schon sehr selten (nur bei gesteigertem Interesse und hoher Sinnesreizwirkung) den denkwachen oder gar überwachen Zustand erreichen. Überwiegend dämmern wir – teils wenig präsent oder gar abwesend – im halbwachen Zustand dahin. Das verbraucht weitaus weniger Energie, und bei der heutigen permanenten Überforderung legen wir ganz instinktiv den »Schongang« ein, um den Energieakku in »teilnahmslosen« Situationen wieder aufzuladen. Richtig schläfrig – das heißt somnolent – werden wir nach dem Mittagessen, wenn der Verdauungstrakt das Blut aus dem Kopf herauszieht und die Augendeckel plötzlich bleischwer werden. Dies ist ein von mir bevorzugter Zustand für die »hypnagogen« Bilder, jener Vorstufe des Träumens, bei der wir erst einmal farbige Schlieren, Kreise, tanzende Punkt und sich schnell verändernde Formen auf der Netzhaut sehen, die sich dann schon zu einer Art von »Stilleben«-Bildern verändern. »Hypnose« kommt von Schlaf und »agogos« heißt »führend«. Wir werden uns später noch einmal mit diesen Bildern befassen.

In diesem stufenlosen Bewußtseinsgetriebe unterscheiden wir nun nochmals Gehirnstrom-Rhythmen, die das vereinfachter erkennen lassen: Von hoher schöpferischer Potenz ist die *Sinnenphase (32 bis 64 Hertz)*.

In dieser Gehirnstrom-Geschwindigkeit erfolgt die Gestaltwahrnehmung; da kommen die Einfälle oder »big chunks« wie es Bentof formuliert. Hier sind wir schon in der ersten Stufe des Überbewußtseins, in dem geniale Eingebungen kommen. Mozart hat selbst geschrieben, er habe alle seine Symphonien gleichsam »in einem Moment« geschrieben. (Er meint damit, daß der Zeitfaktor aufgehoben war im subjektiven Empfinden und der »schöpferische Wurf« überzeitlich entsteht). In der *Wachphase (14 bis 30 hertz)* – hier sprechen wir von sogenannten *Beta*-Wellen – läuft unser normales Tagesbewußtsein ab, das als wache Aufmerksamkeit bezeichnet werden kann, die uns zu überlegtem, kalkulierbarem und adäquatem Tun anleitet. Auch die meisten Reflexionen (Nachschaubetrachtungen) werden in diesem Zustand gemacht. Wenn man also in der Außenwelt »hängt« – und das tun die meisten –, wenn man vernunftvoll denkt, ein Fußballspiel verfolgt oder einen Geschäftsabschluß macht, dann produziert man *Beta*-Rhythmen. Aus diesem Frequenzbereich herauszukommen, ist für die meisten Menschen gar nicht so leicht, weil wir uns unentwegt »am Riemen reißen« müssen und es uns relativ selten am Tage erlauben können, in das sogenannte *Alpha* abzusacken, in die *REM-Phase (7 bis 14 Hertz)*.

Alpha-Rhythmen erscheinen in der Regel schon, wenn man die Augen schließt und sich über ruhiges Atmen und meditative Besinnung ruhig stellt. Das ist der für die Traumarbeit erstrebenswerte Zustand, in dem wir mit Vorübungen, Tagtraumreisen und Imagination experimentieren. Natürlich tauchen wir dann bei entsprechender Trance, bei kreativer Visualisation und provozierten Visionen und Tagträumen gelegentlich bis in die *Visionsphase (4 bis 7 Hertz)*, die mit den *Delta*-Rhythmen gleichzusetzen ist.

Wenn der Mensch wach, aber unaufmerksam oder abgelenkt ist, wenn er tagträumt, dann kullert er zwangsläufig ab in die *Alpha*-Phase. Der Kortex wird relativ inaktiv, das Gehirn produziert nur noch auf »Sparflamme«, die Tapetentüren zum Unterbewußtsein öffnen sich langsam, wir treten ein in neue Quellräume unseres Inneren, die wir viel zu wenig aufsuchen, weil sich hier die eigentliche Musik unseres kommunikativen Radiosymphonieorchesters abspielt, dessen Resonanzboden für die Schwingungen dieser Welt der Mensch ist.

Aus Forschungen wissen wir, daß neunzig Prozent aller Menschen viele hundert Mal am Tag *Alpha*-Wellen produzieren, wenn sie in die Tagträume von Sekunden, wenn sie in Ab- und Umschaltphasen eintreten.

Besonders interessant ist die Forschungsbeobachtung, daß angstbesetzte Menschen überwiegend *Beta*-Wellen produzieren, auch bei geschlossenen Augen, weil der Drehkreisel ihrer sorgenvollen und furchtbesetzten Gedanken eine erhöhte Gehirnstromaktivität verlangt. Auch wenn ich krampfhaft über ein Problem nachdenke und grüble, brauche ich eine verstärkte Gehirnstromaktivität, die sich in *Beta*-Wellen niederschlägt. Hier finden wir das typische Symptom der Überarbeitung, der »geistigen Verkrampfung«, des sich unter allen Umständen Etwas-abtrotzen-Wollens, das unweigerlich in die beschleunigte Gedankentretmühle führt.

Wir kennen den Effekt des Überwachseins auch, wenn wir nach anfänglicher Schläfrigkeit im *Alpha* beim Einschlafen plötzlich von einem Problem überfallen werden, das sich jetzt mit angstvollen Gedanken blitzschnell hochschaukelt in das hohe *Beta*; dann hat der Schlaf »Pause«, und es ist zweckmäßig, wieder aufzustehen oder zu lesen, ein Glas Milch zu trinken und etwas herumzupuzzeln, bis die Somnolenz erneut in den Körper schleicht.

Die »Alphas« erkenne ich im Gespräch daran, daß sie mit »glasigen« Augen zuhören, eine asynchrone Körpersprache aufweisen, die zu ihren routinemäßigen »Sprechgeräuschen« wie »ach ... hm ... so ...« überhaupt nicht paßt, daß sie also nicht *reagieren*, sondern sich einfach »besabbeln« lassen, was in manchen Konferenzen eine durchaus angebrachte »Entlastungshaltung« sein kann. Sie hören zwar noch den Klang der Stimme, aber sie nehmen nur noch Schallwellen auf und nicht mehr den Inhalt des Gesagten. Auch die eheliche Kommunikation soll – bösen Zungen zufolge – nach einiger Zeit in diese Primitivform der Einzelaktion absinken.

Aus laufenden EEG-Aufzeichnungen hat man weiterhin festgestellt, daß Schizophrene fast kaum *Alpha* produzieren, was auf eine völlig ruhelose, ewig bewegte innere Gedankenwelt Rückschlüsse ziehen läßt. Und sind wir nicht alle ein bißchen gespalten? Hand auf's Herz!

Über den Halbschlaf, den man auch »Reverie« nennt, komme ich dann bei weiterer Tiefenentspannung – und das kann in wohlangestuften Dosen innerhalb der Traumseminare gesteuert werden – in die schöpferische *Delta*-Phase, in der die eigentlich wichtigen Phänomene passieren und auch ein weiterer Schleusenweg zu den archaischen, tiefer liegenden Schichten des Unterbewußten im *Unbewußtsein* freigelegt wird.

Es steht nach dem heutigen Wissenschaftsstand außer Frage, daß der *Theta* erzeugende Mensch bei völligem Bewußtsein sein kann. Wir kennen die positive Beeinflussung zum *Alpha* hin durch ein Serienexperiment der TM (Transzendentalen Meditation). Die japanischen Forscher Kasamatsu und Hirai haben 1963 Versuchsreihen an Zen-Mönchen durchgeführt. Sie stellten dabei fest, daß bei meditativem Nachinnengehen lange Reihen von *Alpha* erzeugt wurden. Später näherte sich dann die Frequenz der *Alpha-Theta*-Grenze (bei etwa 8 Hertz und weniger). In der eigentlichen Tiefenphase der Meditation sackten sie leicht auf *Theta*-Wellen ab, die eher einem Zustand des Wissens als einem Zustand des Denkens entsprechen. Die innere Konzentration löst sich dann völlig von der Wahrnehmung äußerer Sinnenreize.

In der *Tiefschlafphase (1 bis 3 Hertz)* sind wir schließlich in den Fingern des energiespendenden Tiefschlafs, der die höchste Schlafqualität bietet, von der bereits ein kleines Quantum Schlaf genügt. Denn nicht die Schlafdauer, sondern die Schlaftiefe entscheidet über den Regenerationsprozeß. In der Tiefschlafphase »erproben« wir den Tod.

»Als ob ich nicht ein Mensch wäre, der des Nachts zu schlafen pflegt, und dem dann genau dieselben, ja bisweilen noch weniger wahrscheinlichen Dinge im Traume begegnen, wie jenen (den Wahnsinnigen) im Wachen! Denke ich einmal aufmerksam hierüber nach, so sehe ich ganz klar, daß niemals Wachen und Traum nach sicheren Kennzeichen unterschieden werden können, so daß ich ganz betroffen bin und diese Betroffenheit selbst mich beinahe in der Meinung bestärkt, daß ich träume«, folgerte René Descartes. In der Tat sind die Übergänge

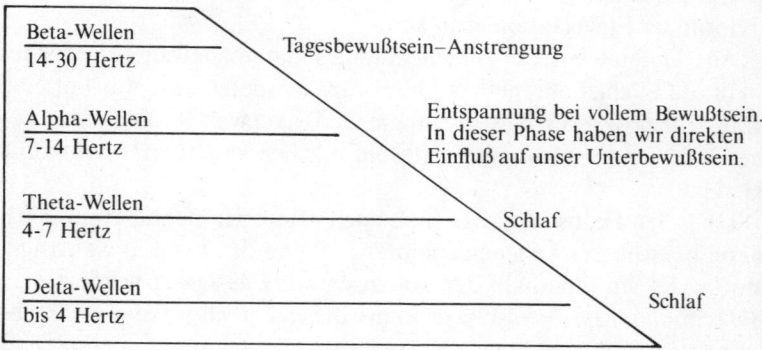

Beta-Wellen
14-30 Hertz — Tagesbewußtsein–Anstrengung

Alpha-Wellen
7-14 Hertz — Entspannung bei vollem Bewußtsein. In dieser Phase haben wir direkten Einfluß auf unser Unterbewußtsein.

Theta-Wellen
4-7 Hertz — Schlaf

Delta-Wellen
bis 4 Hertz — Schlaf

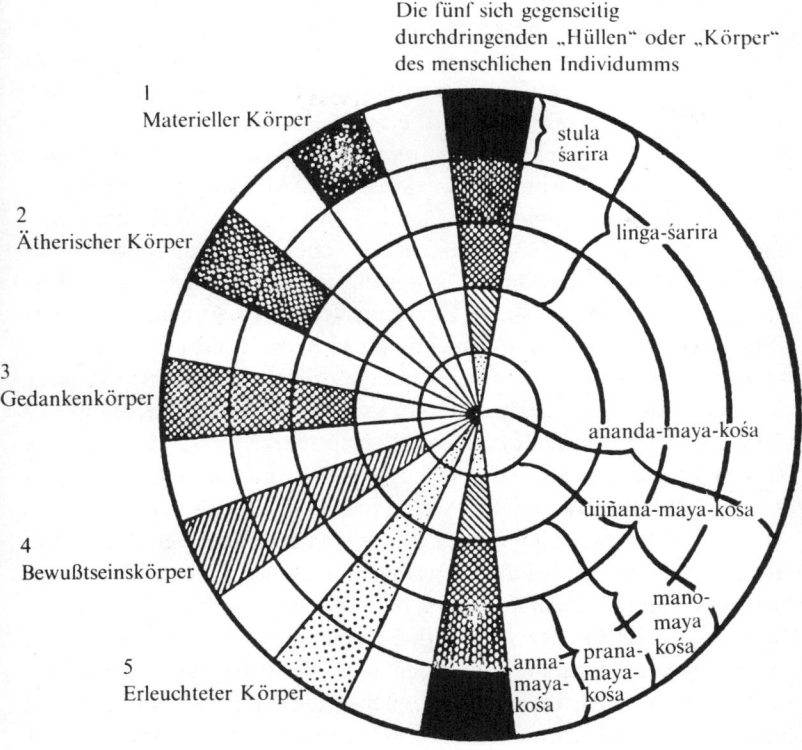

Die fünf sich gegenseitig
durchdringenden „Hüllen" oder „Körper"
des menschlichen Individumms

1
Materieller Körper

stula
śarira

2
Ätherischer Körper

linga-śarira

3
Gedankenkörper

ananda-maya-kośa

ujiñana-maya-kośa

4
Bewußtseinskörper

mano-
maya
kośa

prana-
maya-
kośa

anna-
maya-
kośa

5
Erleuchteter Körper

immer weich und fließend. Jede Abgrenzung wird zu einer willkürlichen Feststellung, die der Phänomenologie des sanften Hinübergleitens von einem zum anderen und durch mehrere Ebenen des Bewußtseins nicht gerecht wird.

Der Übergang vom Wachzustand in den Schlaf ist fließend und birgt einen winzigen kleinen Moment, in dem man weder wach ist noch schläft: eine Balance auf der Grenzscheide zweier Bewußtseinsschichten. In diesem kurzen Moment herrscht Bewegungslosigkeit, Stille, Frieden. Die Persönlichkeit ist entmaterialisiert, neutralisiert für einen Augenblick, entfaltet im Nirwana, in diesem kleinen Moment gibt es die Chance, im Nicht-mehr-Wollen und Nichts-mehr-Verstehen einen Zipfel vom Saum des Göttlichen zu erhaschen. Die Inder nennen diesen Moment *Sandhya*. Das heißt so viel wie »dazwischen«. Wir haben die gleiche Bewußtseinsleere für einen flüchtigen Augenblick in der Ruhepause zwischen dem Ein- und Ausatmen. In dieser Ausnahmesekunde – wo der Atem ja buchstäblich still steht – proben wir auch den Tod, sind wir in einen anderen, viel tieferen Bewußtseinszustand verrückt, vom Materiekörper plötzlich entwurzelt und wiegen uns in den ausgebreiteten Schwingen eines Engels. Auch diesen begnadeten Augenblick sollen wir uns bewußt machen.

Nun gibt es zwei *Sandhyas*: wenn wir vom Wachen in den Schlaf hinüberwechseln und morgens, wenn wir aus dem grauenden Dämmer der Nacht und des Schlafs wieder in den Wachzustand des Tages eintreten. Die Hindus bezeichnen diese Übergangsphasen auch als die »Momente des Gebets« – *Sandhyakal*. In diesen Lücken ist keine absichtsvolle und identifizierte Persönlichkeit mehr da, wir sind rein und unschuldig wie blütenweißes Linnen. Wenn wir in diesem, nicht festzuhaltendem Dazwischen »aufwachen«, fallen wir mitten hinein in das Sprungtuch wirklicher Bewußtheit und Erlichtung. Das ist ein ganz wesentlicher Schritt auf dem Wege der Transformation.

Nicht umsonst sind diese Momente »dazwischen« auch unsere Sprungbretter für die Traumiduktion und Traumerinnerungen. Die hauchfeine Membrane zwischen den Bewußtseinsschichten bekommt in diesen Sekundenbruchteilen eine Porösität, daß die Botschaften unseres Intellekts auf allerkürzestem Wege, über den direkten Kanal, direkt in das Unterbewußtsein einträpfeln können. Dort werden sie sofort registriert, eingespeichert, um dann codifiziert – in der Sprache des Traumes – nachts wieder verlebendigt zu werden. Auf diese Weise können wir »Träume bestellen« – invozieren, provozieren und später auch lenken lernen, was des Traummagisters großes Einmaleins bedeutet. Damit gehen wir mit geschärftem Bewußtsein mitten in den Traumzustand hinein und vermählen in diesem Prozeß die beiden sonst spinnefeindlichen Schwestern.

Denn das Unterbewußtsein – unsere Traumkraft – ist auf diesen Topdog, auf dieses gewalttätige und dominierende Super-Ich oder Überselbst, das sich immer so markig und vielwissend aufführt, gar nicht gut zu sprechen. Da herrscht eine natürliche Dualität, weil sich der Verstand von diesem Gesellen »da unten« nicht die Butter vom Brot nehmen lassen will.

Das sind auch vielfach gerade die latenten oder offenen Blockaden der *Nichterinnerung* von hartgesottenen Traumverweigerern, die so verkopft sind in der Widerborstigkeit ihrer logisch vorherrschenden linken Gehirnhemisphäre, daß ihr Unterbewußtsein »keinen Stich« bekommt.

Bhagwan, der eine Menge von Träumen versteht und ganze Essays darüber geschrieben hat, resümiert dann sehr zwingend: »Wenn du wahr bist, authentisch in der Wahrheit verwurzelt, dann werden Illusionen *unmöglich*«.

»Darum wird gesagt, daß Buddhas niemals träumen. Jemand der erwacht ist, träumt *nie*! Selbst Träume können ihm nicht passieren; er kann nicht irregeführt werden. Er schläft, aber nicht wie ihr. Er schläft auf eine völlig andere Art; die Qualität ist anders. Nur sein Körper schläft und entspannt sich. Sein Wesen bleibt wach. Diese Wachsamkeit läßt keinen Traum zu. Du kannst nur träumen, wenn die Wachheit verloren gegangen ist...«

Nun wissen wir endlich, warum wir durchschnittlich vier- bis sechsmal pro Nacht träumen (ohne Rücksicht darauf, ob wir uns erinnern oder nicht, geträumt wird in jedem Fall...). Unsere hohe Unbewußtheit ist der Motor und unsere unbewältigten Probleme und verdrängten Wünsche das Schmieröl dazu. Werden wir jemals weise werden können in unserer konsumverruchten, hyperzivilisierten, neonglitzernden Fassaden-Scheinwelt? Ich bezweifle es. Denn auch die letzten Paradiese dieser Welt fallen mittlerweile den jetsettenden Touristen in die raffgierig ausgebreiteten Hände, die mit Dollarnoten prall gefüllt sind.

Wie ist der *Weise* in einem alten buddhistischen Text beschrieben?

»Er spaziert immer alleine, geht immer alleine umher; jeder Vollkommene schlendert auf ein und demselben Weg zum Nirwana; sein Tonfall ist klassisch, sein Geist transparent, seine Ausstrahlung von natürlicher Erhabenheit; seine Gesichtszüge sind eher streng, seine Knochen fest, er kümmert sich nicht um andere.«

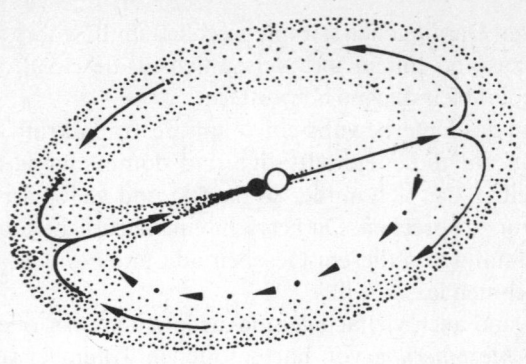

○   weißes Loch, Anfang der Zeit

●   schwarzes Loch, Ende der Zeit

►·► ·   Zeitachse

⟶   Strom der Materie

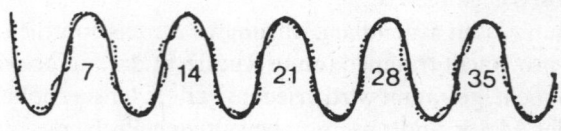

Laut Lozanof ist das Verhältnis zwischen Tiefschlaf und Wachen in einem bestimmten Rhythmus festgelegt. Die REM- oder Traumperioden umfassen bei einem durchschnittlich achtstündigen Schlaf 7, 14, 21, 28 und 35 Minuten. Nach jedem Traum dringen wir an die Schwelle des Erwachens vor, die uns auch die Gelegenheit zu einer Aufzeichnung unseres Traumerlebens eröffnet.

Interessant, daß sich die Natur auch hier auf den mystischen Siebener-Rhythmus zurückzieht...

Öffne deine Traumtore!

Wir müssen erst einmal mit unserer Traumkraft Freundschaft schließen.

Wenn sich der Mond im Wasser spiegelt, so hat der Mond nicht die Absicht, sich im Wasser zu spiegeln, und wenn das Wasser des Teiches den Mond in sich spiegelt, so hat der Teich nicht die Absicht, den Mond zu Gast zu haben.   Aus dem Chinesischen

Im Absichtslosen ist alles ein wunderbares Spiel, das Leben, die Arbeit, die Freundschaften, die Natur, unsere Erlebnisse, alle Eindrücke und Abdrücke, alles Geschehen um uns herum. Dann sind wir im Kindsein, in der Einfalt, in der Vollkommenheit, in der Absicht des Schöpfers, denn er ist der einzige, der absichtsvoll sein darf. Das ganze Naturgeschehen vollzieht sich nach ewig alten und doch immer wieder neuen, veränderten Spielregeln, die unsere Wissenschaft nie ergründen wird, weil sie immer nur mit dem einen Teil unseres Seins, dem klugen Verstandes-Ich abklären will und das Gemüt, das Herz, die *Erkenntnis* aus dem Spiel läßt. Wir können etwas kennenlernen, lernen, dann sind wir in Kenntnis, aber das ist weit entfernt von aller *Erkenntnis*, die eine höhere Warte abverlangt. Das andere Ich, das so oft und verzweifelt vergeblich an die Pforten unseres Herzens klopft, um gehört zu werden, das Selbst aus dem Unbewußten, muß mitgehört werden, hat Mitspracherecht, ist Keimträger unserer Seele und färbt sie, läßt sie schwingen und singen oder stillestehn und schweigen. In dem oben zitierten chinesischen Spruch ist das absichtslose Spiel von Mond und See kongenial aufgehoben. Die beiden treffen sich zufällig, sie begegnen sich in der Gunst einer Stunde, sie sind einander vollbewußt in ihrer Begegnung; aber genauso flüchtig, wie sie sich getroffen haben, trennen sie sich auch wieder...ein Spiel, ein herrliches Spiel! Schließlich sagen wir ja auch: »Was für ein wunderbares Naturschauspiel!«

Genauso spielt auch der Traum mit uns. Wenn wir uns ihm absichtsvoll und berechnend nähern, schlagen wir ihn in die Flucht, bevor er sich uns überhaupt erst vorgestellt hat. Wer ein Bild nicht lange sinnend betrachten kann, wer in keine Museen und Kunstausstellungen geht, wer noch nie Gedichte und zarte Lyrik, feingesponnene Prosa gelesen hat, wer noch nie vor seinen Augen Farben tanzen gesehen hat und etwas so hautnah von anderen verspürt hat, als hätte es ihn selbst gemeint, der wird es schwer haben, die Tore seiner Traumwelt aufzuschließen. »Kann denn jeder das Träumen und die Traumerinnerung lernen?«, werde ich oft gefragt. Im Prinzip ja, wenn sie selbsterkennend das Prinzip leben! Wenn Sie etwas über Ihre Träume erreichen wollen, wenn Sie nur deswegen ihren Träumen Beachtung schenken wollen, weil sie sich hierdurch Vorteile ausrechnen, Gewinn versprechen und ihren Willen leichter durchsetzen wollen, werden Sie die Wächter der Traumtore zurückschlagen und die Zugbrücke hochziehen, daß sie gar im Schlund des Ungewissen ihrer eigenen Berechnung versinken.

Wissenschafts- und Vorteilsdenken, Pragmatik und Logik, Vernunft und Beweisführung sind die erklärten Todfeinde des Traums. Mit solchen Gesellen oder Unarten setzt er sich gar nicht erst zusammen. Er verachtet sie! Hat er, der Traum, doch ganz andere, viel weiterreichende Aufgaben, es doch »den Seinen im Schlafe zu geben«, aus der spielerischen Leichtigkeit heraus, die allem Vollkommenen eigen ist. Während unser Denken hartnäckig an einem Problem herumzaust und sich abmüht, steht unsere Traumkraft derweil beobachtend im Hintergrund und »lacht sich eins ins Fäustchen«. Wer nicht still sein kann, wer nicht meditiert, wer nicht Einkehr in sich selbst hält, wer nicht gläubig ist, sondern alles erst einmal klipp und klar bewiesen haben möchte, sollte auf dem Schleudersitz seines spekulativen Denkens sitzen bleiben. Er wird schon merken, wann er »mir nichts, dir nichts« aus dem Leben hinauskatapultiert wird, weil er selbst keine Anstalten gemacht hat, sich weiterzuentwickeln.

»Das gibt es nicht« und »das ist unmöglich« sind die jämmerlichsten und gefährlichsten Ausreden der Menschen, ein Wagnis einzugehen, einen neuen, fälligen Lernprozeß zu bestehen. An diesen beiden Ignoranzen sind schon Welten zerbrochen oder nicht entdeckt worden. Es sind die größten Verhinderer, die es gibt. An diesen beiden Floskeln zerbricht auch der Traum, der eine zarte Mimose ist, so empfindlich wie eine Zimmerlinde, die bei unsachgemäßer Behandlung und unter kalter Hand ganz einfach eingeht, ohne daß wir wissen warum.

Besinnliches Leben, das ganz einfach in den Sinn des Lebens drängt und ihn zu hinterfragen versucht, ist die angemessene Vorkonditionierung. In keinem Traumbuch steht das! Empfohlen wird vielmehr, mit »Hauruck« und »Auf-ihn«-Geschrei dem Traum auf die Pelle zu rükken, nichtsahnend, daß der Traum selbst feinstofflichster Natur ist und unter einem Grobian zu wasserdunstförmigem Nebel degeneriert. Als ob da ein paar in Rangfolge gebrachte und »logisch« aufbereitete Rezepte helfen würden. Nein, liebe Freunde, so leicht wird es uns nicht gemacht mit der eigenen Entwicklung. Kein Traumwörter- oder Traumdeutungsbuch kann uns da helfen.

Stillewerden und Innehalten sind die Niststätten des Traums in der menschlichen Seele. Der Traum kennt keinen Zeitfaktor und will auch unter keinem geboren oder »besprochen« werden. Wer keine Zeit hat, sollte sich gar nicht um seine Träume kümmern, sondern erst sein kümmerliches Tagewerk so organisieren, daß er träumend Zeit vergeuden kann. Ich kann von einem Schuster keine Fußreflexzonenmassage verlangen. »Meine Seele ist unruhig vor Dir, o Gott, wo kann sie Ruhe finden als in Dir!«

Erst wenn unsere innere Unruhe abklingt, sind wir traumbereit und traumanfällig; aus dem Loslassen und Wegschwimmen entsteht plötzlich die Absichtslosigkeit; und es kommt einem etwas in den Sinn: Die Geburtsstunde des Traums ist da, der seine Existenz nicht krähend ankündigt wie ein Menschlein, sondern über Nacht aufblüht zu voller Knospe, wo am Abend noch ein dürrer Stecken an unserem Lebensbaum hing.

Wir können den Traum bitten, was sprachlich von »beten« kommt, und lautlich mit dem »betten« zusammenhängt. »Wie man sich bettet, so schläft man!« Und ich möchte fortsetzten: »So, wie man sich gebettet (nämlich »gebittet« hat), so wird man auch träumen.«

Wenn wir auf unserem Empfangsgerät Langwelle eingestellt haben und UKW hören wollen, werden wir den Tunerknopf lange hin- und herdrehen können und dennoch unseren gewünschten Sender (hier verglichen mit dem Traum) nicht empfangen. Wir müssen erst einen anderen Wellenbereich einschalten, also innerlich umschalten, um dann in Feinabstimmung nach dem Traum zu fahnden. Ohne Nicht-Denken und Umschalten – sprich: Ausspannen, Entspannen und In-die-Stille-Gehen – werden wir die Traumtore noch nicht einmal von Ferne erspähen können.

Nur dort, wo wir in unseren Sinnen sind, dem Sein nahe, nur auf dieser Schneise kommen wir in die Einheit und in die Ganzheit. Niemals über den Kopf. Adam und Eva haben doch niemals von dem Baum der Erkenntnis gegessen. Dann hätten wir ja heute noch das Paradies. Sie haben höchstens vom Baum der Kenntnis genascht und haben damit die Polarität, die Trennung, das Abgespaltensein von

Gott provoziert, unter dem wir heute noch so schmerzlich leiden. Sie haben die Weisheit von der Liebe und die Liebe von der Weisheit getrennt und damit das Dual manifestiert, das Luzifers falsches, kaltes, seelen- und herzloses Licht bedeutet!

Wenn wir in der Besinnlichkeit unseres Seins keine Intimsphäre von wohliger Behaglichkeit für den Traum aufbauen, wird er uns eine »lange Nase« machen und uns womöglich narren und foppen, weil er Gleiches mit Gleichem vergilt. Wie oft habe ich in Traumseminaren erlebt, daß die zutiefst innerlich abgewandten Traumzöglinge, die nur aus vorwitziger Neugier und esoterischem Experimentiervergnügen ins Seminar kamen, zwar auch »ihre Träume« bekamen – aber was für welche! »So, wie du in den Wald hineinrufst, so schallt es heraus.« Diese Verirrten, die mit der inneren Rückversicherung, »na ja, es kann ja vielleicht nichts schaden, wenn ich mir das mal anhöre« angetreten waren, bekamen ihren nächtlichen Hofnarren gratis geliefert – und hatten dann eine Menge zu tun, bis sie ihn wieder beruhigt hatten.

In der halbgaren Positiv-Denken-Philosophie, die für die Suchenden zumindest eine Landzunge des esoterischen Denkens darstellt, an der sie vorsichtig anlegen können, heißt es: »So wie du denkst, fühlst du. So wie du denkst und fühlst, wirst du handeln. Und so wie du handeln wirst, kannst du Früchte oder faule Apfelsinen in deinem Leben ernten...« (in etwas freier Abwandlung). Das klingt gut, verbirgt aber (und das ist eben das verdrängte Unpopuläre), daß vor dem Denken auch noch der Glaube stehen muß. Erst der Glaube versetzt Berge und nährt die Gedanken und das Gefühl. Der Mensch ohne Glaubensbindung (und es ist völlig egal, woran er glaubt, Hauptsache, er glaubt an etwas) steht auf dem schwankenden Boden seiner Intelligenz und beweist nur Interesse. (Interesse kommt von lateinisch »inter« = dazwischen und »esse« = sein). Das ist eben leider nicht genug. Wer nicht etwas Lebenssaft aus dem Herzen in die Traumküche tropfen lassen kann, wer nicht glauben kann, läßt besser die Finger davon. Der Traum ist kein Gesellschaftsspiel und kein Kaffeekränzchenthema, sondern fleißige Selbsterkennungsarbeit an sich selbst, die nur in der Stille und aus der Stille gedeiht.

Ich muß auch noch anfügen, daß der Glaube wiederum den Stoff darstellt, aus dem die *Demut* kommt. Eigentlich kommt Demut von *Dienmut*. Ich muß den Mut haben, dienen zu können, »demütig« zu sein, ergeben, nicht katzbuckelig oder servil, sondern ehrfürchtig dem unerforschlichen Schöpfungsvotum ausgesetzt. Erst dann wird nach strenger Einlaßkontrolle des allbeobachtenden göttlichen Auges, das in unserem Gewissen seine innere Widerspiegelung hat, von unsichtbarer Hand das große Traumtor geöffnet, hinter dem sich für jeden Träumer das verlorengegangene Paradies erschließt. Dort *lebt* es nämlich noch, dort hat es sein verwunschenes Versteck gefunden, bis so viele Menschen in das göttliche Schloß ihrer eigenen Schöpfungsmythen vorgedrungen sind, um über ihre kollektiven Träume das Paradies zu erlösen und es über den geträumten Traum wieder als Wirklichkeit auf Erden zurückzuholen. Landstreicher, Vagabunden und Tagediebe, Händler und Häscher werden zurückgewiesen und bereits vor dem Tempelplatz unserer Träume verjagt, genauso wie Jesus es in Jerusalem tat.

Wer sein Leben als berechenbares Kalkül und als mathematische Gleichung empfindet, von der es nur die Unbekannten zu ermitteln gilt, ist ungeeignet für die »Traumkarriere«. Vielleicht liegt es auch am Karma mancher Menschen, an der noch abzurechnenden Bilanz der Taten aus ihren früheren Existenzen, daß ihnen der Zugang zur Bilderwelt versagt bleiben muß. Ich habe in meinen Seminaren und auch in der transpersonalen Traumarbeit viele solcher Fälle erlebt: die Anwendung schwarzmagischer Praktiken mit Hellsehen, Clairvoyance und ähnlichem. »Falschsichtigkeit«, die anderen zum Verhängnis wurde, waren dann die in Regressionen hochkommenden Ursachen für die in diesem Leben verordnete Rezeptur, »mit Blindheit geschlagen« zu sein, womit äußerliches Sehen ebenso gemeint sein kann wie die Liquidation der inneren Bildleinwand.

Bedenken wir noch einmal: Träume stehen zwischen unseren Bewußtseinswelten. Sie perlen hoch aus der tiefsten Absichtslosigkeit unseres Schlafes und markieren sich genau an der Grenzschwelle, hinter der unser Wachbewußtsein wieder die zweckmäßige Realität sucht. Unterbewußtsein und Bewußtsein verhalten sich wie Katz und Maus. Merkt der Traum, daß die Lawine des »O Gott, was heute wieder wohl alles passieren wird ...« unmittelbar nach dem Aufwachen unsere Denkmaschine anwirft, verabschiedet er sich und verschwindet lautlos hinter den Tapetentüren unserer Seele. Er sagt noch nicht einmal »Servus«, sondern ist ganz plötzlich weg. Und ist er erst einmal weg, kommt er fast nie wieder, oder es müßte sich schon um einen großen Zufall handeln, um ein sinnvolles Arrangement!

So gut, wie sich unser zweckbestimmtes Denken in jede gewünschte Richtung manipulieren läßt – und damit tricksen wir uns ja manchmal selbst aus, ohne es zu merken – , so unnachgiebig und wenig beeinflußbar zeigt sich der Traum. Er hat einen ganz »eigenen Kopf«

(der eben im Bauch sitzt), und er zeigt sich ungerührt von irgendwelchen Versuchen, ihn zu erpressen oder zu mißbrauchen. »Der Traum gehorcht nicht nur nicht unserem Willen, sondern stellt sich sogar recht häufig in grellen Gegensatz zu den Absichten des Bewußtseins.« (Jung: *Grundwerk* 1, 174)

Wenn wir künftig stärker über unser Leben reflektieren und auch abends eine tägliche Rückschau halten, dann wirkt das auf den Traum wie eine »Vorfütterung« oder die Bereitstellung eines Eßnapfes. Stellen Sie sich dabei einige Fragen, die Ihr Unterbewußtsein, Ihre Traumkraft zur Beschäftigung anregen:

Welche Vorkommnisse und Situationen haben mich heute besonders beschäftigt?

Welche nachhaltigen Erlebnisse haben mich heute emotional stark angerührt oder aufgewühlt?

Von welchen Menschen war ich heute besonders enttäuscht?

Welche negativen Vorstellungen oder Besorgnisse beunruhigen mich im Hinblick auf meine Zukunft?

Bei welchen zwischenmenschlichen Begegnungen habe ich mich heute falsch verhalten oder bin mit meiner Auffassung nicht durchgedrungen?

Welche natürlichen Wünsche oder Bedürfnisse habe ich mir heute aus welchen Gründen versagt?

Mit wem oder was bin ich heute auf Protest gegangen, wobei ich außer Kontrolle geriet?

Welche bedrückenden Erfahrungen aus der Vergangenheit habe ich auch heute noch mit mir herumgeschleppt und bedacht?

Lassen Sie abends mit geschlossenen Augen für einige Minuten den Tag noch einmal vor Ihrem geistigen Auge Revue passieren und fragen Sie sich hierbei:

Was habe ich heute gelernt?

Was möchte ich an meinem Verhalten künftig ändern?

Welchen Menschen muß ich mehr Liebe und Verzeihung schenken?

Wo und an wem habe ich etwas wiedergutzumachen?

Bin ich noch auf meinem richtigen Lebenskurs?

Setze ich meine Fähigkeiten und Kenntnisse zielgerichtet ein und verwende ich sie zum Besten der Menschheit?

Habe ich genügend Zeit für meine täglichen Meditationen und Entspannungsübungen gehabt?

Stellen Sie sich auch immer wieder die Fragen:

Wer bin ich? Wo will ich hin? Was ist mein Auftrag?

Um die Traumkraft zu stimulieren, sie anzureizen und ihr Futter zu liefern, müssen wir bestimmte, gravierende Erlebnissituationen der jüngsten Vergangenheit noch einmal geistig zurückspulen. Denn aus diesem ganzen, ziemlich wirren Erlebnissalat fischen sich Ihre Träume *einer* Nacht dann das zentrale Thema heraus, das in verschiedenen Variationen von mehreren Perspektiven aus abgehandelt wird. Wir sprechen in der Traumterminologie von sogenannten »Tagesresten«, von den Krumen, die von des »reichen Herren Tische fielen« und für die Traumkraft noch Grund oder gerade Grund genug sind, sich mit diesen scheinbar psychischen Randabfällen unseres Daseins sehr intensiv weiterzubeschäftigen. »Sich mit Träumen zu beschäftigen, ist eine Form der Selbsterfahrung«, sagt Jung. Und ich möchte noch bestärken: *Die wichtigste Form der Selbsterfahrung mit dem geringsten Aufwand, dem größten Effekt und seelischen Ertrag, mit dem schnellsten Fortschritt für Ihre spirituelle Entwicklung und mit der schnellsten Erreichung höherer Wahrnehmungsfähigkeit und größerer Sensibilität!*

Zum Entriegeln und Aufschließen der Traumtore müssen Sie einige Voraussetzungen beachten, die Ihnen den Einstieg in die Traumarbeit wesentlich erleichtern können:

Sie sollten entspannt und emotional befriedet ins Bett gehen, auf jedwede Narkotika oder Tabletten verzichten können und eine gute Schlafstatt in harmonischer Umgebung haben.

Sie sollten am Abend keine erregte Auseinandersetzung gehabt und auch keinen Fernsehkrimi angeschaut haben, der Ihre physiologische Erregungskurve über Gebühr hochschaukelt.

Suchen Sie sich bereits vor dem Schlafengehen einen ruhigen Ort – es kann Ihre Meditationsecke sein –, wo Sie sich friedlich und nicht abgelenkt fühlen. Formulieren Sie dort Ihr Anliegen an Ihre Traumkraft aus oder entscheiden Sie sich für eine der von mir vorgegebenen Affirmationen, die Sie mit in den Schlaf nehmen.

Fassen Sie dann Ihre »Traumaufgabe« noch einmal gedanklich konkret zusammen und machen Sie sich darüber eine kurze Notiz.

Gehen Sie dann etwas vorzeitiger ins Bett und lesen Sie noch ein Viertelstündchen erhebende Literatur oder einen Abschnitt aus der Bibel.

Entspannen Sie Ihren Körper mittels Ihres Atem-Mantras oder anderer gewohnter Techniken so vollständig wie möglich.

Wiederholen Sie dann kurz vor dem Einschlafen im entspannten und schon somnambulen Zustand Ihren Programmsatz mehrfach und konzentrieren Sie sich stark mit Ihren Gedanken darauf.

Beim Einschlafen kuscheln Sie sich gleichsam schon in die Traumvorstellung hinein und stellen sich Ihren Traum bereits lebhaft vor, als ob Sie ihn bereits träumten.

Malen Sie sich das Gefühl aus, das Sie nach dem Erwachen aus diesem Traum haben würden und bleiben Sie ganz in diesem Gefühl! Kräftigen Sie noch einmal die feste Überzeugung, daß Ihre Traumkraft dieses Traumthema ganz bestimmt treffen wird und bedanken Sie sich schon vorher bei Ihrer Traumkraft für die gute Kooperation und Hilfe!

Wir müssen uns hier noch einmal klarmachen, daß die Traumkraft angeregt, »verhätschelt«, betan und komplimentiert werden muß, wenn sie reagieren soll. Sie reagiert allergisch auf einen Kommandoton oder auf Befehle. Sie reagiert noch empfindlicher auf Zwänge oder unlautere Absichten. Sie tut auch rein gar nichts für Sie, wenn sie der festen Überzeugung ist, daß Sie für eine bestimmte Erkenntnis oder einen notwendigen Erkenntnisschock einfach noch nicht reif genug sind. Wir müssen also ein ganz bestimmtes, behagliches und wärmendes Einschlafklima schaffen, weil unsere Traumkraft sehr sensibel auf Schwingungen reagiert und sich von ihnen bewegen läßt.

Vor allen Erfolg haben die Götter den Schweiß gesetzt. Nicht daß Sie vor dem Einschlafen in Panik oder Schweiß geraten sollten, aber Geduld ist der für den Traum wichtigste Treibsatz. Sie dürfen nicht gleich die Flinte ins Korn werfen, wenn trotz sorgsamer Vorbereitung und Induktion die Traummaschine dennoch nicht angesprungen ist. Denken Sie darüber nach, woran es gelegen haben kann, daß Ihre Traumkraft noch nicht »spurte«?

Dies alles ist ein vielschichtiger und sehr komplizierter Prozeß der Selbstdisziplin, der esoterischen Strenge und der intuitiven Einstimmung, der bis in die letzte Einzelheit gar nicht konkret beschrieben werden kann, sondern »erspürt« werden muß.

Mit ernsthaften Sanktionen Ihrer Traumkraft müssen Sie allerdings rechnen, wenn Sie »verstandene« Inhalte Ihrer Träume – auch zuvor – nicht zum Anlaß für Kurs- oder Verhaltensänderungen, für tätige Initiative in Ihrem Leben benutzt haben. Wenn ein Kind nach mehreren Ermahnungen der Eltern alle gutgemeinten Hinweise in den Wind schlägt und »bockig« wird, resignieren die Eltern schließlich und warten, bis sich der Zögling selbst die Hörner abstößt. Genauso und noch etwas empfindlicher reagiert auch unsere Traumkraft. Sie zieht sich einfach zurück und läßt uns mit dem wirren Kopfe weiterwursteln.

Letztlich können wir von unserer Traumkraft ja auch keine exakte Gebrauchsanweisung für unser Leben verlangen, sondern wir bekommen alles, was wir für die sinnvolle Ausrichtung unseres Lebens an Informationen benötigen, »durch die Blume« gesagt, in Gleichnissen, Parabeln, Allegorien, Symbolbildern, Vergleichen, Kompensationen und Märchen. In diesen Bilderbüchern müssen wir blättern lernen, und manchmal fragt man sich: »Wo war eigentlich der Anfang und wo ist das Ende?« Dunkel ist der Rede Sinn. Das »Traum-Esperanto« muß erst einmal gelernt werden. Doch davon später.

Der Traum schickt uns, wenn wir es richtig machen, »auf Bestellung« den meditativen Sinn unseres Lebens in einer lebendigen und höchst spannenden Fortsetzungsfolge »frei Haus«. Ohne irgendwelche Kosten oder Anstrengungen. Deshalb müssen wir unsere Traumwelt erst einmal lange Zeit ganz intensiv beobachten, um zu sehen, wie schrullig oder lustig sich diese Instanz manchmal bewegt. Ihre Traumkraft kann lustig sein wie ein Zirkusclown, aber auch tragisch verhangen wie ein Medusenhaupt.

Wir sind als träumend Traumgeborene in diese Welt gestellt. Wir träumen vor, was werden soll und letztlich wird. Es kann nichts sein, was nicht schon vorher in Ihrem inneren Bilde war! Sie können sich Höllenträume anlachen, wenn Sie höllisch denken, und Sie können sich glückliche und paradiesische Träume kreieren, wenn Sie paradiesisch fühlen und glücklich denken. Der Traum ist das Spiegelbild des inneren Menschen und der beste Indikator, um Rückschlüsse auf die innere Verfassung eines Menschen zu ziehen. Sie können sich den Himmel auf Erden schaffen oder im Höllenfeuer der Verwünschung schmoren – es hängt mit Ihren Träumen zusammen. Sie können gesund und quicklebendig sein oder sich müde und krank fühlen – es hängt mit Ihren Träumen zusammen. Sie können unbeschadet und immer geschützt durch das Leben kommen oder ständig vom Pech verfolgt sein und Unfälle haben – es hängt mit Ihren Träumen zusammen. Sie haben die absolute Freiheit, Ihre Träume zu verwirklichen oder nicht. Niemand zwingt oder drängt sie. Es ist *Ihre* Entscheidung. Aber Sie dürfen sich später nicht wundern, wenn Sie auf die Anzeigen Ihres Richtkompasses nicht geachtet, sich »verflogen« haben und an einem ganz anderen Bestimmungsort landen, als sie es eigentlich vorhatten. Dazu gibt es einen schönen Spruch: »Die meisten Menschen wollen immer erste sein und als erste ankommen, sie wissen aber nicht wo!«

Scheinbar verworren, wie uns der Traum erscheint, täuscht er uns hinterlistig; denn er ist von einer brillanten und unglaublich konsequenten Zielsicherheit, was erst dem Traumerfahrenen offenbar wird. Wir sprechen deshalb ja auch zu Recht davon, daß uns die »Träume verfolgen«. Sie geben nicht eher Ruhe, bis sie ihr Ziel, etwas in uns zu verändern, erreicht haben. Kommt irgendein Symbol oder eine zentrale Aussage nicht an, spielt der Traum uns ein Thema in tausend Variationen vor, bis wir begriffen haben.

So habe ich in meinem Traumtagebuch, das über zweitausend Träume enthält, 76 Träume von einem Bahnhof aufgezeichnet. Ich habe dieses Motiv immer falsch gedeutet, weil man bei der Eigentraumbetrachtung ohnehin manchmal Scheuklappen anhat. Als ich begriff, daß mit diesem Symbol das Umsteigen auf ein anderes Lebensgleis gemeint war, nicht auf irgendeines, sondern ein ganz bestimmtes in einer ganz konkreten Richtung, herrschte Ruhe, und der Bahnhof war fortan abgehakt in meinen Träumen und tauchte nie wieder auf. So insistierend, so zäh und unverdrossen arbeitet unsere Traumkraft!

»Es bedarf durchaus nicht eines sechsten Sinnes, um Träume verstehen zu können«, meint Jung. »Aber es braucht mehr als geistlose Schemata, wie sie sich in vulgären Traumbüchlein finden oder sich fast stets unter dem Einfluß vorgefaßter Meinungen entwickeln. Die stereotype Auslegung von Traummotiven ist abzulehnen.« (*Grundwerk* 1.174)

Wenn wir unseren Träumen nicht nur unseren Kopf öffnen, den Verstand und die Absicht, sondern in erster Linie das Herz, werden sie uns auch zu Herzen gehen.

Das Allerungehorsamste, was ich in meinem Leben kennengelernt habe, ist die Traumkraft. Ein nicht zu faßender Joker, der mit uns einmal Pingpong spielt und ein andermal mit Leichenbittermiene Begräbnisansprachen hält, ein wahrer großer Komödiant, der im wechselvollen Spiel des Lebens alle Register zieht und auf dem *ganzen* kosmischen Manual virtuos zu spielen versteht. Er ist wahrhafter Vorsteher der *mundus ludens*, die einem riesigen Spielsalon gleicht, in dem herumgeflippert wird mit einarmigen, zwei-, drei- und vierhändigen Banditen, die nur Wechselgeld spucken und den leichtfertigen Einsatz schnöde abkassieren...

Paßt auf, die Traumtore sind nicht so spielend leicht zu knacken, wie es die »psychologischen Handwerker« immer versprechen; sie sind schwer, haben große, gußeiserne Schließen, und wir werden schon bei der Annäherung vor der Zugbrücke erkannt, hereingelassen oder zu neuerlichem Vorstudium abgewiesen.

Wie alt ist der Traum eigentlich?

Ein Blick in die uralten Mythen und frühesten Traumgespinste der Menschheit

>»Der Traum ist ein zweites Leben. Ich habe nie ohne zu schaudern durch die Elfenbein- und Horntore dringen können, die uns von der unsichtbaren Welt scheiden...Ein ungewisses unterirdisches Gewölbe erhellt sich allmählich, und aus dem Schatten der Nacht lösen sich in ernster Unbeweglichkeit die bleichen Figuren, welche den Vorhof der Ewigkeit bewohnen. Dann nimmt das Bild Form an; eine neue Helligkeit erleuchtet diese Erscheinungen in wunderlichem Spiel: – es öffnet sich uns die Welt der Geister!«
>
> Nerval

Der Traum ist nicht nur biblisch, er ist nicht nur so alt wie die Menschheit, er ist sogar jünger als alles Leben auf dieser Welt. Gott schuf ihn mit seinem belebenden Odem. Am Anfang stand in Azilut, der reinen Gotteswelt, das göttliche Urlicht als Substanz der sicht- und unsichtbaren Welt. Auch davor gab es noch etwas, das Ain Soph Aur, das allumfassende Nichts, aus dem alles kommt, in das alles wieder wie in ein schwarzes Loch einmündet. Wie heißt es im *Tao Te King*: »Dies ist das Geheimnis: Diesseits und jenseits das gleiche All«. Arthur M. Young spricht von einem Wirkungsquantum, einem Ursprung aller Massen und Energien als Ausdruck Gottes in der Welt. Die energetische Grundlage bilden Elektromagnetismus und Schwerkraft, die, verbunden durch eine gemeinsame Lichtgeschwindigkeit, den Schmelztiegel des Beharrens und gleichzeitigen Wandels schaffen.

Das allumfassende Bewußtsein aber, das im All ausstrahlt, das das All manifestiert, das über den Geistfunken eines »Großen Traums« die Schöpfung er-wirkte, ist Gott, sein Inneres, seine seiende und allzeit spürbare Wirklichkeit, die er und wir dauernd erfahren. Gott ist das einzige Inkarnat wirklicher Selbsterkenntnis – oder: sich selbst erkennendes Sein. Er ist das Inkarnat der Schöpfung schlechthin, die ewig sprudelnde kosmische Kreativität ohne Selbstzweck. Er ist das Überflußprinzip, das er nicht nur im Wirken der Natur beweist, sondern auch dem Menschen mitgegeben hat, der dies unwissend und unerkennend noch nicht als Selbstverständlichkeit, sondern als Ergebnis seines egozentrischen Tuns erringen zu müssen glaubt. Gott berauscht sich am Überfluß seines eigenen Wesens und wird deshalb getragen von ewiger Glückseligkeit. Die Inder nennen ihn »Sat-chit-Ananda«: absolutes Sein, absolutes Bewußtsein und ewige Seligkeit!

Mit den Uraspekten des göttlichen Urlichts und seines göttlichen Bewußtseins, seiner Sehkraft (Vimarsha) und seinem Leuchten (Prakasha) hat Gott einen wirklich »Großen Traum« geträumt und über diesen Traum einen Verwandlungsakt der reinen Materie bewirkt, der nur metaphysisch, aus dem Jenseitigen, Dahinterliegenden, nicht aber mit den begrenzten Dimensionen unseres beschränkten Verstandes zu verstehen ist. Er hat uns damit gezeigt, daß jeder schöpferische Funke aus dem inneren Sinn des göttlichen Seins entspringt und gleichsam als Traumvision in die Ebenen der materiellen Verwirklichung eintritt.

Zeugend gebären wir die Idee *nie* aus dem Reizaspekt der äußeren Welt, die ja nur ein Täuschungsmedium zur An-Schauung und Stimulation unserer fünf Sinne darstellt, eine Spiegelung unseres eigenen Mikrokosmos in einer grob schraffierten Skizze vermeintlicher Wirklichkeit, sondern nur aus dem inspirativen Zeugungsakt höherer Eingebung und Begnadung. Wir selbst sind ja zugleich jene Urunruhe des Beharrenden im Wandel und des Wandels im Beharrenden, jenes ständig in Urrhythmen mitschwingenden Perpendikels, das immer nur im kurzen Moment des Umschwungs in die Ruhe kommt, um dann wieder in der Gegenrichtung auszuschwingen. Funktioniert nicht nach dem gleichen Prinzip unser Herzschlag, unser Atem und viele andere Körpersysteme?

Nur im Traum kann die Sterbeminute mit dem Zeugungsmoment oder der eigentlichen Geburt zeitsynchron zusammenfallen wie in der Weltenchronik, denn in jedem Augenblick sterben wir, stirbt etwas in uns ab – und in jeder Minute, mit jedem neuen Atemzug wird etwas Neues in uns gezeugt oder geboren. Jeder Atemzug ist eine Wiederauferstehung in das erkennende Licht unseres jetzigen und doch ewigen Seins. So ist der Traum der Schöpfung im Prinzip urverwandt, mit ihr innigst verwoben und ihr eigentlicher Same, der die Gestalt alles Werdenden schon in sich verbirgt. Für mich ist der Traum die feinste Urstandsform des geistigen Prinzips im *linga sharira*, dem feinen, ätherischen Leib des Menschen, die sublimste Form des zeugenden Geistes aus dem Überkommenen (aus dem, was uns »überkommt«, ohne daß wir je den Ursprung werden finden können).

So müssen wir irgendwann auch einmal unsere eigene Lebensschöpfung in einem Zwischenreich als Geistwesen vorgeträumt haben, bei der wir uns unsere Eltern »ausgesucht« haben. So träumen wir als Embryos (und das ist mittlerweile auch erwiesen) unsere eigene Geburt aus dem Mosaik der noch archaischen Empfindungen in der pränatalen Phase. So träumen wir als Baby nach der Geburt in unser Leben hinein und stellen damit die ersten Weichen unseres späteren Erlebens. So träumen wir in der Pubertät die erste geschlechtliche Begegnung vor, die fast kongruente Entsprechung in der Wirklichkeit findet. So erträumen wir uns unseren späteren Lebenspartner, das große Glück, die Kinder, unseren Beruf, alles, was auch immer – das feingesponnene Häkelwerk unserer Traumkreationen ist gleichsam die Vorbedingung für die spätere Realisation. So träumen wir unsere Krankheiten vor, die Heilungsfäden, die Katastrophen und beglükkenden Aufschwünge, ja – wir können noch weitergehen...Ich habe meinen eigenen Tod in einem Sterbeseminar »vorgeträumt« und bin mit einer klaren Information über mein beschlossenes Lebensalter und die relativ friedfertigen Umstände meines Verscheidens aus dieser Welt in innere Beziehung gesetzt worden, was mir mein Leben in der jetzt gefundenen Sinnaufgabe wesentlich erleichtern hilft.

Während der Traum im Mittelalter fast als ketzerisch verbannt, als Teufelswerk, Mythengespinst und schwarze Magie bezeichnet wurde und viele viele bekennende Opfer forderte, war der Traum im Altertum auf hohem Stand! Er wurde – genau wie die Astrologie – als wissenschaftliche Kunst bezeichnet, die in höchstem Ansehen stand. Kein Herrscher oder Potentat hätte früher einfach so aus einer Laune heraus einen Krieg angezettelt, ohne vorher nach dem Stand der Gestirne und einer Traumaufforderung oder -absicherung zu fragen. *Kairos*, die Zeitqualität, die im griechischen Sinne viel wichtiger war als *chronos*, die Zeitquantität, war das Zünglein an der Waage der Entscheidungen. Für uns heute, die wir mit wachsender Ungeduld dem zupackenden »Sofort« des Lebens eine absolute Vormachtstellung eingeräumt haben, ist dies undenkbar und schwer nachvollziehbar. Niemand kann und will mehr warten – und so verzehrt sich das Leben in der wachsenden Ungeduld wie eine Kerze, die an zwei Enden brennt.

Schon von jeher wurde das Meer als ein Sinnbild für den Ursprung alles Lebens angesehen. Seine Tiefe und Weite, die den größten Raum unserer Erdoberfläche einnimmt, wurde mit dem unerschöpflichen Wissensvorrat und dem Weistum der Götter gleichgesetzt. Angeschlossen an die Weisheitskanäle göttlicher Traumkraft bekam Gilgamesch über dieses älteste Informationsmedium der Welt einen Basisfahrplan für die Naturprinzipien vermittelt.

Alle Vorgänge in der Natur, der Zyklus der vier Jahreszeiten, die Konstellation der Gestirne, die bedrohlichen Naturgewalten, das Geheimnis von Saat und Ernte, die nutzen- und schadenbringenden Eingriffe in die heiligen Abläufe vorbestimmten Wirkens, wurden exakt beschrieben und in diesem Epos anschaulich vermittelt. Kosmisches Wissen in Reinkultur. Ein kosmoökonomischer Traum – würden wir heute sagen – offenbarte die ungezählten Weltwunder, die es den Menschen wohlergehen lassen sollten auf diesem Planeten, damit sie sich vom Ursprung alles Göttlichen über ihre Bewährung in der Welt der Polarität und des Abgeschiedenseins vom göttlichen Urfaden selbst wieder vorentwickeln konnten zur gottähnlichen Gestalt.

Hier ist das Vermächtnis für einen evolutionären Auftrag zu finden, von dem sich die verblendete Menschheit äonenweit entfernt hat. Wenn wir nicht das Steuer unserer abstrakt-logischen Denkweise schnellstens herumreißen und diese wichtige, erworbene Fähigkeit nicht bald mit der intuitiven Ebene unseres Traumerkennens vermählen, dann werden wir die Selbstvernichtung unserer Rasse an einem Felsenriff mit Gottes Gesetzestafeln erleiden – womit nicht die Weltvernichtung gemeint ist, die Gott nicht zulassen wird. Er wird es einfach nicht dulden, daß sein unvergängliches Schöpfungswerk durch den Federstrich eines neurotischen, menschlichen Höllenhasses zerstört wird. Eher werden ganze Nationen oder Führungswahnbesessene vor unseren Augen füsiliert, um ein bleibendes Mahnmal zu setzen, wie es ja schon einmal durch den Untergang und die Vernichtung von Atlantis als Exempel statuiert wurde.

Im Meer des Unbewußten, in den sehr tief gelegenen archaischen Schichten, mit denen wir Zugang zu allen Welt- und Lebensgeheimnissen haben, liegt unsere einzige Chance. In unserer »psychischen Erbmasse«, wie C.G. Jung es ausdrückt, in der die gesamte Menschheitsentwicklung vom ersten Tage an eingeschmolzen ist. Hier beginnt und hier endet jeder Individuationsprozeß des Menschen. Mit dem Kopf erlangen wir nur eine erbärmliche Oberflächenstruktur unseres Daseins, die vom Katasteramt des Göttlichen noch nicht einmal als Grundrißplan angenommen würde.

In den ägyptischen Früh- und Spätkulturen, den wahrhaft magischen Kulturepochen der Menschheit, stand der Traum in hoher Blüte. Tut-ench-Amun, der große Pharao, sah im Traum zu seiner Rechten und zu seiner Linken eine Schlange. Die fühlsamen und hochausgebildeten Oneirologen (Traumdeuter) in seinem Hofstaat deuteten dies als

Zeichen, daß er einstmals über den Süden und den Norden Ägyptens reagieren würde, was dann auch später wirklich zutraf.

»Im Traum aber treten wir in den tieferen, allgemeineren, wahren und ewigen Menschen ein, der noch im Dämmer der anfänglichen Nacht steht, wo er noch das Ganze und das Ganze in ihm war, in der unterschiedslosen, aller Ichhaftigkeit baren Natur« meint Jung (*Werke* 10, 168). Wir müssen uns klarmachen, daß in der Antike noch die Götter über den Traum zu den Menschen sprachen und dieses Medium neben dem Gebet und der Meditation und Kontemplation den einzigen Verbindungsstrang herstellte, um in die *coniunctio* (Vereinigung) mit Gott zu kommen. Hieraus kann man die fast schicksalhafte und tiefgreifende Bedeutung des Traums in dieser Zeit ablesen. Er gab Warnungen, Wegweisungen, Offenbarungen; der Traum war entwicklungsgeschichtliche Prophylaxe, Gottes zugeordneter Segen oder sein zürnendes Flammenschwert. Der Traum hatte noch ursprüngliche Symbolkraft, einen großen Einfluß auf die Menschen und eine Krone der Ehrfurcht auf seinem janusköpfigen Antlitz.

Aber auch schon damals hatte der Traum von der heutigen Sicht seiner Betrachtung her eine segensreiche Wirkung, für den harmonischen Ausgleich der Psyche, für die Balance des Seelenheils entscheidend vorzusorgen. Diese kompensatorische Bedeutung des Traums, der in Notzeiten volle Tische zaubert und in Hohezeiten an Armut und Schlichtheit gemahnt, ist die schaukelnde Wiege des Lebens, die uns unter Traumeinfluß niemals den Kopf so hart anrennen läßt, als wären wir nur mit dem Kopf allein zu Hause.

Immer geht es um das Auf und Ab, das Hin und Her, das Bewähren und Versagen, die Gunst oder Ungunst, das Lob oder die Strafe, alles ist impliziert in sich selbst, dem Einen, Untrennbaren, nicht zu Teilenden. Im Organsystem und in der menschlichen Psyche finden wir die analogen Entsprechungen: Lachen und Weinen nisten in einer, der gleichen Einheit unseres Gehirnareals, und beim Kind geht das eine mühelos in das andere über, weil derselbe Fühlkomplex unterschiedlich gereizt wird. Der Traum gibt immer den »Nachschlag«, das Resumeé, gelegentlich mit derber Komik, tiefernster Miene, verschmitzter Schelmenhaftigkeit, zynisch, mokant, aber auch begütigend, streichelnd, versöhnlich, bis zur ernstesten Attacke eines vernichtenden Schocks. Die Skala der Möglichkeiten übersteigt die Skala der psychologischen Termini um ein Weites.

Im *Chester-Beatty-Papyrus*, der vermutlich im Jahre 2000 vor Christus entstand und 1350 vor Christus niedergeschrieben wurde, sind

220 Traumdeutungen festgehalten: Götter fordern einen Tribut, irgendein frommes Werk, verlangen Sühne, drohen Feme an. Auch geben die Götter ungebeten Warnungen, Enthüllungen, Verkündigungen, und letztlich offenbaren diese Träume einen lückenlosen Ritenkalender für alle möglichen Lebenssituationen, in denen die Götter um Beistand und Hilfe gerufen werden müssen, bei Not, Krankheit, Geburt, Hunger, Trockenheit, Unwetter und ähnlichem. Über ihre Traumkraft waren die Menschen noch wirklich an den Kosmos und an die Naturkräfte angebunden. Sie lebten schicksalsergeben, demutsvoll im Angesicht der Gottheiten und deren spezialisierter Zuständigkeiten für ganz bestimmte Lebensbereiche. Die Hohepriester wiederum waren der verlängerte Zeremonienarm dieser Weisheitskünder und göttlichen Ordnungspolizei, die auf unmittelbare Weise mit den Heiligen in Kontakt treten durfte, aber auch nur zu streng festgelegten Zeiten unter Einhaltung sinnerfüllter Rituale.

Keine Frage, daß Träume schon weit vor den Griechen bei den Babyloniern, Assyrern und Ägyptern in hohem therapeutischem Ansehen standen. In Stein gemeißelte Inschriften des assyrischen Königs Assurbanipal (669–662 v. Chr.) enthalten viele Rezepturen aus Träumen. Diese älteste Bibliothek, die heute noch ganze Räume von der Decke bis zum Erdboden mit eingemeißelten Schriften ziert, reicht auf Quellen bis ins fünfte Jahrtausend vor Christus zurück. Inspiriert von dieser profunden Traumkunde verfaßte später Artemidoros sein bekanntes Traumbuch (140 n. Chr.).

All dieses Wissen ist faktisch in uns – wenn auch in sehr verborgenen Speicherkammern unseres Gehirnpotentials von 18 Milliarden Zellen, das bislang nur mit einem Sechstel ausgelastet und genutzt wird. Es ist genetisch codiert und abrufbereit, wenn wir uns soweit anbohren, daß wir in die schöpferischen Untiefen, besser Urtiefen des Menschseins einzutauchen vermögen. In Regressionen oder Traumvisionen ist dies schon häufig gelungen.

In seinen Aufsätzen *Menschliches – Allzumenschliches* meint Nietzsche dazu:

»Im Schlafe und Traume machen wir das ganze Pensum früherer Menschtums durch. – Ich meine, wie jetzt noch der Mensch im Traume schließt, schloß die Menschheit auch im Wachen viele Jahrtausende hindurch; die erste Sache, die dem Geiste einfiel, um irgend etwas, das der Erklärung bedurfte, zu erklären, genügte ihm und galt als Wahrheit. Im Traume übt sich dieses uralte Stück Menschtums in uns fort, denn es ist die Grundlage, auf der höhere Vernunft sich entwickelte und in jedem Menschen sich noch entwickelt: Der Traum bringt uns in ferne Zustände der menschlichen Kultur wieder zurück und gibt ein Mittel an die Hand, sie besser zu verstehen. Das Traumdenken wird uns jetzt so leicht, weil wir in ungeheuren Entwicklungsstrecken der Menschheit gerade auf diese Form des phantastischen und wohlfeilen Erklärens aus dem ersten beliebigen Einfall heraus so gut gedrillt worden sind. Insofern ist der Traum eine Erholung für das Gehirn, welches am Tage den strengen Anforderungen an das Denken zu genügen hat, wie sie von der höheren Kultur gestellt werden.«

Nietzsche sagt, daß wir mit dem Primat unserer Verstandesfunktionen allzu streng umgehen, so daß unsere Träume kompensatorisch zu einer ganz anderen, viel bilderreicheren Sprache greifen und sich ihrer als Urmedium bedienen.

»Die Welt ist tief und tiefer als der Tag gedacht«, schreibt er und bedeutete damit den Respekt vor dem Füllhorn jener »einfallenden« Intuition, die den Menschen wirklich in die Fontäne des Urlichts stellen kann. Übrigens führte schon Artemidoros, der große Zauberkünstler der antiken Traumdeutung, das Prinzip der Assoziation ein, das dann sowohl von Freud als auch von Jung übernommen wurde. Damals wurde schon das Grundmuster für ein erkennendes Betrachten der Träume gelegt, um dann erst viel später noch feiner ausgelegt zu werden. Bei Artemidoros gab es sechs verschiedene Kriterien zu beobachten, deren Kontext dann die Traumhandlung verdeutlichen half: Natur, Gesetz, Sitte, Beruf, Namen und Zeit. Dieses schlüssige Primitivmodell findet heute noch bei den Naturvölkern mit leichten Abwandlungen Anwendung und ist auch die Essenz der Senoischen Traumtechnik geblieben, der ein späteres Kapitel gewidmet ist. Wortspiele wurden ebenso schon berücksichtigt wie Zahlenwerte und Farbsymbole, so daß Artemidoros als der Brückenbauer zwischen der antiken und modernen Traumbehandlung anzusehen ist.

Das Wort »Technik« ist in der Begriffsformulierung zur Erklärung der Phänomenologie und Sinnbedeutung des Traums ebenso unglücklich wie »Methode« und »Deutung«. Letzteres kann immer nur ein vermittelndes »Daraufhindeuten«, ein Anregen, eine Impulsgebung über die Amplifikation (so nennt Jung die Erweiterung des Trauminhalts durch Mythenbilder und Religionsinhalte) sein, ein vorsichtiges und ganz behutsames Führen des Träumers auf den Weg *seiner* Traumschiene.

Im islamischen Glaubensbereich finden wir eine gleiche hervorragende Bevorzugung des Traums als Ausdrucksmittel der menschlichen Allseele. Eine der schönsten Sentenzen aus dem Talmud ist: »Ein nichtverstandener Traum ist wie ein ungeöffneter Brief.« In dieser so schlichten Aussage leuchtet selbst schon ein gewaltiges Symbol auf, eine wichtige Aufforderung: So liegen jeden Morgen vier bis fünf wichtige Botschaften unseres Unterbewußten in unserem Briefkasten für praktische Lebensberatung. Wir aber halten diese intimen, nur für uns selbst bestimmten und mit großer, aufbauender Selbstliebe und Hinwendung gemalten und reich illustrierten Briefe noch nicht einmal für wert, angeschaut zu werden. Ungeöffnet werfen wir sie einfach achtlos beiseite. 1850 Briefe im Jahr – einen Riesenwälzer von Roman, den unsere geduldige Traumkraft in bewegten Fortsetzungen schreibt und aus denen wir den ganzen Extrakt unserer erwünschten und im Lebensplan vorgezeichneten Lebensphilosophie deutlich herauslesen könnten. Sind wir nicht verbockt, einseitig und gefühllos geworden? Warum geben wir der Schattenseite unseres Lebens so wenig Gelegenheit, uns zu durchlichten?

Im Talmud unterschied man drei bestimmte Arten von Träumen, die als erfüllbar angesehen wurden:

Träume am frühen Morgen,

Träume, die ein Freund über einen träumt,

Träume, die in anderen Träumen ihre Deutung finden.

Mohammed verlangte von seinen Schülern, daß sie ihre Träume sogleich am frühen Morgen erzählen mußten, um daraus eine Lehre für den beginnenden Tag zu ziehen. Der ganze erste Teil des Korans soll Mohammed im Traum enthüllt worden sein, wie ihm auch die Eroberung und der Besitz der heiligen Stadt Mekka im Traum vorangekündigt wurde. Auch die Spaltung des Islam in Splittergruppen, deren Fanatismus heute zu einer selbstzerstörerischen Kraft dieses Glaubens geworden ist, ist »traumgeboren«. Die Somniten benutzten einen Traum Mohammeds zu ihrer Forderung, Anspruch auf die direkte Nachfolge zu erheben. Traumverläufe machen Geschichte, verändern die Geographie und wandeln die Menschen. Suspekte Transformationsarbeit im Untergrund-Bereich des Menschen, die wir nicht sehen und begreifen können, weil wir keinen ausgebildeten Wahrnehmungskanal mehr für das Morsealphabet des Traumes haben.

Schauen wir uns nochmals das vorangestellte Nerval-Zitat an, dann kamen bei den Griechen nach Homer die »wahren Träume« durch das Tor aus Horn, die »falschen« dagegen aus dem Tor aus Elfenbein. Es gab Traumpforten, deren Eingänge von Orakelkundigen scharf bewacht wurden. Unkundiger Umgang mit Träumen galt in dieser Zeit noch als schwerer Verstoß und Göttersünde.

Mit Träumen heilte man Sterilität. Viele Orakel berichten von der sexuellen Vereinigung mit einer Gottheit während des Tempelschlafs, mit Isis und Seraphis in Griechenland, mit Diana in Ephesus, mit Juno in Sparta. So galt der Traum schon in der Antike als libidinöse Stimulanz (wie Freud gesagt hätte). Woraus »Ambrosia«, die Speise der Götter Griechenlands bestand, ist nie bekannt geworden; können es nicht auch die Träume gewesen sein? Aristides berichtet von vielen seltsamen Therapieanzeigen, die er durch seine Träume vermittelt bekam: Er sollte im Winter barfuß gehen, Brechmittel nehmen, Umschläge machen. Er wurde sogar verpflichtet, einen seiner Finger zu opfern.

Der erste, der die später von Freud kultivierte Schattentheorie in seiner Traumkunde kreierte, war Platon, der davon sprach, daß verdrängte Persönlichkeitszüge in den Traumgesichtern aufscheinen. Seine magische Bedeutung als wichtigste Lebenshilfe erlangte der Traum dann auch im alten Rom. Während Nero ein ausgeprägter Traumverächter war, fürchtete Cäsar seine Träume. Kein Wunder, daß seine Calpurnia, die einen Tag vor seiner Ermordung seinen gewaltsamen Tod vorträumte, bei ihm kein Gehör fand.

Jung sagte einmal: »Die Primitiven glauben an zwei Arten von Träumen: *ota*, die große Vision, gewaltig, bedeutungsvoll und von kollektiver Wichtigkeit; und *vudota*, den gewöhnlichen kleinen Traum« (*Englisches Traumseminar* Band 1, Herbst 1928). Auch heute haben wir noch erhebliche Schwierigkeiten, die Traumspreu vom Traumweizen zu trennen. Es bedarf langer Erfahrung, um den Wert eines Traumes richtig zu erspüren. Augustus war so traumversessen, daß er ein Gesetz erließ, das jeden Bürger Roms verpflichtete, Träume, die im Zusammenhang mit dem Staatswesen standen, öffentlich auf dem Marktplatz kundzutun.

Die Traumepisoden, die Plutarch, Cicero, Synesius und Suetonius berichten, könnten ein eigenes Traumbuch füllen. Ein hervorragendes Buch über antike Traumdeutungen mit Traumberichten von Themistokles, Hannibal, Sokrates und Descartes stammt von Marie-Louise von Franz (*Träume*, Daimon-Verlag Zürich). So wurde vielen Adligen wie Tiberius, Caligula und Domiziano ihr Tod in Träumen plastisch vorausgesagt. Kaiser Nero träumte seine ganze Krankengeschichte. Natürlich strotzten die großen Träume des Altertums von Archetypen und rudimentären Frühformen geistigen Erlebens, so daß C.G. Jung gerade ihre Untersuchung reizte. Sicher waren die Träume zu dieser

Zeit auch noch ergiebiger als unsere heutigen Träume, in denen als Tagesreste furchtbar viele Lappalien hochgeschwemmt werden. »Damals, als Gott den Schlaf auf Adam herabsenkte, sah seine Seele vieles in einer wahrhaft prophetischen Schau, weil sie noch keine Sünde begangen hatte. So könnte auch heute noch die Seele eines schlafenden Menschen im Traum vieles sehen, wenn der Mensch durch die Sünden nicht belastet wäre. Gleichwohl vermag des Menschen Seele, da sie aus Gott stammt, mitunter wahre und zukünftige Dinge zu sehen, wieweil ihr Leib schläft; sie erkennt, was dem Menschen bevorsteht und was manchmal auch eintrifft« meint Sergius Golowin in seinem *Traumdeutungsbuch des Fahrenden Volkes* hierzu.

Und an anderer Stelle: »Die Lebensläufe und Schicksale meiner Ahnen sind mit ihrem Tod nicht einfach beendet und begraben – etwas von den Kräften und Lebensmustern, die ihr Leben prägten, lebt in mir weiter, drängt zum Wieder- und Weiterleben, ohne daß ich mir dessen bewußt zu sein brauche.«

Das Betrachten historischer Träume bringt uns tatsächlich stärker an unsere Lebenswurzeln heran als das Lesen historischer Romane oder Überlieferungen. Die Traumsprache unserer Altvorderen ist von nüchterner, klarer Strenge und Einfachheit. Alle Schnörkel fehlen. Die *prima materia* ist als Essenz spürbar, und der magisch-mythische Hintergrund der Zeitepochen wird erfühlbar und rührt das Herz an. Da gab es noch keine Zurschaustellung, keine »Sprachschäume«; die Unmittelbarkeit der höheren Anbindung an das Gottgegebene und Unabänderliche zeigt die kosmische Eingebundenheit des Menschen in die Abläufe der Natur und ihrer Lebensbedingungen.

Ein wunderbares altes Traumgebet aus dem Babylonischen sei nachstehend angeführt, obgleich es in die Sammlung der Traumaufforderungen gehört. Es bezwingt durch die Musik seiner Sprache und hat auf die Stimulation der Traumkraft eine starke Wirkung, wie mir von vielen meiner Seminarteilnehmer bestätigt wurde.

»Enthülle dich mir und laß mich einen guten Traum schauen. Möge der Traum, den ich träume, gut sein, und möge der Traum, den ich träume, wahr sein. Möge Mahkir, die Göttin des Traums, an meinem Kopfe stehen. Laß mich ein nach Esaggila, dem Tempel der Götter, dem Haus des Lebens.«

Wir fragen uns zu Recht, woher die Wirkung einer solchen Affirmation auch heute noch kommt, die wir weder an der Syntax noch am Inhalt erkennen könnten. Wir spüren nur, daß die noch unversandete Ackerkrume unseres kollektiven Unbewußten angesprochen und bearbeitet wird und sich dafür erkenntlich zeigt. So schlummern in den versteckten Archiven unserer Traumkraft noch alte Bilderbücher und Symbolfragmente, die es als kostbare Schätze unserer ureigenen Seele zu heben gilt.

Genau wie Tukaram Maharaj, ein indischer Heiliger – so berichtet Swami Muktananda –, der eine spirituelle Einweihung über einen Traum erhielt und hiernach Vollkommenheit erlangte, so ist auch kein geringerer als Buddha auf seine Erleuchtung durch einen Serientraum deutlich hingewiesen worden. Er sah im Traum vier verschiedenfarbige Vögel aus den vier Himmelsrichtungen kommen. Sie fielen ihm zu Füßen und wurden weiß. Im Deutungsansatz wurde herausgelesen, daß diese Vögel die vier Laien aus den vier verschiedenen Glaubenskasten bedeuteten, die später seine Schüler wurden. Die Zahl vier ist immer als Klammer der Integration zu sehen und kennzeichnet die Entdeckung der Ganzheit einer Persönlichkeit, sie leitet einen neuen Zyklus ein und spricht für etwas Bewältigtes nach einer ersten Bewährung.

Schon in den Upanischaden, die etwa 1000 vor Christus entstanden, werden die diffundierten Bewußtseinszusammenhänge, die im Traum zu einem Zeugungsstrom zusammenfließen, wunderbar beschrieben: »Es gibt für den Menschen zwei Zustände: den einen hier in dieser Welt, den anderen in der anderen Welt und als einen dritten, mittleren, den Zustand des Schlafs. Im mittleren Zustand sieht der Mensch beide Zustände zugleich, den einen in dieser Welt hier, den anderen in der anderen Welt. *Der Wachzustand ist weniger wirklich als der Traumzustand*, denn in diesem wird das innere Wissen des Menschen von sich selbst nicht durch Alltagsempfindungen gestört.«

Wir indes sind heute durch »Alltagsempfindungen« so empfindlich gestört, daß wir auch durch Barbiturate, Drogen und Alkoholika psychisch »versetzt« gar nicht mehr auf der Frequenz des Traums empfangen können.

Die hohe Traumkultur des Altertums, die Traumkundige bis in die höchsten Regierungsspitzen als »Strategie-Experten« und Futurologen – so würden wir heute sagen – aufrücken ließ, fand dann im blutrünstigen und von Glaubenskämpfen ohnehin geschüttelten Mittelalter jähen Abbruch. Der Traum wurde einfach »vergessen« und in abträglichem Sinn eher dem Hexenwerk und einer geistigen Alchimistenküche zugeordnet als ernstgenommen. Von Luther wurde berichtet, daß er so große Angst vor Träumen hatte, daß er Gott inständig anflehte, nicht auf diese Weise mit ihm zu sprechen (leider sind uns diese »Alpträume« nicht überliefert). Im 16. Jahrhundert erschien dann noch einmal das *Traumbuch des Daniel und die Träume Salomons*; dann verrinnt der Strom in wenige, unbedeutende Rinnsale. Nur die wirklichen Naturvölker in Reservaten erhielten ihre Traumkultur in Reinheit. »Wenn man keine Wurzeln geschlagen hat oder seine Wurzeln ausreißt, wenn man also veränderlich und unvorhersehbar geblieben ist wie das Fahrende Volk, die Zigeuner, die Dadaisten, die nomadisierenden Stämme, dann begegnet man auch häufiger und intensiver diesen unvorhersehbaren und seltsamen paranormalen Phänomenen«, erklärt Golowin von der einen Warte. In polarer Bedeutung trifft dies aber ebenso gut auch für die ganz bodenständigen Bewahrer ihres für das höchste Erbe gehaltenen Kulturgutes zu, den Ureinwohnern vieler Stämme, die unbeschadet von der modernen Zivilisation immer engere Kreise gegen die Überfremdung um sich zogen. Gar erst recht gehörte das Trauminstrumentarium bei den Medizinmännern und alten Schamanen zum gebräuchlichsten Handwerkszeug überhaupt. Genau wie bei den Senoi zog auch bei den Aschanti in Ghana ein Ehebruch im Traum die gleiche Strafe nach sich wie ein wirklicher Ehebruch. Gedacht oder geträumt galt als getan! Die Cherokee-Indianer behandelten einen Mann, der im Traum von einer Schlange gebissen worden war, genauso wie im realen Erlebnisfall.

So waren die Träume früher der Besitz vieler Urvölker, die noch einen heiligen Alltag führten und in ständiger Zwiesprache mit Gott und seinen Heerscharen lebten. Die neuen Konsumfetische unserer Zeit haben dann die Träume abgelöst.

Golowin berichtet da von einem Traumkenner aus Bessarabien, der ihm einmal in Paris gestand: »Der heutige Mensch vertreibt sich seine bösen Träume, die ihn in der Nacht ängstigen, durch lärmige Unterhaltung bis in den frühen Morgen hinein oder durch Pillen, die ihn in einen fast totenähnlichen Schlaf stürzen. *Würde er aber auf die leise Stimme seiner Träume hören, dann würde er stufenweise sein Leben am Tage wieder so einrichten, wie es seiner ewigen Seele wirklich entspricht;* dann würden auch seine Träume wieder glücklicher werden. *Der Mensch kann nicht leben, wenn er seine Wurzeln unterdrückt.*«

Wo seid ihr geblieben, ihr aufrüttelnden, ergreifenden und mahnenden Nachtgesichter, die dem Menschen von einst zur ständig vernehmbaren Stimme seines eigenen Gewissens wurden und ihm eine klare Kompaßanzeige für seinen Lebenskurs gaben? Wo ist auch jene Unterwürfigkeit und natürliche Demut geblieben, die den Menschen von früher sich selbst immer nur als Erfüllungsgehilfen eines höheren göttlichen Plans in sein eigenes Lebensschicksal hineinstellte, jenes Wohlverhalten im sozialen Kontext, das über die verströmende Liebe Gottes im Traume wie ein leuchtendes Feuerband aufleuchtete und die Herzen der Menschen noch schlagen ließ? »Das Leben und die Träume sind Blätter eines und des nämlichen Buches...«, sagt Schopenhauer. Laßt uns doch die Seiten unseres eigenen Autorendaseins wieder aufschlagen und lesen, damit wir uns erneut mit der Welt und uns selbst befreunden können.

Träume stimmen friedfertig!

Bemerkungen zur Traumkultur der Senoi

>»Die Traumerziehung der Senoi beginnt, wenn das Kind alt genug ist, um Träume zu erzählen. Jeden Morgen beim Frühstück lauscht die ganze Familie den Träumen der kleinen Kinder. Das Kind wird für seinen Traum gelobt, und die Familie bespricht seine Bedeutung und erörtert, was das Kind braucht, um den Traum zu erfüllen. Später treffen sich die älteren Kinder und die Erwachsenen im Stammesrat, und auch hier werden Träume erzählt, wobei man jetzt auch über ihre sozialen Implikationen diskutiert.«
> Meredith Sabini

In dieser waffenstrotzenden, unvernünftigen Welt ist schon so viel über die Aggressivität, ihre Entstehung und psychische Verwurzelung geschrieben worden, daß man damit ganze Bibliotheken füllen könnte. Je mehr und deutlicher man die Aggression als unverzichtbaren Urtrieb beschrieben und je mehr Gleichgesinnte – nämlich die Aggressiven selbst – in das gleiche Horn geblasen haben, desto mehr Zweifel sind in mir wach geworden, ob dieses rudimentäre Angriffsverhalten, das wir ja aus dem Tierprinzip des »Fressens oder Gefressenwerdens« adaptiert haben, überhaupt obligat ist.

Inzwischen haben Forscher, Ethnologen und Abenteurer auf unserem zur Verwüstung freigegebenen Erdball eine ganze Reihe Sozietäten entdecken können, die der unverzichtbaren Devise der kriegerischen Auseinandersetzung schon längst eine Absage erteilt haben.

Geht es denn wirklich ohne Säbelgerassel, Dschingdarassabum und Abschreckungsmittel, ohne Waldsterben, Umweltverschmutzung, Majestätsbeleidigungen und ohne den verkalkten Hofstaat einer verwaltet-verwaltenden Beamtentruppe aus unmotivierten Hilfsschreibern, ohne 45 000 Gesetze, die das bürgerliche Zusammenleben in »friedlicher Koexistenz« sichern wollen und doch nicht in der Lage sind, die einfachen zehn Gebote von den Gesetzestafeln Moses als ethisches Grundfiltrat in die Moral der Menschen einfließen zu lassen?

Die »primitive« Kultur der Senoi in Malaysia (und auch noch vieler anderer Stämme) beweist uns dies. Wir greifen die Senoi heraus, weil sie alle Traumbuch-Autoren zu den enthusiastischsten Schilderungen einer sozialen Renaissance herausgefordert haben und weil die griffige Einfachheit ihrer Traumarbeit Vorbildcharakter hat.

Gleichwohl muß man einschränkend ausführen, daß sich die Beschreibung dieser belegten Historie und noch andauernden Gegenwartskultur für uns wie das Traumbabel auf Erden liest, wie das leibhaftig gegenwärtige Paradies, das sich auf unseren westlichen Unglaubenshorizont längst nicht mehr übertragen läßt.

Wir sind nämlich selbstgewollt schon längst aus dem Paradies ausgewandert, um uns inmitten des blühenden Gartens Eden, den unsere Welt darstellt, ein üppiges und weithin loderndes und sich immer weiter entfachendes Höllenfeuerchen anzuzünden, das wir mit ein paar Traumregeln der Senoi sicher nicht löschen können.

Als psychohygienischen Grundkodex für den träumenden *einzelnen* (und das wird noch lange die verfemte Minderheit der »Phantasten« bleiben), halte ich das Traumverhalten der Senoi jedoch für vorbildlich und meisterhaft. Gelingt es uns nur vereinzelt, einen Bruchteil hiervon auf unsere eigene Traummoral und -anschauung anzuwenden, werden wir uns getrost in die Dreammaster-Klasse der Fortgeschrittenen einreihen können. Daß wir mit dem, was an westlicher Zivilisationstünche an uns haftet, meilenweit von den Senoi entfernt sind, muß dabei nochmals deutlich unterstrichen werden. Alles andere wäre etwa so, als würde man vom Inhaber eines industriellen Großunternehmens verlangen, daß er sich abends beim Lagerfeuer auf seinem Betriebsgelände mit seinem erbittertsten Konkurrenten trifft und nach Austausch von Geschenken das zeremonielle Friedenspfeifchen raucht.

Kilton Stewart und Richard Noon (*Dream Theory of Malaysia*) und jüngst die amerikanische Traum- und Schlafforscherin Patricia Garfield (*Kreativ träumen* – Ansata-Verlag) haben uns einen bunten Informationsstrauß von den Senoi und ihrer Traumhygiene zusammengepflückt. Bei diesem nur 12000 Seelen umfassenden Volksstamm in den unzugänglichen Regenwäldern Malaysiens gibt es keine Kriegsangst, keine gewaltsame Auseinandersetzung, keinen Streit und keine Fehden, keine Kriminellen und schon gar keine Neurotiker und Psychoten. Seelische Urgesundheit adelt dieses kleine Volk, das auch von den zum Teil kriegerischen Nachbarn in Ruhe gelassen wird, weil man den Senoi magische Qualitäten zutraut und vor ihrem Bannfluch zittert. Geistige Kraft wirkt hier als Abschreckung, kein interstellares Raketen-Ortungs- und Abschußsystem.

Alle Überlegenheit wirkt nur im Geist, nie durch die Materie. Warum ignorieren wir diesen esoterischen Lehrsatz? Wie auch die Hunas, die einfache Moralgrundsätze auf die kürzeste Formel gebracht haben, leben die Senoi nach der von allen akzeptierten Devise »Hilf deinem Mitmenschen – mußt du einmal Hilfe ablehnen, dann tu es freundlich!«

Es gibt bei den Senoi keine sozialen Gesetze, keine einengenden Lebensbeschränkungen. Die totale Individualität in gegenseitiger Respektierung feiert fröhliche Urstände. Promiskuität ist ebenso erlaubt wie Polygamie und Phädophilie, alles hat im Nebeneinander seine naturgegebene Berechtigung im natürlichen und nicht verstandesgesteuerten Ausleseprozeß. Ihr Lebensraum gehört allen und wird gerecht geteilt, ein jeder ist schöpferisch und höchst kreativ; die guten Ideen werden zum Wohle einer festgefügten Gemeinschaft zusammengeworfen und gemeinsam ausgewertet. Es gibt kein Besitzdenken; man hat und erarbeitet, was man braucht, was zuviel ist, wird weitergegeben im Flußprinzip des Gebens und Nehmens, das im lockeren, spontanen Austausch wirklich funktioniert. Kranke (es gibt kaum welche) werden von den Anverwandten gesundgepflegt und von den Schamanen »gesundbesprochen«. Man hat Ehrfurcht vor dem Alter, und der Rat der großen Weisen ist verehrt und hoch geachtet.

Wichtig an ihrer Seelenpflege ist, daß sie die Kinder zu einem frühestmöglichen Zeitpunkt, schon mit vier bis fünf Jahren, in die familiäre Traumarbeit integrieren, was denen zu einem spannungsfreien und komplexfreien Anpassungsvermögen verhilft. Hier liegt eine der wichtigsten Zukunftsverpflichtungen für die seelische Gesundheit der kommenden Generationen.

Schon beim Frühstück erzählen alle Familienangehörigen – auch die Kleinsten, die gerade sprechen können – ihre Träume. Hat sich irgend jemand im Traum falsch verhalten, so wird er von den anderen belehrt oder angehalten, etwas zur Vergebung oder Sühne zu tun. Es werden schlummernde Probleme und falsche Sichtweisen angesprochen und lebenseinsichtige Perspektiven an die Jüngeren vermittelt. Traumaufgaben werden wie Schulaufgaben, die zu bestimmten Aktivitäten und Handlungen an diesem Tage herausfordern, besprochen. Es werden auch Verhaltensänderungen und -alternativen diskutiert, um mit den anderen in bessere Verständigung zu kommen. Immer geht es einzig und allein um die Möglichkeiten des *friedlichen Miteinander- und Füreinanderlebens*, dessen ungeschriebene Gesetze aus dem feinen und noch wachen Instinkt eingegeben werden.

Ist die Familien-Traumsitzung beendet, dann gehen die Erwachsenen in die Dorfversammlung, die das »Traumparlament« der Senoi auf einer höheren Entscheidungsstufe darstellt. Hier werden alle wichtigen und bemerkenswerten Dorfträume der vergangenen Nacht zu einem gemeinschaftlichen Traumspektrum zusammengebündelt und im Hinblick auf die Deutungen, die man aus den Zeichen, Symbolen und Traumsituationen »herausliest«, diskutiert.

Alle sozialen Folgehandlungen entspringen der Analysearbeit dieses Traumparlaments. Ob getanzt wird oder ob Lieder gesungen werden, ob gebastelt, gewerkelt, gebaut oder umgebaut wird, ob gerodet wird oder ob Gärten bestellt und Früchte gepflückt werden, ob man feiert, trauert oder ruht, ob der Wohnplatz verlassen wird und man weiterzieht, ob Freundschaften oder Heiraten geschlossen und Götter des Himmels und der Erde um Hilfe angerufen werden sollen – alles entscheidet sich nach dem Traumsubstrat der Gemeinschaft, die Prioritäten und Aktivitäten nach der Bedeutung der Träume setzt.

Im Prinzip geht es den Senoi nur darum, mit den großen Geistern des Traumes in freundschaftliche Beziehungen zu treten. Sie spüren instinktiv, daß aus diesen Seinstiefen die wahre Lebensweisheit auftaucht, und sie benutzen ihre Verstandeskräfte letztlich nur dazu, die traumgegebenen Weisungen exakt auszuführen. Sie beziehen den manifesten Trauminhalt auf ihre eigene Person oder die Gemeinschaft, in der sie leben. Mit der dominierenden Hauptfigur des Traums führen sie nach Art der Perlschen Gestalttherapie lange Klärungsdialoge, etwa: »Sag mal, Traum, warum hat mir mein Nachbar die Hacke noch nicht zurückgegeben, und wo hat er sie versteckt, damit ich sie nicht finden soll?« Oder: »Im Busch habe ich vorige Woche einen Mangovenbaum gesehen, den ich gerne abgeerntet hätte. Aber ich kann ihn jetzt nicht mehr finden. Kannst du mir sagen, lieber Traum, wo er steht und wie ich dort hinkomme?«

Die Senoi sind geduldig. Sie warten solange auf eine Antwort, bis sie kommt. Denn sie *kommt*...Das ist auch meine Erfahrung, wenn man den Traumwunsch beharrlich wiederholt und immer wieder in das Unterbewußtsein einfüttert. Allerdings darf man keine Zweckabsicht dahintersetzen, muß *fest* an die Erfüllung der Traumbitte *glauben* und Gott so viel Mana (Lebenskraft) zur Verfügung stellen, daß er sie über das *höhere Selbst* weise zum Segen der Gemeinschaft verteilen kann. Nach einem alten Schamanenwort zeichnen den weisen Mann zwei Tugenden aus: andere anzuerkennen und Geduld zu üben. Letzteres ist die schwierigere Aufgabe in unserer zeitraffenden Gesellschaft, die »Zeitnutzung« als einen wirtschaftlichen Koeffizienten ansieht.

Auch für die vielgeschmähten und gefürchteten Alpträume haben die Senoi einen anderen Terminus, der mir viel besser gefällt: *Kraftträume*. Der bedrohende Alp mit seinen unzähligen Fratzen fordert die Kraft nämlich förmlich heraus. Die Rezeptur liegt nicht in der Verdrängung, die wir Wohlstandsbanausen meisterhaft beherrschen, sondern in der Annahme. Im Alptraum ist mutig der Fehdehandschuh aufzugreifen, um sich den eigenen Schatten bewußt zu stellen. Man überwindet die Angst nur, indem man mitten durch sie hindurchschreitet. Dies beherzigen die Senoi in ihren Alpträumen. Sie sehen in ihnen eine echte »Entwicklungshilfe« und eine Chance zur Bewährung, die sie noch tüchtiger, noch mutiger und noch tapferer werden läßt.

Oberstes Ziel der Senoi ist, nach der Krafttraum-Bewährung möglichst bald zu einem heiteren, lustvollen und erlebnisreichen Traumgeschehen mit positiven Vorzeichen hinüberzuwechseln, denn der Traum bedeutet für sie ein nie versiegender Quell wahrer Lebensfreude und Kreativität!

Hier ihre Grundsätze in Kraftträumen, auf einen kurzen Nenner gebracht:

– Stelle dich sofort der Gefahr, wenn sie dir begegnet.
– Suche im Traum Freude und lustvolles Erleben,
– Bring dir aus deinem Traum ein Geschenk mit nach Hause.

Wer bei den Senoi erstmalig seinen übermächtigen Traumtiger erlegt hat, wird gefeiert wie ein Recke, und wenn man alleine nicht klar kommt, dann ruft man eben Verbündete aus dem eigenen Stamm zu Hilfe, denn Hilfe zählt bei den Senoi als Selbsthilfe. »Liebe deinen Nächsten...« wird hier noch selbstverständlich – und ohne Aufforderung – praktiziert. Das unterscheidet die angewandte, in den Wirkungsbereich des äußeren Lebens integrierte Esoterik von der halbgaren und lauwarmen Geschäftsbefriedigung, mit der die meisten in unserem Land sich intellektuell etwas vorgaukeln, was sie nach innen und für ihr Leben überhaupt noch nicht verarbeitet haben. Wen die Senoi erst einmal in die Flucht geschlagen haben, der kommt nie wieder. Nach altem esoterischen Reflektionsgesetz haben sie mit ihrer Attacke nicht nur den äußeren Feind, sondern auch den Feind in sich selbst besiegt. Wie sollte er da wohl noch einmal wiederkommen?

Wir dagegen treiben heute die Selbstverdrängung auf die Spitze, wobei wir uns des beliebten Versteckspiels der Projektion bedienen. Diese unzulässige Beimischung von Subjektivität in die unbesetzte

Qualität des Erlebens wird dann einfach negativ auf andere Menschen abgespiegelt, wie ein Schwarzer Peter weitergeschoben. Die scheinbar hilfreiche Sofortentlastung wirkt allerdings wie ein gefährlicher Bumerang. Eines Tages werden wir von den verdrängten Schatten jäh eingeholt und entsetzlich bedrängt. Daraus resultieren dann die diversen Anpassungsschwierigkeiten und sozialen Abnormitäten, mit denen wir uns im Schmierentheater unseres Lebens herumschlagen. Entweder wir erkennen uns selbst im Spiegel oder eine Projektion. Eine tiefgründige und doch sehr einfache Parabel illustriert dies:

Ein schottischer, einsam lebender Schäfer fand einmal einen von einem Touristen verlorenen Taschenspiegel. Er hatte noch nie so etwas gesehen; immer wieder schaute er hinein, staunte, schüttelte den Kopf und nahm es heim. Seine Frau beobachtete mit steigender Eifersucht, wie er immer wieder etwas heimlich aus seiner Tasche nahm, es lächelnd anschaute und wieder kopfschüttelnd einsteckte. Als er einmal weg war, nahm sie das Ding rasch aus seiner Rocktasche. Sie sah es an und rief aus: »Also – *das* ist die alte Hexe, der er nun nachläuft.«

Am Beispiel der Senoi wird deutlich, daß die seelische Reifeerziehung im Kindesalter stattfinden muß. Ein ähnliches Fundament im archaisch-magischen Ritual, wie es dieser kleine Volksstamm hat, muß man in den westlichen »Kultur«-Nationen lange suchen. Wir haben nur die betäubende Häkselmaschine unserer Medien, die uns zermürbt und kaputtmacht und den inneren Bilderbogen, mit dem jeder Mensch auf die Welt gekommen ist, sinnlos zerschnipselt.

Was wir von den Senoi lernen können, ist dieser verpflichtende Eifer, diese Intensität der Hinwendung zu den Kindern, jene Übernahme der totalen Verantwortung für das heranwachsende Leben und die unbeschränkte Zeit, die sich diese Menschen noch für die Aufzucht nehmen! Wir dagegen schicken unsere Kinder sonntags, um sie für ein paar Stunden »vom Hals zu haben«, mit einem dicken Geldschein ins Kino und spendieren ihnen dann noch eine Tüte Eis dazu! Dann glauben wir, unseren Elternpflichten generös nachgekommen zu sein.

Wir können uns jetzt nicht allein wegen der Träume und ihrer anstehenden Bearbeitung nach Malakka deportieren lassen, aber wir können lernen von den angeblich »Primitiven«, die uns an Herzenswärme und Verinnerlichung weit überflügeln. Wir müssen die Chance sehen, uns über das Einfädeln in die innere Bezugswelt unserer Träume, Imaginationen, Phantasien und Visionen wieder seelisch zu komplettieren und »heil« zu machen.

»Die Traum-Imagines (Traumbilder) auf der Subjektstufe auffassen (das heißt, persönlich nur auf die Ich-Teile beziehen; Anmerkung des Autors), bedeutet für den Gegenwartsmenschen dasselbe, wie wenn man dem Primitiven die Ahnenfiguren und Fetische wegnimmt und ihm beizubringen versucht, daß die ›Medizinkraft‹ etwas Geistiges sei, das nicht im Objekt, sondern in der menschlichen Psyche steckt«, sagt Jung (*Grundwerk* 1, 162).

Unsere Medizin ist der Alkohol geworden und unser Fetisch das Fernsehen, dieses billige Surrogat zusammengebrauter Fremdbilder, die unsere eigene Bilderproduktion total einschläfert und verkümmern läßt! Wir bleiben lieber bei der bequemen Projektion, mit der wir allen anderen all das Schlechte und Minderwertige anhängen, das in unserer Seele aufbegehrt. Was wäre sonst? Jung gibt uns auch hierauf eine sehr passende Antwort:

»So empfindet es auch der Mensch der Gegenwart als unangenehm, vielleicht sogar als irgendwie gefährlich, die durch unermeßliches Alter geheiligte Identität von Imago (Innenbild) und Objekt aufzulösen. Die Folgen sind auch für unsere Psychologie kaum faßbar: *Man hätte niemand mehr, den man anklagen, niemand, den man verantwortlich machen, belehren, bessern und strafen könnte! Man hätte vielmehr in allen Dingen bei sich selbst anzufangen, man hätte die Ansprüche, die man an andere stellt, einzig und alleine an sich selber zu stellen...*«

Nicht auszudenken! Die Psychologen und Therapeuten hätten keine Arbeit mehr, die Psychologie wäre am Ende, die Nervenkliniken müßten schließen, und leitende Angestellte würden über einen »Traumtest« eingestellt...Sind wir so weit davon entfernt in diesem Umbruchsjahrhundert, das bis zu den drei Nullen hinter der neuen Tausenderzahl auf der »Achse des großen Phönix« im Wassermann-Zeitalter noch etwas Zeit hat, die Verinnerlichung des Menschen nach bestandener Veräußerlichung mit einem neuen Geniesprung vorzubereiten?

Fraglos kommen wir in eine transparente Epoche, und alle Experten sind der gleichen Auffassung, daß die noch zu erwartenden technologischen Sensationen im Gehirn des Menschen stattfinden werden. Aus einer Leistungs- und Wettbewerbsgesellschaft mit gnadenlosen Selbstvernichtungsspielregeln müssen wir wie die Senoi zurückfinden in eine neue Ära der zwischenmenschlichen Kommunikation, die heute nur noch über Zweckphrasen und arglistige Täuschungen »um die Ecke« parliert. Wir müssen wieder in das Sphärische eintauchen und uns zu jeder Minute unseres Lebens von einer liebenden, nicht zürnenden Gottheit angestrahlt wissen, um selbst wieder strahlen zu können.

»Gott achtet den Menschen, wenn er arbeitet, aber er liebt ihn, wenn er singt«, lautet ein Ausspruch von Tagore. Ich möchte noch hinzusetzen: »und er streichelt ihn, wenn er träumt!«

Vielleicht sind die Senoi so »traumfleißig«, weil sie keine Flimmerkiste im Regenwald haben und keine Revuesendungen aus Kuala Lumpur empfangen können. Hier muß ich leider über die »Antitraummaschine«, wie ich das Fernsehen nenne, noch einige kritische Bemerkungen machen:

Der bundesdeutsche Durchschnittsbürger (was auch schon wieder ein häßlich-verächtlicher Terminus ist) sieht (nach Infratam) täglich 126 Minuten fern, also zwei Stunden und sechs Minuten. Hochgerechnet sind das 45.990 Minuten im Jahr, das sind 766,5 Stunden. Wenn wir den Erlebens- oder Wachtag mit 16 Stunden als Basishilfe nehmen (denn rund acht Stunden verbringen wir ja im Bett), so ergeben sich hieraus ganze 47,9 Tage, die wir im Jahr vom Aufwachen bis zum Schlafengehen *pausenlos* vor der Glotze verbringen. Ein junger Amerikaner hat mit 20 Jahren bereits 20.000 Stunden vor dem Fernsehschirm absolviert. Für jedes weitere Lebensjahrzehnt können wir nochmal 10.000 Stunden draufschlagen.

In 10.000 Stunden, so meint der amerikanische Moderator Robert MacNeil, kann man Astronomie studieren oder als Ingenieur ausgebildet sein oder – mehrere Sprachen fließend beherrschen. »Wen das nicht reizt«, ulkt er, »wäre in der gleichen Zeit einmal zu Fuß um die Welt gelaufen und hätte darüber ein Buch geschrieben...«

30 Millionen funktionelle Analphabeten in Amerika sind die Antwort, meint er. Sie können noch nicht einmal auf eine Zeitungsannonce antworten oder die Gebrauchsanweisung auf einer Arzneiflasche lesen. Ganz davon abgesehen, daß ein Jüngling mit rund 10.000 verinnerlichten Fernsehmorden sozusagen »killernd« in das Dasein wächst und sein Unterbewußtsein vorsorglich schon mit Zyankali getränkt hat. Was soll aus diesen Menschen noch werden?

Wenn wir erst einmal voll »verkabelt« und »angeschlossen«, besser »angeschossen« sind von diesem Bombardement aus Informationskonfetti, dann wird es uns vermutlich so gehen, wie es eine Prognose in den USA für 1990 vorhersagt: Wenn die durchschnittliche Arbeitszeit in den Staaten bis 1990 pro Woche noch um eineinhalb Stunden sinkt (und das ist zu erwarten), dann entspricht die tägliche Arbeitszeit der täglichen Fernsehzeit. Dann haben wir die idiotische Zeittriade mit acht Stunden Schlaf, acht Stunden Fernsehen und acht Stunden Arbeit. Mögen Sie da noch leben? Ich nicht!

»Die Zwangsernährung mit Belanglosigkeiten ist selbst keine Belanglosigkeit«, hat vor Jahren mahnend Charles L. Black, Professor an der Yale-Universität, ausgerufen. Das Schlimmste aber: die innere Bildproduktion, die eigene Phantasie, die Fähigkeit zum Imaginieren und zur Visualisation wird durch das Fernsehsurrogat stumpf und tumb, flacht ab und verkümmert. Leider sprechen die Indizien meiner Beobachtung dafür, daß dies schon bei Kindern zwischen sechs und zehn Jahren zu ganz wesentlichen Vorstellungsstörungen des Bildhaften kommt und daß die in einem Kind so üppig angelegte Phantasie über den Krückengang des Fernsehens zurückgegangen oder eingeschlafen ist. Die einseitige Trimmung der linken Gehirnhemisphäre über den ungaren Informationssalat – und das auch noch mit einer jämmerlichen Sprachverhunzung im Nachrichten-Slang – rückt die rechte Gehirnhemisphäre in einen Schlagschatten und ins Abseits. Es ist klar, daß wir bei so viel schlecht zusammengekochtem Bilderbrei für unsere eigenen Träume keine Antenne mehr haben. Wie gut haben es da die Senoi, die morgens über ihre Traumfreunde oder -feinde sprechen können und auf die Tiefe ihres Seinsspiegels blicken.

Der Dialog mit der Traumkraft

Wir müssen mit unseren Träumen »sprechen« und uns
unterhalten lernen!

> Natürlich sind Traumbilder Antworten auf äußere Fakten und Umstän-
> de, aber es sind *Antworten der Psyche* und somit genaue Abbilder psy-
> chischer Gegebenheiten. C.G. Jung, *Briefe*, 1, 257

So wie wir im realen Leben »Anschluß suchen«, nach einem Partner
oder nach Freunden Ausschau halten, um mit ihnen Gedankenaus-
tausch zu pflegen, so können wir auch mit uns selbst in einen fruchtba-
ren »inneren Dialog« einsteigen. Dieser führt nach meiner Erfahrung
wesentlich weiter als das Gespräch mit anderen Menschen, in denen
wir uns zwar auch widerspiegeln können, von denen wir aber in den
seltensten Fällen klare und wahrhaftige Aussagen über unsere eigene
Person bekommen. Die vorgeschobene Ego-Bastion erlaubt sehr selten einen uneigennützigen Rat. Häufig sind die »Urteile« unserer Weg-
genossen zugleich auch vorschnelle »Verurteilungen«, über die wir
eher herabgesetzt oder gebrandmarkt werden, als daß auch nur ein
positives Haar an uns in den Augen anderer bliebe.

Zumeist sind die Bekundungen auch sehr subjektiver Natur. Es liegt
in der Natur der menschlichen Psyche, daß wir über die vielseits geliebte
und unbewußt angewandte Projektion alles aus dem Schattenbe-
reich unserer Seele auf den oder die anderen abspiegeln. Das ist in
meinen Augen eine hilfreiche, aber verkehrte Selbsterhaltungs- und
Bestätigungsmanipulation, die im ersten Moment entlastet, aber zugleich auch äußeren Widerstand auftürmt. So haben wir einen sich
hochschaukelnden Antriebs-, besser Vertreibungsmechanismus, mit
dem sich die Menschen gegenseitig vergraulen.

Es ist wahrhaft eine Sisyphusarbeit – aber die lohnendste und er-
tragreichste des Lebens überhaupt – sich im Sinne des Orakels von
Delphi (*Erkenne dich selbst*) in eine innere Auseinandersetzung zu begeben. Der selbstbeweihräuchernde Monolog, den wir ständig, aber
wenig effektiv zur Selbstaufmunterung mit uns führen, hilft da wenig
und beschönigt und glättet nur Disharmonisches, Ungutes, Versehent-
liches, Unabsichtliches. »Wenn es dem Weißen nicht gelingt, seine eige-

117

ne Rasse mit Hilfe seiner brillanten Erfindungen zu vernichten, wird er sich schließlich zu einem verzweifelt ernsthaften Selbsterziehungskursus bequemen müssen...«, sagt Jung (*Grundwerk* 9, 161).

Vielleicht ist das überhaupt der Grund dafür, daß wir uns angesichts der unausweichlichen Gefahren, die wir am Horizont der Apokalypse immer noch weiter schwärzen und potenzieren, wieder in das Traumartige, Kindliche, Naive hineinflüchten, was Kunst, Kultur und die moderne Bilderwelt deutlich ausweisen. Wir sehnen uns nach etwas und wissen nicht wonach. Wir spüren, daß zum Heilwerden unserer Seele etwas fehlt, aber wir wissen nicht was. Wir sind ständig rastlos auf der Suche nach einem Ziel, das wir nicht definieren können. Und weil wir das alles nicht wissen, weil wir in keinen »inneren Dialog« einzusteigen gewillt sind, tauchen wir ein in den Animierschlund ständiger Unterhaltung und Betäubung, füttern uns mit der Konsumdroge des »Immer-noch-mehr-haben-Wollens« und gieren nach äußeren Sensationen und Attraktionen, weil unser innerpsychisches Energiefeld nur noch wie eine matte 25-Watt-Birne vor sich hinfunzelt, die gar nicht weiß, wofür sie eigentlich Licht spenden soll.

Der Traum bietet die einzigartige Möglichkeit, wirklich mit sich ins Gespräch zu kommen. Wir müssen dabei zwei Dialogformen unterscheiden:

das Gespräch mit unserer eigenen Traumkraft als förderlicher und freundschaftlicher Hilfsinstanz und
das Gespräch mit unseren eigenen Traumgestalten und Traumbildern.

Reflektion (von lat. »reflectare« = zurückbiegen) heißt ja eigentlich gar nichts anderes als inneres Zwiegespräch im Sinne einer Verhaltensrückschau. Das ist erst einmal die simpelste Form der Auseinandersetzung mit sich selbst, bevor man anderen das eigene Leid in die Ohren tutet (was sicherlich einfacher und bequemer ist).

Viele sprechen von ihrem »Traumhelfer«, andere geben ihm einen Vornamen, manche reden ihn hochoffiziell mit einem Titel an. Ich möchte gerne von hierarchischen Abstufungen absehen und den Traum als ständigen, vertrauten Weggefährten bezeichnen. Der Begriff »Traumkraft« scheint mir ganz dienlich, weil darin auch etwas Respekt vor dem Großmut und der göttlich-geistigen Potenz einer höheren Instanz durchschimmert. Sie sollten sich aber ganz frei fühlen und einen Namen wählen, der spontan in ihnen hochsteigt. Sie werden dann selbst spüren, ob dieser Freundschaftspakt tauglich ist oder ob sie noch eine zusätzliche oder ganz andere Vereinbarung mit ihrer Traumkraft treffen müssen.

Am besten können wir vielleicht die Traumkraft mit einem Schutzengel vergleichen (zu dem ja auch die meisten Menschen bereits eine gestörte Verbindung haben), aber auch hier stellt sich schon wieder die zentrale Frage der Glaubenstiefe. Gibt es überhaupt Engel als unsichtbare Lebensbegleiter?

Schauen Sie sich die Engelsköpfe von Leonardo da Vinci, Raffael, Fra Filippo Lippi und Fra Angelico an. Können Sie dann noch daran zweifeln, daß diese Künstlerträume blutvoll-lebendige Realität auf einer anderen Wirkungsebene unseres Universums sind?

Es kann nichts geträumt werden, was nicht schon als latenter Schöpferhauch in der Welt ist, und es kann nichts geträumt werden, was nicht die Kernabsicht der späteren Verwirklichung in sich trägt. Es kann aber auch geträumt werden, was in den anderen feinstofflichen Ebenen schon längst selbstverständliche Wirklichkeit ist, uns aber noch wie ein Märchen anmutet. »Die Welt ist voll von Engeln«, sagt der französische Dichter Georges Bernardos, und ich teile seine Meinung, denn ich sehe sie ständig um mich herum.

Auch unsere Traumkraft können wir in der Tageswirklichkeit niemals sehen, aber dafür um so besser und lebendiger in unseren Träumen, die der Verbindungssteg zu anderen Welten der zeit- und raumlosen Ordnung sind. Ich spüre meine Traumkraft zumeist hinter mir, gelegentlich auch schon einmal an meiner Seite, wenn ich in einer schwierigen Situation sicher geführt werden soll. Erst in der Todesstunde erkennen Sie die wahren Gestalten aller ihrer Schutzbefohlenen, die ihnen dann von vorne entgegenkommen.

Die Traumkraft ist immer da und geht nie schlafen, sie wacht besonders über unseren Schlaf und macht am Tage nur einmal ein schnelles Nickerchen. Meine Traumkraft beruhigt mich in allen angstvollen Situationen, sie geleitet mich in die richtigen Gassen, sie hilft mir aus Verwicklungen heraus, sie schlichtet Streit mit anderen, sie bewahrt mich vor Verunglimpfungen und Verfolgungen, sie warnt mich vor großen Gefahren, sie tut mir auch kleine Gefallen, wenn ich verzweifelt einen Parkplatz suche oder verspätet einer Straßenbahn hinterherlaufen muß.

Telepathisch erklärt sie mir auch die Bedeutung und den Sinn meiner Erlebnisse, schaut für mich in die Zukunft, um mir hier und da einen guten Wink zu geben. Sie sagt mir, ob ich eine Reise antreten soll oder nicht, wie ich mich einem bestimmten Menschen gegenüber verhalten solle, und sie flüstert mir unentwegt zu – ich glaube fast, das ist ihre Hauptaufgabe: »Schick mehr Liebe, gib doch Liebe, sei die strahlende Sonne deines Lebens«.

Schon Aristoteles glaubte, daß Träume Botschaften der Götter sind. Sagen wir einfach, daß Träume Botschaften aus einer himmlischen Sendezentrale sind, die wir mittels einer gut einzustellenden Frequenz mehrfach am Tage als aktuelle Sondernachrichten abhören können. Psychisch geht es darum, sich das spontan aufgetauchte Bild des Traumfreundes fest einzuprägen, damit man es immer wieder als Anrufungsmedium benutzen kann, um mit diesem Traumhelfer in Kontakt zu kommen. Dies ist auch der Sinn der späteren Übung, die mindestens einmal monatlich, aber nicht öfter als im Abstand von vierzehn Tagen, gemacht werden darf.

Die Traumfreunde oder Traumfeinde in der praktischen Traumanwendung der Senoi stellen widerstreitende Schichten der eigenen Persönlichkeit dar, repräsentieren Teile der eigenen Psyche, die sich zwecks besserer Erkennungsfähigkeit personifizieren. Die Dialogmethode gehört anerkanntermaßen zu den wichtigsten methodischen Hilfsmitteln der Jung-Senoi-Arbeit, einer Verschmelzung zweier Vorgehensweisen. In Gesprächsform bekommt der Träumer, der den Dialog aktiv in Frageform beginnt, eine Menge zuverlässiger Antworten von den vielschichtigen Aspekten seiner Ich-Palette. Zusätzlich leistet er dabei eine im Sinne der Jungschen Amplifikation wichtige Anreicherungsarbeit, die ihm hohe Informationsfülle gewährleistet. Das vom Träumer inszenierte Zwiegespräch bekommt zunehmend Fahrt und Dynamik und führt oft zu überraschenden und verblüffenden Wendungen, die näher an den Wahrheitskern des Traumes heranführen, als es durch das einfache Umkreisen der Traumhandlung möglich gewesen wäre.

Es bieten sich hierfür einige bewährte Frageformen an, die ich nicht im Sinne von Standardfragen verstanden haben will. Jedwede Festlegung, Fixierung, Normierung und Kategorisierung unterhöhlt die intuitive Traumarbeit, die von der hochkeimenden Spontaneität und nicht von der Reißbrettskizze des analytischen Verstandes getragen wird. Hier trenne ich mich auffassungsgemäß ganz bewußt und entschieden von meinen Traumkollegen, die Träume nach wissenschaftlichen Erhebungsmethoden mit vorstrukturierter Methodik in den Computervergleich bringen wollen. Das kommt einer vorsätzlichen Mißhandlung des Traums gleich und wird seinem verborgenen Sinn niemals gerecht!

Die Fragen lauten:

Wer bist du eigentlich?
Was willst du von mir?
Hast du mir irgend etwas zu sagen?
Was soll ich tun?
Warum hast du das getan?
Warum läßt du mich nicht in Ruhe?
Warum verfolgst du mich?
Was habe ich dir denn zuleide getan?
Kannst du mir helfen?
Können wir uns noch einmal wiedersehen?

Solche Fragen kann man auch schon im Wachbewußtsein nach vorangegangener, leichter Entspannung stellen. Sie werden erstaunt sein, mit welcher Präzision und – nach einiger Übung – mit welcher Schnelligkeit deutliche Antworten von innen vernehmbar werden oder deutliche Impulse ihr Unterbewußtsein wie kleine Energieticker antippen und sie in die richtige Richtung der Antwort weisen.

Natürlich können als Antworten auch Bildmetaphern, Symbole oder Einzelbilder in der Phantasie hochkeimen, die zumeist unverschlüsselt von treffender Klarheit und hoher Wirkungskraft sind. Das können auch hochintellektuelle Antworten sein, bei denen man sich Mühe geben muß, bis man sie richtig verstanden hat.

So bekam ich einmal als Antwort auf die Frage an meine Traumkraft, ob ich mich an einem bestimmten Projekt beteiligen solle, diese metaphysische Bildantwort: Ich lag auf einem hohen Berge im Schatten einer Krüppelkiefer und blickte in das Tal hinunter, in dem die Menschen wie Ameisen zu erkennen waren. »Ruh dich doch noch ein bißchen aus«, flüsterte eine elfenhafte Stimme in mein Ohr.

Gibt es da noch Zweifel? Natürlich habe ich mich später nicht an diesem Geschäft beteiligt, und es war gut so. Ich habe einfach noch ein bißchen geruht.

Der eigentliche Prozeß hierbei ist, daß sich die beiden verschiedenen Ebenen Traumwirklichkeit und Wachbewußtsein durchdringen und sich miteinander zum realistischen Konglomerat des Wach-*Erlebens* verdichten. Die materielle Realität wird aufgepropft, gleichsam veredelt von der höheren Warte einer geistigen Überschau, die gesamtprospektiv den Fall überblickt. Die Blüte der Erscheinung, dessen, was dann in unserem Leben erscheint, wird voller, farbenprächtiger und gesünder.

Wichtig ist auch, daß wir bei der Begegnung mit Traumgestalten genau unsere gefühlsmäßigen Reaktionen kontrollieren und darüber Aussagen oder Notizen machen:

Ist mir X sympathisch oder unsympathisch?

Jagt mir X Angst oder Schrecken ein?

Möchte ich mit X überhaupt zu tun haben?

Reizt mich an X etwas und wenn ja, was?

Hat X Ähnlichkeit mit irgendeiner Person aus meinem Familien-, Freundes- oder Bekanntenkreis?

Verwirrt mich X und macht mich unsicher?

Könnte ich mir vorstellen, mich mit X anzufreunden?

Liebe oder hasse ich X?

Fühle ich mich von X bedrängt?

Es ist wichtig, auch die scheinbar unwesentlichsten Gefühlsnuancen festzuhalten und sie eingehend zu betrachten:

Wann und in welcher Situation habe ich mich schon einmal ähnlich gefühlt?

Erinnert mich dieses Gefühl an einen bestimmten Menschen meiner näheren Umgebung?

Wie reagiere ich oder was tue ich gewöhnlich, wenn ich mich wie in diesem Augenblick gefühlt habe?

Wann taucht dieses Gefühl sonst noch auf?

Hatte ich es in meiner Jugend?

Der Traum arbeitet bevorzugt auf der Gefühlsebene. Er will uns in die bewußte Wahrnehmung und Artikulation unserer (unterdrückten) Gefühle förmlich hineinzwingen. Wir sollen Farbe bekennen und Stellung beziehen und uns nicht, wie üblich, vorbeimogeln wollen.

Wortbedeutungen und auch die Syntax unserer Sprache sind leider zu armselig (es sei denn, wir wären hochbegabte Poeten), als daß sie die ungeheuer differenzierte Skala unserer changierenden Empfindungen auch im Wechsel des Zeitmaßes auch nur annähernd adäquat ausdrücken könnten. Dennoch müssen wir es versuchen, wenn wir uns auf die Sprünge kommen wollen. Hier liegt die ganze Unbeholfenheit und seelische Verholzung des modernen Industriemenschen, daß er die am Arbeitsplatz verfemten Gefühle nicht mehr hochkommen lassen und ansprechen kann. Dies ist die Verflachung unserer rüden Zweckkommunikation!

Insofern ist auch der Stimmungsgehalt beim Aufwachen und ersten Erinnern des Traums für mich der wichtigste Indikator, um das Traumklima zu erspüren:

War ich traurig und deprimiert?
War ich belustigt und amüsiert?
War ich erschreckt und ängstlich?
War ich beunruhigt und besorgt?
War ich beleidigt oder frustriert?
War ich heiter und gelassen?
War ich aufgewühlt und erregt?

Ein Erspüren der Stimmungslage nach dem Traum enthält schon einen Teil seiner Lösung, denn gerade *diese* Gemütsstimmung verdeutlicht, was der Traum im Träumer *bewirkt* hat, wo er ihn anfassen, packen und schütteln konnte. In dieser Gefühlsregung bleibend, sollte der Träumer den ganzen Traumkontext angehen, wobei er aufpassen muß, daß er nicht plötzlich den Kopf aus der Schlinge zieht und versachlichend anonym wird.

Von umwerfendem Erfolg ist es, wenn Sie Traumhändel über die Kraft Ihrer Liebe aufzulösen beginnen. Da können selbst die hartgesottenen Widersacher in Ihren Träumen kaum widerstehen. Sagen Sie doch einfach mal mit einem entwaffnenden Lächeln zu einem Traumfeind, der Sie gerade anzugreifen versucht: »Ich mag dich, warum besuchst du mich nicht öfter?« Er wird verdutzt zurückweichen und sich in seiner Erwartungshaltung völlig überfahren fühlen. Er wird gar keine Lust mehr verspüren, sich mit Ihnen anzulegen, weil Sie in seinen Augen ein schlechter Kämpfer sind und man sich nicht mit einem Heiligen anlegt. Oder umarmen sie ihn und küssen sie ihn einfach, auch wenn er Teufelshörner oder einen Schnauzbart haben sollte.

Der Dialog mit Traumgestalten erhält tiefenpsychologisch besondere Würze, wenn man die gestalttherapeutischen Interaktionen anwendet. Man stellt dem Träumer einen leeren Stuhl gegenüber, auf den er seinen Traumdialogpartner setzt. Mit geschlossenen oder auch offenen Augen imaginiert er dann seinen Partner und beginnt mit ihm das Gespräch. Wenn er die Antworten anstelle seines Partners gibt, wechselt er zum Identifikationssprung einfach den Stuhl und sitzt nun sich selbst, dem Träumer, gegenüber. Es ist quasi ein Monolog in Dialogform mit direkter Frage, direkter Antwort, in direkter Rede, mit fliegendem Positionswechsel. In der progressiven Abstraktion kann man das natürlich auf jeden Sachgegenstand ausdehnen, auf jedwede Materie, wie sie auch immer geformt sein mag.

Der gestalttherapeutische Traumdialog verflüssigt feste Strukturen und öffnet den Träumer emotional. Nicht selten gelingt ein kataraktischer Durchbruch. Wie vom Blitz getroffen bricht der Träumer plötzlich exzessiv aus, beginnt zu schreien oder zu toben, gerät »außer sich«, wobei er das Innerste endlich nach außen stülpt und sich getroffen bekennt. Das führt sehr oft zu wirklich katharsischen Befreiungsprozessen, die in ihrer explosionsartigen Wirkung große Erleichterung und plötzliche Klarheit verschaffen. Das sind Traumdurchbrüche, mit denen man einen entfremdeten Teil des eigenen Ichs plötzlich anschauen, ihn in den Arm nehmen und sich an seiner Brust ausweinen kann.

Ein solcher kreativer Traumdialog ist nachstehend kurz skizziert:

Sie werden selbst die beherrschenden Traumfigur und fragen sich:

Warum tust du das?

Was denkst du dabei?

Woran glaubst du?

Was hast du vor?

Was fühlst du dabei?

Woran erinnerst du dich?

Dann setzen Sie sich auf den gegenüber stehenden Stuhl, verwandeln sich in die befragte Traumfigur und antworten.

Vergegenwärtigen Sie sich dann alle anderen Traumfiguren oder Objekte, die Sie sich aus dem Traumbericht gemerkt oder notiert haben. Identifizieren Sie sich mit jeder einzelnen Figur, mit jedem Ding, mit jedem Gegenstand. Es ist wichtig, daß Sie wirklich mit Haut und Haaren in den anderen Menschen oder in das Objekt hineinschlüpfen und eins mit ihm werden.

Ein Beispiel:

In ihrem Traum spielt eine Blumenschale, eine Gießkanne, ein Sonnenstrahl eine Rolle.

Träumen Sie sich in diese Rollen hinein und lassen Sie die Gegenstände später mit sich selbst sprechen.

– Ich bin eine Blumenschale, rund und aufnahmefähig für Blumen und Gewächse mit üppigem Wurzelwerk. Ich werde aufmerksam gepflegt. Nur für meine Atmung wird schlecht gesorgt, weil mein Tonboden nie gesäubert und die Luftlöcher nicht freigemacht werden.

Ich bin ein gesundes Gefäß für die kleine, noch zarte Palme, die in mir gut gedeiht. Nur weiß ich, daß sie noch besser wachsen könnte, wenn...

– Ich bin die Gießkanne und kann ganz fein strahlen. Innen bin ich etwas verkalkt und verdreckt. Leicht angestoßen. Ich werde selten saubergemacht, muß immer einfach nur da sein und ewig gießen. Das geht mir langsam auf den Nerv. Alle drei Tage habe ich mächtigen Durst. Dann ernährt mein Wasser die Palme, die ich wenig leiden kann. Sie ist so spitz und wenig gesellig...

– Ich bin ein Sonnenstrahl, ich schaue gerne einmal auf die Fensterbänke in den Häusern, wenn die Wolken nicht meine gute Laune verderben. Auf dem Fensterbrett dieser Wohnung liegt besonders viel Staub herum. Die müssen wenig putzen. Der Palme dort schenke ich gerne Licht, denn wo will sie sonst das Chlorophyll hernehmen, ohne das sie nicht leben kann?

Und dann der Dialog:

Blumenschale:

Du bist gut zu mir. Nur drückt mich die Palme zu sehr mit ihren Wurzeln und meine Innenwand tut schon weh. Kannst du mir da helfen?

Sie:

Dann bist du wohl zu klein geworden für die Palme. Ich denke schon, daß ich da was machen kann...

Blumenschale:

Du könntest mir eine andere deiner Pflanzen anvertrauen, die besser in mich hineinpaßt.

Sie:

Eigentlich hast du recht, aber ich kann in dieser Jahreszeit nicht umtopfen, weil die kleine Palme vielleicht sonst sterben würde. Du mußt deshalb noch etwas warten. Verstehst du das?

Solche Dialoge führen oft zu überraschenden Wendungen, die Sie spiralförmig immer näher an den eigentlichen Traumzyklon heranführen...Die Dialoge sollten ruhig ablaufen und nicht zu früh abgebrochen werden. Sie brauchen Anlaufzeit und eine Erwärmungsphase, bis der Träumer sich völlig auf dieses »Bäumchen-verwechsle-dich-Spiel« eingelassen hat und bereitwillig und engagiert mitspielt.

Viel ist abhängig von einem erfahrenen Regisseur, der weniger interveniert, als langsam anheizt und Feuer unter den Gesprächskessel legt. Er ermuntert, aber korrigiert nicht. Auf der surrealistischen Ebene wird alles angenommen und bereitwillig eingeordnet und akzeptiert. Es kann nichts kommen, was nicht im Träumer selbst, in den verschlungenen Windungen seines Seelendarms aufbewahrt wäre und nun ausgeschieden wird. Ein Tonbandprotokoll ist hilfreich, denn es ermöglicht später dem Traumbegleiter wie dem Träumer, den Traum nachzuvollziehen.

Je mehr Sie sich durch den Traumdialog von der grausamen Umwelt und den bösen Menschen befreien, um so schneller lösen Sie auch die

Spannungen in Ihrem Wachleben, um so mehr Freunde gewinnen Sie. Das gibt dem möglicherweise angeknacksten Selbstbewußtsein gewaltigen Auftrieb! Der Träumer erkennt sich selbst als den unfreiwilligen Auslöser und Tolpatsch, der immer wieder ins Fettnäpfchen tritt und andere gegen sich aufbringt. Er erkennt sich endlich als Verursacher und nicht als unschuldiges Opferlamm, als das er sich immer gerne sieht.

Fragen Sie doch ihre Traumkraft einmal, wie Sie ein ähnliches Problem früher schon einmal gelöst haben (wenn Sie es nicht mehr wissen) oder klären Sie doch erst einmal ab, ob die Sache überhaupt von Wichtigkeit ist? Dreiviertel unserer Konflikte und Probleme sind »hausgemacht«. Wenn wir sie einfach vergessen, leben wir auch weiter, und es geschieht etwas, was wir vorher gar nicht erwarten konnten und durften – und plötzlich sieht die Welt ganz anders aus.

So können wir lernen, unsere Träume zunächst zu kontrollieren und später sogar in ihren Steuermechanismus einzugreifen und ihre Inhalte zu provozieren. Über den Traumdialog schaffen wir die Umwandlung der negativen Gefühlsbesetzung in die positive – der Traum ist das Niemandsland dazwischen, das Neutralisierungsgebiet, in dem alle Waffen kampflos gestreckt werden müssen...Dann werden wir auf die Feindseite entlassen und entdecken zu unserer eigenen Verwunderung, daß es sich auch dort ganz gut leben läßt, vielleicht sogar noch besser als in der alten Kampfstellung.

Dialog mit der Traumkraft

Die Amerikaner nennen ihr Unterbewußtsein »George« und personifizieren es, um damit besser und freundlicher umzugehen. So können
auch wir uns eine Symbolgestalt oder ein Leitbild für unsere Traumkraft schaffen. Damit wächst diese Instanz aus der anonym-unpersön-
lichen und abstrakten Vorstellungswelt in unser menschlich-soziales
Bezugssystem hinein und nimmt Gestalt an.

Es gibt weibliche Gralshüter des Traumlandes. Bei noch stark archaischen Seelen wird sogar das »Krafttier« zur fabulösen Traumkraft
hochstilisiert. Es können auch Mönche, Priestergestalten, hohe Wür-
denträger, ja auch einfache Waldgeister oder Eremiten sein. Die innere
Wirklichkeit holt sich in jedem Fall das »richtige« Bild.

Die zu allererst auftauchende Vision sollten wir sofort annehmen
und uns nicht angestrengt nach einem anderen, besseren Traumführer
umsehen...Wir bekommen gerecht das zugeteilt, was unserem spirituellen Entwicklungsstand entspricht und was unserer spezifischen,
individuellen Seelenschwingung adäquat ist, was mittönt...

Die Übung ist also nur als Rahmen zu verstehen, der mit eigenen
Inhalten gefüllt werden darf und soll. Wichtig ist, daß diese personifi-
zierte Instanz »geklärt« und angenommen wird, daß sie zu einem unverbrüchlichen Freund des Vertrauens avanciert und daß wir uns auch
nicht scheuen, sie in jeder kritischen Lebenssituation anzurufen, nicht
jedoch für Lappalien und Banalitäten, die unserer eigenen Unentschlossenheit in unwesentlichen Tagesfragen zuzuschreiben sind.

Bedenken Sie, daß Ihnen diese Bilderreise eine wichtige Begegnung
schenkt, deren Wert Sie zur Stunde weder erfassen noch übersehen
können, eine Begegnung, die Ihrem Leben eine neue Anbindung an
das göttliche Selbst, eine neue Richtung oder auch einen veränderten
oder bestätigenden Inhalt geben wird. Eine neue Dimension Ihres Bewußtseins wird erschlossen, die Ihr Leben reicher und inhaltsvoller
machen wird.

Setzen Sie sich an einem ruhigen Ort bequem hin und sorgen Sie
dafür, daß Sie in der nächsten Stunde von niemandem gestört werden
können. Entspannen Sie Ihren Körper, lösen Sie alle Muskelanspan-
nungen, alle Gedanken, alle Sorgen, alle Befürchtungen, alles Gestern

und Morgen und schwingen Sie sich ein in das grenzenlose und ewige Jetzt in diesem Augenblick. Sie fühlen, daß Sie sich noch viel mehr entspannen können, spüren, wie alle Energie, alle Kraft langsam aus den Muskeln herausfließt und Ihr Körper immer schlapper und schlaffer wird, bis er sich wie eine lose Stoffpuppe anfühlt...

Nun gehen Sie langsam in Ihren Atemrhythmus hinein, der ohne alles Zutun immer ruhiger, tiefer und langsamer wird ... Ihre Sinne sind längst von der Außenwelt abgekoppelt. Nur Ihre Ohren nehmen auf einer anderen Ebene Ihres Bewußtseins die Anweisungen für diese Reise wahr. Sie fallen immer tiefer und tiefer, gehen immer weiter nach unten in die Räume Ihres Unterbewußten, in das Reich Ihrer Schwingungen, Töne, Farben, Gerüche, Ihrer feinstofflichen Wahrnehmung.

Sie spüren, wie Sie plötzlich schwerelos werden, wie Sie Ihren Körper langsam vergessen, wie auch Ihr Verstand schon längst in einer anderen Welt geblieben ist. Sie fühlen sich wie eine Feder, die frei im Raum schwebt und doch noch steuern kann. Um Sie herum ist nur der Himmel und nichts weiter. Sie kosten dieses Gefühl wirklich aus, weil Sie jetzt endlich alles beobachten, alles viel besser sehen, alles weitaus plastischer, realistischer und wahrhaftiger zu Gesicht bekommen ... Und Sie spüren, wie Sie als Feder langsam wieder der Erde zustreben, ganz sacht an Höhe verlieren und auf einer blühenden Sommerwiese landen...

Auf dieser Wiese sehen Sie sich plötzlich wieder in Ihrer wahren Menschengestalt, wie Sie sich von Fotos oder aus dem Spiegel kennen. Sie schauen sich um: Das Gras steht üppig und hoch. Sie spüren den Duft der frischen Erde und der Blumen, Sie hören das Summen der Insekten. Sie fühlen den warmen, weichen Boden unter Ihren nackten Füßen. Vor Ihnen schlängelt sich ein kleiner Bach. Er plätschert munter vor sich hin. Der Weg geht leicht bergan, und Sie schreiten leichtfüßig vorwärts. Eine sanfte Brise weht Ihnen ins Gesicht und streichelt Sie...

Nach einer kleinen Weile erreichen Sie eine Lichtung. Im Sonnenglanz erkennen Sie vor sich einen großen, kostbaren Tempel. Eine riesige weiße Kuppel wölbt sich in den azurblauen Himmel...und Sie gehen näher auf den Tempel zu. Plötzlich stehen Sie vor dem großen, holzgeschnitzten Portal dieses Tempels. Die Doppeltür ist reich verziert und sehr, sehr alt. Prägen Sie sich dieses Tor in allen Einzelheiten ein; Sie werden es nie mehr vergessen und auf diese Weise Ihren Tempel immer wieder erkennen können...

Ohne Ihr Zutun öffnet sich das Portal, wie von magischer Hand aufgetan. Langsam gehen Sie in den Tempel hinein. Gleißendes, helles, rein weißes Licht in einer unvorstellbaren Flut umfängt und blendet Sie, Sphärenmusik empfängt Sie, wundervolle, melodiöse Klänge, wie von einem himmlischen Orchester. So etwas Schönes haben Sie noch nie in Ihrem Leben gehört... Ein eigenartiges, erhabenes Gefühl ist in Ihnen. Sie gehen immer weiter und tiefer in Ihren Tempel hinein. Weihrauchduft steigt in Ihre Nase. Plötzlich steht ein weiser, alter Mann vor Ihnen! Er trägt ein weißes, wallendes, langes Gewand mit einer Kapuze. »Ich bin deine Traumkraft«, sagt der weise Alte mit dunkler, vertrauenerweckender Stimme. Sie begrüßen den alten Mann freundlich. »Guten Tag, Traumkraft«, sagen Sie und verbeugen sich ehrfürchtig.

Ihre Traumkraft hat alle Antworten auf jede Ihrer Fragen. Ihre Traumkraft weiß alles von Ihnen und kennt das Stundenbuch Ihres Lebens von Anbeginn an, denn Ihre Traumkraft lebt schon immer in Ihnen und mit Ihnen. Es wird höchste Zeit, daß Sie diesen Ihren zuverlässigsten und besten Freund besser kennenlernen...

Und nun fragen Sie den alten, barmherzigen Weisen etwas, was Ihnen besonders wichtig ist, eine entscheidende Lebensfrage, auf die Sie schon lange eine Antwort haben wollten... Hören Sie gut zu, was der Alte antwortet! Achten Sie genau auf seine Rede, prägen Sie sich jedes Wort unauslöschlich ein. Beobachten Sie auch sein Gesicht, seine Körperhaltung, sein Mienenspiel, achten Sie auf seine Stimme, die Wahl seiner Worte und die Betonung seiner Sprache...

Wenn Sie sehen, daß er Ihnen gewogen ist und sogar sein Antlitz zu erkennen gibt, dann können Sie mit ihm noch ein Weilchen sprechen; Sie können ihm alles erzählen, was Sie sonst niemandem erzählen würden – was Sie auf dem Herzen haben, was Sie quält, was Ihnen Sorgen bereitet... Sie werden sehen, daß Ihnen der Alte zuhört, denn er ist darauf geeicht, er ist Ihr bester und zuverlässigster Vertrauter. Er hört Ihnen wirklich zu und hat viel Zeit für Sie, mehr Zeit als Sie vielleicht für ihn haben. Er ist Ihr bester Freund!

Wenn Ihr Gespräch beendet ist, sagen Sie dem weisen Alten Dank für seine Wertschätzung, für seine bedeutsamen Worte, und bedanken sich besonders für das kleine Geschenk, das Ihnen der Alte jetzt in einem purpurnen Papier überreicht. Sie stecken es einfach in die Tasche, um es sich erst zu Hause anzusehen... Dann verabschieden Sie sich freundlich von Ihrer Traumkraft und versprechen, wiederzukommen. Er lächelt und legt vertrauensvoll seine Hand auf Ihre Schulter. Sie spüren, wie Ihnen warm ums Herz wird. »Auf Wiedersehen,

Traumkraft«, sagen Sie. »Und vielen Dank. Ich werde deinen Rat befolgen.« Dann wenden Sie sich zum Gehen.

Ganz langsam, innerlich noch stark bewegt und ergriffen, gehen Sie aus dem Tempel durch das goldene Portal wieder hinaus, überqueren die Wiese, den kleinen Flußlauf. Ein herrliches Gefühl ist in Ihnen, Glückseligkeit strahlt mitten aus Ihrem Herzen. Sie fühlen zum ersten Mal ein ganz neues Gefühl von Liebe, selbstloser Liebe und Hingabe, wie Sie sie noch nie erfahren und für möglich gehalten haben... Und Sie setzen sich noch einen kleinen Moment auf die Wiese, um alles noch einmal vor Ihrem geistigen Auge Revue passieren zu lassen. Beim Überdenken werden Sie immer sicherer: Mit Ihrer Traumkraft haben Sie Ihren besten Freund gefunden, einen Freund, der Ihnen von nun an immer beistehen wird, der Ihnen immer helfen wird. Denn Sie können immer, wann Sie wollen, in diesen Tempel zurückkehren, Sie kennen ja jetzt den Weg. In brenzlichen Situationen können Sie von nun an immer Ihre Traumkraft um Rat fragen und beliebig viele Fragen stellen...

Je öfter Sie in diesen Tempel zurückkehren, desto mehr werden Sie von dem großen alten Weisen erfahren, über Ihr Leben, über sich selbst, über Ihre Freunde, über Ihre Arbeit, über Ihre Bestimmung, über diese Welt und ihre Zukunft...

Ganz langsam trennen Sie sich aus Ihrer Welt der Imagination und kehren zurück von Ihrer langen Reise in das Land Ihrer Träume. Sie spüren, wie sich Ihr Bewußtsein plötzlich wieder auf den ganzen Körper ausdehnt, wie die Muskelkraft wieder in den Körper einfließt, wie sich Ihr Geist wieder belebt und alle Körperfunktionen wohl und ordentlich funktionieren. Sie ballen Ihre Hände zu Fäusten, spannen die Muskeln Ihrer Arme an, spielen mit den Fußzehen und spannen dann die Waden und Oberschenkel an. Sie machen drei tiefe, ganz lange Atemzüge und gähnen, räkeln und recken sich. Auf Ihrer Unterlage wälzen Sie sich etwas hin und her, um dann langsam die Augen aufzuschlagen, denn Sie sind wieder im Hier und Jetzt!

Traumprogrammierung für die Nacht!

Ich bin immer behutsamer in Worten, Gedanken und Taten!
Ich gehe achtsam mit dem Leben um.
Ich gebe meinem Körper alles, was er braucht.
Ich bin zärtlicher im Umgang mit Menschen, Tieren und Pflanzen.
Ich entwickle immer bessere Antennen für die Schwingungen, die mich umgeben.
Ich gehe auch behutsam mit meinem Körper um.
Ich lasse ihm die richtige Nahrung zukommen.
Ich weiß, wann er Ruhe braucht, und ich gebe sie ihm.
Ich sende allen Menschen Anerkennung und Liebe.
Ich weiß, daß diese Liebe auf mich zurückstrahlt.
Ich entspanne micht jetzt vollkommen.
Ich ziehe mich in mein Inneres zurück.
Dort finde ich vollkommene Ruhe.
Ich habe Vertrauen zu meinen Träumen.
Sie sind meine stetigen Begleiter.
Ich will ihnen auch in dieser Nacht wieder Aufmerksamkeit schenken.
Die höhere Weisheit und Einsicht meiner inneren Bilder ist die sichere Wegführung in meinem Leben.
Ich respektiere meine Traumkraft und schenke ihr ungeteilte Aufmerksamkeit.
Ich erkenne meine Träume immer besser und besser und nehme auch die bedrängenden Bilder an und lasse sie innerlich auf mich einwirken.
Denn alles, was geschieht, geschieht zu meinem Besten!
Gottes Leuchtkraft und Hilfe ist in allen inneren Visionen, die mich ins Licht heben, in die Schöpfermacht, in das All-eins-sein mit Gott!

Ich werde ruhig und entspannt schlafen.
Ich habe keine bedrückenden Träume.
Meine Träume sind meine Freunde.
Sie geben mir Hinweise und Ratschläge.
Sie sind mein ständiger Lebensbegleiter.
Sie sind die Stimme meines Selbst,
und ich höre auf diese Stimme.
Kiefer, Mund und Zunge sind ganz locker.
Mein Gesicht ist ruhig und entspannt.

Ich habe keine Sorgen.
Mein Kopf ist licht und frei.
Gute Gedanken begleiten mich.
Denn ich ruhe in mir *selbst*.
    In mir selbst ist Friede,
in mir selbst ist Sicherheit,
in mir selbst ist Weisheit.
Und Weisheit gibt guten Schlaf.
Und noch bessere Träume...
    Schlaf, der mich tröstet,
Schlaf, der mich stärkt,
Schlaf, der mir Ruhe gibt,
Schlaf, der mich erquickt.
Schlaf, der mir Ruhe schenkt:
Diese Ruhe gibt mir die ganze Kraft!

Traumprogrammierung für ein Märchen!

Ich werde heute Nacht ein Märchen träumen – und genau erinnern! Denn alle Märchen dieser Welt sind in *mir* und leben in *mir*! Denn mein Leben selbst *ist* ein Märchen. Da gibt es Engel und Bösewichte, Prinzen und verzauberte Prinzessinnen, die böse Hexe und den großen Magier, der alle Wünsche erfüllen kann... Da gibt es Wundertaten und Grausamkeiten, geheimnisvolle Tiere und übermächtige Riesen, geheime Zaubersprüche und fremde Rituale. Es ist alles in *mir*, und meine Traumkraft kann es hervorholen –

Ich werde dieses Märchen, das ich heute nacht träume, gut und klar erinnern können, um es morgen früh, in aller Herrgottsfrühe, gleich aufzuschreiben... Die mir zugeordneten Schutzengel und mein geistiger Führer werden mit helfen dabei...

Ich werde heute Nacht ein Märchen träumen und genau erinnern!

Kinder müssen viel träumen...

Beobachtungen zum Traumverhalten von Kindern und Jugendlichen

> In einer Kinderseele berührt einen der Saumzipfel Gottes voll hinge-
> bungsvoller Liebe, reiner Unschuld und gläubigem Vertrauen des Aus-
> geliefertseins an die Erwachsenen.

Während die empirische Traumforschung über die Träume von Erwachsenen zumindest von der physiologischen Seite schon sehr viel
weiß, ist der Traum als Spiegelbild der frühkindlichen und kindlichen
Entwicklung noch relativ unerforscht. Die Gründe dafür liegen auf der
Hand: Kleinen Kindern fehlt es noch an der variantenreichen Verbali-
sierungsfähigkeit, um dem buntgemischten Traumgeschehen auch nur
einigermaßen Ausdruck zu verleihen. Sie halten Zeichen, Bilder, Symbole und Märchen für viel zu selbstverständlich, als daß man darüber
berichten müßte.

David Foulkes, Professor für Psychologie an der Psychiatrischen
Abteilung der Emory-Universität in Atlanta, Georgia, ist einer der
wenigen, die Traumreihen-Experimente bei Kindern durchgeführt haben. Obwohl in diesen Experimenten 436 REM-Perioden bei Sechs-
bis Siebenjährigen aufgezeichnet wurden, berichtete nur *einer* über
seinen Traum. Die spontane Erinnerungsfähigkeit ist zwar da, aber
vermutlich tritt nach atypischen und aufwühlenden Träumen eine
enge Selektion ein, die nur Spektakuläres berichten läßt.

Kinder sind im Umgang mit dem Seelenmedium Traum viel unver-
krampfter und lockerer, sie verarbeiten die psychische Klärwäsche des
Traums ganz natürlich und finden auch in der unbewußten Aufarbeitung – stärker als Erwachsene – Hilfe in Verhaltens- und Bewäh-
rungssituationen. Natürlich erinnern sich Kinder an Angst- und Ge-
spenster-Träume besonders lebhaft, aus unverhohlenem Geltungsbe-
dürfnis, aus Wichtigtuerei, aber auch aus der viel intensiveren mythi-
schen Anbindung heraus. Denn das Kind lebt gleichzeitig in mehreren
Welten, weil seine Hinspitzung des operationalen und logischen Denkens auf Objekte noch nicht so stark ist. In der irrationalen Organisati-
on des Geistes, dem Primärprozeß, wie Freud sagte, vollzieht sich ge-

rade das Emportauchen aus den Urmythen und dem Lebensteich des Unbewußten, aus dem der Storch das Baby herausgefischt hat. Da herrscht noch kein Wille und keine Absicht, da blüht das üppige Fabulieren der Seele, da zeigt sich sein ganzer Ornat, sein unermeßlicher Reichtum aus dem Amalgam kosmischer Vielfalt und Potentialprägung, die jedem Menschen eine geniale Mixtur von Möglichkeiten in das Leben mitgibt.

Säuglinge, die besonders viel träumen, und Kinder, die in dicht gesponnenen Tagträumen eingelullt sind, lernen durch das Träumen das Leben kennen. Gleichsam im Sandkastenspiel ihres Fabulierens simulieren sie die Wirklichkeit voraus und setzen so die ersten Samenkörner ihrer inneren Erfahrung in das Saatbeet der sie umgebenden Wirklichkeit. Damit sind sie gefeiter, gerüsteter und lebenstüchtiger. Wenn die Ermahnung zur Vernunft erst einmal unsere ABC-Schützen überfällt, ist der ganze unermeßliche Reichtum der grenzenlosen Phantasie eines Menschen schon am Schmelzen und Versiegen.

Calvin Hall, der berühmte amerikanische Traumforscher, meint: »Daß wir so wenig von den Träumen der Kinder wissen, deutet darauf hin, daß ihre Träume vielschichtiger und weit schrecklicher sind, als man bisher annahm.« Das ist die eine Hypothese, der auch Freud zuneigte, der von Phantasmagorien schwärmte, oder Jung, der seine Archetypen in Reinkultur aus dem Traumerleben der Kinder hochsteigen sah. Auch ich nähere mich nach Traumbeobachtungen bei Kindern immer mehr dieser Ansicht. Unter Meßsonden an Kopf und Körper, in der sterilen Atmosphäre eines Schlaflabors mit aufwendiger Apparatur, in Konfrontation mit »fremden Onkels«, die immerzu etwas von den Träumen wissen wollen, erstirbt jeder Reporteifer des Kindes stumm auf den Lippen und es treten eher Scheu und Trotz auf, die den armen Wissenschaftlern gründlich die Suppe versalzen.

Ich glaube auch, daß Babys, die ja adäquat ihrer sehr langen Schlafzeit ungewöhnlich viel träumen, noch im Urschoß der Mutter Erde behutsam gewiegt werden und prähistorischen Entwicklungssalat wiederkäuen, von exotischen Tieren, Monstern, Ungeheuern und ähnlichem träumen, das aus den umgepflügten Archetypen hochsteigt und in den Träumem herumgurgelt.

Am Anfang war sicher immer das Symbol, das zusammengeschmolzene Bedeutungsgemälde in letzter Vereinfachung, das etwas von der Signatur des Lebens angibt und die Plätze für die späteren Marksteine im Lebensgeschehen markiert. (In der Traumregression holen wir uns übrigens diese Spurerlebnisse, die dann alle späteren Weichenstellungen in bestimmten Lebenssituationen zwanghaft-unbewußt regeln.) Gerade die rechte Gehirnhemisphäre, die das intuitive, holistische, künstlerische und gefühlsmäßige Erleben verarbeitet, *muß* eigentlich bei dem noch unerwachten Kind das absolute Primat besitzen.

Daß auch das Traumschaffen unserer Kinder eine kognitive Fähigkeit sein soll, wie David Foulkes behauptet, die der gleichen strukturellen Entwicklung unterworfen ist wie jede andere kognitive Fähigkeit im Wachzustand, kann ich ganz und gar nicht annehmen. Jede Untersuchung ist immer nur so gut wie ihr Ansatz und der »Mind« des Untersuchenden. Objektivität ist eine leere Phrase und Beweisfähigkeit immer ein Trugschluß für das unbewiesen Hintergründige in der Absicht des Untersuchenden.

In diesem Alter hat man noch keine operationale Denkstrategie, sondern nur ein sehr blumiges und undurchsichtiges, wirres Traummuster, dessen feinstoffliche Energiequalität die späteren Bausteine für die Integration der Lebenswirklichkeit legt. Wenn man Fünf- bis Sechsjährige dazu bringt, über ihre Träume zu sprechen (und das muß aus eigenem Antrieb über eine Spielsituation und eine hohe Vertrauensbildung erfolgen), dann sind ihre Traumreports besonders dramatisch, spannungsreich und dynamisch-bewegt, weil im 360-Grad-Blickwinkel das ganze Spektrum der unbewußt wahrgenommenen Lebenssituation aufsprudelt und aufschäumt.

Bedenken Sie, daß wir mit *Bilder*büchern in die praktischen Lebensbezüge einsteigen. Wir werden mit Bildern groß und erstarken durch sie, nicht durch verbale Erziehung, die noch so »richtig« oder »falsch« sein kann, weil sie von den Eltern im Vorbild gelebt oder ungelebt bleibt. Ein Kind beobachtet mit drei Augen, denn es hat das dritte Auge für die Wahrnehmung der feinstofflichen Welten noch latent verstärkend zur Verfügung. Ein Kind sieht zwischen und hinter die Bilder und betrachtet holistisch, ohne sich um die Details zu kümmern. Kinder sind deshalb bei der Beschreibung von Bildern Erwachsenen weit überlegen. Sie haben noch den sechsten und siebten Sinn, nämlich ein ungeschmälertes Potential von Anlagen, sie haben noch den göttlichen Keim in sich und sehen Elfen, Zwerge, Devas, Erdgeister und Engel. Warum sollten sie auch nicht? Sie haben geradezu ein ureigenes Anrecht darauf. Wir dürfen sie darum beneiden, daß sie noch vierdimensional sehen und fühlen können, anstatt sie zu bemitleiden und sie ob dieses »Quatsches« unsanft zu ermahnen.

Füttern Sie Ihre Kleinen mit Märchen, lassen Sie Ihre Buben unter- und aufgehen in Karl May, dem größten und begabtesten Tagträumer der deutschen Nation, lassen Sie Ihre Töchter Puppen wiegen oder auch Panzerwagen fahren. Das ist der Sandkasten späterer Lebenswirklichkeit, den wir so lange wie möglich erhalten müssen, damit unsere Kinder erst spät – nie zu spät – »erwachsen« werden. Das Erwachsenwerden ist hier mehr als entscheidende Konditionsbenachteiligung für das spätere Er-Leben anzusehen.

Bei Sechsjährigen treten dann schon komplexe Bildergeschichten mit Handlungsrahmen, blumige Vignetten und Blitzlichtaufnahmen aus dem persönlichem Leben zutage. Die Auskunftsfreudigkeit wird größer, wenn die Traumarbeit – wie bei den Senoi – als »seelische Mundpflege« betrachtet und nicht zur obstrusen Absonderlichkeit erhoben wird. In diesem Alter werden die ersten Lebenskonzepte gesetzt und in Symbole gekleidet. Foulkes berichtet:»So träumte beispielsweise ein Achtjähriger, er gehe mit einer Gruppe von Jungen seines Alters fort, um einen Baum zu pflanzen. Als sie am nächsten Tag wiederkamen, war der Baum zu voller Größe herangewachsen. Da pflanzten sie einen ganzen Wald von solchen Bäumen. Und diese Bäume überstanden sogar einen Waldbrand. Einige Männer versuchten, sie für Brennholz abzuschlagen, doch sie merkten bald, daß diese Bäume nicht brannten. Die Polizei wurde gerufen und belehrte die Männer, daß die Jungen ›nicht-brennbare‹ Bäume gepflanzt hatten.«

Die größten Überraschungen und Erfolgserlebnisse habe ich in Traumseminaren mit Jugendlichen der späten Voradoleszenz, mit Elf- und Zwölfjährigen, erlebt. In diesem Alter erreicht die Fähigkeit, Träume zu erkennen und sich an sie zu erinnern, offensichtlich ihren Kulminationspunkt. Besondere Befähigungen kommen dazu, beispielsweise die Fähigkeit, sich in die Träume der Eltern »einzuschalten« oder telepatisch zu träumen. Da finden wir Serienträume, in denen spätere Tätigkeitsvorstellungen angerissen werden, die berufliche Hinweise geben. Es wird auch häufig präkognitiv geträumt. Auch im Wacherleben fädeln sich diese Jugendlichen in die Gedankenvorstellungen ihrer Eltern ein und kommen zu verblüffenden Aussagen. Da wird luzide geträumt, tags so gut wie nachts, und es wacht ein ganz feiner Instinkt für das natürliche und völlig unangelernte Verständnis der Traumsprache, mit denen diese Jungen oder Mädchen auch die Träume anderer assoziativ erhellen, um dann meist sehr schnell den Finger auf die richtige Erkennungsstelle zu legen. Man muß diese Heißsporne im Seminar richtig bremsen, weil sie die Erwachsenen ob ihrer Hellsichtigkeit in Angst und Schrecken versetzen.

Ich erinnere mich lebhaft und mit Freuden an einen körperlich schon fast voll entwickelten Jungen von zwölf Jahren, der aber infantil und schüchtern wirkte. Er war zusammen mit seiner Mutter, einer angehenden Yoga-Lehrerin, im Basis-Traumseminar, das er mir beinahe »geschmissen« hätte. Er sezierte seine eigene Mutter mit dem spitzen Skalpell ihrer falschen, aus ihren Träumen hervorleuchtenden Lebenseinstellung. So gnadenlos, brutal, aber wahr habe ich selten einen Sohn mit seiner Mutter umspringen sehen, die in der Tat mit der esoterischen Lippenschminke, aber nicht mit dem Herzen den Weg der spirituellen Entwicklung eingeschlagen hatte... Dann fuhr er auch noch anderen Seminarteilnehmern buchstäblich über den Mund, wenn sie sich angesichts ihrer endlich aufgestiegenen Schatten austricksen wollten und zu wenig sinnvollen und unglaubhaften Ausflüchten Zuflucht nahmen. Er roch alles wie ein lauerndes Tier und traf mit schlafwandlerischer Sicherheit stets den Traumnagel auf den Kopf.

Mädchen dagegen beschäftigen sich in ihren Träumen mehr mit dem Geschlechterstreit, der Rivalität und mit eindeutig weiblichen Tätigkeiten. Kaum Aggressionen, kaum Konflikte tauchen in einer noch heilen Innenwelt auf, dafür blinken die ersten Anzeichen affektiver Triebwünsche auf, die sich dann in der einsetzenden Pubertät zu erotischen Phantasievorstellungen steigern können. Viele Symbole in Träumen von Kindern aller Altersklassen sind von den prägenitalen Sexualinstinkten (Freud) markiert. Sie sind ein roter Faden für die psycho-sexuelle Entwicklung und deuten bereits spätere Konzepte an. Jetzt beginnt sich der Traum für den Mechanismus des Körpers, auch für den des anderen Geschlechts, zu interessieren und seine verwegenen Skizzen zu malen. Von nun an können wir sagen, daß die Traumkraft voll ausgebildet und reif ist. Die erstaunliche Wahrnehmungsfähigkeit auch im außersinnlichen Bereich kann allerdings nur in diesem kreativen Schwellenbereich der Voradoleszenz erreicht werden, der sich deswegen für die therapeutische Betreuung und für die früh einsetzende Kultivierung der Traumarbeit geradezu anbietet.

Kinderträume werden noch eine ganze Weile ein Buch mit sieben Siegeln bleiben, weil die Apparate-Forschung an der Kinderseele und ihrem unübersehbaren Geheimnisschatz unbeholfen vorbeiarbeitet. Auch haben kleine Kinder noch nicht die Fähigkeit, sich deutlich zu artikulieren und vor allem frei zu assoziieren, um so zu einer Amplifikation des Traumerlebens im Jungschen Sinne zu kommen. Eine Feststellung, die in allen Aussagen über Kinderträume vorkommt, kann ich nur bestätigen: Der Wahrheitsgehalt von Kinderträumen ist in den seltensten Fällen anzuzweifeln. Alles kommt geradeheraus, wie empfunden oder gedacht, direkt, ohne Schnörkel. Bei Erwachsenen dagegen muß man schon mit einer gehörigen Portion Skepsis an den manifesten Trauminhalt herangehen, um Phantasie von Traumwirklichkeit zu trennen. In Seminaren gibt es auch eigenartige Wettbewerbssituationen, wo einer den anderen mit der Farbenprächtigkeit seiner Träume übertrumpfen will. Man spürt es dann aber sehr schnell an der Körpersprache, was noch in letzter Minute »hinzugehext«, oder was wirklich geträumt wurde.

Im ATMAN-Arbeitskreis »Meditative Pädagogik« finden sich allwöchentlich 28 Kinder zur Meditation ein. Die Gruppen sind in Altersklassen von fünf bis sieben und acht bis dreizehn Jahren aufgeteilt. In neunzig Minuten wird meditiert und getanzt, Märchen gespielt, Yoga-Haltungen geübt, da werden wilde Tiere nachgeahmt, Bilder- und Phantasiereisen erlebt, gemalt und erzählt. Ziel dieses Arbeitskreises ist es, den Kindern zur Selbstidentifikation, zu Kreativität, Ausgeglichenheit, Freude und Liebesfähigkeit zu verhelfen. Da weiß Nadine, eine Neunjährige, schon ihr Energiebewußtsein zu entwickeln. Sie meditiert auf das dritte Auge und macht Licht- und Tonerfahrungen. Die siebenjährige Annegret beschleunigt durch Lichtmeditation ihre Heilung: »Ich lasse vorm Einschlafen meine Sonne ganz hell in meinen Hals strahlen, daß er wieder ganz gesund wird.« Christian, zwölf Jahre alt, hat seine panische Angst vor dem »Sitzenbleiben« bewältigt und sich selbst wieder als »tüchtig« angenommen und bestätigt. Heute strahlt der einst schüchterne und verstockte Junge die Menschen seiner Umwelt an und erklärt den verdutzt Dreinschauenden: »Ich liebe alle Menschen« – und man sieht es ihm an den Augen an!

Natürlich ist das Ausbrechen aus dem fixierten Rollenspiel der Familie vornehmlich für die Eltern oftmals eine gelinde Überraschung, weil unerwartete Befreiungsreaktionen hochkommen können und auch Abwehr- und Verselbständigungsbemühungen Raum greifen. Gerade bei Kindern sind erwünschte Verhaltensänderungen über spielerisches Vorgehen noch relativ leicht erreichbar, weil sie spontaner über das Ausagieren in Märchen und Rollenspielen ihre inneren Spannungen abbauen und auflösen. Und wie wird es den verblüfften Eltern wohl zumute sein, wenn ihr »freigespieltes« Kind zu Hause plötzlich durch die Wohnung hüpft und ausruft: »Ich bin ein wunderbares Wesen!«? Wie würden Sie als Schauspieler darauf reagieren, wenn in einem über Jahre laufenden Repertoire-Stück plötzlich eines Abends ein Kollege ausscheren und eine völlig andere Rolle spielen würde, die das ganze Stück »schmeißt«?

In manchen Familien mit meditierenden Kindern müssen plötzlich völlig neue Drehbücher geschrieben werden, weil Klein-Hänschen oder die verhätschelte Susi selbständig werden und plötzlich »erwachsen« spielen.

So leiten Kinder oft einen Harmonisierungsprozeß für die ganze Familie ein und werden dadurch zum *spiritus rector* des Familienglücks. Auch werden in diesem Arbeitskreis die individuellen Ausdrucksformen der Kinder gefördert, egal, ob sie modellieren, malen oder tanzen, Scharaden spielen oder Pantomime machen. Sie fühlen sich »besprochen« von der Gruppe, anerkannt oder auch kritisiert und lernen hierdurch soziales Anpassungsverhalten, während die Schule mit ihrem idiotischen Benotungssystem noch immer altvorderen Paukermief produziert.

Imaginationsübung

Suche deine Kinderseele!

In unserer Kindheit liegen Prägepresse und Prägematerial, die uns so gestanzt haben, wie wir heute sind. Neben unserer genetischen Bestimmung ist unsere frühe Jugend die Modelliermasse, aus der wir geformt wurden. Hier liegen frühe Wunschmuster und Eindrücke, die zu Verhaltensmustern ausgesponnen wurden, in deren Netz wir uns immer wieder verfangen.

Hier liegen auch die Marksteine unserer selbst gewählten oder durch die Erziehung aufgezwungenen Beschränkungen, die zu Schranken in der Einengung unseres Lebensraumes geworden sind. Hier liegen auch die Keime unserer Komplexe und Zwänge, die »Neuröschen« gebildet haben, mit denen wir unsere Persönlichkeit unnötig garnieren und schmücken.

Diese verdeckten Urmuster zu erhellen, hat sich die nachfolgende Übung zur Aufgabe gestellt. Wir sollten sie in drei Phasen abwickeln und jeweils eine Woche Abstand lassen bis zur nächsten Übung, damit wir genügend Zeit für die gefühlsmäßige und gedankliche Aufarbeitung der hochgekommenen Bilder haben. Beginnen Sie auf der aufge-

hobenen Zeitachse auf Ihrer neuen, in einem anderen Maßstab einge-
schmolzenen »Zeitschiene« nach vorangegangener Tiefenentspannung einfach zurückzufahren bis in das zwölfte – achte – vierte
Lebensjahr, und das jeweils im Abstand von einer Woche.

Legen Sie sich am besten auf den Boden und suchen Sie für den Kopf
eine kleine Auflage, damit Sie ein Gefühl totaler Entspanntheit genießen können. *Shavasana* – Totenlage – nennen die Yogis diese Haltung, die uns heraushebt aus der Tageswirklichkeit und leichter in eine
andere Bewußtseinsebene eintreten läßt. Lenken Sie Ihre Aufmerksamkeit ausschließlich auf Ihren Atem und pendeln Sie sich langsam
in seinen natürlichen, immer ruhiger werdenden Rhythmus ein.

Erlauben Sie Ihrem Körper das Gefühl völliger Entspanntheit, lok-
kern Sie alle Muskeln und flüstern Sie nach innen: »Ich gebrauche euch
jetzt nicht mehr, danke. Ruht auch etwas aus und schlaft ein...«. Erlauben Sie auch Ihrem Unterkiefer, sich zu entspannen, Ihrem Mund, sich
leicht zu öffnen. Kontrollieren Sie auch die Zunge, ob sie ganz locker
zwischen Gaumensegel und Mundbogen schwebt – sie ist eines unserer wichtigsten »Entspannungs«-Teile. Alle Konzentration richtet sich
auf den Atem. Schwingen Sie sich ein in das Atemmantra und imaginieren Sie beim Einatmen die Silbe *so* und beim Ausatmen *ham*. Atmen Sie eine kleine Ewigkeit mit diesem Mantra, und Sie spüren, wie
Ihre Sinne diese Welt verlassen und sich alles an Wahrnehmung nach
innen, auf Ihren Wesenskern zurückzieht.

Beim Ausatmen lassen Sie auch noch den letzten Rest von Spannung
aus dem Körper abfallen. Dann stellen Sie sich Ihr Elternhaus vor,
in dem Sie großgeworden sind. Das Haus, in dem Sie lebten, als Sie
zwölf Jahre alt waren. Sehen Sie, wie Sie auf die Haustür zugehen, an
die Sie sich noch genau erinnern können, und wie Sie eintreten in Ihr
Elternhaus. Und wie Sie darin umhergehen und alles betrachten.
Sie werden sehen, welche spontanen Erinnerungen und Begebenheiten
da auftauchen und plötzlich wieder in Ihrem Gedächtnis sind.
Schauen Sie sich alles genau an und prägen Sie sich genau ein, was Sie
gesehen haben...

Dann verlassen Sie wieder die Stätte Ihrer Jugend und treten hinaus
ins Freie. Ein kleiner Kiesweg führt in einen Garten, in dem Sie sich als
Kind gerne aufgehalten haben. Spazieren Sie den Weg hinunter, dahin,
wo Sie früher vielleicht gespielt haben und wo Ihr Lieblingsbaum
stand, auf dem Sie vielleicht herumgeklettert sind...

Während Sie sich auf die Wiese setzen, um einen Moment nachzu-
sinnen, sehen Sie aus der Perspektive Ihres jetzigen Alters, wie Sie

selbst als Kind mit zwölf Jahren auf sich zukommen. Und Sie begrüßen Ihre Kindsperson liebevoll und heißen sie willkommen.

Gleichzeitig kann Sie aber auch Ihr Kind-Selbst mit zwölf Jahren so wahrnehmen, wie Sie heute – im jetzigen Alter – erscheinen und aussehen. Sie arbeiten sozusagen mit einer bewußtseinsmäßigen Doppelbelichtung und sehen in zwei verschiedenen Perspektiven. Sie betrachten sich beide lange gegenseitig. Dabei tauchen Gefühle, Gedanken, Wünsche, Vorstellungen und Bedürfnisse auf, die Sie genau registrieren sollten.

Das Kind – Ihr eigenes Bild als Kind – rührt sie stark an. Sie spüren, was in diesem Kind angelegt ist und was es später einmal verwirklichen soll... Und Sie überlegen sich, welche Hilfe Sie Ihrem zwölf Jahre alten Kind-Selbst anbieten können, das da ziemlich hilflos vor Ihnen steht! Können Sie dem Kind eine wertvolle Empfehlung, einen Hinweis, einen Rat geben? Was empfinden Sie in diesem Augenblick, als Sie diesem Kind – sich selbst in Ihrer Jugend – gegenüberstehen? Können Sie dem Kind irgend etwas sagen, was ihm vielleicht die Kindheitsjahre, die spätere Jugend leichter, ja vielleicht schöner hätte machen können? Und sprechen Sie einfach mit Ihrem Kind-Selbst und nehmen Sie sich hierfür genügend Zeit, denn Sie sind ohnehin außerhalb von Zeit und Raum...

Vielleicht möchte aber auch umgekehrt Ihr Kind-Selbst *Ihnen* etwas sagen, was es vielleicht heute an Ihnen entbehrt, vermißt oder wovon es glaubt, daß es ein bißchen zu kurz kommt, weil Sie es als Kind doch so gerne tun wollten... Lassen Sie nun auch das Kind sprechen und geben Sie ihm genau so viel Zeit, um sich auszusprechen...

Dann verabschieden Sie sich sehr herzlich, nehmen das Kind noch einmal ganz fest in den Arm, drücken es und winken ihm beim Zurückgehen in das Elternhaus noch einmal zu. Was ist das für ein Bild, wie das Kind jetzt alleine unter seinem Lieblingsbaum steht und Ihnen nachwinkt? - - -

Wenn Sie wieder im Haus angelangt sind, lassen Sie einfach die Vergangenheit los, setzen sich auf Ihre Zeitmaschine und fahren auf der Zeitschiene wieder flugs in Ihr jetziges Lebensalter hinein. Die Zeitmaschine stoppt von alleine am richtigen Punkt. Sie brauchen keine Sorge zu haben...

Lassen Sie Ihr Bewußtsein sich wieder ausdehnen und den ganzen Körperraum ausfüllen. Orientieren Sie sich, wo Sie sind. Bewegen Sie Ihre Finger und Zehen, dann Ihre Füße und Hände, die Beine und Arme. Atmen Sie tief durch. Öffnen Sie langsam Ihre Augen in der

Gegenwart und suchen Sie sich an der Decke einen bestimmten Punkt, den Sie dreißig Sekunden konzentriert beobachten. Wenn Sie sich geräkelt, gestreckt und gedehnt, vielleicht auch herzhaft gegähnt haben, dann rollen Sie sich über die rechte Seite in die Sitzposition zurück, um die Übung im stillen für sich zu reflektieren.

Die Seelenvergiftung unserer Kinder

Eine makabre Medienwelt zerstört die Phantasie

Massenhafter Analphabetismus wurde kürzlich auf einem Symposium des Verlagshauses Gerd Mohn in Gütersloh als Schreckgespenst der neunziger Jahre an die Wand gemalt. Massenhafter Analphabetismus als eine Folge des durch den Bildschirm gesteuerten *Basic German*, das zur permanenten Seelenvergiftung unserer Kinder beiträgt.

Eine makabre Medienwelt zerstört heute die Phantasie unserer Kleinen. Die übersinnliche und damit gottgleiche Fähigkeit des Staunens, die ein Kind in den kosmischen Humus dieser Welt hineinstellt, ist verlorengegangen. Unsere Kinder müssen sich nicht mehr zu erwachsen Wissenden hin zu entwickeln, sie werden »erwachsen« vorprogrammiert von einer Bilderwelt der Aggression, der aufgeschminkten heiteren Lebenslüge und der Frivolität.

Die Glotze ist für die Erhaltung des Familienfriedens heute sicherlich ein *deus ex machina*. Was dieses Bildkompendium aus wunschloser Wirklichkeit und wirklicher Wunschlosigkeit jedoch an kindlichem Phantasievermögen zerstört, ist unübersehbar. Im Trommelfeuer von Krimis, Polit-Streichkäse und aufgeschönten Comics erstarrt das vorbehaltlose Staunen des Kindes in Apathie und Ausweglosigkeit.

Schon Kolakowsky sprach davon, daß der Mythos eine »ewige und lebensnotwendige Kategorie« im Menschen ist. Gerade das Kind bedarf einer inneren Bilderwelt, die sein Gemüt unmittelbar anspricht und seinen Gefühlen und Willensregungen imaginative Gestaltung gibt. Die Grimassen-Galerie der Ducks von Walt Disney ist hierfür ein schlechter Lehrmeister, auch die Soziologie des Faustrechts und das herrschende Gesetz des Stärkeren ist keine rechte Anleitung für unsere Jugend.

Die technische Aggressionswelt und die realistischen Leistungszwänge, die schon in der Vorschule beginnen und mit der Noten-Vergewaltigung in unseren Grund-, Haupt-, Realschulen und Gymnasien ihrem Höhepunkt zutreiben, führen zu einer seelischen Verödung und Verarmung unserer Kinder. Die Überzüchtung unserer sequentiell arbeitenden linken Gehirnhemisphäre ist mittlerweile zu einem schrecklichen Handicap der menschlichen Schöpferkraft und Intuition geworden. Wissende Wissenschaftler wie Sheldrake und Fritjof Capra sprechen offen und umweglos aus, daß wir mit den seelenlosen Robotermenschen geradezu eine unmoralische Phantasie kreieren und den Prototyp des hemmungslosen Egoisten züchten. Hierzu hat die in den sechziger Jahren hochgelobte antiautoritäre Erziehung einen wesentlichen Beitrag geleistet – in den Vereinigten Staaten beispielsweise mit der Zeugung einer stark psychopathischen jungen Generation, die heute ohne ihren Haus-Psychiater nicht mehr zu leben imstande ist.

Wo und wie wird noch echte Phantasie aufgebaut oder angeregt? Die waidwunde Seele auch der »Unkindlich-erwachsen-Gewordenen« schlägt sich mit der Ursehnsucht nach Märchen, Mythen und Sagen eine Schneise. Wenn man den Verlegern glauben darf, sind noch nie so viele Märchen verkauft worden wie gegenwärtig. Märchen werden heute von den Erwachsenen »gefressen«, weil sie vom »Großen Fressen« vor der Mattscheibe schlapp geworden sind und seelische Magengeschwüre bekommen haben. Dabei sollten Väter und Mütter endlich mal wieder dazu übergehen, Märchen im Familienkreis vorzulesen und zwar mit der totalen Hinwendung an ihre eigenen Gefühle und Empfindungen und diese wertvolle elterliche Urpflicht nicht bequem an Medien wie Tonbänder, Schallplatten oder das Fernsehen delegieren.

Natürlich läßt auch unser intellektuell hochgeschäumter und klischeehaft mechanisierter Schulbetrieb die Gemütskräfte unserer Kinder verkümmern. Träumer sind in unserer hyperwachen geistigen Stelzengesellschaft nicht gefragt. Aber dies ist schon seit ein paar Jahrzehnten, seit dem Anbruch der technischen Revolution so. Der indische Dichter Rabindranath Tagore wurde wegen Verträumtheit und Spintisierens schon aus der ersten Gymnasiumsklasse »gefeuert«. Danach entwickelte er sich zu einem der größten und feinsinnigsten Lyriker des zeitgenössischen Indien. Eltern, die keine Zeit mehr für ihre Kinder haben und Kinder, die keine Zeit mehr für das Träumen und Fabulieren haben, die Märchen als albern und die Sagenwelt unserer Vorfahren als »Quatsch« abqualifizieren, werden ohne den restimulierenden Archetypus ihres Stammhirns zu seelischen Krüppeln.

Wie formulierte doch Rudolf Steiner schon 1923: »Phantasie ist die ins Seelische metamorphosierte natürliche Wachstumskraft.« Und auch Karl Jaspers meinte: »Die Phantasie ist die positive Bedingung für die Verwirklichung der Existenz.« Erst die Kinderphantasie, die während der Entwicklungsphase Gut und Böse im Bilde erlebt und polarisieren gelernt hat, kann das Menschliche vom Unmenschlichen unterscheiden. Wir wissen heute sehr genau, daß vor dem zehnten Lebensjahr für das Kind entscheidend ist, was für Bilder und Handlungen in die kindliche Seele geträufelt werden, was für moralische Bezüge dem Kind vorgelebt werden. Erziehung ist, auf den einfachsten Nenner gebracht, deshalb nichts anderes als Vor-Leben und Vor-Machen! Jakob Grimm hat einmal gesagt: »Gemeinsam allen Märchen sind die Überreste eines in die älteste Zeit hinaufreichenden Glaubens, der sich in bildlicher Auffassung übersinnlicher Dinge ausspricht.« Alle Bilder und Mythen aber sind von Anbeginn dieses physischen Lebens in der unbewußten Kinderseele als überliefertes Vermächtnis eingeschmolzen und als biologische Traumsaat vorgegeben.

Kinder träumen ihre Wirklichkeit von morgen.

Träume bewegen und erfinden die Welt!

Träumen gehört zum künstlerischen Schöpfungsakt und zur Lebensreifung.

Wage zu träumen
von dir,
von dem, was du nicht bist.
Wage zu träumen
von dir
und dem, was du nicht hast.
Wage zu träumen
von dir, wie du wirklich bist.
Wage zu träumen
von dir
und nach dem Erwachen
verwasche nicht
dein traumhaft
wahres
Gesicht!   Margot Bickle

»Träumerische Zustände und schöpferische Augenblicke stellen ausgezeichnete Einstiegsmöglichkeiten in diese anderen Bereiche dar. Das Wachbewußtsein von alleine bringt keinen schöpferischen Zustand hervor.«
C. G Jung

Marc Chagall, einer der großen Maler unserer Zeit, hat zwanzig Jahre lang in ärmlichen Verhältnissen in Petersburg gewohnt, um dort eine Malschule besuchen zu können. In dieser Zeit träumte er eines Nachts: »Ich befinde mich in einem großen Zimmer. In der Ecke steht ein einzelnes Bett. Es ist mein Bett. Im Raum ist es ganz dunkel. Plötzlich öffnet sich die Decke. Ein beflügeltes Wesen steigt mit Lärm und Getöse herab. Ein Rauschen von Schleppen und Flügeln. Ich denke – ein Engel. Ich kann die Augen nicht öffnen, es ist zu hell, zu leuchtend! Nachdem das Wesen das ganze Zimmer durchschritten hat, erhebt es sich und verläßt den Raum durch den Spalt in der Decke und nimmt alles Leuchtende und Himmlische mit sich. Es wird von neuem dunkel und ich erwache.«
    Damals, als alle äußeren Umstände sich gegen Chagall erhoben, hat ihn dieser Traum in seiner künstlerischen Berufung bestärkt. In vielen

seiner Werke taucht immer wieder das geflügelte Wesen, der Engel auf, der einen unauslöschlichen Eindruck auf ihn gemacht haben muß. Marc Chagalls Traum und viele seiner Bilder erinnern daran, daß es schon in den frühen Schriften der Bibel Menschen gab, denen im Traum ein Engel erschienen ist. Damals waren die Menschen davon überzeugt, daß Gott ihnen diesen Engel im Traum geschickt hat. Heute wissen wir, daß die Engel sozusagen mitten unter uns sind, – allerdings auf einer anderen, für die meisten Menschen noch nicht wahrnehmbaren, feinstofflichen Ebene. So spüre ich manchmal, wenn ich im Winter Auto fahre und es brenzlige Situationen gibt, wie ein Schutzengel zu meiner Rechten und einer zu meiner Linken über mir wacht. Die Empfindung ihrer wachen Anwesenheit verleiht mir unendliches Vertrauen und sicheren Schutz.

Auch heute gibt es viele Menschen, die zuverlässig wissen, daß tatsächlich himmlische Wesen aus dem Jenseits in ihre Träume geschickt werden, daß die Seele tatsächlich nachts durch jenseitige Welten wandern kann und auf ungeahnte Entdeckungsreisen geht. Ist das traumhafte Wirklichkeit? Hat auf dem Bild von Marc Chagall die biblische Gestalt des Jakob wirklich mit einem Engel gerungen? Oder, wer sind die Gestalten, die uns in unseren Träumen begegnen?

Daß die Tiefendimension des nächtlichen Erlebens und der schöpferische Ausfluß des Traumes im Schlaf ergiebiger sind als alle gedanklichen Anstrengungen des Tages, ist immer wieder von vielen Wissenschaftlern, Künstlern und Erfindern bestätigt worden. Alle herausragenden, epochalen Ideen oder Erkenntnisse haben ihre Geburtsstunde immer auf der Nachtseite des menschlichen Bewußtseins gehabt. Jean Paul sah in der menschlichen Kunst die Grundlage aller Phantasie. In einem essentiellen Aufsatz über die natürliche Magie der Einbildungskraft (wir würden heute sagen: in einem Traktat über Autosuggestion und Selbstprogrammierung) differenzierte er die »genesende« und die »schaffende«, Phantasie. Die »genesende« nannte er die poetische Seele, die den Sinn des unendlichen Kosmos einschließt, während die »schaffende«, werkende Phantasie ihn versorgt und ernährt.

Der englische Erzähler Robert Louis Stevenson (1850-1894) erklärt in seinem *Chapter of dreams* sehr genau, wie seine originellsten Romane im Traum erdacht wurden und daß er im Traum mit einer Heerschar von Heinzelmännchen zusammenarbeitet, »die Gott segnen möge für ihre unermüdliche Arbeit«. Er war der Auffassung, daß diese hilfreichen Geister ihm auch im Wachen zur Verfügung ständen und die halbe Arbeit machten, während er schläft. In der Tat löst man ein

Problem, indem man sich einfach davon löst, indem man es den Kräften des Unbewußten überläßt, jenen Stevensonschen Heinzelmännchen, die nachts Löcher in unsere großen Probleme zu bohren beginnen, bis sie morgens einfach zusammenfallen, weil sie schon unterminiert wurden und ihre Massekonzentration, ihre Konsistenz einfach »im Schlaf« verändert haben. Nur bin ich anderer Auffassung als Stevenson, wenn ich behaupte, daß unsere submentalen Hilfstruppen nachts nicht halbe, sondern sogar ganze Arbeit leisten.

Viele Jahre lang grübelte und versuchte der amerikanische Erfinder Elias Howe, das Nähen zu technisieren. Ein Traum brachte ihm die rettende Erkenntnis. Er träumte von Wilden, die ihn gefangen genommen hatten und vor die Wahl stellten, entweder zu sterben oder eine Maschine zu erfinden, die nähen konnte. (Wir sehen hieran schon, mit welcher ungeheuren Energiebesetzung diese Aufgabe von Howe hochdramatisiert worden war). Da er keine Lösung hatte (wie im Wachzustand) erhoben die Wilden ihre Speere, um ihn zu durchbohren. Wie immer kam die Rettung wirklich erst in *allerletzter Minute*, gleichsam als letzter Glaubenscheckup, ob der Kandidat nicht doch noch aufgrund seiner edlen Gesinnung einer Rettung wert wäre. Als die Waffen auf ihn zuflogen – im Angesicht des sicheren Todes – entdeckte Howe, daß die Spitzen aller Speere ein augenförmiges Loch hatten. Er erwachte mit der Vorstellung dieser Löcher an einer höchst ungewöhnlichen Stelle und hatte mit seiner Idee den gesuchten Stein der Weisen gefunden, das *Nadelöhr*, das später die gesamte Nähtechnik revolutionieren sollte...

Die Kreativitätstechnik von morgen, die mit dem Erlernen der bekannten heuristischen Verfahren und Kreativitätstechniken von heute nichts mehr gemein haben wird, setzt sich aus Tiefenentspannung plus Theta-Feedback zusammen. So kann ich jeden Menschen, auch den scheinbar unbegabten, an die noch nicht angebohrten Quellen seiner schöpferischen Potenz heranbringen. Wenn wir doch nur einmal daran glauben würden: *In jedem von uns stecken ungeahnte Befähigungen und Talente*. Wir sind kristallines Bewußtsein mit göttlichem Durchschein, wir müssen uns nur putzen und säubern, besonders von innen, um auch nach außen so wirken zu können.

Erfinder, Designer, Modeschöpfer, Ingenieure, Konstrukteure, Menschen, die nur vom Output ihrer schöpferischen Intelligenz leben müssen, geben sich in meinen Traumseminaren die Klinke in die Hand. Die begabtesten von ihnen haben längst erkannt, daß sie viel leichter, viel spielerischer, viel lockerer und mit weitaus weniger Arbeit an die

Kochtöpfe des »Eingemachten« über ihr eigenes Unterbewußtsein herankommen können, und sie lieben und schätzen die Traumarbeit, das Imaginieren und die kreative Visualisation. Sie wissen längst, daß alle bildhaften Inspirationen eine ganz andere Komplexität und Wirklichkeitsnähe besitzen als abstrakte Vorstellungen oder Gedanken, die ja nur konfigurative Bastelarbeit unseres Verstandes sind. Ich will damit gewiß nicht die Logik und Ratio herunterspielen, aber wir müssen die einzelnen Spielfelder von kognitiver Denkarbeit und spielerischer Fabulierkunst genau abgrenzen.

Wir müssen in der Auswahl unserer Mittel bedachter und wählerischer werden. Jean Cocteau (1952) schrieb an seinen Freund Jacques Maritain: »Der Dichter ist seiner Nacht ausgeliefert. Er muß sein Haus säubern und ihren Besuch erwarten« ... und weiter »...das Stück, das ich schreibe...ist ein solcher Besuch. Eines Morgens, als ich schlecht geschlafen hatte, erwachte ich ruckartig und sah, wie von einem Theaterstuhl aus, drei Akte, die eine Epoche und Charaktere zum Leben brachten, über die ich keine dokumentarischen Zeugnisse besaß...« Dieses Erlebnis bescherte ihm sein Stück *Les chevaliers de la table rônde*.

Auch Goethes Märchen enthalten viele Traumelemente. Ludwig Richters Bilder enthalten vieles, was aus Traumvisionen stammt. Von Hemingway ist bekannt, daß er zum Schreiben die frühen Morgenstunden schätzte. So berichtete er einmal: »Ich stand früh auf, als es hell wurde, weil ich von dem Stoff geträumt hatte, – das passierte mir manchmal, ich hatte die einzelnen Zeilen geträumt, deshalb mußte ich aufstehen, um es gleich niederzuschreiben, sonst hätte ich's weggeträumt.«

Ich selbst sehe nachts in optischer Vision genau die Stellen in einem Buch, die ich gerade suche, weil ich sie für eine bestimmte Arbeit benötige. Morgens muß ich nur das Buch an der entsprechenden Stelle aufschlagen. In ähnlicher Weise träume ich von verlorenen Gegenständen. Sie werden sehen, daß auch Sie so träumen können, wenn Sie zu Ihrer Traumkraft eine sehr freundliche und intime Beziehung hergestellt haben und nicht nur fordern, sondern Ihr Unterbewußtsein auch mit jener hochwertigen Nahrung versorgen, die für die Reinerhaltung Ihrer Seele wertvoll und wichtig ist.

Das Kernstück der menschlichen Psyche ist das Unbewußte, jener schwer zu beeinflussende Mechanismus, der Verhaltensstrategien beschließt, Erfahrungen speichert und katalogisiert, der ein Auskunftssystem organisiert und den täglichen Input sofort neu codiert und verfügbar macht. Unser geistiges Archiv stellt jede Bibliothek in den Schatten, aber wir müssen lernen, mit diesem akashaweiten Wissensareal umzugehen. Der Traum bietet dafür eine wertvolle Einstiegshilfe. Jede Nacht betreten wir unsere unendliche Wissensbibliothek und können uns ein neues Buch aus dem Schrank des kosmischen Wissens ausleihen. Doch wir bekommen keine Bücher mehr ausgeliehen, wenn wir mit ihrem Inhalt unredlich umgehen und dieses Wissen nur zu unserem eigenen Vorteil einsetzen!

Es ist unübersehbar, wie die Kunst und die Wissenschaft vom Traum beflügelt und zu Traumhöhen echter Inspiration emporgehoben wurden. Descartes erkannte die Essenz seiner Philosophie, die in dem Kernsatz *cogito ergo sum* (ich denke, also bin ich) gipfelt, aus einer Serie von drei miteinander verflochtenen Träumen. Calderôn de la Barca zeigt in seinem Drama *Das Leben ein Traum* an einem pseudohistorischen Fall, daß die christliche Glaubenslehre mit dem Apodikt der Willensfreiheit der Passivität des antiken Schicksalsglaubens weit überlegen ist. Grillparzer apostrophiert die seelenheilende Kraft des Traums in seinem Drama *Der Traum ein Leben*. Ein geltungsbedürftiger junger Mann wird durch einen bedrohlichen Traum von dem Pferd seiner allzu hohen Lebenserwartungen gestürzt und von der Macht seiner seelischen Komponente zurechtgewiesen! Erasmus von Rotterdam und Dante beschrieben Traumvisionen von üppigster Szenerie, in der mittelalterlichen Literatur wimmelte es nur so von Traumallegorien.

Georg Friedrich Händel hat den ergreifenden Schluß seines Oratoriums *Der Messias* in einem Atemzug nach dem Erwachen aus einem Traum niedergeschrieben. Raffael sah fast alle seine Madonnenbilder im Traum. Sie standen vor seinem geistigen Auge, und er brauchte nur noch mit dem Wachverstand zu reproduzieren. Der spanische Maler Francisco de Goya hat unglaublich starke Traumvisionen gemalt und sich darin selbst ausgelebt. Anselm Feuerbachs Werke tauchten bis in die feinsten, aber entscheidenden Details »traumartig« vor ihm auf. Als Guiseppe Tartini die Faustlegende mit dem Teufelspakt las, schlief er plötzlich ein. Da sah er im Traum einen leibhaftigen Teufel vor sich, der in seinen Händen eine Teufelsgeige hielt und wie verzückt darauf zu spielen begann: Es war ein phantastisches Adagio, schluchzend, weinend, singend und jubilierend, eine wahre Tonkaskade von sich überschlagender Vehemenz. Wie in Trance wachte Tartini auf, griff seine Geige und spielte nach, was er soeben im Traum gehört hatte. Die berühmte Teufelstriller-Sonate, ein Meisterwerk von unnachahmlicher Virtuosität, war geboren!

Der deutsche Chemiker Kekulé, der im 19. Jahrhundert die Moleku-
larstruktur des Benzols untersuchte, träumte von einer Schlange, die
ihren Schwanz im Maul hatte. (Dies ist ein jahrhundertealtes Symbol.
Unten eine Darstellung davon in einem griechischen Manuskript aus
dem 3. Jahrhundert vor Christus). Er deutete den Traum so, daß die
Struktur ein geschlossener Ring sei.

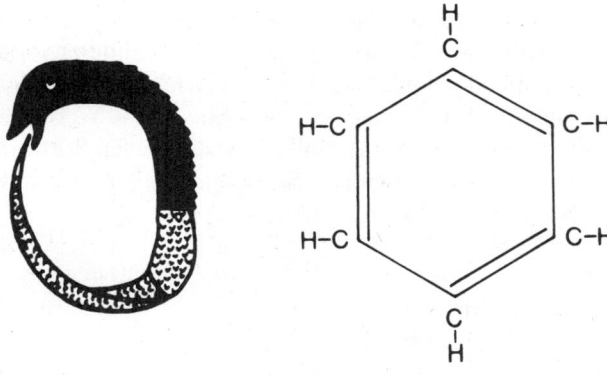

Die sich in den Schwanz beißende Schlange und der ihr in der Form ähnliche Benzol-
Ring, der die Entwicklung der organischen Chemie revolutionierte.

Wir können unsere verwirtschaftete und in permanenter Zerstö-
rung begriffene Welt nur noch dadurch retten, daß wir die menschliche
Kreativitätsrate um ein Vielfaches steigern, wofür gute Voraussetzungen bestehen. Denn die problemlose Natur kennt auf jede Frage eine
passende Antwort, die wir aus dem zugeschlagenen Weltbuch der allzeit aufdämmernden Weisheit herauslesen können, wenn wir in die
Tiefenschichten unseres Unbewußten vorstoßen und mit unserer
Traumkraft einen innigen Kooperationsvertrag schließen. In dem
Ausmaß, in dem wir uns von den Blockaden des eigenen Unbewußten
befreien, wächst unsere Intuition aus unbekannten und verschütteten
Quellen.

Ein altes indisches Wort, das von Paramahansa Yogananda über-
mittelt wurde, sagt: »Wenn du eine Stunde liest, solltest du zwei Stunden darüber reflektieren und drei Stunden ruhen.« So absurd diese

Aufforderung klingen mag; sie enthält doch das tiefe Geheimnis des »aktiven Nichtstuns«, wie ich diesen Zustand nenne. Wir lassen die Zügel schleifen, lockern das Zaumzeug und geben unserem Unterbewußtsein das Futter unseres verworrenen Denkens zum Fressen, während wir in lässiger Haltung auf dem Kutschbock ausspannen, rasten, ruhen oder meditieren. Wenn wir dann weiterzuckeln wollen, ist plötzlich die Richtung da, stimmt der Weg, den wir vorher nicht gekannt haben. Es ist nur sehr schwer, das heute einem angestrengten und gestreßten Manager zu erklären oder einen solchen Trainingsauftrag wirklich zu realisieren. Daß es in dem einen oder anderen fortschrittlichen Unternehmen schon möglich ist und erstaunliche Erfolge zeitigt, bestätigt nur die Richtigkeit des eingeschlagenen Weges. Intuition wächst aus unserer Lebensmitte selbst, aus dem tiefen Born von Besinnung, Demut und Besonnenheit. Sie ist die gnadenreichste Erleuchtung des Menschen in diesem Universum.

> Laß' deinen Gedanken
> Flügel wachsen
> und erlaube dem Wind
> sie hochzuwehen
> wolkenwärts.
> Folge dem Flug
> der Phantasie!
> Sie führt dich
> in Reiche,
> die auf dich warten.
> Der Schlüssel
> in dieses Land
> deiner Zukunft
> ist dein eigener
> Traum davon.   Gerti Barna

Treffen Sie Traumverabredungen!

Machen Sie die Nacht zu Ihrem Verbündeten!

> Der Traum befaßt sich im allgemeinen mit dem Inneren und der ganzen Qualität und dem Stil ihres Lebens. Was die Gestaltung und Qualität ihres Lebens anbetrifft, ist er ein meisterhafter Ratgeber!
>
> Wilson van Dusen

Wenn Sie mit Ihrer Traumkraft Freundschaft geschlossen und eine freundliche Beziehung zu ihr geschaffen haben, wenn Sie die Traumindikation beherrschen, fleißig mit Traumprogrammierungen und Traumaffirmationen arbeiten, dann ist der Weg frei zur nächsten Stufe Ihrer Traumarbeit, der *Traumverabredung*.

Wer sich angewöhnt hat, seine Träume jeweils unmittelbar am Ende einer REM-Phase »einzufangen«, wird nicht die mindeste Beeinträchtigung seiner Nachtruhe registrieren. Im Gegenteil, diese »Nachtschicht« wird ihn so beglücken und bereichern, daß er darauf gar nicht mehr verzichten will, wird er doch morgens mit Erstveröffentlichungen seiner Seelenarbeit konfrontiert, die spannender sind als die Tageszeitung und wesentlich persönlicher dazu. Das Weißbuch des Unbewußten macht Mut, gibt Ausdauer und eine traumwandlerische Sicherheit, die Sie froh und gelassen in den Tag marschieren läßt, denn Sie haben ja schon alles geprobt und simuliert. Was kann Sie da noch überraschen?

Wir unterscheiden fünf Energiestufen von Träumen.

Träume der Außenwelt können durch physiologische Reize ausgelöst werden. Vielzitiert ist in diesem Zusammenhang der Guillotine-Traum des Franzosen Maury, der durch ein abfallendes Panel vom Kopfende seines Bettes ausgelöst wurde. Eine verschobene Decke kann in einer kalten Nacht eine Frostnacht in Ihren Traum projizieren.

Wahrnehmungen unseres Unterbewußtseins können zu unterschwelligen, versteckten Botschaften führen. Wir empfangen Hinweise, Tips, Ratschläge, Ermahnungen, Verweise oder auch Warnungen, die wir nicht in den Wind schlagen, sondern ernst nehmen sollten. So werden Unfälle, unnötige Verwicklungen und unliebsame Konfrontationen durch Traumhinweise verhindert. Die Traumkraft befehligt viele Hilfssheriffs für uns, die allzeit ein wachsendes Auge auf uns haben.

Träume der Spiegelebene erhellen die Beziehungsmuster, die wir zu anderen Menschen, auch zu unseren nächsten Angehörigen, unterhalten. Wir bekommen Erläuterungen dazu, wie wir auf andere Menschen eingewirkt und uns in schwierigen Situationen verhalten haben – oder hätten verhalten sollen. Das wahre Gesicht anderer Menschen wird uns »eingeblendet«, und oft wundern wir uns, wie sehr wir diese Personen überschätzt oder gar unterschätzt haben. Menschenkunde ist ein Steckenpferd unserer Traumkraft, mit dem sie meisterhaft umzugehen versteht. Auch unsere eigenen Gefühle werden uns im Traum vorgehalten. Wir werden desillusioniert oder zu der einen oder anderen Bindung ermutigt. In diesen Träumen findet ein diffuses Wechselspiel zwischen äußeren Reizen und innerer Resonanzebene statt. Die Aussagen sind subtil und vorsichtig, aber ungemein charakteristisch und sehr zuverlässig. Die Menschen, mit denen wir zu tun haben, werden auseinandergenommen und teils sogar witzig und bissig karikiert. Träume der Spiegelebene arbeiten gerne in Comicstrip-Manier, fabrizieren Sketche und Slapsticks und bringen uns oftmals zum Lachen.

Träume der Innenwelt befassen sich mit dem Kleinkrieg unserer ach so vielen Seelen in einer Brust. Sie orten unsere Zerrissenheit und unsere inneren Konflikte zwischen dem, was unser Gefühl wünscht und dem, wozu uns die Pflicht zwingt. Sie zeigen uns, welche Verhaltensanteile in uns dominieren und welche geschundenen und vernachlässigten Befähigungen auf ihre Chance lauern. Unsere Traumkraft versucht mit allergrößter Anstrengung, die ungeordneten und verlorengegangenen Puzzleteile unseres Seelenbildes wieder zusammenzusetzen, sie wieder miteinander zu versöhnen. Das ist ein schweres Stück Arbeit, denn fast jeden Tag fällt das Kartenhaus unserer Idealpersönlichkeit beim leisesten Windhauch einer äußeren Irritation wieder in sich zusammen, und das Spiel beginnt von neuem.

Vorwelt-Träume fahren auf der Zeitschiene nicht nur unsere ganze Lebensstrecke ab, sondern laufen über die Geburt bis in die pränatale Phase, die Zeugung, in die Zwischenreiche unserer uninkarnierten Seelengefilde und in beliebig viele Präexistenzen, wenn deren Erkennung für die bessere Lebenseinrichtung angeraten zu sein scheint. Unsere Traumkraft betätigt sich hierbei in der Funktion eines Streckenwärters, der die markanten Stationen für die spirituelle Entwicklung kennt und den Lebenszug dort für einen Moment anhalten läßt, damit wir mit Geschehen, die uns geprägt haben, noch einmal konfrontiert werden. Wir müssen davon ausgehen, daß die Wiederbegegnung mit

Ereignissen aus unserem oder unseren Leben nur dann wichtig ist, wenn dabei wirklich etwas hochgeschwemmt wird. Andernfalls nimmt unsere derzeitige Seele solche Erinnerungen gar nicht an. Daher ist auch die Reinkarnationstherapie kein Allheilmittel zum Abladen von Seelenschutt, sondern nur ein differenziert zu gebrauchendes Brechmittel für verdrückte und belastende Seeleninhalte, das *je nach geistigem Reifestand* des Menschen verabreicht werden sollte.

Überwelt-Träume entspringen aus der kulturellen Trance und sprengen alle Ketten. Der Traum erreicht jetzt wirklich metaphysische Dimensionen. In Überwelt-Träumen besteht die Seele ihre großen Abenteuer oder frischt sie aus einem elan vital wieder auf, um Sphärennähe zu erlangen. Alle Traumthemen der Levitation, des Aufsteigens oder Schwebens, des Fliegens, aber auch alle Körperaustritte und Astralreisen gehören hierher. So wie wir himmelsfern in die Unermeßlichkeit des Kosmos entschweben und interstellare Erlebnisse, kosmische Visionen, haben können, so können wir natürlich auch zum Traumwerkzeug der terrestrischen Kräfte werden und die Erdkugel von innen erforschen. Über gewaltige Archetypen und deren Traumverflüssigung schmilzt noch einmal Ursubstanz in unserer »alten Seele« und veredelt sie und transzendiert sie für den weiteren evolutionären Auftrag.

Alle passionierten Träumer wollen auf dieser Entwicklungsskala am liebsten von hinten anfangen. Ich kann nur warnen. Der Weg bis dorthin ist nicht nur weit, sondern auch anstrengend und mit bedrohlichen Prüfungen und Versuchungen gepflastert. »Der Traum ist nichts anderes als ein Einfall jener allverbindenden, dunklen Seele«, hat Jung einmal gesagt. Rudolf Steiner mahnte noch eindringlicher: »Jeder Schritt vorwärts in der Erkenntnis der Wahrheit muß zugleich drei Schritte vorwärts in der Vervollkommnung des Charakters bedeuten«. Wird dieser potenzierte Fortschritt von der Seelenreife nicht eingehalten, kommt es zu folgenschweren Diskrepanzen. Dann verselbständigt sich nämlich das Traumleben in erdfernen Gefilden, und der lebensnotwendige Realismus bleibt auf der Strecke.

Vergegenwärtigen sich nun diese verschiedenen Energiestufen des Traums in Reinkultur oder gibt es Mischformen? Die verschiedenen Bewußtseinsebenen, in denen der Traum freizügig agiert, sind niemals klar voneinander getrennt. Sie sind jeweils nur durch eine hauchdünne, sehr empfindliche Membran getrennt, die unter bestimmten Bedingungen porös und durchlässig wird. So findet ungehinderter und uneingeschränkter Austausch zwischen den einzelnen Ebenen statt. Ein

Traum der Spiegelebene kann unversehens in einem Überwelt-Traum aufschäumen und in der nächsten Sequenz zu einem Traum der Innenwelt mit Reinkarnationsfragmenten, also zu einem Traum der Vorwelt-Ebene mutieren. Letztlich geht es ja auch nicht um die exakte Definition und Kategorisierung, sondern um die Aufarbeitung und Auflösung des Energiegeflechts im Traum.

Auch die schlüssige oder exakte Deutung eines Traumes aus intellektueller Sicht ist nicht das, worum es eigentlich geht, sondern vielmehr das Erfühlen und Nachspüren der Traumqualität in bezug auf das eigene Selbst und die Kapriolen und Ausreißversuche der mehrfachen Ichs. Der Traum ist das Ränkespiel von Lust und Leid, von Freude und Schmerz, von Glück und Unglück, von Schmerz und Hoffnung, von Gesundheit und Krankheit, von Leben und Tod. Er ist die Bühne für das große Lebensspektakel und bringt gelegentlich nur besondere Apercus und Bonmots aus diesem Spiel bis dicht an die Rampe unseres Erlebens. Unsere wichtige Aufgabe ist es, dieses Traumschauspiel zu verfolgen, denn da gibt es Botschaften und Wegweiser, Fingerzeige und kleine Hilfen, die uns das Leben leichter machen können. Auch bringt der Weinstock des Traums unsere Phantasie zum ranken und webt unablässig in den geheimnisvollen Mustern unserer Intuition, aus der wir unsere eigene Zukunft vorprojizieren können.

Wir können Verabredungen mit unserer Traumkraft treffen, wir können aber auch nächtliche Begegnungen mit uns bekannten, aber auch unbekannten Menschen, Tieren, Objekten, Naturerscheinungen oder was auch immer arrangieren. Unsere Traumkraft ist das große Universallexikon, in dem wir blättern können, ohne fremde Hilfe in Anspruch nehmen zu müssen. Edgar Cayce hat schon gesagt, daß der Traum gerne mit Erklärern und Interviewern arbeitet. Wir werden heimlich vernommen und ausgehorcht, wir bekommen die Leviten gelesen, werden liebevoll ermahnt oder vor Gericht gestellt. Den Erklärer können wir sicher am besten gebrauchen. Ich nenne ihn Oberlehrer. Das kann sich sogar steigern bis zu einem inneren Guru, einem Lehrengel, oder dem schon zitierten geistigen Führer oder – einem Heiligen aus höherer Hierarchie, der sich auf der Traumebene unserer besonderen Aufsichtsführung angenommen hat. Die Direktverbindung sollte immer mit der gleichen Instanz unserer Traumkraft oder dem bevorzugten Medium hergestellt werden. Wir sollten nicht wechseln, nicht hadern, nicht suchen, nicht austauschen.

Ihre Traumkraft will angerufen werden. Das können Sie tun, indem Sie eine bestimmte Aufforderung bereits mehrmals am Tage sprechen, die dann abends kurz vor dem Einschlafen mehrfach inständig und gläubig wiederholt wird. Eine knappe, kurze Formulierung genügt. Sie können diese Traumbitte oder Anrufung auch auf Tonband sprechen – mit ständigen, gleichlautenden Wiederholungen. Der Stereotypie-Effekt filtert die Botschaft besonders gut, und die Sendequalität verstärkt sich. Mit einem einfachen Recorder mit Autostop-Taste ist das kein Problem. Bei leise gestelltem Gerät können Sie dann sogar mit Ihrer Traumbitte in den Leichtschlaf hinüberdämmern und brauchen anschließend nicht mehr aufzustehen.

Sie können Ihre Traumkraft mit den verschiedensten Anliegen behelligen (und entsprechende Programmierungen auch selbst entwerfen und ausformulieren):

Zum Träumen:

– Ich weiß, daß du mir immer beigestanden und mir wertvolle Lebenshilfe gewährt hast. Ich weiß jetzt, daß ich dir vertrauen kann. Von nun an werde ich dich gewissenhaft beachten, mir jeden Traum notieren und mich mit ihm beschäftigen!

– Ich bitte dich, liebe Traumkraft! Sende mir auch heute nacht wieder einen erhellenden Traum, der mir die Wahrheit über mich selbst sagt, Wahrheiten, die ich anders nicht schauen kann. Ich werde alles gewissenhaft aufnehmen.

– Ich weiß, daß Träume für mich eine wichtige Erkenntnishilfe bedeuten. Deshalb bitte ich dich auch heute nacht, liebe Traumkraft, mir wieder einen Traum zu schicken, den ich auch verstehen kann.

– Ich weiß, daß ich meinen Träumen in letzter Zeit wenig Beachtung geschenkt habe. Von nun an will ich wieder auf die Botschaften lauschen und auch alle traumeingegebenen Ratschläge willig befolgen.

Zum besseren Erinnern:

– Das wird eine traumschöne Nacht heute. Ich werde auf meine Träume und ihre wichtigen Informationen achten. Ich werde mich meinen Träumen intensiv widmen und alle Vorkehrungen treffen, damit ich die Träume von heute nacht auch erinnern kann.

– Ich werde mich beim Aufwachen ganz bestimmt an einen Traum erinnern und ihn in allen Einzelheiten wiedergeben können.

– Für einen Traum, den ich in der folgenden Nacht erwarte, werde ich eine Bewußtseinsspur legen und mich völlig mit diesem Traum identifizieren. Meine Seele geht der Traumkraft willig entgegen.

– Alle meine Sinne sind heute nacht auf meine Träume eingestellt, um sie behalten zu können. Ich danke dir jetzt schon, liebe Traumkraft, daß du mir eine lückenlose Traumerinnerung erlaubst.

Zur tieferen Erfahrung:

– Ich danke dir, Traumkraft, für den wichtigen Warntraum der letzten Nacht. Leider hat mir mein Wissen noch keine zuverlässige Antwort gegeben. Ich bitte dich, liebe Traumkraft, um eine Wiederholung des Traums mit einer für mich verständlichen Aussage. Ich danke dir dafür!

– Ich bin ganz sicher, daß ich diese Nacht noch einmal von ..... träumen werde. Dabei werde ich endlich die notwendige Aufklärung erlangen, um diesen Traum für mein Leben verwerten zu können. Meine innere Weisheit ist bereit, aufmerksam zu lauschen.

– Die Befolgung meiner bisherigen Träume hat mein Leben bereichert. Im Hinblick auf .... tappe ich allerdings noch immer im Dunkeln. Ich bitte dich, liebe Traumkraft, gib mir ein verständliches Zeichen, wie ich diese Angelegenheit zum besten Wohle der anderen richtig entscheiden und lösen kann. Ich danke dir für deine Hilfe.

– Mein berufliches Streben – so fühle ich es – führt in eine verkehrte Richtung. Ich bitte dich, Traumkraft, gib mir aus deiner großen Überschau meines Lebens einen Hinweis, wie ich künftig meine gewonnenen Kenntnisse und Erfahrungen zum Nutzen meiner Umgebung und meines eigenen Fortkommens besser einsetzen kann. Ich danke dir!

Zum luziden Träumen:

– *Heute nacht werde ich mir in meinen Träumen bewußt werden, daß ich träume.* Ich bin vollständig entspannt und in innerer Harmonie. Du, meine Traumkraft, wirst mich begleiten, während mein Bewußtsein dir die Hand gibt.

– *Wach' ich oder träum' ich?* Diese ewige Frage in mir wird mir diese Nacht einen luziden Traum bescheren, den ich mit meinem vollen Bewußtsein genau registrieren und beeinflussen kann.

Ich werde morgen früh in der Lage sein, diesen Traum genau rekonstruieren zu können. Ich danke dir, Traumkraft, daß du mir auch diesmal wieder deinen Beistand gewährst!

– Ich sehe mich jetzt schon außerhalb meines physischen Körpers. Ich sehe mich als winzigen Punkt im großen Universum mit dem All vereint. Ich werde ganz bewußt einen Traum erleben, bei dem ich meinen Körper verlassen kann. Auch werde ich sicher den Weg zurück in mein physisches Kleid finden.

– »Ich werde heute nacht feindseligen Traumgestalten begegnen und mich ihnen mutig zum Kampfe stellen. Meine Luzidität wird mir gestatten, die richtige Traumstrategie zu wählen, um mich mit meinen Schatten zu befrieden. Meine Wege hierbei, liebe Traumkraft, stehen unter deinem Schutz und Schirm. Dafür möchte ich dir jetzt schon Dank sagen.«

Zur Kreativitätssteigerung:

– Meine Traumkraft kennt Mittel und Wege für eine neue Vorstellung, die ich für ..... mit der Absicht ...... realisieren möchte (Es darf sich um kein egoistisches oder manipulatives Ziel handeln, mit dem ich eventuell andere schädige) Ich danke dir, Traumkraft, daß du mir über meine Träume wichtige Impulse schickst.

– Ich komme mit meinem Problem ..... einfach nicht weiter. Mein Kopf kann mir keine passende Lösung mehr anbieten. Ich bitte dich, liebe Traumkraft, um einen erleuchtenden Gedanken, der mir in dieser Sache weiterhilft.

– Mein Leben scheint festgefahren und ziellos. Ich bitte dich, Traumkraft, mir inspirative Gedanken zu senden, wie ich aus dieser frustrierenden Engpaßsituation wieder herauskomme und welche meiner Anlagen ich auf welche Weise weiter entfalten soll.

– Ich möchte .... weiterentwickeln, und mir fehlt dafür die zündende Idee. Darf ich dich, liebe Traumkraft, bitten, mir einen kreativen Einfall zu schicken, wie ich in dieser Sache weiterkommen kann? Ich werde demütig und ergeben auf den rettenden Einfall in meinem Traumerleben warten und geduldig sein.

Wichtig ist der Dank, den Sie der Traumkraft schon vor Erfüllung Ihrer Bitte abstatten können, um sie zu beflügeln. Damit geben Sie auch Ihrem unerschütterlichen Vertrauen Ausdruck, sich der Traumkraft bedingungslos auszuliefern. Unsere Traumkraft kann anscheinend auch in hoffnungslosen Situationen noch erfolgreich intervenieren. Was mit dem kausal-logischen Denken ganz einfach nicht mehr zu lösen ist, findet über die weitaus größere Kreativität unserer Träume aus holistischer Überschau verblüffend einfache, aber tragfähige Antworten. Wir können beispielsweise nach Personenkonflikten, nach Partneremotionen oder -einstellungen fragen. Gerade in den Schaltjahren unseres Lebens, an den zyklischen Lebenswenden, an den Wendepunkten unserer Entwicklung leistet der Traum bereitwillig Lebensberatung und insistiert hartnäckig, bis der Träumer den neuen Kurs verstanden hat und ihn auch einschlägt.

Die Traumkraft kann uns Spezialwissen aus den von ihr überschauten »Geheimarchiven« übermitteln. Sie kann wertvolle Suchdienste leisten. Wir können auch um frühe Rückerinnerungen bitten, um Aufschluß über familiäre oder geschäftliche Entwicklungen zu bekommen. Wir können unsere Träume sogar bitten, uns die wahren Gründe für die Hindernisse auf dem Weg zu unserer spirituellen Entwicklung aufzuzeigen. Wir sollten aber nicht unbescheiden werden und nicht mehr als eine Traumbitte pro Nacht vorgeben. Kommt keine Antwort, sollten wir nicht gleich ein halbes Dutzend weiterer Fragen nachschießen, sondern geduldig Tage oder Wochen warten, bis sich unsere Traumkraft zu einer Antwort bereitfindet. Wenn wir zunächst keine Antwort auf unsere Frage bekommen, will dies als Aufforderung verstanden sein, die eigene Vorgehensweise noch einmal genau zu überprüfen und auch die Programmierung neu zu überdenken: Wir können auch nachfragen, warum uns unsere Traumkraft keine Antwort geben kann. Dies gelingt zuweilen und zwar oft mit verblüffendem, frustrierendem Ergebnis. So schickte mir meine Traumkraft einmal auf eine solche Frage einen Müllwagen. Zwei Arbeiter versuchten vergeblich, große Gegenstände, es waren alte, ausgediente Möbel – in die Klappe hineinzuzwängen. Es ging einfach nicht. Da wurde mir im Traum klar, daß sich die Innentrommel gar nicht drehte, um den inneren Müll umzuschichten und zu verteilen. Die Antwort war deutlich. Ich hatte Abgelegtes, Aussortiertes – das Bild von seelischem Sperrmüll bietet sich an – zwar weggegeben, aber ohne »innere Bewegung«, sozusagen unverarbeitet. Damit wurde ich indirekt aufgefordert, mich erst noch einmal der aussortierten Vergangenheit zuzuwenden, um aus diesem Erleben einen Nutzen zu ziehen. Als ich dies getan hatte, bekam ich von meiner Traumkraft prompt die gewünschte Antwort.

Natürlich können wir uns mit geliebten Menschen, die fern von uns leben und von denen wir dauerhaft getrennt sind, über beliebige Entfernungen im Traum treffen und mit ihnen sprechen. Wir können mit ihnen Ausflüge unternehmen und einen ganz dichten, innerseelischen Dialog führen, der sie oftmals zur gleichen Zeit in ähnliche Träume verwickelt. (Auf dieses Phänomen werde ich bei den telepathischen Träumen noch näher eingehen). Wir können im Traum einen unvergeßlichen Urlaub in der Südsee wiederholen und uns des Nachts köstlich erholen, um morgens wirklich wie neugeboren aus dem in wenigen Minuten komprimierten dreiwöchigen Urlaub zurückzuwachen in die Daseinsrealität. Wir können auch verstorbenen Angehörigen im und durch den Traum noch ein Weilchen sicheres Geleit und zu Lebzeiten nicht gewährte Liebe nachsenden. Nur müssen und sollen wir sie dann freigeben, weil diese Seelen im Jenseits neue Aufgaben erwarten, über die sie für das nächste Inkarnat vorbereitet werden.

Selbstverständlich dürfen und sollen wir unsere Träume immer wieder hinterfragen, wenn uns ihr Sinn unklar bleibt. Unsere Traumkraft ist niemals verstimmt, wenn wir hartnäckig und wißbegierig bleiben. Im Gegenteil. Alles Bemühen um unsere Träume wird honoriert und im Nächtebuch der hohen Traumverwaltung genau aufgezeichnet:

– Ich danke dir, Traumkraft, für den Traum von .... Ich fühle die Bedeutsamkeit dieses Traumes, der in meinem Gedächtnis haftengeblieben ist. Nur kann ich den Traumsinn noch nicht verstehen. Bitte, schicke mir doch diese Nacht einen Erklärungstraum, der die Traumbotschaft verständlicher macht. Ich möchte mich intensiv mit diesem Traum weiterbeschäftigen und danke dir für deine Hilfe!

Unser Traumschiff steht beständig startklar und zum Einsteigen bereit. Es liegt an uns, ob wir lieber im Häuschen unseres schlafenden Bewußtseins weiter warten wollen auf das, was wohl kommen wird, oder ob wir uns auf die großen Abenteuer vorbereiten, um dann am nächsten Morgen bei Regen und Nebel aufzuwachen, was uns nicht mehr so viel ausmachen kann, wenn inmitten der Dunkelheit der Nacht unsere Traumsonne aus azurblauem Himmel herunterlachte und uns einige saumselige und beglückende Traumstunden beschert hat, die noch am Morgen ein befriedigtes Schmunzeln auf unserem Gesicht hinterlassen.

Wir müssen letztlich nur den Vorhang vor unserer ewig belebten Traumbühne aufziehen. Vielleicht anfangs nur einen Spalt...Bald aber wird uns die Nonstop-Revue unseres bildgewirkten Mikrokosmos so faszinieren, daß wir ein Dauerabonnement auf diese Traumvorstellungen buchen werden. Wir haben unseren festen »Liegeplatz« in diesem Theater, eine Privatloge, und sind überrascht, weil jede Nacht das Programm wechselt. Es gibt keine Spielplanankündigungen, und das Programmheft – das ist das einzige – sollen wir selbst schreiben. Ansonsten ist dieses Abonnement kostenlos, gratis auf Lebenszeit! Wenn wir dann auch noch unseren eigenen Intendanten kennenlernen, können wir später den Spielplan sogar beeinflussen und unsere Lieblingsstücke aufführen so oft wir wollen. Wir werden der Dirigent unseres eigenen Symphonieorchesters und sitzen zum Schluß nur noch im Souffleurkasten – aber mit umgekehrter Funktion. Wir sitzen dort andächtig und lauschen nur noch, – denn die Stichworte für unser Leben bekommen wir von der Bühne, von den Schauspielern, aus unserem eigenen Stück. Wir brauchen nur noch die Ohren zu spitzen und uns ab und zu einige Notizen machen...das große Welttheater spielt für uns allein! Unser eigenes Leben!

Mit der Ein-Bildung fängt alles an!

Die Imagination ist unser großer Zauberstab!

Im Schatzhaus der Imagination ist alle Wahrheit und Größe enthalten; diese treten stückweise, durch die einengenden, filternden Kanäle der Vernunft, in die Erscheinung. Unser rationales Vermögen ist nur ein bescheidener Schüler...

Aller Ruhm gebührt der vitalen Kraft unserer höheren Imaginaticn...., die sich mit der höheren Vernunft zu einer Einheit verbindet.

Die Macht der Imaginat'on ist der Thron, auf dem das Licht der Weisheit und des höheren Lebens sitzt... Der erhabene Zustand der Imagination lebt so lange fort, wie der Mensch den Maßstäben der Heiligkeit anhängt; weltliche Imagination enthält nur den Widerschein des Schattens (der Vernunft) und ist die Quelle des Zynismus...

Rabi Abraham Isaac Kuc

Fast ein halbes Jahrhundert lang war die Imagination aus der Seele des Menschen verbannt. Wir können sagen, daß die innere Selbstverstümmelung, die sich proportional zur Entwicklung von Technik und Zivilisation im 20. Jahrhundert vollzogen hat, eine Fehlentwicklung eingeleitet hat, deren Folgen unübersehbar sind. Die seelisch-geistige Verkrüppelung ist analog zum sich negativ-kreativ beschleunigenden Zuwachs der Krankheiten in der Welt fortgeschritten – ein hoher Preis für den technischen Fortschritt. Können wir das Rad überhaupt noch zurückdrehen?

In oftmals unqualifiziertem »New Age-Gefasel« wird davon gesprochen, das menschliche Potential besser nutzen zu lernen. Eilfertige Versprechungen wecken neue Illusionen, und die »neuen Erfindungen« stellen sich bei näherer Betrachtung als uralt heraus. In Wirklichkeit brauchen wir nur unser eigenes, archaisches Urwissen wieder anzuzapfen und zu schöpfen, was die Menschheit schon lange vor uns in bescheidener Naturhaftigkeit dem großen schöpferischen Atem abgelauscht hat und was ihr über Jahrhunderte zu Lebenszufriedenheit und höherer Lebensqualität verholfen hat, als wir sie heute bei allen Segnungen von Technik und Kultur zu verzeichnen haben.

Ich möchte den Ursprung der Imagination und ihre Entwicklung nicht aufzeigen, weil dies uns an die Schwelle der Weltenschöpfung heranführen würde. Begnügen wir uns mit der Feststellung, daß sie wesentlich älter ist als die menschliche Sprache und daß die rechte Großhirnhemisphäre einstmals der wichtigste Teil unseres Gehirns war, der den Menschen visuelle Ereignisse überhaupt erst kognitiv vermitteln konnte. Anders wäre ein Überlebensprozeß für den Menschen gar nicht denkbar gewesen.

Schon bei den Babyloniern, Assyrern und Ägyptern diente die Imagination als Mittel zur psychosomatischen Heilung und Lebensbestimmung. Aristoteles, der ja auch als der Erfinder des später abgehandelten *Finalbildes* anzusehen ist, verhalf ihr dann zu einer grundlegenden Renaissance. Er baute die These aus, daß die Imagination unsere Körperfunktionen beeinflußen kann. Dies wurde dann später von Selye in seiner Streßthese mit dem Adaptionssyndrom und von Schultz in seinem *Autogenen Training* nur wieder aufgegriffen.

»Imago« bedeutet »Bild«, etwas, was sich in die Seele »einbildet«, sozusagen »eindrückt«. »Imaginieren« heißt »geistige Bilder haben«. Die verstandorientierten Bilderstürmer haben daraus später etwas ganz anderes gemacht, nämlich »Phantasien huldigen, unkontrollierbare und unbeweisbare Behauptungen aufstellen«. Imaginieren meint im Volksmund heute: von falschen Annahmen ausgehen und in eine Sache etwas hineinphantasieren, was gar nicht drin ist. Lassen wir den Wortstreit. Die Imagination ist ebenso real wie das gesprochene Wort und die sichtbare Handlung eines Menschen. Sie spielt sich lediglich innen ab und ist deshalb schwerer vorstellbar, wenn nicht eben diese Kraft der Imagination eine Brücke baut.

»Die innere Identität ist wie eine Lichtpause, an der wir letzten Endes physische Handlungen messen. Wir streben danach, unser innerlich vorhandenes Gesamtpotential, so gut es geht, zum Ausdruck zu bringen.« (Seth)

In der Welt unserer Bilder, Farben, Schwingungen. Töne und Empfindungen haben wir es mit einer anderen Realitätsordnung zu tun, die nicht weniger wirklich, sondern sogar eindringlicher und weltentsprechender ist und als Richtungsanzeiger für die Bewährung in dieser dualen Welt die weitaus besseren Hilfen gewährt. Im Islam bezeichneten die Weisen die Imagination als »achten Himmelstrich«. Sie ist die Kraft, die uns bewußt in den Tod der Wiederauferstehung gehen läßt, und sie ist die tragende Kraft, die Jesus Christus nie in seinem Leben verlassen hat. Große Menschen sind immer große Träumer vor dem Herren gewesen!

Unsere Imaginationen sind die unveröffentlichten Werke unserer eigenen zukünftigen Wirklichkeit, aber wir müssen hinschauen und betrachten lernen. Imaginationen sind die Traumfetzen im Wachzustand, die wir nicht geringschätzen dürfen. Die zielstrebige Traumarbeit beginnt hier, weil schon in unseren imaginären Vorstellungen alle Aspekte unserer menschlichen Erfahrung und Bedürfnisskala aufleuchten und das grobe Psychoprogramm entwerfen, das es zu veredeln gilt. Über die Imagination schreiten wir hinaus in die weite Welt unserer eigenen Möglichkeiten und machen eine Geländeerkundung mit dem vorgeschobenen Beobachter unserer Seele. Später erst wird vom Verstand entschieden, welche Route wir einschlagen, welchen Weg wir gehen wollen.

Keats hat über die »Sprache des Herzens« – und dies ist die Sprache der Imagination, die ja auch wortlos die Liebe verklärt – etwas sehr Schönes ausgesagt: »Nur eines weiß ich gewiß: die Gefühle des Herzens sind heilig, und die Phantasie ist wahr! Was Phantasie als Schönheit erfaßt, muß Wahrheit sein, ob es vorher existierte oder nicht. Denn die gleiche Ansicht wie über die Liebe habe ich über all unseren Leidenschaften: sie alle sind auf der höchsten Stufe schöpferisch und schaffen absolute Schönheit.«

Henry Corbin hat von der *mundus imaginalis* gesprochen und damit zum Ausdruck gebracht, daß es sich bei dieser in uns eingesponnenen Welt um eine besondere, eine *eigene*, nur uns zugehörige Innenwelt handelt, die unsere äußere Wirklichkeit miterschaffen hilft. Wir können Jahrzehnte in einem dunklen Verlies in dieser *unserer* Welt unbeschadet überleben und dort erlebnisreicher leben als in der Wirklichkeit. Wir können uns alles, was uns an Wunschträumen und Sehnsüchten in den Sinn kommt, in die Imagination hineinzaubern und uns alles erfüllen, wonach unser Herz begehrt. Die Imagination ist die alchemistische Verwandlung unseres zeitaufgelösten Lebensorbis. An diese Welt kommt niemand heran. Niemand kann sie zerstören, außer wir selbst (mit den Zweifeln des Verstandes und mit der ätzenden Logik der Überprüfung).

Wir sitzen eigentlich immer zwischen zwei Stühlen: Verstand und Imagination, Ego und Selbst. In diesem Zwischenraum entsteht die Kraft, die uns anzeigt, wohin unsere Lebensreise gehen soll. Hier muß unser Bildertraining einsetzen, damit wir die unbewußten Kräfte bewußt einsetzen können. Die Kunst des »Bilderns« ist unabhängig von Alter, Bildungs- oder Reifegrad. Die »Dummen«, die noch in der *Einfalt* sind, sind in dieser Hinsicht den Intelligenzlern, die nur noch in verschrobenen Begriffsmetaphern denken, sogar weit überlegen.

»Die Seele kann den Brennpunkt des Bewußtseins verändern. Jeder drängt im Traumzustand ohne Bewußtseinsanteil in andere Realitätssysteme ein. Im Traum handelt der Mensch mit einer Zielstrebigkeit und schöperischen Authentizität, die im Augenblick des Erwachens vergessen wird. Auch in den Traumdimensionen dienen wir dem Sinn unseres Lebens, fabulieren darüber mit anderen Teilen unserer Wesenheit«, drückt es Seth aus. Gerade diese Zielstrebigkeit unserer unfehlbaren inneren Führung ist es, an die viele Menschen nicht glauben können und wollen, weil sie sich noch niemals »eingelassen« haben. Davor jedoch müssen sie erst einmal »lassen« – nämlich die vordergründigen Willensmanipulationen zum Vorwärtskommen um jeden Preis – sie müssen »gelassen« werden und vom Tand der Zerstreuung »loslassen«. Dann gelingt das Werk der Imagination, die kein Bodybuilding-Studio zur Zweckerreichung ist. Solange wir nicht »bildern« und uns auf unsere inneren Einbildungen konzentrieren, bleiben wir von den Verstandestechniken überschattet und verfolgt, solange sind wir williges Subjekt des überintellektualisierten Prophetentums in unserem Lande, das mit seiner Wissenschaftsgläubigkeit jetzt schon in verwesender Selbstauflösung dahinvegetiert!

»Adamas« ist ein griechisch-lateinisches Wort für Diamant. Dieses Wort bedeutet auch »unbesiegbar«, »uneinnehmbar« und »unüberwindlich«. Die eigene innere Bilderwelt ist ein solcher Adamas, ein Diamant des geistigen Lebens, der sekündlich in neuen Facetten erstrahlt und dem wir die wundersamsten Formen der Vollkommenheit und Schönheit in seiner kristallinen Struktur geben können.

Um bei dem Bild zu bleiben: Wir müssen das Schleifen und Facettieren lernen, erst dann erstrahlt der Diamant unseres Höheren Selbst in lupenreinstem Feuer. Der Vollschliff muß vor allem auch an den Ecken und Kanten einsetzen, damit sich das Ausgangsprodukt in höchster Form veredeln kann.

Mit diesem Bild des Diamanten in unserer Vorstellungskraft durchschneiden wir auch alle Ängste und Sorgen, alle Bedrückungen und Einengungen, alle Fehler und Verfehlungen, alle Versäumnisse und Verführungen und stellen uns außerhalb des Zerstörungswahns dieser Welt. Es gibt keine größere und gottgleichere Kraft als die unserer inneren Bilder in uneigennützigster Projektion auf das eigene *Sein*.

In allen östlichen Weisheitslehren und Religionsformen hat die Imagination einen ganz anderen Stellenwert als bei uns. Dort wendet man sich vorsätzlich für eine gewisse Zeit von der äußeren Welt ab, um über innere Erfahrungen mit der jenseitigen Welt und ihren Wesensgeschöpfen in Kontakt zu kommen. Im großen Kontext allen Lebens auf diesem Planeten mindert sich dann die Vorstellung von der Bedeutung der eigenen Egoposition auf ein verkleinertes, ihr zustehendes, realistisches Maß. Die imaginativen Einsichten werden in Indien, Nepal und Tibet in sogenannten Mandalas festgehalten. Miteinander verwobene, vielfältige Symbole werden persönlichkeitsgerecht zusammengeschmolzen und bilden so ein Meditationsmedium, das den konzentrierten Betrachter immer wieder zum Nabel seines eigenen Seins führt. Nur auf diese Weise kommen wir in die »Entgrenztheit«, wie Dürckheim sagt, in die »geistige Kugel, deren Mittelpunkt überall und deren Peripherie nirgends ist.« Ein Mandala ist nichts anderes als die bildgewordene Einheit unserer Seele, die wir in diesem Symbol, das Tucci ein »Kosmopsychogramm« nennt, durch meditative Betrachtung wiederentdecken. Über das Mandala erlangen wir die intuitive Erkenntnis, daß wir selbst Baustein einer großen, all-einen, göttlichen Weltordnung sind.

Mit der Thronmystik, die in der Kabbala enthalten ist, kannten die Juden eine Art der Phantasiereise, die später in der kreativen Visualisierung weiterverfolgt wurde. Weite seelische Räume wurden in Palästen oder Schlössern, in Tempeln oder Kultstätten durchschritten, um so nochmals in die alten Mysterienkulte eingewiesen zu werden und die Läuterung am eigenen Leibe imaginativ zu erfahren.

Im 13. Jahrhundert benutzte Abraham ben Samuel Abulafia Imaginationsübungen, um vor seinem geistigen Auge Buchstaben des hebräischen Alphabets auftauchen zu lassen, eine Technik, die wir heute im rechtshemisphären Gehirnwellentraining für Zahlen und Buchstaben in der gleichen Methodik weiterverwenden.

Im Westen allerdings stand man lange Zeit vor den Scherben der Imaginationsfähigkeit. Hier kam die Vorstellungskraft überwiegend aus dem Gehirn und war mehr taktisches Kalkül eigener Wunschvorstellungen als spontaner Einfall aus den Tiefenschichten der Seele. Erst Desoille, ein Franzose, entwarf nach einer wiederaufgefundenen Methode, die er »rêve éveille dirigé« nannte – imaginative Motive wie Berg, Höhle, Wiese und so weiter. Der Patient sollte sich im Sinne der mobilen Projektion in diesen seelischen Räumen aufhalten und bewegen, um hieraus Aspekte für sein Leben abzuleiten.

Hanscarl Leuner hat diese Imaginationsschule mit seinem »Katathymen Bilderleben« wesentlich erweitert. Wenn man heute vom weiterentwickelten »Bildern« spricht, kann man an ihm einfach nicht vorübergehen. Der Begriff »katathym« geht auf einen Psychiater namens

H. Maier zurück. Er hat diesen Begriff für eine Wahnform geprägt, von der wir heute behaupten, daß sie eine ganz normale Erlebnisform ist, die auf der natürlichen »Bilde(r)fähigkeit« des Menschen basiert und den Bewußtseinszuständen des Nachttraums eng verwandt ist. Nur werden die traumähnlichen und aus dem Unbewußten auftauchenden Bilder im Wachzustand provoziert und auf dem schmalen Brückensteg zwischen Wachen und Träumen weiterverarbeitet. Längst werden diese Übungen auch nicht mehr über leichte Hypnose und Fremd-suggestionen eingeleitet, sondern über kurze, aber intensive Entspan-nungen bis zum Alpha-Zustand. Bei vielen Probanden gelingt es sogar ohne vorangegangene Entspannung, den Bildfluß auf einfachen Zuruf in Gang zu bringen.

Auch C. G. Jung bediente sich einer ähnlichen Technik, die er »aktive Imagination« nannte. Darunter versteht man das Weiterspinnen eines Traumgeschehens durch den Träumer, wenn der Traum durch Erwa-chen oder sonstige Störungen nicht vollendet wurde. Auf diese Weise gelingt es dem erfahrenen Träumer, jede angefangene Geschichte auch irgendwann zu beenden und zu einer Konsequenz zu führen. Eine ge-wissenhafte Bestandsaufnahme allen geträumten Materials ist hierfür natürlich unabdingbare Voraussetzung.

Mit dem Psychodrama schließlich hat Moreno eine Aktionsbühne für den Träumer geschaffen, auf der er seine Probleme und Schwierig-keiten in Szene setzen und darstellen kann. Gleichzeitig kann eine wichtige Enthemmung und Entladung stattfinden, indem der Körper den seelischen Zustand expressiv ausdrückt. Gerade in der Traum-Gruppenarbeit ist das Psychodrama hocheffektiv und unverzichtbar.

Der Physiker David Bohm hat eine großartige Bemerkung über die Imagination gemacht, die ihren »Wissenswert« endlich an die richtige Stelle rückt:

»Die Imagination wirkt als Laserstrahl, der die jenseits unseres mate-riellen Körpers existierende Wirklichkeit aktiviert und klärt. Diese Wirklichkeit erscheint uns normalerweise als inkohärentes Linienge-wirr oder Interferenzmuster, dessen wir uns im allgemeinen nicht be-wußt sind. Und doch enthält dieses Interferenzmuster alle verfügbaren Informationen über das Universum, in dem wir leben. Wie das Holo-gramm gibt es seine Information nur preis, wenn der Laserstrahl, das heißt die *Imagination*, ›hinter der konkreten Realität liegendes Wahr-nehmungsorgan‹, direkt auf das Interferenzmuster auftrifft. Das Inter-ferenzmuster erzeugt eine dreidimensionale Form. Unsere Sinne neh-men diese Form wahr und geben die Information an das Gehirn weiter.

Was wir wahrgenommen haben, kann in Handeln in der Welt übersetzt werden und steht uns in Form von gespeicherten Daten zur Verfügung. Diese Information gibt uns Anweisungen darüber, was man zum Zweck der Selbstentfaltung und Verwirklichung im Leben tun muß.«

Bohm gibt der Traumvorstellung damit einen hervorragenden Stellenwert und verdeutlicht, daß wir hier das Schlüsselprinzip zu allem höheren Wissen, zu allen verfügbaren Quellen erkennen müssen. Wir können mit dem realen Denken kognitiv entscheiden, was wir wann und wo tun wollen, aber letztlich nicht *wie* wir es tun sollen und wie wir es womöglich noch *anders* tun können als bisher. Das kann uns unser Verstand niemals sagen.

Bohm hält die entfaltete Realitätsordnung »für eine sekundäre Manifestation« dieser Welt, er sieht in ihr aber nicht deren Quelle. Die Quelle sprudelt ganz woanders: in der noch nicht ausgefalteten Realitätsordnung, die der Ruch des Numinosen umnebelt. Hier ist die Quelle der Wirklichkeit, mit deren Schein wir uns begnügen, um so nur mit einem Bruchteil dieser Welt zu verkehren.

Wir wollen hier nicht das herkömmliche, kausal-logische Denken schmähen, das für die Bewältigung unserer »scheinbaren« Realitätsordnung lebenswichtig ist. Die Welt allerdings sehen wir damit nur durch einen bescheidenen Schlitz, wie aus dem Panzerspähwagen unseres Verstandes, mit dem wir von Angriff zu Angriff rollen und doch immer wieder zurückschlagen werden.

Die Imagination entzieht sich somit natürlich auch der Analyse. Wie will man etwas analysieren, was mit Worten niemals zutreffend beschrieben werden kann? Imagination und Traum sind immer noch »verschwommene« Begriffe, die sich nicht in eine Beweiskette von Gesetzmäßigkeiten einordnen lassen. Der Traum will ja gar keine Deutung, keine Analyse, keine Beschreibung, keine zweifelsfreie Aufarbeitung und eindeutige Besprechung. All das vernichtet ihn. Unsere inneren Bilder wollen schlicht und simpel »erfühlt« und »erahnt« werden, nichts weiter. Wir möchten sie als unseren Seelenstoff erkennen und als Spiegel unserer Psyche betrachten. Imagination und Traum zielen auf die Synthese des Bewußten mit dem Unbewußten, des Versöhnlichen mit dem Unversöhnlichen, des Herben, Bitteren mit dem Süßen, des Fühlens mit dem Denken, des Erprobens mit dem Handeln, des Hassens mit dem Lieben, des Erlebens mit dem Verzeihen und des Glaubens mit dem Wissen. Das ist wohl das Allerwichtigste! Gott braucht noch eine einzige Möglichkeit, um den Menschen direkt anzusprechen, denn sonst wird er in diesem Lärminferno unserer Welt nicht mehr gehört. Über die Sprache der Bilder, unserer inneren Visionen hält er die Verbindung zu den Menschen aufrecht, die außer dem, was sie sehen und anfassen können, noch etwas sehen und fühlen, was es gar nicht gibt und was doch existiert.

Imaginationsübungen nach Robert McKim

Versuche, eine Reihe von geistigen Bildern heraufzubeschwören. Nimm dir genügend Zeit, entspanne dich, atme ruhig und versuche, dir folgendes vorzustellen:

Das Gesicht eines Freundes (oder einer Freundin),

ein galoppierendes Pferd,

dein Schlafzimmer,

einen Teich bei Sonnenuntergang,

die Art, wie ein bestimmter Freund geht,

einen reichgedeckten Tisch.

Versuche, aus den Gedanken Bilder zu formen, die aus leblosen und flachen Erinnerungen lebendige Wirklichkeit entstehen lassen. Das Vorstellen, das in die Zukunft Hineinstellen ist mehr als eine Spielerei; es ist die Grundlage des Denkens und die Vorstufe zu späterer Materialisierung und Wirklichkeit.

Wenn du keine Schwierigkeiten mehr hast, dir das oben Genannte vorzustellen, dann versuche, nachfolgende Bilder auf deine innere Mattscheibe zu zaubern. Diesmal wird dir die Erinnerung nicht viel helfen:

Eine gerade aufblühende Rose,

eine braune Katze, die erst schwarz, dann grün, dann violett wird,

ein Auto, das gerade in ein riesiges Kopfkissen fährt,

das vorhergehende Bild umgekehrt,

einen Stuhl, der sich langsam zur Zimmerdecke bewegt und sich dabei umdreht.

Visuelles Denken ist Probehandeln in Praxis. Du willst eine Couch um eine Ecke herum bewegen. Wenn du dir vorstellst, wie du die Couch hochstellst und sie herumdrehst, erkennst du schnell, daß du sie erst hochkant stellen mußt, um sie leichter zu handhaben.

Ich beobachte mich zu Hause

Ich atme ruhig und frei. Mein Atem geht leicht und zuverlässig. Die Atemzüge werden immer ruhiger. Ich sehe mit geschlossenen Augen, wie sich mein Brustkorb hebt und senkt, wie sich mit jedem Atemzug mein Zwerchfell hebt und senkt. So entsteht langsam ein stilles, tiefes Atmen, das alle meine Gedanken verschluckt. Alles wird still und friedlich um mich herum. Ich spüre, wie mein Atem selbst diesen Frieden verbreitet. Denn meine ganze Umgebung atmet mit, in meinem Rhythmus. All mein Bewußtsein liegt in diesem Atem. »*Ich*«, denke ich beim Einatmen, »*atme*«, denke ich beim Ausatmen.

Mein Körper entspannt sich, alle Muskeln lösen sich, alle Verspannung ist plötzlich wie fortgeblasen. Die Atemzüge werden immer tiefer. Mit jedem Atemzug tauche ich tiefer in mein Unterbewußtsein, in die Welt meiner Bilder, Formen und Farben. Ich spüre, wie ich langsam absichts- und willenlos werde, wie ich mich getragen und aufgehoben fühle, wie ich nichts mehr zu tun brauche, wie alles von allein geschieht. Ein Teil meines Bewußtseins nimmt jetzt die Stufe des Beobachters ein. Ich schaue zu Hause durch das Schlüsselloch – und sehe mich selbst im Wohnzimmer sitzen. Wo sitze ich? In welcher Haltung? Was tue ich da gerade, oder raste oder ruhe ich? Und plötzlich sehe ich auch dieses vertraute Zimmer ganz anders. Ich registriere auch die Einrichtung, das, was mir liebgeworden ist, denn jeder Gegenstand hat eine eigene Geschichte, die jetzt vor meinem inneren Auge abläuft.

Könnte ich nicht einmal die Möbel umstellen? Würde das Zimmer dabei gewinnen? Habe ich an meinem Lieblingsplatz wirklich die besten Lichtverhältnisse? Was liebe ich an diesem Zimmer? Was stört mich? Ich stelle mir vor, daß ich der König in meinem Zuhause bin und setze mir einfach die Krone auf. Ich sehe, wie ich mit dieser Krone aussehe und ob sie mir steht.

Von meinem Lieblingsplatz aus kann ich alles überblicken in diesem Raum. Ich fühle auch, was derweil in den anderen Zimmern geschieht und wer von meiner Familie sich dort aufhält.

Ich fühle, wie mein Zuhause vor Frieden und Stille glänzt, daß ich die Seele meines Zuhauses bin und daß überall »zu Hause« ist, wo ich mich gerade aufhalte, ob hier oder woanders. Denn mein Zuhause hat keine Grenzen, es hat offene Wände, offene Türen, offene Fenster, und ich kann weit hinausblicken in die Welt meiner Handlungen und Möglichkeiten, die jetzt vor meinem geistigen Auge auftauchen.

Ich lasse mir Zeit, dieses Geschehen frei von Spannungen mit viel, viel Zeit zu beobachten. Wenn ich wieder zurückkomme von meinem Ausflug, sehe ich mich immer noch in meinem bequemen Lehnstuhl sitzen und träumen. Aber ich bemerke, daß inzwischen ein anderes Gefühl in mir ist. Ich fühle mich freier, gelöster, entspannter, sicherer und geborgener, denn ich habe erkannt, daß für mich überall »zu Hause« ist. Ich mache es mir einfach. Mit dem Atem, auf den ich mich jetzt wieder konzentriere. Er geht frei und leicht, zuverlässig und sicher, ruhig und gelassen. Im Atem ist mein Zuhause. Jetzt weiß ich sicher, wo ich wieder mein individuelles Körperkostüm spüre und die Muskelkraft in meine Glieder schicke, um dann ganz langsam wieder die Augen zu öffnen.

Machen Sie sich nach dieser Übung einige Notizen und reflektieren Sie, in welcher Verfassung und in welcher Stimmung Sie sich zu Hause angetroffen haben. Waren Sie glücklich, bedrückt, gereizt oder gar niedergeschlagen? Was ging in Ihrem eigenen Kopf vor, als Sie sich da so sitzen sahen?

Wollen Sie zu Hause irgendwelche Veränderungen vornehmen? Ist irgend etwas nicht gemütlich oder bequem genug? Stört Sie etwas? Vielleicht ist das der Grund, warum sie so oft fortgehen. Ist der Platz, an dem Sie zu Hause sitzen, auch der richtige für Sie oder möchten Sie lieber woanders sitzen? Warum sagen Sie es dann den anderen nicht?

Treffen Sie unmittelbar nach dieser Übung Entscheidungen, was Sie verändern und wie Sie sich verändern möchten.

Ich ändere meine Strategie

Wir funktionieren oftmals nach sogenannten Standard-Verhaltens-programmen, die unterbewußt normativ und vorgeprägt ablaufen. Wir rasten auf bestimmte Umweltreaktionen deutlich ein und antworten darauf nach altem, bewährtem, vollautomatisch ablaufendem Erfahrungsmuster. Wenn wir die ganze Spannbreite möglicher Erlebensformen voll genießen möchten, ist es wichtig, aus diesen Schablonen herauszukommen. Das setzt allerdings voraus, daß sie uns erst einmal bewußt werden, sonst können wir sie auch nicht analysieren und ihre Herkunft ergründen. Auch müssen wir diese antiquierten Programme mit ihren entsprechenden Gedanken und Gefühlen zunächst als zu uns gehörig akzeptieren, bevor wir eine Umformung vornehmen und eine neue Strategie entwickeln. Die Imagination leistet uns hierbei gute Hilfe. Wir können die volle Bandbreite möglicher Verhaltens-Alternativen durchspielen und uns dann hinterher entscheiden, wie wir uns im Wiederholungsfall einer solchen Situation in Wirklichkeit verhalten wollen.

Stellen Sie sich irgendeine Situation oder Szene aus ihrer jüngsten Vergangenheit vor, in der Sie auf eine Ihnen unangenehme oder seltsame Weise reagiert haben. Ihre Reaktion führte dann zu gewissen Schwierigkeiten. Versuchen Sie, sich vor Ihrem geistigen Auge diese Situation noch einmal vorzustellen und warten Sie darauf, daß irgendwelche Bilder auftauchen. Wenn keine Bilder auftauchen, gehen Sie gedanklich noch einmal voll in diese Situation mit allen Beteiligten hinein.

Überdenken Sie, ob Sie in dieser Situation mit ihrer Entscheidung
lieblos,
egoistisch,
hartherzig,
verletzend,
unnachgiebig,
beleidigend,
dominierend,
abweisend,
machtbesessen,

nachgiebig,
schwach,
hilflos
waren. Wie haben Sie sich seinerzeit in dieser Situation gefühlt? Fühlten Sie sich
überfordert,
übergangen,
mißachtet,
belogen,
übervorteilt,
benachteiligt?
Was veranlaßte Sie damals zu Ihrer Entscheidung? War es eine objektive Erkenntnis oder eher eines der hier angesprochenen Gefühle? Überdenken Sie die Situation jetzt und holen Sie sich passende Bilder dafür, wie Sie seinerzeit auch anders hätten entscheiden können. Tun Sie dies in Ihrer Vorstellung mit allen Beteiligten und spielen Sie die ganze Szene mit *Ihrer* veränderten Rolle noch einmal durch! Wie sieht die Situation jetzt aus? Wie verhalten sich die anderen Personen jetzt? Was sind jetzt Ihre Gefühle? Träumen Sie jetzt einfach weiter und beobachten Sie die laufenden Bilder, Gedanken, Farben, Gerüche, Empfindungen und Gefühle!

Versuchen Sie nun in der Retrospektive eine Entscheidung darüber zu treffen, wie diese oder ähnliche Situationen in Ihrem Leben künftig gemeistert werden können. Vergleichen Sie noch einmal, worin der grundlegende Unterschied zwischen beiden Situationen besteht. Machen Sie sich dabei klar, daß Ihre Mitmenschen damals gar nicht anders reagieren konnten, weil Sie *so* agierten, daß die anderen nur Ihre innere Situation reflektierten und sich gar nicht anders verhalten *konnten*. Und nun übernehmen Sie die volle Verantwortung für Ihr damaliges Verhalten und vergessen alle Schuld, die Sie den anderen in die Schuhe schieben wollten.

Überdenken Sie nochmals die Auswirkungen Ihrer Handlungsweise und lassen Sie hierbei Bilder auftauchen. Treffen Sie jetzt eine Entscheidung, wie Sie sich in einer ähnlichen Situation künftig verhalten wollen. Entscheiden Sie sich für die günstigste unter den ausprobierten und simulierten Alternativen!

Bildern Sie Ihre eigene Wirklichkeit und Zukunft!

Kreatives Visualisieren ist eine wichtige Vorstufe zum bewußten Träumen!

> Wenn ein Mensch im Traum durchs Paradies wandern könnte und ihm eine Blume geschenkt würde zum Zeichen, daß seine Seele wirklich dort war, und wenn er erwachte und fände diese Blume in seiner Hand – Tja, was dann?
>
> Taylor Coleridge

Aus dem 5. Jahrhundert nach Christus ist uns ein Bericht überliefert, in dem Synesius beschreibt, wie ihm seine Träume beim Schreiben und Lesen und bei wichtigen Problemlösungen geholfen haben. Man wußte von jeher, daß der Traum der wichtigste Schlüssel zur Schatztruhe des Wissens ist.

Unsere Gesellschaft ist in der Epoche nach Descartes vom Kopfdenken geprägt worden. Auf der Strecke blieb das prälogische, praktische Denken unter der Bewußtseinsebene, das der Traum uns im Schlaf vermittelt. Wieviele unsinnige Anstrengungen könnten wir uns sparen, wenn wir einen Teil unserer täglichen Schulaufgaben einfach unseren Träumen zur Lösung überantworten würden, um morgens die Ergebnisse abzufragen. Die Tatsache, daß wir uns fast lustvoll in unsere Probleme verstricken, verdeutlicht auch den Mißklang unseres Inneren, unsere inneren Disharmonien, die aus der Ohnmacht entstehen, das Leben nicht mehr nur mit dem Verstand meistern zu können. Wer vom Glauben und der Anbindung an höheres, göttliches Wissen ausgeschlossen ist, fristet ein bedauernswertes Dasein und leidet unter dem Streß, der durch vielfache (zumeist vergebliche) Anstrengungen hervorgerufen wird.

Der Grad unserer Emotionen und die Skala unserer (heute zumeist abgestumpften) Empfindungen können als Maßstab für unsere Traumerfolge genommen werden. Erfolgreiche, spielerisch zugefallene Lösungen haben zumeist einen symbolischen Hintergrund. Sie sind naturnah und wurzeln in der bereits bestehenden Synthese von Natur und Leben. Sie belasten den Menschen weder intellektuell noch emotional.

Erfolgloses Wirken hingegen läßt schwere emotionale Spuren zurück, die nicht selten in Alpträumen weiterverfolgt werden. Ein inneres Unwetter braut sich zusammen, das sich dann irgendwann in einem furchtbaren Seelengewitter entladen muß. Der Traum ist unser genialstes Hilfsmittel zur Lösung von Problemen. Und was machen wir daraus? Ein lästiges Abfallprodukt der menschlichen Psyche. Warum kommen wir denn immer wieder in größte Schwierigkeiten? Warum stecken wir immer wieder in einem Dilemma? Warum können wir nur noch um Ecken gehen und keinen geraden Weg mehr anpeilen?

Weil unserer innerer Richtungskompaß außer Betrieb ist und wir über die Scheinwirklichkeit unserer Bewußtseinswahrnehmung immer nur die Illusion unserer eigenen, hintergründigen Erwartung gespiegelt bekommen.

Wie nun können wir unsere Phantasie, den kostbarsten Urstoff des Menschen, wiederbeleben? Wie können wir uns wieder ankoppeln an die uralt-ewige Sinnenwelt der Mythen, Märchen und Sagen, die uns zurückführen an die eigentlichen Quellen unserer Intuition und schöpferischen Lebenskraft?

Kreatives Visualisieren heißt eine Technik des Traumtrainings, die eigentlich uralt ist und uns hilft, wieder zu unserer eigenen Bilderwelt zurückzufinden. Vor der einseitigen Überbetonung des kausal-logischen Denkens und der Überfremdung durch die Bilderwelt der Massenmedien, hatten wir die Bildergalerie unseres eigenen Vorstellungsvermögens. Sie stellte die Verbindung zur großen archetypischen Bilderwelt der inneren Weisheit dar, die selbst die einfachsten Menschen zu hohen schöpferischen Leistungen befähigte. »Ein Bild sagt mehr als tausend Worte!« Dieser Satz hat seine Gültigkeit behalten. Wer nichts sieht, kann nichts erleben. Wer nichts erlebt, kann nichts fühlen, und wer nichts fühlt, bleibt stehen und erstarrt.

Unser Bildgedächtnis ist der leistungsfähigste und wertvollste Teil unseres Gehirns, in seinem ältesten Teil, dem Stammhirn, angesiedelt. Die hypertrophe Vormachtstellung des logischen Denkens, das von der linken Gehirnhemisphäre gesteuert wird, hat die Bilderbücher der Erwachsenen zuklappen lassen. Heute allerdings wissen wir, erkennen wir beschämt, daß es gerade diese individuellen, unverwechselbar eigenen, zutiefst verinnerlichten Bildergeschichten vom Urgrund unserer Seele sind, die unsere Wirklichkeit formen.

Gegen ein »inneres Bild« ist ein abstrakt formulierter Gedanke nicht mehr als eine Krücke für die Zukunftsformung. Mit kreativem Visualisieren verlebendigen wir unsere individuelle Vorstellungskraft.

Ungefähr 95 Prozent aller Menschen haben die Fähigkeit, innere Bilder zu schaffen. Diese Bilder werden bei häufiger Projektion so leibhaftig und wirklich, daß wir fest an sie zu glauben beginnen. Über den Glauben bekommen die Bilder dann eine derartige Energiezuladung, daß sich eine Wirklichkeitsmatrix herausbildet, die später in der Außenwelt unseres Seins reproduziert werden *muß*.

Unbewußt wenden wir diese gestaltschöpferische Befähigung unserer Psyche schon längst alle erfolgreich in unserem Leben an. Wie weit aber könnten wir kommen, wenn wir diesen muster- und wirklichkeitswerdenden Prozeß bewußt in den Griff bekämen, um unser Leben damit dirigierend zu meistern? Wir wissen, daß jeder Aggregatzustand der Materie aus unterschiedlich verdichteter Materie entsteht. Auch unsere Gedanken sind eine Form von Energie. Aus der PSI-Forschung ist bekannt, daß wir mit diesen laserförmig gebündelten Gedanken sogar in der Lage sind, Materie zu verändern, zu verdichten oder zu verflüchtigen, zu transformieren oder zu verändern, umzuwandeln, zu manifestieren oder gar in andere Seinsformen aufzulösen.

Der Mensch ist sich seiner gedanklichen, weltverändernden Macht und Kraft nur unzulänglich bewußt! Wir haben längst den Schlüssel zum Universum und suchen immer noch verzweifelt am Schlüsselbrett unseres Verstandes danach. Wir tragen alle Geheimformeln des Lebens in uns, ohne es zu wissen. Wir verfügen alle über die Werkstatt, in der unsere Gedankenenergie zielgerichtet in erlebensfähige Wirklichkeit umgegossen werden kann. Wir können erschaffen, wonach wir uns sehnen. Wir können kreieren, was wir uns wünschen. Wir können unser Leben jeden Augenblick neu, erlebnisreich und freudig gestalten. Wir sind Herr im Hause unseres eigenen Ich.

Ich übersetze kreatives Visualisieren einfacher mit »bildern«. Bildern ist ein Vorgang, der durch geistige Reflexion entsteht, durch das »Zurückbiegen« von Sinneseindrücken und Gedanken zu Bildkompositionen, die auf der inneren Leinwand unserer Innenwelt zu qualifizierten Erscheinungen unseres jetzigen und künftigen Erlebens und Seins werden.

»Alles, was wir uns im Leben erschaffen haben, war zuerst ein Gedanke, dann ein Gefühl, alles was unser Geist beständig wirklich und für wahrhaftig hält, wird in unserer materiellen Welt wirklich und wahrhaftig werden«, sagt Marcus W.C. Allan. Liebe, Erfüllung, Selbstverwirklichung, Gesundheit, Schönheit, Harmonie, Wohlstand, Freude und Erfolg können wir in unserem eigenen Erlebnisgarten als Samenkörner säen und sie zu kräftigen Pflanzen heranzuzüchten. Die

Kontrolle unserer Gedanken, das Fokussieren geistiger Bilder und ständige reflektive Meditation sind Mittel zur Selbstverwirklichung, von denen die meisten Menschen leider nichts wissen. Sie warten darauf, daß ihnen irgend jemand hilft, daß sie »Glück haben«, daß ihnen das Schicksal günstig gesonnen ist. Welch tragische Verantwortungsverlagerung auf die Außenwelt bedeutet das!

Welche übertriebene Aufmerksamkeit wenden wir manchmal unserem Körper zu, dieser sterblichen Hülle für einen begrenzten Zeitraum. Wie wenig trainieren wir dagegen unsere geistigen Muskeln. Welches Chaos lassen wir in unseren Gedanken zu, jenes wogende Hin und Her sich überlagernder, widerstreitender, sich befehdender und gegenseitig vernichtender Gedankenformen? Mir sagte einmal ein amerikanischer Psychiater: »Wenn es uns wirklich gelänge, eine verbale Entsprechung unserer Gedankenarbeit zu schaffen, wenn die Menschen all das aussprechen würden, was sie in ihrem Gehirn bewegen, käme die überwiegende Masse der Menschheit sofort in die Irrenanstalt!« Welch brutalen Dschungelkrieg führen wir in unserem Inneren und welche subtilen Selbstvernichtungsparolen nähren wir, ohne gewahr zu werden, daß wir dadurch unsere eigene Lebenssubstanz schmählich verraten. Die Vielzahl der heute auftretenden psychosomatischen Krankheiten sind nichts anderes als Ausdruck dieser innerpsychischen Unordnung und Verschmutzung. Piero Ferrucci, ein namhafter Vertreter der Assagiolischen Psychosynthese, hat den Menschen von heute mit einem verkehrsreichen Platz in einer Stadt verglichen, den jedermann jederzeit betreten, übergehen oder überfahren kann. Mit unserem Wachverstand, auf den wir so stolz sind, leben wir heute in einer Drehtür, in der wir *bewegt werden*, uns aber nicht selbst bewegen. Über die zunehmende Rotation verfallen wir in zunehmende Statik und Ohnmacht.

Das Hauptproblem unserer Zeit ist die Zeitnot. Die meisten beschäftigten Menschen haben keine Zeit, um sie mit Träumen zu »vertun«. Die geisttötende Ablenkung des Freizeit-Terrors, der ständig neue Vergnügungen schafft, die den Menschen von seinem Innern abkoppeln, schwächt die Möglichkeiten des inneren Bilderns zusehends. Ein Mensch, der sein Leben gestaltend vorleben möchte, muß unabhängig und frei sein, muß Zeit haben, seine Wirklichkeit bildernd vorzuschaffen. Dies ist wahrhaft schöpferisches Sein, das sich abspielt, während die Welt tut, macht und sich dreht. Die eigentliche geistige Befruchtung für die spätere Wirklichkeit findet nur in den inneren Bildern statt. Sie sind die *quinta essentia* unseres Umwelterlebens.

Die Konzentration auf ein bestimmtes Bild will geübt sein. Dafür finden Sie am Ende dieses Kapitels eine wichtige Übung. Je stärker die Konzentration, um so besser ist die Imagination und schließlich Visualisierung. Theresa von Avila hat es in der Beschreibung ihrer Meditationserfahrungen trefflich ausgedrückt: »Sobald du dich der Reflektion hingibst, wirst du fühlen, wie deine Sinne sich sammeln; sie scheinen wie Bienen, die zu ihrem Bienenstock zurückkehren und sich darin versammeln, um sich an die Arbeit des Honigmachens zu begeben... Beim ersten Aufruf des Willens kommen sie, und dann immer schneller und schneller. Schließlich, nach unzählbaren Übungen dieser Art, versenkt Gott sie in einen Zustand vollkommener Ruhe und Kontemplation.« »Was wir uns lebhaft genug einbilden, wirkt daher nicht nur unmittelbar auf alle körperlichen Organe (denn der Körper ist bekanntlich die »Haut der Seele«), sondern auch - wenn die Vorstellungskraft intensiv genug ist - auf die materielle Umwelt. Dies nennt man magische Wirkung«, schreibt Dr. Hans Endres über die »Universelle Meditation und Kontemplation«.

Es bildet sich nur das in uns, was wir möchten. Es denkt in uns nur das, was wir zulassen oder fordern, auch wenn viele Menschen das in sich denken lassen, was andere denken und meinen. Es fühlt in uns nur das, was wir zulassen, was wir betrachten wollen.

Wer sich selbst verwirklichen möchte, kann selbst entscheiden, was er sich wie vorstellen möchte und was er wie denken will. Aber Freiheit ist nun einmal grenzenlos, destruktiv und überraschend. Freiheit ist ungezügelt und unbestimmbar. Freiheit bedarf der ordnenden Macht der Bilderzeugung, die dann später über die Ratio ohnehin noch einen Rahmen verpaßt bekommt. Das ist das große Geheimnis der so heiß ersehnten Freiheitsmacht, die *in uns* beginnt und *in uns* endet! Wir können diese Freiheit trainieren und sie dann leben und erleben.

Beim kreativen Visualisieren müssen wir uns zunächst in einen entspannten Alpha-Zustand einpegeln und abschalten, das heißt, die Denkmaschine zur Ruhe bringen. Wir warten dann auf die einfallenden Bilder und Symbole, ob bewegt oder unbewegt, und lassen sie, gleichsam kontrolliert in ihrer Veränderung, durch uns hindurchziehen. Wir *entscheiden* dabei, welche Bilder wir annehmen und welche wir weiterziehen lassen wollen. Wir nehmen unbewußt-bewußt eine Selektion vor, um die Spreu vom Weizen zu trennen. *Die Qualität unseres Lebensprozesses besteht darin, eine einmal visualisierte Richtung getreu einzuhalten.* Während des Visualisierens dürfen und sollen sich die Bilder ruhig verändern. Der Erstentwurf ist zumeist mur eine Skizze, die flüchtig und schemenhaft erscheint. Dann gewinnen die Bilder an Kontur. Mit der Detailzeichnung erhalten sie dann die geistige Struktur und Endaussage, die auch noch mehrdeutig sein kann. Unser geistiger Energiehaushalt ist in beständig schwingender, pulsierender Veränderung, ähnlich wie das Bild unserer Aura, das sich mit jedem Gedanken verändert, anders färbt und im Wellenverlauf der Linien ein‹anderes Bild zeigt. Langsam kommen dann auch die Energieblockaden aus dem Unbewußten hervor und werden deutlich.»In einer weiteren, undifferenzierten Schicht nehmen wir Stimmen, Gesprächsfetzen oder Bilder wahr, weil wir auf verschiedenen Wellenlängen verschiedene Kommunikationsformen empfangen. Nur dadurch, daß wir die Tiefe unserer eigenen Erfahrung fühlen oder verspüren oder intuitiv zu erfassen lernen, können wir einen andeutungsweisen Einblick in die Natur von ›Alles-was-da-ist‹ gewinnen«, sagt Seth.

Traumphantasien sind unbewußt hochsteigende Konfigurationen unseres Vorstellungsvermögens, ohne daß wir immer zweifelsfrei den Bewußtseinszustand definieren können, der dafür nötig ist. Sie bestimmen unseren seelischen Wachstumsprozeß. Über die Traumphantasien, die ständig perlen und sprudeln, erkennen wir auch unsere Ängste, Hindernisse und Beschränkungen, mit denen wir unseren Lebensraum bedenklich einschränken. Wir müssen die Türen zur Studierstube unseres Verstandes weit aufreißen und täglich den abgestandenen Mief unserer intellektuellen Ausdünstungen herauslassen, damit die Seele wieder frei atmen kann. Die nachfolgenden Übungen werden Ihnen bei der Durchlüftung helfen.

Ich male meinen Körper mit seinen seelischen Druckstellen . . .

Ich ziehe mich ganz in mein Inneres zurück und koppele mich von allem Tagesgeschehen ab. Ich schließe die Augen und höre entspannende Musik, die wie ein Engelschor klingt und meine Seele streichelt. Nachdem ich mich so entspannt und vorbereitet habe, nehme ich ein großes Blatt Zeichenpapier, einen Kohlestift und viele Buntstifte oder Filzschreiber.

Zuerst male ich die Umrißkontur meines Körpers, den ich mir nackt vorstelle: den Rumpf, die Arme und Beine, dann den Hals und den Kopf. Es muß nicht besonders künstlerisch sein. Ich zeichne so gut ich kann. Dann versuche ich meine Organe in diesen Körper zu malen. Ich beginne mit dem Herz, den Lungenflügeln und dem Magen, dann folgen Leber, Nieren und Milz. Den Solarplexus male ich als Spirale. Dann kommen der Darm, die Geschlechtsteile, die Kniescheiben und die Fußgelenke. Dann gehe ich an die Ausarbeitung der Arme und Hände, male die Schulterkugeln. Weiß ich, wo die Schilddrüse liegt und wo die Speiseröhre? Dann kommt der Kopf an die Reihe und ich markiere mit wenigen Strichen und Punkten mein Gesicht.

Nun schließe ich einen Augenblick die Augen und überlege, wo ich mich früher verletzt habe, wo es mir früher wehtat und an welchen Stellen ich gelitten habe, etwa gar, weil ich bestraft wurde. Diese Punkte markiere ich mit blauer Farbe, indem ich sie schraffiere, ausfülle, anstreiche oder mit einem Kreuzchen versehe. Wo nisten Krankheiten in meinem Körper, wo wurde ich gar operiert? Diese Stellen markiere ich mit roter Farbe.

Und wieder schließe ich die Augen für eine Weile und schaue in meinem Körper nach innen, wo es sich freudig, liebevoll und dankbar anfühlt, wo das gute Gefühl herkommt und wo es licht und hell ist, wo also keine Belastungen oder Bedrückungen wohnen. Diese Stellen male ich mit gelber Farbe aus und zwar so kräftig, wie sich diese »warmen« Gefühle für mich anfühlen. Dann male ich mit Orange die Stellen aus, wo die Giftpfeile von außen am leichtesten eindringen. Wo sind meine verletzlichen und schmerzempfindlichsten Stellen? Schlägt mir viel auf den Magen oder bekomme ich Kopfschmerzen, Ohrenschmerzen, Lidflackern? Ich denke genau nach und spüre meinen Gefühlen nach, dann wird alles sofort offenbar.

Mit Lila markiere ich die Stellen, an denen mir innere Erfüllung zuteil wird – durch den Glauben, durch Beten oder Meditieren, durch Liebe oder Zuneigung anderer Menschen. Diese Stellen sollen meiner Seele guttun und nach innen auf mein Gemüt wirken. Mit Schwarz schließlich verdeutliche ich die Stellen meines Körpers, mit denen ich wenig zu schaffen habe, die für mich etwas im Dunkeln liegen, die ich wenig beachte und umsorge. Was an meinem Körper ist mir ziemlich gleichgültig? Wo ist es dunkel und was lasse ich an meinem Körper unbewußt oder bewußt im Dunkeln?

Jetzt nehme ich Deckweiß oder einen weißen Fluoresco-Stift und »weiße« die Stellen, von denen aus ich anderen Licht, Liebe, Wärme, Zuneigung, Vitalität und Lebenskraft gebe. Wo sind diese Stellen bei mir? Trifft da etwa Weiß und Schwarz aufeinander? Dann habe ich einige persönliche Konflikte, mit denen ich mich beschäftigen sollte.

Wenn ich fertig bin, sieht mein Bild sicher nicht schön aus, ist aber ungemein instruktiv, sozusagen eine Kartographie meiner Körper-Seele-Geist-Kräfte. Jetzt weiß ich, wo was herkommt und was wo in mich eindringt. Habe ich auch nichts vergessen, meine Aggressivität etwa? Weiß ich, wo die bei mir herumtobt, ob mir etwa gar »der Kamm schwillt«?

Niemand aber kann sich selbst erkennen, wenn er nicht zuerst in fleißiger Meditation »sieht und weiß, *was er ist* (und zwar) eher als *wer* (er ist), von wem er abhängt und zu wem er gehört und zu welchem Zweck er gemacht und geschaffen ist und ebenso von wem und durch wen«. So beschreibt Jung in *Mysterium Coniunctonis* die bohrenden Fragen nach der eigenen Identität, denen wir durch das Zeichnen unserer inneren Zustandsbilder näherkommen. Wir haben das alles sehende Auge in unserem Seelenkern, das alles erkennt, was sich in unserem Inneren abspielt. Bereits die alten Griechen spürten über den Traum ihre seelischen und körperlichen Krankheiten auf. »Die Wahrheit ist also *nicht in uns* zu suchen, sondern im Bilde Gottes, *das sich in uns befindet*«, sagt Dorn. Wenn wir im Schlaf oder bei der Imagination die Augen schließen, sieht unsere Seele in der Traumabgeschiedenheit die ewige Wahrheit, die uns der Kopf nie erzählen kann.

Kehr' deinen Namen um und wohne auf dem Mars!

(abgewandelt nach Dan Malamud)

Ich benütze diese Übung zum Einstimmen in der Gruppe, wenn anfänglich im Workshop noch Befangenheit und Unsicherheit vorherrschen. Diese Übung macht die Teilnehmer auf eine ebenso ungewöhnliche wie originelle Weise miteinander bekannt. Der unmittelbare Weg in das Innere wird plötzlich und überraschend freigelegt und führt zu blitzlichthaftem Erkennen der Ausgangs- und gegenwärtigen Lebenssituation. Auch wenn man sie alleine durchführt, ist diese Übung für das kreative Visualisieren von erkennendem Reiz und tiefem Erfahrungswert.

Sie sitzen in meditativer Haltung mit geradem, gestrecktem Kreuz aufrecht auf einem Stuhl. Beide Füße liegen mit den Fußflächen fest auf der Erde auf. Sie haben Bodenkontakt und spüren ihn. Nach einigen ruhigen Atemzügen besinnen Sie sich auf Ihren Körper. Alle Ihre Sinne sind wach und Sie achten auf alle Ihre Empfindungen in diesem Moment. Nehmen Sie sich dafür etwa eine Minute Zeit. Dann achten Sie auf Ihren Atem, sein individuelles, unbewußt eingespieltes Gleichmaß. Wie atmen Sie? Folgen Sie mit Ihrem Bewußtsein dem Luftstrom und vertiefen Sie für ein bis zwei Minuten Ihre Atemzüge. Spüren Sie dabei, wie Sie ruhig, ausgeglichen, absichtslos werden.

Wenn Sie spüren, daß sich Ihr innerer Aktivitätszustand weitgehend heruntergepegelt hat und die Gedankentätigkeit zum Erliegen gekommen ist, dann stellen Sie sich in Ihrem Inneren eine große, graue Mattscheibe vor, auf der Ihre inneren Bilder erscheinen werden. Dann beginnen Sie, Ihren Vornamen von hinten zu buchstabieren. Sie sehen, wie die Buchstaben langsam von hinten kommend auf Ihrem inneren Bildschirm auftauchen, Kontur gewinnen und sich zu einem neuen Wort Ihres umgekehrten Namens ergänzen. Warten Sie geduldig ab, bis der umgekehrte Vorname vollständig erscheint. Prägen Sie sich dieses neue Wort genau ein.

Stellen Sie sich dann vor, daß dieser umgedrehte Vorname ein Wort aus einer ganz fremden Sprache ist und eine hochwichtige Bedeutung besitzt. Achten Sie vielleicht auch auf den etymologischen Ursprung des Wortes, darauf, ob eine erkennbare Wortwurzel da ist. Lassen Sie sowohl Ihren noch wachen und aktionsbereiten Verstand ein wenig auf die Fährte gehen als auch Ihr sensibilisiertes Gefühl, daß sich Schwingung und Lautkraft zu einem emotionalen Eindruck verweben. Sprechen Sie dann dieses ungewöhnliche und neue Wort, das Sie in einer ganz anderen Sprache näher bezeichnen soll, mehrmals leise vor sich hin und verinnerlichen Sie es, indem Sie es wie ein Mantra ständig wiederholen.

Dann stellen Sie sich vor, daß Sie ein Wörterbuch der Mars-Sprache vor sich haben. Eine ganz neue Edition, die auf diesem Planeten erschienen ist und die Worte der dortigen Sprache mit all ihren Bedeutungen erklärt. In einer linken Spalte entdecken Sie jetzt das Wort, das aus Ihrem umgekehrten Vornamen entstanden ist, während Ihr Auge automatisch auf Ihrem inneren Bildschirm die rechte, noch leere Spalte sucht. Hier wird in Kürze ein Bild oder eine schriftliche Definition auftauchen, die Ihnen die Bedeutung Ihres umgekehrten Vornamens in der Marssprache erklärt. Warten Sie geduldig ab, konzentrieren Sie sich auf Ihre gleichmäßigen, tiefen Atemzüge, lassen Sie sich durch nichts ablenken.

Achten Sie sodann auf den ersten Impuls, auf das erste Bild, auf die erste Wahrnehmung, die in der rechten Spalte Ihres Mars-Wörterbuches auftaucht. Warten Sie und warten Sie nochmals, geduldig, ergeben, gläubig! Plötzlich ist es soweit, und der Impuls ist vor Ihrem inneren Auge. Erkennen Sie alles, was sich jetzt entwickelt und ergibt, und speichern Sie es intensiv in Ihrem Gedächtnis. Öffnen Sie sodann zum Zeichen der empfangenen Imagination Ihre Augen. Wenn Sie diese Übung in der Gruppe praktizieren, warten Sie schweigend, bis auch die anderen Teilnehmer ihre Augen geöffnet haben.

Falls Sie diese Übung allein machen, greifen Sie zu Notizbuch und Kugelschreiber und machen sich Notizen zu dieser ersten kreativen Visualisierungsübung. Sie können dabei auf folgende Aspekte achten:

Wie habe ich mich bei diesem Phantasieexperiment gefühlt?

Was bedeutet mein Bild oder die im Wörterbuch aufgetauchte Definition im Hinblick auf meine gegenwärtige Lebenssituation?

Kann ich in diesem Bild, in diesem Gedanken oder in der Bedeutung meines umgekehrten Vornamens irgendeinen Teil oder wichtigen Aspekt meines Ichs oder meiner Existenz sehen? Welchen? Steht die erkannte Bedeutung oder das Bild in irgendeinem Zusammenhang mit der Gruppe?

Fühle ich mich selbst ertappt, befremdet, unsicher? Welche Gefühle tauchen während des Umsinnens und Umkreisens meiner Wahrnehmung in mir auf?

Welche Reaktionen habe ich im Blick auf die Berichte der anderen (falls Gruppenübung)?

Versuchen Sie, diese Spontanübung sofort »schwarz auf weiß« zu materialisieren und nehmen Sie diese Aufzeichnung in den nächsten drei Tagen immer wieder zur Hand. Sie werden feststellen können, daß jedesmal neue Aspekte, neue Möglichkeiten, neue Bühnenbilder, neue Szenarios für Ihren umgekehrten Vornamen auftauchen, mit denen Sie sich ganz einfach mal umgekehrt, nämlich von hinten nach vorne, neu entdecken!

Finalbilder schaffen Wunscherfüllung!

Unsere Zukunft setzen wir in jedem Augenblick unseres Bilderlebens

> Wir werden nicht nur von unserer Vergangenheit geformt, sondern auch von unserer Zukunft und unseren Existenzalternativen. Im physischen Leben findet zwischen der Konzeption einer Idee und ihrer physischen Verwirklichung eine Verzögerung statt. Nicht so im Traum. Wenn wir die Natur unseres eigenen Träumens erkennen und erforschen lernen, dann haben wir uns mit der jenseitigen Realität im voraus vertraut gemacht.
>
> Jane Roberts: *Gespräche mit Seth*

Aristoteles prägte den Begriff *Entelechie* für etwas, was sein Ziel in sich hat. Das bedeutet, daß wir unser inneres Ziel, unsere Lebensbestimmung bereits von Geburt an in uns tragen. Unser Lebensauftrag ist komplex umrissen. Wir haben lediglich Schwierigkeiten, ihn zu erkennen und unsere Fähigkeiten und Talente zielgerecht für diesen himmlischen Plan einzusetzen. Die meisten Menschen leben weit an ihrem Konzept vorbei. Das innere Ziel muß stimuliert werden, es will vom Unterbewußten in das Bewußtsein vordringen, um sich dann ganz von selbst zu erfüllen. Die Form ist gleichsam fertig vorgeprägt. Was wir hineingeben müssen an Gestaltungskraft ist die Energie unseres Willens und unseres Wollens. Wir könnten das Ziel nicht »wissen« oder gar in uns tragen, wenn wir nicht das Wissen um die Erfüllung, die Erfahrung für die Strategie aus anderen Präexistenzen bereits in uns trügen.

Um zu einer Tür zu gehen, weil es geklopft hat, benötigen wir bereits das Wissen und die Erfahrung, daß jemand an einer Tür klopft, weil er hereingelassen werden möchte, und das Wissen darüber, wie man die Körpermotorik unbewußt in Gang setzt, um zur Tür zu gehen. Übersetzt hieße das in diesem Fall: In dem Moment, wo es klopft, sehen wir bereits den Zielpunkt, nämlich wie wir an der Tür sind, um zu öffnen und nachzusehen, wer geklopft hat. Indem wir dieses Finalbild prägen, setzt sich unser Körper automatisch in Bewegung. Die Muskeln aktivieren sich von allein, unser »geschöpfter Gedanke«, unser Bewußtsein hat sie in Bewegung gesetzt. Unser Körper reagiert gleichsam vollautomatisch auf die Bewegungsrichtung unserer Gedanken.

Auch das Denken in Bildern ist nichts anderes als eine holistische Strategie, die vorhandene Erfolgserlebnisse neu aktiviert und zu verlebendigen gedenkt.

Das Finalisieren als mentale Erfolgstechnik ist nicht so schöpferisch wie die Intuition, weil es auf Erfahrungswerten beruht. Wir benutzen ein vorhandenes Erfolgssystem, in dessen erprobtem Rahmen wir neue Strategien mit unserer Energie besetzen. Wir nehmen also immer etwas bereits Vorhandenes, um es mittels eines komplexen Bildes aus dem »bewußtlosen« Zustand in die Realität zu bringen. Wir müssen uns dabei klarmachen, daß unsere Energie den Körper in seiner Gesamtheit mit gerichtetem Denken auflädt und physisch zwingt, etwas in der vorgedachten Weise zu realisieren. Jeder Gedanke auf einem bestimmten Weg ist deshalb ein Finalgedanke, jedes Bild auf einem bestimmten Horizont unserer Vorstellung ist deshalb ein Finalbild. Wir projizieren etwas auf unsere innere Leinwand, und unser Organismus ist energiegelenkt gezwungen, der Verwirklichung dieses Bildes entgegenzustreben.

Was passiert, wenn wir uns irgendwo am Körper kratzen müssen? Wir heben einen Arm, spreizen unsere Hand, und plötzlich kratzt der Finger an der Juckstelle. Bedurfte es da überhaupt eines Gedankens? Oder war das nur eine Reflexhandlung, für die plötzlich eine richtungsbestimmte Energie vorgegeben wird, um das Jucken zu beenden, um ein Ergebnis zu haben? Unser Biocomputer liefert die gespeicherten Erfahrungsinformationen aus unserem früheren Leben (oder aus unseren früheren Leben). Aber der Speicher unseres Gedächtnisses arbeitet noch intensiver und umsichtiger als wir denken. Unser Gehirn fertigt wie eine Schnellschußkamera eine Serie von geordneten, aufeinanderfolgenden Schrittbildern an, die zusammengenommen eine bewegte Handlung in Richtung auf das erwünschte und realisierbare Ziel ergeben. Wenn alle Schrittbilder entwickelt sind, ist das Finalbild fertig, das Wunschbild hat sich realisiert.

Wir alle arbeiten nach diesem Finalbildprinzip. Allerdings tendieren wir dazu, in der Selektion unseres eingeengten Bewußtseins überwiegend das Unglück wahrzunehmen, die belastenden und bedrängenden Umstände und Lebenssituationen herauszuvergrößern, um sie aus der Impression unserer Innenwelt wieder nach außen zu spiegeln. Ein Rheumakranker kann beispielsweise bereits bei seiner Einlieferung ins Krankenhaus lebhaft an seinem eigenen Finalbild basteln, indem er auf seiner Station von Bett zu Bett geht und allen mit freudestrahlender Miene Gesundheit wünscht. Wenn er zwanzig Leute in dieser Form begrüßt hat, wird er schon flotter gehen, lustiger aussehen und gar nicht mehr so bedrückt sein.

Die Umwelt kooperiert mit der höheren Schwingung. Sie gleicht sich an unsere Vorstellungen an. Das Prinzip der universellen Gerechtigkeit besteht darin, daß wir all die Schmerzen frei Haus geliefert bekommen, an die wir jemals gedacht haben und die wir nach unserem unfreiwilligen Vorstellungsbild eigentlich auch erleben wollen. Wenn wir bestimmen, daß es uns gut gehen soll, dann legen wir diesen Gedanken, den wir zu einem farbenprächtig besetzten Bild ausweiten können, in ein Samenkorn. Dieses Samenkorn pflanzen wir in die Erde unseres Lebens. Nun müssen wir nur geduldig warten, bis dieses Korn, das im Keimbild schon unseren Gedanken trägt, aufgeht und zu einer kräftigen Pflanze wird. Sitzen wir aber im Käfig unserer eigenen Selbstentwertung, werden wir von anderen gelebt und von deren Bildern bestimmt, was zwangsläufig zu Leid führt. Die Natur ist verschwenderisch und gibt uns, was wir wert sind. Solange wir selbst bestimmen, solange wir selbst unser Leben lenken mit Gedanken und Bildern, solange wir den Film unserer eigenen Zukunftswirklichkeit noch produzieren, geht es uns und anderen besser. Das vielzitierte Glück ist nichts anderes als ein gegenwärtiger Zustand, den wir über die Klarheit unserer inneren Bildvorstellung schaffen müssen.

Wir aber reagieren meist anders und erkennen in dem Menschen, dem es schlecht geht, der klagt, der leidet und darüber vielfältig zu berichten weiß, einen attraktiven Sympathieerreger, mit dem wir unser eigenes System infizieren können. Wer einmal Schmerzen gehabt hat, wird gelegentlich gern darüber erzählen. Die Mitleidsucher, die in einer Welt der Minderwertigkeitsempfindungen hausen, werden begeistert zuhören, weil sie ihre eigene Mittelmäßigkeit bestätigt bekommen. Und Mittelmäßiges wird sich manifestieren. *Der Respekt vor der Qualität der eigenen inneren Bildmaschine ist das Wichtigste an unserer positiven Finalbildausrichtung. Wir müssen Achtung vor uns bewahren und müssen einen Maßstab für unsere innere Denkweise und Bilderproduktion setzen.* Klagen ist eine Infektionskrankheit. Im So-Sein müssen wir wählerisch sein und uns immer zu den Besten zählen. Wir bestimmen, wie wir uns fühlen. Wir bestimmen schon abends vor dem Einschlafen, wie wir träumen werden und was wir am nächsten Morgen erleben möchten. Und wir *bekommen* die Gelegenheit, wir *finden* sie, denn die gesamte Energie unserer von einem inneren Radar gelenkten Persönlichkeit steht dahinter. Durch das Vorwärtsdenken und Vorwärtsbildern schaffen wir lebendige Traumsubstanz. Ist diese Substanz erst einmal entstanden, flicht die Natur aus ihr das weitere Wachstumsnetz und kooperiert mit uns. Die Natur ist gerecht. Sie gibt uns, was wir gesehen und besetzt haben.

Wenn der Geist über einen Gedanken oder ein Bild entschieden hat, wie das Ziel der Wunschvorstellung aussieht, arbeiten Ich, Geist und Körper reibungslos zusammen. Der springende Punkt bei der finalen Denkweise liegt in unserer geistigen Haltung und in der Kraft unserer Visualisation. *Was wir uns nicht vorstellen können, kann in unserem Leben nicht Wirklichkeit werden.* Vielleicht beginnen wir zunächst damit, uns ein Symbolbild zu schaffen, das uns jenes prickelnd-belebende Gefühl von »frisch und munter« suggeriert. Wir können uns vorstellen, unter der Dusche zu stehen oder in sommerlicher Landschaft durch einen klaren, frischen Gebirgsbach zu waten. Vielleicht spüren wir das Eintauchen ins Wasser bei einem Kopfsprung. Es ist egal, wie das Bild aussieht. Wichtig ist nur, daß es sozusagen auf Knopfdruck dieses einzigartige Gefühl in uns setzt. Wenn wir sehr abgespannt und erschöpft sind, versuchen wir einfach, unser Finalbild »frisch und munter« auf unseren inneren Bildschirm zu zaubern. Und schon nach fünf Minuten werden Billionen Körperzellen in uns nach dem Reflektionsgesetz einen Richtungswechsel von müde nach »frisch und munter« vornehmen und die grünen Lampen unserer Aktivität wieder voll aufleuchten lassen.

Ein Mensch kann nur so erfolgreich sein, wie er die Prinzipien des Final-Bilderns in sich lebt und beherrschen lernt. *Letztlich sind unsere unerfüllten Wünsche unser größter Reichtum.* Zum Zeitpunkt ihrer Realisierung haben sie schon wieder ihre Antriebskraft, ihre Stimulation und Motivation für unser Leben verloren. Solange wir wünschen (natürlich immer in der vorgegebenen Strukturpyramide unseres inneren Lebensgebäudes), sind wir noch auf richtigem Lebenskurs, auf dem Weg des spirituellen Fortschritts, der schon das Ziel unserer Lebenserfüllung in sich birgt. Wir haben die Pflicht, unseren Bildprojektor immer wieder neu einzuschalten und unsere innere Leinwand klar und sauber zu halten, still zu werden und Ruhe zu haben, um das Geschehen, das sich dort abspielt, aufmerksam und kontrolliert zu verfolgen. Wenn es allzusehr flimmert, wenn die schon zu oft gespielte Filmkopie schwachlichtig und abgenutzt sein sollte, haben wir immer noch die Freiheit der eigenen Entscheidung, den Projektor auszumachen, um eine neue Filmrolle einzulegen. Dazu bedarf es einer Entscheidung, die auf einer Reifestufe des positiven Weiterkommens basieren muß.

Ein Wunsch geht in Erfüllung

Nichts kann in Ihr Leben treten, was Sie nicht vorher geträumt haben. Also müssen Sie auch Ihre Wünsche vorträumen, was wir alle unbeabsichtigt, mehr im Geheimen, ja bereits tun. Freud hat dieses unerfüllte Wunschleben sogar zur Drehscheibe seiner ganzen Traumtheorie gemacht. Sie können diesen Prozeß allerdings durch bewußtere Gestaltung noch wesentlich intensivieren und die Zeit bis zur Verwirklichung oder Materialisierung Ihres Wunsches wesentlich abkürzen.

Natürlich hat die Sache – wie alles – einen Haken. Der geäußerte Wunsch muß erfüllbar sein und sollte Ihrer weiteren geistig-spirituellen Entwicklung dienen. Diese Zusammenhänge kann der Wünschende nicht immer übersehen, weshalb er dann bei Nichterfolg seiner Visualisierungsbemühungen negativ folgert, daß dies alles nicht »funktioniert«. Was bei dem einen aber spielend läuft, bereitet einem anderen größte Schwierigkeiten. Ist Ihr »Seelenacker« schon ausreichend gedüngt? Dient der kleine Wunsch nur Ihrem egoistischen Besitztrieb oder gereicht er auch noch anderen Menschen zur Freude und Bereicherung? Geht es nur um einen genußsüchtigen Akt der Selbstverwöhnung, um die Befriedigung eines starken Triebes, um das Austricksen einer anderen Person oder um eine Finte oder List, durch Täuschung etwas zu erlangen, was Ihnen rechtmäßig gar nicht zusteht? Geht es um einen Gesundwunsch, ohne daß Sie zu einer Änderung Ihrer Lebensgewohnheiten bereit sind? Ist hinreichend Gläubigkeit und Gottvertrauen vorhanden, um diesen kleinen Wunsch aussichtsreich auf seine kosmische Verwirklichungsreise zu schicken? Hilft der Wunsch Ihnen wirklich beim beruflichen Fortkommen oder müssen Sie nicht einen ganz anderen Weg einschlagen, um Ihr Begabungspotential noch adäquater und persönlichkeitsgerechter einzusetzen? Wird mit dem Wunsch eine karmisch kurzfristig anstehende Belehrungs- oder Ausgleichssituation eventuell außer Kraft gesetzt? Sie spüren schon, wie diese Fragen, von denen aus dem weiten Feld der Lebensgesetze nur einige herausgegriffen sind, ihre Chancen für die Wunscherfüllung trotz richtigen Tuns und Beginnens wesentlich einengen. Am Anfang sollte deshalb stets erst einmal die gewissenhafte Überlegung stehen, ob der Wunsch auch innerlich »anliegt«, ob er persönlichkeitsgerecht ist, ethisch sauber und verantwortungsbewußt. Ohne ein innerseelisches Prüfverfahren läuft hier gar nichts, und Begehrlichkeit ist aller Visualisierung Tod!

Gehen Sie schrittweise und langsam vor und wünschen Sie sich zu Anfang wirklich nur eine relativ leicht erreichbare Kleinigkeit, eine geringfügige Veränderung in Ihrer Lebensweise, die zum Positiven hin wirken soll. Eine Szene mit ganz bestimmten Rahmenbedingungen, unter denen Sie einen oder mehrere Menschen wiedersehen möchten, ein Gespräch mit einem Freund, ein bestimmtes Erlebnis oder ein kleines Geschenk, das Sie schon lange ersehnen. Formulieren Sie hierbei auch verbal genau aus, *was* Sie wünschen, damit Ihre Bilde(r)kraft die Chance hat, spurgetreu ein ebenbürtiges Bild herbeizuzaubern, das in seinem Schwingungsrahmen möglichst alle Elemente der Verwirklichung schon in sich birgt. Sie können von mir aus sogar Ihren Parkplatz in der Stadt vorvisualisieren, wenn Sie zum Einkaufen fahren, aber nicht irgendwo bitte, sondern an einem bestimmten, von Ihnen vorgesehenen Platz, denn die Energien brauchen ja eine Richtung, die von Ihnen vorgegeben sein muß, damit Sie sich nicht im freien Raum verlieren.

Nehmen Sie eine entspannte und legere Körperhaltung ein, schließen Sie die Augen und wenden Sie sich nach innen. Vergessen Sie Ihren kreisenden Gedankenfluß und lassen Sie Stille und Ruhe in sich einkehren, damit der göttliche Aspekt in Ihnen einen Entwicklungsraum für seine bevorstehende Arbeit bekommt und einfließen kann. Wo Unruhe und Unrast herrschen, wird er sich zurückziehen. Achten Sie hierbei auf Ihren ruhigen und gleichmäßigen Atem, der immer tiefere Züge bekommt und Ihnen mit jedem Zug Andacht und Lebensodem einhaucht. Spüren Sie, wie die Entspannung von den Fußsohlen aufwärts bis zum heller werdenden Kopf hinaufkriecht und umgekehrt – im Gegenfluß Ihres eigenen Kreislaufes –, wie das Freiwerden vom Kopf wieder in den Körper hinunterfließt und alles selig und wohlig entläßt. Sie *sind* frei und willenlos! Sie fühlen sich tief entspannt. Ihr Energiekreislauf ist auf Sparflamme. Die von den Sinnen aufgespannte Wirklichkeit ist gewichen, Sie sind eingetaucht in eine andere Dimension Ihrer bildlichen Vorstellung.

Nun taucht auf Ihrer geistigen Leinwand jener kleine Wunsch auf, den Sie ersehnen, jene Situation, in die Sie sich hineinversetzt fühlen, schon jetzt, jene Begegnung, die Sie erträumen. Erspüren Sie in sich, wie es sich anfühlt, wenn sich der Wunsch realisiert hat, was Sie dann empfinden. Überschauen Sie auch, was sich in Ihrer Umgebung dabei abspielt, ob Sie bewundert oder beneidet werden und wie man Ihnen entgegenkommt. Hören Sie, »was die Leute dazu sagen«. Sie können sich alles genauso vorstellen, als wenn es schon passiert wäre, als wäre es jetzt – in diesem Augenblick – für Sie greifbare Wirklichkeit. Versenken Sie sich ganz tief in diese Vorstellung und geben Sie dabei Ihren Gefühlen und der Sprache Ihres Herzens Raum. Schmücken Sie dieses erfüllte Wunschbild auf Ihrer inneren Leinwand so schön und realistisch wie möglich in allen Details aus und genießen Sie diese Erfahrung, liefern Sie sich ihr völlig aus. Eine kindliche Freude sollte Sie dabei überfluten. Freuen Sie sich so, wie Sie sich früher noch freuen konnten, aus vollem Herzen und ganz ohne jede Einschränkung. Bleiben Sie noch etwas in diesem Bild und identifizieren Sie sich damit mit all Ihren Zellen und Ihrem geistigen Sein. Lassen Sie keinen Zweifel aufkommen, sondern schauen Sie nur auf die traumbewußte Realität Ihres erfüllten Wunsches, der Ihnen jetzt schon auf einer anderen Ebene entgegenwartet und *ist*! Geben Sie sich dazu innerlich nochmals die volle Bestätigung und sagen Sie: »Ja, so ist es! Ich danke meinem Schöpfer, daß er meinen Wunsch erhört hat und ihn mir zu erfüllen erlaubt!«

Bevor Sie Ihr Bild entlassen, sollten Sie es sich nochmals in allen Einzelheiten genau im Gedächtnis einprägen. Sie brauchen dieses Abziehbild, um es beliebig oft wieder zu entwickeln und bei jedem neuerlichen Erscheinen wiederum mit frischer Betrachtungsenergie zu beleben. Nach innen sollten Sie bei jeder Wunschbildbetrachtung erneut affirmieren:

»Ich bin absolut sicher und vertraue darauf, daß mein inneres Wunschbild zur greifbaren Wirklichkeit wird. Ich weiß, daß mein berechtigter Wunsch jetzt schon seiner Erfüllung entgegenstrebt und die Kraft in mir lebt, dieses Zukunftsbild in die Gegenwart zu projizieren. Gottes Formkraft in mir und alle schöpferischen Energien wissen jetzt um meinen Wunsch!«

Mit geschlossenen Augen gehen Sie dann erneut in die vorgestellte Szene der Wuncherfüllung und vergegenwärtigen sich das ganze Kompendium Ihrer glückseligen Gefühle in diesem Augenblick. Bleiben Sie in diesem Gefühlskomplex eine kleine Weile voll eingeschlossen. So wird Ihr gesamtes Bewußtsein auf dieses Ziel hin gebündelt.

Achten Sie darauf, daß Sie während Ihrer Visualisierungsarbeit nicht gestört oder abgelenkt werden und suchen Sie sich dafür einen ruhigen und friedvollen Platz, an den Sie zum Visualisieren möglichst immer wieder zurückkommen sollen. Wenn Sie diese Übung mehr-

mals am Tag wiederholen, beschleunigen Sie durch ständige Energie-
zufuhr die Molekülbildung für Ihr Wunschmodell. Danken Sie nach
jeder Übung dafür, daß Sie Ihrem Wunschziel schon wieder ein Stückchen nähergekommen sind. Schließlich werden Sie fühlen, wann die
Zeit reif ist für die tatsächliche Projektion Ihres Wunsches in die Tageswirklichkeit.

Traumerinnerung durch Psycho-Imagination

Warum wir unsere Träume vergessen und wie wir sie besser erinnern lernen

> Ihr habt natürlich auch ein Traumgedächtnis, obwohl ihr euch dessen in der Regel nicht bewußt seid; es erfordert einige Geschicklichkeit, Ereignisse zu produzieren, und wenn ihr träumt, verfügt ihr über diese Geschicklichkeit. Dies kann mit Hilfe von Techniken geschehen, die weitgehend mit Kreativität zu tun haben. Kreativität verbindet die Realitäten des Wach- und Traumzustandes. Sie selbst ist eine Schwelle, an der sich das wache Selbst mit dem träumenden Selbst verbindet, um Konstruktionen zu errichten, die gleichermaßen beiden Realitäten zugehören. Ihr müßt den Zusammenhang zwischen Kreativität, Träumen, Spiel und den anderen Geschehnissen, die eure wachen Stunden ausfüllen, verstehen. In einer Art sind Träume eine Art unstrukturiertes, unbewußtes Spiel. Die spontane Aktivität ist zugleich aber auch ein Training in der Kunst, Ereignisse zu bewirken.
>
> Jane Roberts: *Die Natur der Psyche*

Freud behauptete noch, daß unsere Träume aus dem Bewußtsein verdrängt werden. Er meinte, daß gerade die vergessenen Passagen die aufschlüsselnde Bedeutung enthielten und deshalb als »verräterisch« aus dem Gedächtnis gelöscht würden. Die andere Hypothese war, daß besonders unangenehme und beunruhigende Träume »in die Ecke« gestellt würden, damit der Traum, den Freud als »Hüter des Schlafs« bezeichnete, seine Arbeit pflichtgetreu erledigen könne.

In der Tat bereitet uns die Traumerinnerung gewisse Schwierigkeiten. So behaupten viele Menschen, daß sie nie träumen. Sie könnten ohne Träume gar nicht leben. Natürlich träumen sie genausoviel wie alle anderen auch, nämlich vier bis fünf Träume pro Nacht, nur löscht bei ihnen der Nebel des Vergessens mit dem Aufwachen alles aus. Warum? Wenn Träume wichtige Botschaften an uns selbst enthalten, wenn sie unser Selbstwertgefühl und unser inneres Gleichgewicht im Schlaf wiederherstellen, warum fliehen sie dann vor Tagesanbruch und lassen uns im Stich? Offenkundiges Desinteresse am Traum ist die eine Antwort. Wenn wir dem Traum keine Bedeutung beimessen und ihn als Neurosen-Unsinn unseres Gehirns abqualifizieren, wird unser Unterbewußtsein nicht die geringsten Anstalten machen, sich über den

Traum zu erkennen zu geben. Je mehr wir danach gieren, am Morgen schnell mit Weckergerassel und Augenaufreißen in die Wachwirklichkeit hineinzustürzen, desto schneller wird das zarte Gespinst des Traums verscheucht. Zum einen ist also die latente Abwehrhaltung des Träumers schuld daran, daß der Traum vergessen wird, zum anderen die Gewohnheit, sich ruckartig und nicht im fließenden Übergang über die Grenzschwellen der unteren Bewußtseinsbereiche in die Wachwirklichkeit zu begeben.

Der Traum- und Schlafforscher David B. Cohen, der als klinischer Psychologe an der University of Michigan tätig ist, hat mit seinem Kollegen Charlie Fox einige Reihenuntersuchungen zu diesem Thema durchgeführt. Sie untersuchten die Vor-Schlafbedingungen, die Emotionalität der Träumer, die Trauminhalte und die Traumerinnerung. Dabei wurden Freuds Annahmen widerlegt. Negative Träume werden keineswegs leichter verdrängt. Im Gegenteil. Wir erinnern sie sogar wesentlich besser, weil sie bedrängende Tagesreste und dynamisches Anstoßmaterial enthalten und aufgrund der Wichtigkeit der Traumbotschaft sozusagen mit höherer Dringlichkeitsstufe intervenieren.

Natürlich errichtet unser Bewußtsein unter bestimmten Bedingungen Barrieren gegen den Traum, wenn dieser das wache Ich bedroht oder einschüchtert. »Sobald ein Mensch einmal gemerkt hat, daß noch andere Realitäten als die herkömmlichen existieren, aktiviert er in sich ein bestimmtes Potential. Hierdurch werden in seinen Wahrnehmungsmechanismen elektromagnetische Schaltungen verändert und damit (wird) der Sensitivitätsgrad für solche Daten im Bewußtsein erhöht.« (Seth)

In meinen Traumseminaren beobachte ich dies an gewissen Verhaltensweisen. Der Körper empfängt schon während der Tiefenentspannung vom Kopf ganz gezielte Störimpulse: Zucken der Gesichtsmuskeln, Juckreiz, eingeschlafene Muskeln, Verkrampfungen, Kopfschmerz, Hüsteln und so weiter. Die Skala ließe sich beliebig erweitern. Dieses »Dazwischenfunken« des Wachverstandes zeigt sich in allen möglichen Körperreaktionen, auch in unruhigem Liegen, Gliederwackeln, unruhigem Atem und potenzierter innerer Rastlosigkeit, die sich zu einem Überdruck gegen die Wachablösung des Unterbewußtseins entwickelt.

Inwieweit der innere Zensor bei der Traumerinnerung sein Veto einlegt, ist schwer zu überprüfen und kann nur vermutet werden. Daß diese Zensurstelle die Wahrnehmung einiger Träume verbietet, klingt für mich logisch, weil wir immer nur das vorgesetzt bekommen, wofür wir die entsprechende Reifestufe haben. Auch die Traumleitungen laufen über den Sicherungskasten unseres Gesamtsystems. Kommt da ein Starkstromstoß, für den unsere Hauptsicherung nicht stark genug ist, gibt es einen Kurzschluß und Bewußtseinsdunkel. Daß auf diese Weise auch grausame Reinkarnationsträume befristet abgewehrt werden, unterstützt diese Annahme noch. Eines Tages erkennen wir aber doch, was da in unserer Seelenküche brodelt. Wir sollten nicht so lange warten, bis der Topf dort überkocht. Anne Faraday sagt dazu: »Wir alle können und müssen keine Angst mehr haben, versteckte Neurosen oder psychische Schreckgespenster zu entdecken, mit denen wir nicht fertigwerden können.«

Interessant ist, daß stark emotional besetzte Menschen mehr von der Vergangenheit oder Zukunft träumen, während die Träume nüchterner Menschen überwiegend in der Gegenwart spielen. Ängstliche Menschen haben eben Schwierigkeiten, mit dem »Hier und Jetzt« fertigzuwerden, während Träumer mit höherer Gefühlsdynamik im Traum ganz anders ausschreiten. Sie orientieren sich an ihren Erfahrungen und projizieren ihre Wunschvorstellungen und inneren Anliegen prospektiv in die Zukunft. Natürlich spielt auch die Befähigung zum »Bildern« schlechthin eine wichtige Rolle. Wer mühsam oder überhaupt nicht visualisiert und schon bei der kleinsten Bildvorstellung Schwierigkeiten hat, steht dem Traum *a priori* viel reservierter und ablehnender gegenüber. Auch habe ich beobachtet, daß Menschen, die eine sehr starre Rolle des äußeren Wohlverhaltens spielen und eine markante »Maske« tragen, eine richtige Verteidigungsbastion um ihr Unterbewußtsein aufgebaut haben. Sie schirmen sich selbst gegen den Traum ab, weil sie unterschwellig starke Ängste vor seinen Enthüllungen haben. Letztlich ist es eine Frage der Erziehung: Sind Gefühle von Kind auf schon tabu, dann versandet der Traum. Unmusische Menschen haben ohnehin weniger Beziehung zu ihren Träumen. Der Grad der Verkopfung, des einseitig betriebenen Trainings der linken Gehirnhemisphäre ist eine weitere Negativ-Konditionierung für den Traum, die sich aber abbauen läßt.

Fast zehn Monate lang mußte ich im Traumtraining mit einem hartgesottenen Manager arbeiten, der als Finanzmakler tätig war. Er war ein typischer Verstandesathlet, hatte aber ein leises Rufen aus seinem Innern vernommen, das ihn darauf aufmerksam machte, daß da offenbar »noch etwas anderes« war. Er war bei jeder Übung unbeteiligt und schaffte nichts. Noch nicht einmal eine leuchtende Sonne konnte er sich auf seinen inneren Bildschirm zaubern. Aber er war geduldig und hielt monatelang Dialoge mit seiner Traumkraft, die sich nie meldete. Er gab nicht auf! Eines Tages aber brach der Damm, und eine wahre Sturzflut von Bildern bemächtigte sich seiner, von denen er fast überschwemmt worden wäre, hätte ich ihm nicht beim Sortieren und Anschauen geholfen. Von diesem Zeitpunkt an »funktionierte« seine Traumkraft wie am Schnürchen und gab ihm den entscheidenden Impuls, seine bisherige Karriere an den Nagel zu hängen und mit einer anderen Aufgabe mehr nach innen zu leben.

Die spontane und lebhafte Erinnerung eines Traums wird begünstigt, wenn man unmittelbar nach der REM-Phase erwacht. Wenn wir Träume erinnern möchten, müssen wir die Physiologie des Traums kennenlernen, um uns frist- und termingerecht auf den Traumrhythmus einzustellen und *mit ihm* anstatt gegen ihn zu laufen. Davon wird wenig später noch die Rede sein! Wie oft hört man, daß die Schlafperiode ein Zustand der absoluten Ruhe und Entspanntheit sei. Kaum jemand weiß, mit welcher Vehemenz unsere Hirnaktivität tobt, während der Körper mit stark reduzierten, vegetativen und motorischen Funktionen arbeitet. Träumen ist Schwerstarbeit!

Schon beim normalen Denken verbrauchen wir erhebliche Energie. Das ist allerdings nichts gegen das, was wir im Traum an Kraft verpulvern. Da wir den Energiebedarf unseres Gehirns fast ausschließlich mit Glukose decken, kann die Funktion des Gewebes aus dem Glukoseumsatz abgeschätzt werden. Im Max-Planck-Institut Köln arbeitet ein supermodernes Diagnosegerät, das mit vier Detektoren sieben Schichten des Gehirns rekonstruiert. Die Ergebnisse sind spektakulär: Bei Traumbeginn wacht unser Gehirn buchstäblich auf und wird hochaktiv. Das Computerergebnis zeigt, daß wir beim Träumen zwölf Prozent mehr Energie verbrauchen als im Wachzustand. Der Energieverbrauch ist sogar lokalisierbar. Der Stirnlappen, der Sprache und vorausschauendes Handeln organisiert, verbraucht den höchsten Anteil. Was beweist wohl besser als dies, daß wir im Traum die Generalprobe für unsere späteren Handlungen in der Wachwirklichkeit vorsimulieren?

Dem Traumforscher Eugen Aserinsky verdanken wir die in den fünfziger Jahren gemachte Entdeckung, daß der Traum rasche Augenbewegungen auslöst. Unter den geschlossenen Lidern rasen unsere Augen hin und her und folgen dem inneren Traumgeschehen. Aserinsky nannte diese mit Hilfe des EEG (Elektroenzephalogramm) festgestellten Traumphasen REM (rapid eye movement)-Phasen. Wird ein Träumer gegen Beendigung seiner jeweiligen REM-Phase geweckt, kann er sich fast ausnahmslos an einen Traum erinnern. In der Zeitspanne eines normalen Nachtschlafes haben wir vier Schlafphasen von zehn bis vierzig Minuten Dauer, die als das physiologische Korrelat unserer Traumarbeit anzusehen sind. Sicher ist heute, daß wir auch noch außerhalb der REM-Phasen träumen, nur wird hier aufgrund der Schlaftiefe die Erinnerung zu einer Seltenheit. Theoretisch müßten wir pro Nacht acht bis zehn Träume mit einer Gesamttraumzeit von etwa 90 Minuten produzieren. Praktisch jedoch gelingt es guten Träumern, vier Traumsequenzen in einer Nacht festzuhalten. Mehr als sechs habe ich während meiner zehnjährigen Traum-Exerzierarbeit niemals registrieren können, alles andere versank wieder im Dunkel.

REM-Träume sind auch von ihrer Qualität her besser anzunehmen; sie sind praktischer, haben realere Lebensbezüge, sind strukturiert, gefühlsbetonter, komplexer und phantasiereicher, während die Non-REM-Träume tiefer in den Magma-Tiefen unserer Erdhaftigkeit schürfen und Archetypen skizzieren, die aber vage, unbestimmt, fragmentarisch und symbolbeschwert sind.

Es ist von der Natur wunderbar eingerichtet, daß wir mit den Träumen in die Halbwach- oder Leichtschlafphase hochtauchen und so die Konditionierung erhalten, den Traum auch wirklich festhalten zu können. In Kenntnis der Traumzeiten ist deshalb jeder von uns imstande, ein fast lückenloses Traumerinnerungsvermögen zu entwickeln. Arbeiten Sie hierbei mit der »Kopfuhr«. Imaginieren Sie beim Einschlafen die Lieblingsuhr, die Sie als Kind hatten. War es eine alte Big-Ben-Standuhr mit dumpfem Schlag, eine Wanduhr oder die goldene Taschenuhr Ihres Vaters? Die Rückerinnerung an den ersten bewußten Uhren-Eindruck in Ihrem Leben ist eine innerpsychische Markierung von großer Tiefe. Versuchen Sie, sich das Zifferblatt dieser Uhr im Geiste vorzustellen und stellen Sie jetzt die Zeiger der Uhr mit Ihren Fingern auf eine Weckzeit, die etwa zehn Minuten vor ihrer normalen Aufstehzeit liegt. Prägen Sie sich diese Zeigerstellung genau ein. Ihr Unterbewußtsein speichert diese visualisierte Aufforderung und wird Sie am nächsten Morgen pünktlich zur gewünschten und eingestellten Zeit aufwachen lassen. Schicken Sie vielleicht sicherheitshalber auch noch eine Autosuggestion hinterher: »Ich werde morgen früh um .... Uhr ganz sicher aufwachen!« Später, wenn Sie schon etwas mehr Erfahrung haben, können Sie wie in einem Computer in Ihrem Gehirn vier Weckzeiten jeweils gegen Ende der bekannten REM-Phasen vorprogrammieren und jedesmal werden Sie zuverlässig halbwach werden, um Notizen zu machen. Es gibt sogar schon einen REM-Traumwecker, der Sie zuverlässig nach jeder REM-Phase weckt, nur ist es nicht jedermanns Sache, sich mit einem Kabelgeflecht und Elektroden an der Stirn in den Schlaf zu begeben. Es geht auch leichter, wenn auch unwissenschaftlicher.

Trinken Sie außerdem vor dem Einschlafen ein halbes Glas Wasser und am Morgen des nächsten Tages den Rest des Wassers, um damit die Traumerinnerung wieder hochzuholen. Akzeptieren und beobachten Sie jeden Traum, mag er auch noch so dumm und bruchstückhaft erscheinen. Achten Sie auf jeden kleinsten Traumfetzen und honorieren Sie jede Traumhandlung, auch wenn sie noch so konfus und unglaubwürdig erscheinen mag. Ihre Träume arbeiten mit einer anderen Sprache! Nehmen Sie sich jeden Abend vor dem Zubettgehen vor, sich an jeden Traum zu erinnern und legen Sie sich in Reichweite auf dem Nachttisch einen Schreibblock und Kugelschreiber bereit. Anfangs arbeitete ich mit einem Spezial-Notizbuch, das beim Aufklappen eine elektronische Lichtquelle kurzschließt, die das Papier etwas beleuchtet. Später fingert man dann nur noch das Format des Notizblocks ab und schreibt gleichsam ideomotorisch, das heißt wie von selbst in der Dunkelheit. Ihre Schrift sieht allerdings am nächsten Morgen etwas zittrig und ungewohnt aus, aber die wichtigsten Stichworte werden Sie entziffern können.

Anfängern empfehle ich gewöhnlich, erst einmal den Weg des geringsten Widerstandes zu gehen und dem letzten Traum kurz vor dem Aufwachen nachzujagen. Sie müssen allerdings sanft und langsam aufwachen, also wirklich hochdämmern, nicht aufschrecken oder aufspringen. Sie dürfen nicht unter Zeitdruck stehen oder in Eile sein und auch nicht mit dem ersten Gedanken gleich in die Tagesarbeit eintauchen. Fragen Sie vielmehr: »Was habe ich die letzte Nacht geträumt?« Dann lassen Sie sich Zeit, viel Zeit! Bleiben Sie in diesem somnambulen Zustand ganz ruhig liegen und lassen Sie die Traumbilder nochmals in Ihr Gedächtnis einströmen. Wenn Sie sich an gar nichts mehr erinnern können, dann stellen Sie sich die für Sie wichtigsten Bezugspersonen bildlich vor. Die auf diese Weise provozierten Assoziationen können Ihnen den Trauminhalt wieder einfangen helfen. Verändern Sie auch vorsichtig Ihre Körperlage, wenn Ihnen zu einem Traum nichts mehr einfällt. Erwischen Sie dabei nämlich die Schlafposition, die Sie beim Träumen hatten, stellt sich auch der Traum wieder ein!

Widerstehen Sie dem körperlichen Schweregefühl des »Wiegelähmt-seins«, das man bei Traumaufzeichnungen hat. Es ist einem, ob gleichsam alles am Körper aus Beton sei, eine motorische Reaktion scheint ausgeschlossen. Das täuscht. »Ich bin in der Lage, meinen Traum hier und jetzt sofort zu notieren«. Und schon regt sich etwas. Es ist am besten, seine Träume sofort nach dem Erwachen, wann auch immer, aufzuschreiben, da sonst wesentliche Details verlorengehen. Am Ende der REM-Phase, am Traumende, ist die Erinnerungsfähigkeit am besten. Bei morgendlicher Aufzeichnung sind schon wesentliche Elemente des Traums wieder verraucht. Glauben Sie nicht, daß die Traumaufzeichnung mitten in der Nacht Ihren Schlaf stört. Das ist eine traumfeindliche Mär! Dieses Vorurteil ist sogar die schwierigste Hürde für die Traumerinnerung. Später wachen Sie von ganz allein nach jeder REM-Phase auf, wenn Ihre Traumkraft auskunftsbereit wird. Machen Sie Ihre ersten Traumaufzeichnungen möglichst noch mit geschlossenen Augen, denn durch das Öffnen Ihrer Augen tritt das Tagesbewußtsein machtvoll über die Schwelle und verscheucht alle schemenhaften Gestalten und Begebenheiten der Nacht!

Sie können auch ein kleines Diktiergerät benutzen, das immer griffbereit am gleichen Platz auf dem Nachttisch liegen soll. Sprechen Sie den wahrgenommenen Traum mit geschlossenen Augen auf dieses Gerät. So erreichen Sie eine komplexere Erfassung und eine authentischere Wiedergabe der gesehenen Bilder, was später für die gewissenhafte Bearbeitung des Traumes von großer Bedeutung ist. Alle Akzente müssen stimmen. Am nächsten Tag können Sie das Traumdiktat in ein Nächtebuch-Formular übertragen, was ich später noch erläutern werde.

Schreiben Sie Ihre Träume in der Reihenfolge auf, in der Sie sich an sie erinnern. Seien Sie besonders sorgfältig und aufmerksam bei sprachlichen Ausdrücken, Gedichten, Eigennamen, Wortsymbolen oder ungewöhnlichen Redewendungen. In solch tiefgründigem Schabernack und intellektuellen Spielchen liegt manchmal der verborgene Hintersinn des Traumes, der ihn ergründen kann. Notieren Sie auch außergewöhnliche oder bemerkenswerte Ereignisse während der Traumaufzeichnungen, etwa, wenn Sie während der Aufzeichnung wieder eingeschlafen sind (was häufig vorkommt), oder daß Sie zweidimensional, eventuell luzide geträumt haben oder ein bestimmtes Körpergefühl hatten, was womöglich auf ein außerkörperliches Erlebnis hinweist. Natürlich sollen und müssen Sie auch hypnagogische Erfahrungen beschreiben, solitäre Bilder, die Sie immer wieder bedrängen, Gefahren, die Sie bedrohen. Was wir mit den unangenehmen Alpträumen tun und wie wir ihnen »das Wasser abgraben«, werde ich später noch behandeln.

Sie müssen schwer faßbare Einzelheiten zu formulieren versuchen, unverständliche Bilder wenigstens annähernd beschreiben und auch gleichzeitige Überlagerungen von Träumen – wenn zwei Träume bunt durcheinanderspielen wie zwei sich überlagernde Rundfunksender, die man beide hört – sorgsam darstellen und genauestens protokollieren. Eines der besten Hilfsmittel zur Traumkomplettierung ist das Erzählen des Traums. Unwillkürlich tauchen assoziativ zusätzliche, schon vergessene Kleinigkeiten wieder auf, die das Bild plötzlich runden. Im Laufe der Zeit werden Sie Ihren ganz persönlichen Stil entwickeln, der Ihnen für die Traumerinnerung am zweckmäßigsten erscheint. Setzen Sie sich dabei niemals unter Erfolgs- oder Zugzwang. Es spielt überhaupt keine Rolle, wie gut oder wie schlecht Sie sich gegenwärtig an Ihre Träume erinnern. Eine Fremdsprache lernen Sie ja auch nicht von heute auf morgen.

Vieles kommt von alleine, wenn Sie Ihren Träumen künftig einen größeren Stellenwert in Ihrem Leben einräumen und sich etwas Zeit für sie nehmen. Wenn Sie mit Ihrer Traumkraft einen Freundschaftspakt schließen, dann werden Sie feststellen, daß Sie sich leichter und öfter an Ihre Träume erinnern. Auch werden Ihre Träume wertvoller und ermöglichen Ihnen in aufgeschriebener Form eine vertiefte Selbsterkenntnis.

Ihre Träume verstärken Ihr Vertrauen in die eigenen Fähigkeiten, zeigen Ihnen neue Begabungen und eröffnen Ihnen neue Möglichkeiten, schildern Ihnen präzise und verläßlich Ihre gegenwärtige Lebenssituation und geben Ihnen Rat in allen schwierigen Situationen. Ann Faraday macht auf die Unentbehrlichkeit des Traums für das geistige Wachstum aufmerksam: »Der gedankliche Perfektionismus, der versucht, jede Erfahrung hinwegzufegen, die nicht unmittelbar zu einer positiven oder guten gemacht werden kann, ist der Feind des Wachstums, nicht ihr Helfer!« Paracelsus hat uns eine kuriose, aber ernstgemeinte Gebrauchsanweisung für den Fall hinterlassen, daß wir unseren nächtlichen Traum vergessen: »Wem derartiges nun passiert, der soll nach dem Aufstehen seine Schlafkammer nicht verlassen, mit niemandem reden und allein und nüchtern bleiben, bis ihm alles wieder einfällt und er sich eines Traumes erinnert.«

Bei der Traumerinnerung müssen wir sicher davon ausgehen, daß es erhebliche Verständigungsschwierigkeiten zwischen unserem Wach- und unserem Traumbewußtsein gibt. Beide sind sich absolut mentalitätsfremd und sprechen überdies noch eine andere Sprache. Sicher gibt es eine Schallgrenze für die Traumerinnerung überhaupt. Ich schließe

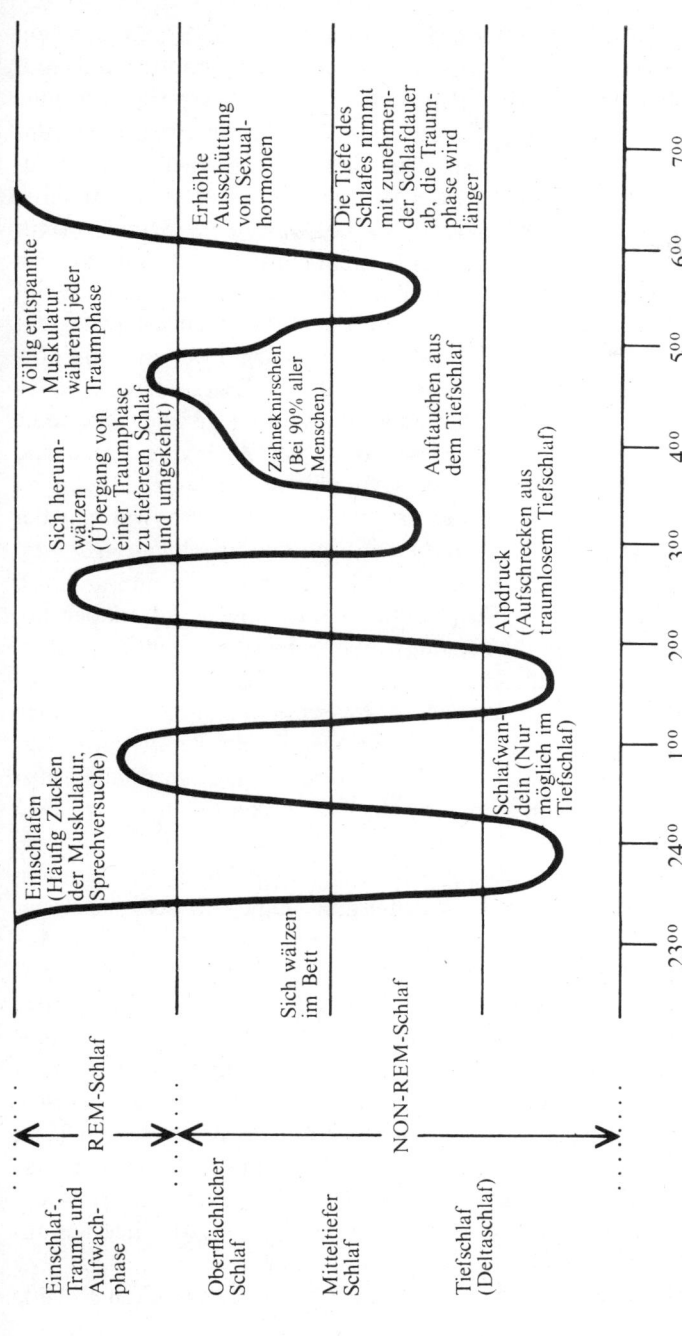

So verteilen sich die Schlafphasen des Menschen in einer achtstündigen Nacht. Die Tiefe des Schlafs nimmt mit zunehmender Dauer ab.

Einschlaf-, Traum- und Aufwach-phase

REM-Schlaf

Oberflächlicher Schlaf

Mitteltiefer Schlaf

Tiefschlaf (Deltaschlaf)

NON-REM-Schlaf

Einschlafen (Häufig Zucken der Muskulatur, Sprechversuche)

Völlig entspannte Muskulatur während jeder Traumphase

Sich herum-wälzen (Übergang von einer Traumphase zu tieferem Schlaf und umgekehrt)

Erhöhte Ausschüttung von Sexual-hormonen

Die Tiefe des Schlafes nimmt mit zunehmen-der Schlafdauer ab, die Traum-phase wird länger

Sich wälzen im Bett

Zähneknirschen (Bei 90% aller Menschen)

Alpdruck (Aufschrecken aus traumlosem Tiefschlaf)

Auftauchen aus dem Tiefschlaf

Schlafwan-deln (Nur möglich im Tiefschlaf)

23⁰⁰ 24⁰⁰ 1⁰⁰ 2⁰⁰ 3⁰⁰ 4⁰⁰ 5⁰⁰ 6⁰⁰ 7⁰⁰

dies daraus, daß wir mit einigem Bemühen jeden geträumten Traum nochmals in verdichtenden Fortsetzungen weiterspinnen können und dabei nach dem Mikroskop-Prinzip in immer höhere Vergrößerungsmaßstäbe hineinwachsen. Ganz zum Schluß haben wir wirklich das »Atom« des Traums in der Hand, mit dem wir aber nichts mehr anzufangen wissen und vor dem unser Wachverstand einfach kapitulieren muß. Unser ordnender Verstand kann also nur eine Grundstruktur des Traums aufbewahren, die ein Fundament für sein grundlegendes Verständnis darstellt. Wie der Traum seine einzelnen Bausteine aneinanderfügt und wie er sie verarbeitet, darüber wissen wir noch sehr wenig. Es ist durchaus auch möglich – und darauf weisen einige Forschungshypothesen hin –, daß der Prozeß des Vergessens schon während des Traums beginnt, daß wir also *während* wir träumen schon eine unbewußt-selektive Auswahl des Traumgeschehens vornehmen und damit letztlich doch nur noch ein Traumrudiment erwischen.

Es passiert auch sehr oft, daß Bruchstücke des Traums während der Tagesarbeit in ganz kurzen Regressionsphasen »nachgeliefert« werden. Dann kann man sich den Traum buchstäblich wie ein Puzzle zusammensetzen. Die Schwierigkeit der Erinnerung liegt darin begründet, daß unser kritischer Verstand anfangs mit dieser wilden Collage aus Fragmenten, Wahrscheinlichkeiten, Utopien, und Skurrilitäten nichts anzufangen weiß und mit der Generalbewertung »unlogisch« in eine anerzogene Abwehrhaltung geht. Der Traum, den wir erinnern, ist und kann niemals der Traum sein, den wir geträumt haben. Der erinnerte Traum ist nur ein Faksimile, das Unschärfen und Duplikatscharakter hat. Sind wir aber nicht auch schon mit der guten Kopie eines Meisterwerks zufrieden, wenn wir nicht an das Original herankommen? Jedenfalls übt sich die Traumerinnerung allein über die Praxis und bekommt mit der Zeit eine Detail- und Trennschärfe. Den Weg hierzu nenne ich *Erinnerungsspur*. Unsere Traumkraft kann uns eine gute Erinnerungsspur legen und wir können sie sogar darum bitten. Wie wir der Traumspur dann folgen, ist eine Frage des Jagdinstinkts. Wir brauchen Gespür und Witterung wie ein Tier. Das Verfolgen der Traumspur ist ein animalischer Prozeß, bei dem wir uns führen lassen und nicht verbissen nach Techniken arbeiten. »Innere Teile unserer Persönlichkeit besitzen auch ein Gedächtnis für alle unsere Träume. Diese existieren alle zugleich wie Lampen über einer dunklen Stadt, die verschiedene Partien unserer Psyche beleuchten. Alle Gedächtnissysteme sind miteinander verknüpft«, sagt Seth.

Fernsehkrimis am Abend, schwere Mahlzeiten, übermäßiger Alkoholgenuß und Barbiturate, also betäubende Schlafmittel, sind die erklärten Feinde der Traumerinnerung. Offensichtlich stören diese Eingriffe unsere Systemchemie ganz erheblich, die ja letztlich der biochemische Nährboden für unsere Träume ist. Wir wissen heute schon sehr genau, daß der geheimnisvolle Schlafzyklus von neunzig Minuten auf einen alchemistischen Umwandlungsprozeß unseres Stoffwechsels zurückzuführen ist; das in der Schilddrüse produzierte Serotonin soll hierbei eine Hauptrolle spielen. Was sich aber letztlich auf unserer Großhirnrinde abspielt, die auf jedem Quadratmillimeter 15.000 Schaltstellen besitzt, bleibt noch im Ungewissen. Wir müssen deshalb auch mit den so leichtfertig verwendeten Begriffen »normal« und »nicht normal« sehr vorsichtig sein. Über unser Traumerleben erkennen wir sehr schnell, daß wir alle abnorme Manifestationen in uns tragen, daß wir sehr oft etwas aus der Mitte unseres Verstandes herausgerückt sind und latent schizophrene Züge aufweisen, die wir im Gegensatz zu den Wahnsinnigen nur nicht voll auszuleben bereit oder in der Lage sind. Nach einer solchen Auflösung der Trennungslinien im Traumerleben ergibt sich zwangsläufig ein viel höheres Toleranzverhalten, mit dem wir keinen der erlebbaren Prozesse in unserem Leben mehr als unerklärlich oder seltsam abqualifizieren können. Am seltsamsten sind wir selbst, und deswegen geben wir ja auch unseren Mitmenschen immer neue Rätsel auf.

Über den Einfluß harter Drogen und Halluzinogene auf die Traumarbeit ist schon so viel geschrieben worden, daß ich mich hier nur auf ganz wenige Fakten beschränken möchte. Wer *Bekenntnisse eines englischen Opiumessers* von Thomas de Quincey gelesen hat, ist über die gewaltige Spannbreite der möglichen Bewußtseinserweiterungen im apokalyptischen Schlund menschlicher Erlebensmöglichkeiten komplex informiert. Die Absturzgefahren in diesem Himalaya der Seelenhöhen sind leider sehr hoch. Auf dem haarfeinen Grat kann alles umkippen, und entweder erfahren wir eine bleibende Bewußtseinserweiterung für das ganze Leben oder tragen ein Loch im Kopf davon, das sich nie mehr reparieren läßt. Beides habe ich schon hautnah miterlebt und kann deshalb nur warnen. Der kataraktische Einbruch visueller Sensationen und Phänomene ist zwar von unglaublichem Reiz, aber der Preis, den man dafür bezahlen muß und der auch ganz erhebliche Risikofaktoren für die geistige Gesundheit einschließt, ist zu hoch. Gehen Sie lieber den Weg erfahrbarer Bewußtseinsverschiebungen und Dimensionserweiterungen über das lange Fasten (nicht unter vier Wochen), über jahrelange Meditationen, die auch zu Satoris führen oder über die Yoga-Praxis, wobei Astralreisen den Träumer natürlich besonders reizen. Davon wird später noch kurz die Rede sein.

Anders schon sieht es mit den harmloseren Psychedelica aus, die ja schon im frühen Altertum zum Anheizen der menschlichen Phantasie eingesetzt wurden. Die mexikanischen Indianer kennen dreizehn verschiedene »Fantastica«. Die Azteken kauen Peyotl, eine für sie göttliche Droge, die Sibirier naschen Fliegenpilze und die Bantus im Kongo kauen Baumwurzeln, die Ibogain enthalten. Noch vor unserer Zeitrechnung wurden bereits Hanf, Tollkirsche, Bilsen- und Krötenkraut und verschiedene Wurzeln als Halluzinogene verwendet. Ihre Wirkung wurde nach kabbalistischer Vorstellung noch durch die Planetenkonstellationen potenziert.

Letztendlich aber meine ich, daß die Brücken zur Offenbarung verdrängter Seelenanteile auch anders und vernünftiger gebaut werden können. Wer allzu schnell zu Grenzerlebnissen vorstoßen will, kann sich empfindlich die Finger verbrennen und den Kopf einrennen. Bleiben Sie mit Ihren Träumen erst einmal auf der ungefährlichen Spielwiese Ihrer früh- und unterbewußten Energieströme und machen Sie diese sichtbar, bevor Sie sich besinnngslos in den Weltenraum hinausstürzen, aus dem schon viele nicht mehr zurückgekommen sind.

Mental-Checkup für die Traumerinnerung

1. Schließen Sie ab sofort mit ihrer Traumkraft einen Kooperationsvertrag. Die erste Vorbedingung ist, daß Sie Ihre Träume ernst nehmen und nicht als frustrierende Aufschäumungen sinnloser Phantasie betrachten.
2. Träume warten auf Ihre Erinnerungsbereitschaft und wollen unmittelbar festgehalten werden. Träume verflüchtigen sich im Handumdrehen. Nach fünf Minuten ist nur noch die Hälfte da, nach zehn Minuten ist der Traum vergessen. Träume wollen wahrgenommen und notiert werden.
3. Sie können autohypnotisch Ihre Traumkraft anrufen, beeinflussen, provozieren und stabilisieren, um im permanenten Dialog mit ihr zu bleiben. Sie können auch die Deutungshilfe Ihrer Traumkraft anrufen, wenn Sie Ihren Traum nicht verstehen.

4. Wiederkehrende Träume mit den gleichen Requisiten oder Alpträume weisen Sie auf ungelöste Konflikte und innere Problemstellungen hin und bieten Ihnen Lösungen an.

5. Nehmen Sie jeden Traum erst einmal wörtlich und suchen Sie nach Ähnlichkeiten und Analogien in Ihrem Leben. Alle Träume liefern Ihnen Ideen und Assoziationen, die für Ihre gegenwärtige Lebenssituation wichtig sind.

6. Überprüfen Sie sehr genau, wie dieser Traum, die Traumsituation, die Traumstimmung, die auftretenden Personen zu Ihrer Person und zu Ihrer gegenwärtigen Lebenssituation passen. Versetzen Sie sich in jeden Traumteil, in jedes Traumobjekt und -subjekt selbst hinein und fühlen Sie, wie Sie sich hierbei fühlen.

7. Halten Sie Ihre Träume in allen nur denkbaren Ausdrucksformen fest und versuchen Sie sich bei schwierigen Träumen in verschiedenen Übertragungsmedien. Sie können Ihre Träume aufschreiben, malen, modellieren, dichten, kommunizieren und wiederträumen. Sie können Ihre Träume auch realisieren. So erschließen sich die Bedeutungsinhalte Ihrer Träume auf mehreren Ebenen.

Kleine Regieanweisungen für Affirmationen, Programmierungen und selbst geschriebene, gelenkte Meditationen:

Alle negativen Ausdrücke, Begriffe und Wortdeutungen sollten vermieden werden. Sie setzen negative Schwingungen, die herunterdrücken. Denken Sie daran, daß Ihr Unterbewußtsein wie ein Computer arbeitet: Er kann nur ausdrucken, was Sie eingegeben haben. Wenn Sie ihn zum Beispiel mit einem Satz füttern wie »Ich will nicht mehr neidisch und mißgünstig sein«, dann speichert Ihr Unterbewußtsein »wollen«, »neidisch« und »mißgünstig«. Formulieren Sie viel besser anders: »Ich gönne anderen ihren Besitz und freue mich darüber.«

Affirmationen, Programmierungen und gelenkte Meditationen können Sie sich selbst auf Tonband sprechen, um den Text mehrmals am Tage in ruhiger Entspannung, abends beim Einschlafen und morgens unmittelbar nach dem Aufwachen zu hören.

Wachbewußtes Vorträumen zur Traumvorbereitung

Eine Checkliste für die Traumverabredung

1. Suchen Sie sich einen ruhigen und friedlichen Ort, an dem Sie sich vollbewußt auf Ihr Traumabenteuer vorbereiten können und nicht abgelenkt werden.
2. Formulieren Sie genau aus, was Sie träumen wollen und worum es Ihnen geht.
3. Fassen Sie Ihre Absicht in einem kurzen, klaren und positiven Satz zusammen und markieren Sie hiermit Ihre Traumaufgabe. Es ist vorteilhaft, wenn Sie dies schriftlich machen. Sie versenken eine Signatur in Ihr Unterbewußtsein.
4. Versuchen Sie Ihren Körper und Geist vollständig zu entspannen!
5. Wiederholen Sie Ihre Absicht oder Ihre Programmierung im schon schlaftrunkenen Zustand mehrmals laut, anschließend leise und tun Sie dies auch schon am Tag, wenn Sie Zeit dazu haben. Konzentrieren Sie sich voll auf Ihre Traumaufgabe. Nichts anderes hat Platz in Ihren Sinnen.
6. Stellen Sie sich Ihren Traum lebhaft vor, als ob er bereits auf Ihrer geistigen Leinwand vor Ihnen abliefe. Imaginieren Sie, wie sich das anfühlt. Bleiben Sie so lange wie möglich in diesen Vorstellungsbildern.
7. Hegen Sie nicht den geringsten Zweifel, daß Ihre Traumkraft Ihnen Ihre Traumbitte erfüllen wird und bedanken Sie sich im voraus.
8. Arbeiten Sie schon während des Traums mit Ihren Traumfiguren oder versuchen Sie es immer wieder. Stellen Sie Fragen, während Sie noch schläfrig sind. Bitten Sie die Bilder, daß sie sich Ihnen selbst erklären.
9. Benutzen Sie stets die Gegenwartsform und das persönliche Du, wenn Sie Ihre Träume aufschreiben.
10. Achten Sie besonders auf unbekannte Symbole, positive Aussagen und sehr individuelle, persönlichkeitsgefärbte Traumbilder, von denen Sie sich besonders angesprochen fühlen.
11. Fragen Sie sich mehrfach, welches Bild, welche Szene, welche Traumfigur Sie ganz besonders anspricht. Hatten Sie womöglich das gleiche Erlebnis schon einmal?

12. Versuchen Sie, besonders liebgewordene Traumbilder oder Symbole, Gestalten, Tiere oder Gegenstände mit in die Wachphase hinüberzunehmen und sich am Tage mehrfach mit ihnen gedanklich auseinanderzusetzen.
13. Erzählen Sie Ihre Traumerlebnisse Ihren Familienangehörigen oder Freunden und Bekannten, wenn sie dafür Interesse haben. Sie verstärken auf diese Weise das Beziehungsgeflecht zu Ihrem Traum.
14. Versuchen Sie, den Trauminhalt auf banale und gewöhnliche Tagessituationen zu übertragen und fragen Sie sich, wie das alles in Wirklichkeit ausgesehen hätte.
15. Führen Sie über Ihren Traum-Bestellkalender Buch und notieren Sie sich die Trefferquoten. Haben Sie aber Geduld und Zeit. Versuchen Sie es immer wieder mit der Trauminduktion, auch wenn es anfangs viele Fehlschläge geben sollte. Sie machen dann eben noch etwas falsch und sind noch nicht richtig eingestellt!

Denken Sie immer Daran:
Niemand entkommt sich selbst!
Noch nicht einmal im Traum!

Ich lege eine Gedächtnisspur

Zehn wichtige Regeln für die bessere Traumerinnerung

1. *Machen Sie sich startklar für die Erinnerung*
   Taschenlampe, Schreibzeug oder Diktiergerät bereithalten. Erinnerungsfähigkeit vorprogrammieren. Freundschaft mit der Traumkraft schließen. Allzeit bereit sein und nie zu müde!
2. *Legen Sie sich ein ››Nächtebuch‹‹ an*
   Bereiten Sie Nächtebuch-Blätter mit Datum vor. Geben Sie das Datum und die Traumnummer auch in das Diktiergerät ein. Devise: Seien Sie aufnahmebereit für die Träume!
3. *Traumsuggerieren Sie sich selbst*
   Bestellen Sie Ihre Träume formelhaft. Suggerieren Sie Ihrer Traumkraft, daß sie Ihnen mehrere Träume schickt. Beeinflussen Sie sich selbst autohypnotisch, daß Sie Ihre Träume erinnern werden.

4. *Es gibt keine unsinnigen Träume*
   Nehmen Sie alles an, was kommt. Auch der kleinste Traumfetzen,
   auch das verstümmeltste Bild ist von Wert und Nutzen. Bleiben
   Sie bescheiden und dankbar!

5. *Träume müssen sofort festgehalten werden*
   Bei plötzlichem und schnellem Erwachen flieht der Traum. Sofort
   aufschreiben heißt die einzige, erfolgversprechende Devise.

6. *Nehmen Sie Ihre Träume ernst*
   Träume wollen Veränderungen in Ihrem Leben. Sie werden zu
   Handlungen aufgefordert. Sie müssen Entscheidungen treffen.
   Handeln Sie nicht, werden Sie Nachteile erleiden und von Ihrer
   Traumkraft bestraft!

7. *Drei Träume pro Nacht sind das mindeste*
   Legen Sie es darauf an, mehrere Träume pro Nacht festzuhalten,
   denn Ihre Traumkraft arbeitet mit Fortsetzungsberichten. Mehrere Träume einer Nacht behandeln zumeist das gleiche Thema in
   Variationen. So kommen Sie zu einem bessern Traumverständnis.

8. *Der »Kleinkram« ist besonders wichtig*
   Der Traum arbeitet mit listigen Versteckspielen. Die wichtigsten
   Dinge versteckt er in scheinbaren Nebensächlichkeiten. Deshalb
   müssen wir zuerst auf die skurrilen Kleinigkeiten achten. Sie
   enthalten zumeist den Traumschlüssel.

9. *Träume verderben durch langes Liegenlassn*
   Sie müssen sofort und unmittelbar an die Traumarbeit gehen.
   Träume werden ganz schnell alt. Je mehr Zeit seit dem Traumge-
   schehen vergangen ist, desto unverständlicher wird der Traum.

10. *Träume sind die Retrospektive des Vortages*
    Der Traum gibt Ihnen eine fokussierte Bestandsaufnahme der ver-
    drängten Inhalte des Vortages. Hier holt er sich den meisten Stoff.
    Bestellen Sie »Aufklärungen«, wenn Sie nicht klar sehen oder
    »auf Ihren Ohren sitzen«.

Träume sind die dramatisierten Bilder Ihrer verborgenen und geheimen
Gefühle. Sie sind das wichtigste Ventil für Ihre psychische Gesundheit.

Wir bauen uns ein Traumgerüst

Wir müssen erst einmal an unsere Träume herankommen

> Am besten behandelt man einen Traum wie ein völlig unbekanntes Objekt: Man betrachtet ihn von allen Seiten, nimmt ihn in die Hände, trägt ihn herum, hat allerlei Ideen und Phantasien über ihn und spricht über ihn mit anderen Menschen. Dabei geht einem alles mögliche über den Traum auf und führt einen an seine Bedeutung heran. Träume enthüllen symbolisch, wie du dich den zentralen Problemen des Lebens stellst.
>
> C.G. Jung

Unsere Träume nisten so tief in unserem Unterbewußtsein, daß wir zu ihnen hinabsteigen müssen. Wir brauchen hierzu ein Hilfsmittel, eine Leiter, über die wir nach unten steigen und auch wieder unbeschadet ans Tagesbewußtsein kommen können. Wenn der Traum erinnert wurde, so ist das nur als Aufforderung zu verstehen, daß wir uns mit ihm auseinandersetzen sollen, daß wir ihn »wiederzuentdecken« und »wiederzuerwecken« haben, was einen höchstpersönlichen Besuch im großen Traumgefilde unseres Unterbewußten zur Folge hat. Über unsere Annäherung verlebendigt sich der Traum zusehends, er wird aktiv und beginnt ebenso bereitwillig mit uns zu arbeiten wie wir mit ihm. Sie sind ja schließlich als Entwicklungshelfer mit einem ganz bestimmten, wichtigen Auftrag angestellt und sollen unserer Persönlichkeit zu etwas mehr Schliff verhelfen. Wenn wir uns ihnen stellen, dann sollten wir ganz locker, entspannt, vorurteilsfrei und aufgeschlossen sein und natürlich auch etwas Zeit mitbringen, denn manchmal entwickelt sich ein so spannender Dialog zwischen uns und unserem Traum, daß wir nicht einfach das Gespräch abbrechen können.

Dr. Hall, ein bekannter amerikanischer Traumforscher, sieht fünf Konfliktbereiche, in denen sich der Traum überwiegend bewegt und in denen er uns Erkenntnisse bringt:

Loslösung von den Eltern
Sicherheit und Freiheit
Sexualität (Bisexualität als biologische Norm)
Impulse und Beschränkungen
Konflikt von Leben und Tod (biologisches Drama)

Überdenken Sie, welcher Konfliktbereich in Ihrem Traum angesprochen wird. Versuchen Sie nachzufühlen, mit welcher Dramatik, mit welcher Dynamik und Impressionskraft sich der Traum Ihnen genähert hat. Je größer das innere Engagement und der Pegel der Erregung, desto größer sind die Chancen, daß Sie das hochbesetzte Energiegeflecht auch aufknüpfen und lösen.

Überprüfen Sie Ihre Traumaufzeichnungen, die Sie spontan und unstrukturiert entweder in der Nacht oder am Morgen gemacht haben. Beim Durchlesen fallen Ihnen noch zusätzliche Feinheiten ein, die Sie unabsichtlich vergessen hatten. Komplettieren Sie also so gut wie möglich und schreiben Sie immer mit weitem Zeilenabstand und mit großen Seitenrändern, damit Sie beliebig viele Zusatzeintragungen unterbringen können. Erst später übertragen Sie dann diese Aufzeichnungen strukturiert in Ihr Nächtebuch, indem Sie bestimmte Kriterien anwenden. Versuchen Sie während des Schreibens in einem halbimaginativen Zustand zu bleiben. Schließen Sie des öfteren sinnierend die Augen und halten Sie sich in erster Linie an die mit dem Traum oder durch ihn ausgelösten Gefühle und Stimmungen. Der Traum kommt aus dem Bauch und nicht aus dem Kopf! Versuchen Sie im Fluß zu bleiben und unterbrechen Sie Ihre Aufzeichnungen nicht, sonst geht der flüssige Kontakt verloren.

Wie Sie schon gelesen haben, hat der Traum immer ein ganz bestimmtes Anliegen, das er in mehreren Variationen über den Serientraum zu übermitteln versucht. Das heißt mit anderen Worten, daß Ihre Traumkraft auch Ihr Problem kennt und es an Sie herantragen möchte. Dafür sucht sich der Traum eine bestimmte Strategie, die er blitzschnell wechselt, wenn er auf die eine oder andere Weise nicht zum Zuge kommt.

Unter der Flut der Außenweltreize, der beruflichen und privaten Überlastung, der unbewußt ablaufenden Gärungsprozesse, die immer etwas in unserem inneren Stoffwechsel zu verändern planen, wächst das zentrale Problem. Die Lernaufgabe des Träumers besteht darin, dieses Problem zu erkennen. Dem erfahrenen Traumbegleiter bietet sich meist schon nach Anhören von ein bis zwei Traumschilderungen in der transpersonalen Traumarbeit oder im Seminar die Möglichkeit, die Problemstruktur des Träumers in all ihren Verzerrungen zu erkennen. Nachdem die Problemspur aufgenommen worden ist, kann eine kontinuierliche Aufarbeitung des Problems für die bessere Wirklichkeitsbewältigung erfolgen.

Der Traum weist fast immer in eine Zeitdimension, Gegenwart, Vergangenheit oder Zukunft, obwohl er an sich zeitlos oder zeit- und raumübergreifend ist. Dies läßt wesentliche Rückschlüsse auf die Anschauungsweise des Träumers zu, der entweder stehenbleibt, vorwärtsschreitet oder zurückschaut.

Im Jungschen Sinne des Umkreisens des Traumes lehne ich grundsätzliche Vorgehensweisen bei der mehr flüchtigen Traumvorbetrachtung ab. Meine mehr als zehnjährige intensive Erfahrung in der Traumarbeit hat mich immer wieder belehrt, daß organisierte Schemata und Tricks, mit denen man den Traum »knacken« will, an der Vielgestaltigkeit des Traumerlebens scheitern, das sich jeglicher Kategorisierung kategorisch entzieht. Der Traum will unorthodox – wie er selber ist – angefaßt werden, und er reagiert bereitwillig auf kinderstreichähnliche Verhaltensweisen wie »leise anschleichen«, »Versteck spielen« und andere Späße. Mit erhobenem Zeigefinger und tierischem Ernst ist nicht viel auszurichten.

Beim Überfliegen des Trauminhaltes überlege ich mir auch, welche Überschrift ich dem Traum geben würde, wenn er beispielsweise als Artikel in einer Zeitschrift erscheinen würde. Habe ich mehrere, nicht immer gleichgewichtige Formulierungen als Überschriften für einen Traum aufgeschrieben, dann hinterfrage ich den Traum – und natürlich mich selbst. Dafür verwende ich folgende Frageformen, die natürlich persönlichkeitsgerecht abgewandelt oder umformuliert werden dürfen.

Was erfreut mich an diesem Traum?
Was stimmt mich an diesem Traum nachdenklich, mißmutig, traurig, hoffnungslos, deprimiert, enttäuscht?
Warum reizt mich dieser Traum?
Welche verborgene Botschaft wittere ich hinter ihm?
Vor wem oder was fürchte ich mich?
Wem gegenüber verhalte ich mich im Traum ungewohnt oder außergewöhnlich?
Wer greift mich an in diesem Traum?
Wem gegenüber bin ich agressiv oder zu nachsichtig?
Was beflügelt oder lähmt mich?
Was ist unwirklich oder utopisch in diesem Traum und könnte doch eventuell Wirklichkeit werden, wirklich gewesen sein, woanders wirklich sein?
Was soll und muß ich akzeptieren?
Mit wem oder was bekomme ich Schwierigkeiten?

Was wird aufgebaut oder zerstört in diesem Traum?

Was muß weiterbehandelt oder weiterverfolgt werden?

Zeigt mir der Traum eine Lösung, macht er einen Vorschlag, warnt er mich, gibt er mir einen Hinweis, macht er eine Feststellung, äußert er eine Vermutung?

Ist der Traum in sich abgeschlossen oder hängt er mit anderen zusammen?

Braucht der Traum eine Fortsetzung?

Muß ich unmittelbar oder später etwas tun oder veranlassen?

Was muß ich künftig genau beobachten?

Bin ich direkt oder indirekt angesprochen?

Soll ich mich mit irgend jemandem aussöhnen?

Bin ich aktiv oder passiv?

Wie ist die Grundstimmung in diesem Traum und stimmt sie mit meiner überein?

Mit diesen Fragen habe ich bereits ein enges Beziehungsnetz zu dem Traum geknüpft.

Jetzt gehe ich in die Phase der selbsterkennenden Reflektion und schaffe so eine zweite Beziehungsebene zum Traum, indem ich mich selbst offenbare und meinem Traum gleichsam die Hand reiche, um die erste, wirklich persönliche Begrüßung zu vollziehen.

Was ist das Hauptproblem in meinem Leben?

Wie werde ich im Alltag immer wieder mit diesem Problem konfrontiert?

Welche nachteiligen Folgen ergeben sich für mich aus diesem Problem?

Warum bin ich diesem Problem bisher immer aus dem Weg gegangen?

Welche Situationen blieben bisher durch dieses Problem ungelöst oder offen?

Bereitet mir dieses Problem auch Schwierigkeiten im Umgang mit anderen Menschen?

Welche starre Kernüberzeugung von mir liegt diesem Problem eigentlich zugrunde?

Von wem habe ich diese Kernüberzeugung übernommen? Von meiner Mutter, meinem Vater oder einer anderen Autoritätsperson aus meiner Jugend? Oder habe ich sie mir selbst gebildet?

Vor welchen Erfahrungen habe ich immer wieder Angst?

Bin ich das Traum-Ich in diesem Problem oder Konflikt oder jemand anderes?
Welche Anpassungsmechanismen habe ich zur Problemverdrängung entwickelt?
Von welcher Seite packt mein Traum dieses Problem an?
Hat das Problem auch physische oder gesundheitliche Auswirkungen?

Mit der Beantwortung dieser Fragen habe ich eine Momentaufnahme meiner jetzigen Krisen- oder Zustandssituation gemacht. Jetzt ist leichter feststellbar, wo der Traum den Hebel angesetzt hat und worauf er es eigentlich abgesehen hat? Erst wenn ich ungefähr die Richtung kenne, macht die spätere »Erkennungsarbeit« Spaß.

Man kann hier schlecht von einer »Objektierung« des Traums sprechen, wie es Strephon K. Williams formuliert, sondern im Gegenteil: Ich versuche sofort, sehr vertrauliche und persönliche Verbindungen zum Traum herzustellen, bevor ich mich entscheide, in welcher Art und Form ich ihn zur Durchlichtung seines Inhalts anzugehen gedenke. Je mehr Vertrauen in der Vorphase hergestellt wurde, desto eher läßt der Traum sich in die Karten sehen. Der Vorcheck und die eigentliche Traumbearbeitung können, wenn auch das »Nächtebuch«-Formularblatt ausgefüllt ist, ruhig zeitlich auseinanderliegen. Es gibt Träume, die ich mehrere Monate lang immer wieder umschleiche wie eine Katze den heißen Brei. Vieles im Traum ist prospektiv oder gar präkognitiv (in die Zukunft weisend) gemeint, und hierfür fehlt mir zum Erkennen manchmal ganz einfach die Gunst der Stunde!

»Der Geist erschafft die Materie und *formt*. Im Traum findet ein Austausch zwischen verschiedenen Realitäten statt. Wenn wir den Traum nicht hätten, würde jeder verlorene Gedanke, jede vergessene Erinnerung zu einem kleinen symbolischen Tod«, sagt Seth dazu. Aber es kann eben nichts verloren gehen, auch nicht der letzte anscheinend überflüssige Schnörkel an einem Traum. Rückblickend erkannt hatte er einen wesentlichen Akzent zu vermitteln. »Im Traum wird die Erfahrung auf ursprüngliche Bestandteile reduziert, doch die Erfahrung als Ganzes kehrt in den ursprünglichen Zustand der Unmittelbarkeit zurück«

Wie wir bei der Traumbearbeitung vorgehen

Ganz ohne Systematik geht es nicht

> Träume offenbaren, was wir wirklich von uns selbst denken, wie wir
> andere sehen: Sie beschreiben nicht die äußere Wirklichkeit, sondern
> eine psychische Wirklichkeit – die Ideen und Haltungen, die ein Mensch
> im Geiste trägt, seien sie nun richtig oder falsch, akzeptabel oder inak-
> zeptabel im Sinne seines Moralsystems. Sie zeigen uns sein Bild von der
> Welt, seiner Umgebung und seine Beziehungen dazu, durch alle die mo-
> ralischen Mäntelchen und Illusionen des gewöhnlichen Lebens hin-
> durch; sie stellen uns unseren wirklichen inneren Problemen gegenüber.
> Während das Bewußtsein mit der Außenwelt beschäftigt ist und das
> ignoriert, was von innen kommt, fängt das Unbewußte der Außenwelt
> verhältnismäßig wenig Aufmerksamkeit und befaßt sich mit seinen ei-
> genen Angelegenheiten.   Dr. Hall

Wie ich schon in meinem Vorwort ausdrückte, sind die Traumdeu-
tungsbücher mittlerweile Legion. Dennoch bleibt Unbehagen auch
beim Lesen der allerfrühesten Traumlexika: Das Unbenennbare, das
nicht immer in Worten, sondern eben nur in Bildern erspürbare Universum des Traums läßt sich in keine Erkenntnis- oder Deutungsma-
trix einbauen. Es versagt sich allen noch so raffinierten Versuchen, weil
jeder Mensch im Hallschen Sinne ein völlig anderes Universum, eine
ganze andere Innenwelt in sich trägt, ganz andere Bezugssysteme zu
den erlebbaren Arten und Fetischen unserer Gesellschaft hat.

Entscheidend ist, was durch einen Traum *in mir* ausgelöst wird, nicht
in anderen und nicht, was ein Traumdeutungsbuch an Bedeutungen zu
liefern versucht. Es gibt nichts Individuelleres, nichts Charakteristi-
scheres als den Traum. Der Traumkenner muß ein Universalgenie sein
und ist doch immer nur der Träumer selbst. Alle äußeren Versuche,
den Traum zu knacken, sind und bleiben Versuche, wohlgemeinte Hil-
festellungen, aber keine Erlösung. Die kommt vielmehr über den spontanen Einfall, die Intuition des Träumers selbst.

»Haben wir denn nun meinen Traum wirklich richtig gedeutet?«
fragen mich Seminarteilnehmer immer wieder, und ich muß ziemlich
hilflos mit den Schultern zucken. Wer weiß? Ich sage dann zumeist:

»Wir sind an eine Ebene der Traumaussage sehr gut herangekommen, aber ich weiß nicht, auf wievielen anderen analogen Sichtebenen noch sehr, sehr viel anderes Material in diesem Traum verborgen ist...«

Das alles klingt vielleicht für denjenigen, der dieses Buch wegen seiner »Traumdeutungen« gekauft hat, etwas enttäuschend, ich möchte aber damit nur die unklaren Grenzen aufzeigen, in denen sich Traumarbeit abspielt, die nicht umsonst, wie alle Grenzmedien des Geistigen, auch eine Menge Scharlatane anlockt. Lassen wir also den Terminus »Deutung« so konsequent wie möglich aus dem Spiel, denn nicht die »Deutung« schafft den Prozeß der seelischen Befreiung, sondern das Anschauen und liebevolle Betrachten des Traums und das Verständnis des feinen Bezugssystems von mir zu ihm und von ihm zu mir.

Die Träume anderer können zwar in mir erhebliche Resonanzen und Betroffenheiten auslösen, wie wir es ja in Traumseminaren immer wieder exemplarisch erleben, aber *wichtig* kann nur *mein* Traum für mich sein. Daher sind die Bücher mit Traumprotokollen zwar lesenswert, aber sie lehren uns nicht das Gespür, den Instinkt, das Gewahrwerden auf einer visuellen Ebene, nicht das »im Film Mitlaufen«, das plötzliche Sehen von Präexistenzen. Das alles können Sie nur über Ihre eigene Traumarbeit erfahren.

Da wir ohne einen wenigstens großzügigen Rahmen bei der Traumarbeit nicht auskommen, müssen wir grob drei verschiedene Ebenen des Traumes unterscheiden lernen, nämlich die körperliche, die seelische und die geistige.

Körperliche Träume werden durch die Körperchemie und physiologische Außenweltreize ausgelöst, sind auf anormale Funktionen im Drüsenstoffwechsel, aber auch auf Überlastungen von Organsystemen (zum Beispiel bei zu üppigem Essen) zurückzuführen.

Seelische Träume sind stimuliert von Sorgen, Befürchtungen, Kümmernissen, angstvollen Vorstellungen, Komplexen, versagten Wünschen und Vorstellungen, Benachteiligungen oder Schmähungen. Wenn Persönlichkeitsverluste entstehen – auch nur in winzigen Anteilen –, schlägt der Aufpasser Traum sofort Alarm und will seinen Besitz wiederhaben. Die Traumkraft geht sofort an die Arbeit, wenn etwas auseinanderfällt und wieder »gelötet« werden muß. Der Traum spiegelt immer die beabsichtigten Reparaturarbeiten an der Seele wider!

Geistige Träume gründen noch eine Etage tiefer oder zwei Etagen höher. Entweder blubbern sie aus den archaischen Tiefenschichten des tief Unbewußten hoch und schwemmen Elemente aus grauer Vorzeit hoch oder sie kommen aus dem Überbewußten und fallen als Lichtenergie des höheren Selbst von oben her durch das Scheitelchakra ein, die dann zu großen Visionen vor dem inneren Auge mutiert. Kosmische Erfahrungen, die ja auch schon bei Meditationen auftreten können, gehören hier fraglos dazu. Die ersteren Träume nannte Jung archetypische Träume aus dem kollektiven Unbewußten. Die anderen sind schon eine höhere Form der Begnadung, bei der uns auch kosmische Aufschlüsse und Hinweise, mediale Durchsagen und gewichtige Menschheitsgebote gegeben werden können.

Wie und was wir auch immer anfangen werden: Es gibt keine »realistische Traumdeutung«, wie in vielen Büchern zu lesen ist. Hier werden Zugeständnisse an den Träumer gemacht, die niemals vertretbar sind. Sinn und Wesen des Traumes besteht darin, daß er sich ganz und gar unrealistisch bewegt.

Während Freud noch mehr in den Traum hineindeutete, als er herauszulesen imstande war, halten wir uns heute ganz eng an die Traumhandlung und versagen uns zunächst spekulative Erörterungen (die man später immer noch anstellen kann). Nehmen Sie also beim Aufschreiben Ihres Traumes jede Traumfigur zunächst einmal so real, wie sie Ihnen im Traum erschienen ist. Erst wenn das nicht mehr sinnvoll erscheint, wechseln Sie auf eine andere Betrachtungsstufe über. Der Traum wählt nicht zufällig Identitäten aus Ihrer nächsten Umgebung aus, sondern er beabsichtigt etwas damit. Nehmen Sie also die Traumpersonen zunächst so wie sie sind. Jung nennt das die Objektstufe des Traumes.

Ergibt die realistische Sicht der Traumfigur überhaupt keinen Sinn für Sie, dann verkörpert sie ein Spalt-Ich von Ihnen, einen Aspekt Ihrer Persönlichkeit, mit dem Sie sich auseinandersetzen sollen. Es kann sich auch um eine Schattenpersönlichkeit handeln, um ein Teil-Ich, das im Verborgenen blüht und Ihnen, dem handelnden Ich, allerhand Fallen stellt und Fußangeln legt. Denn Ihre diversen »Ichs« leben nicht immer friedlich miteinander, sondern bekriegen sich oftmals. Die Schattenanteile sind wörtlich zu nehmen, sie verkörpern das Dualprinzip zum Guten in Ihnen. »Wo viel Licht ist, da ist auch viel Schatten!« Jung nennt das die Subjektstufe des Traums.

»Unsere aktive Teilhabe am Traum geschieht in dem Augenblick, da wir uns bewußt mit dem innerlich Geschauten und Gehörten auseinanderzusetzen beginnen«, kommentiert Ursula Baumgardt richtig. »Die Ausschnitte, die aus einem Traum zu Papier gebracht werden, lassen erkennen, was im Augenblick das Interesse des Träumers am meisten beansprucht«. Wir holen uns also genau den Brocken aus der Traumschilderung heraus, der uns mundgerecht erscheint und auf den wir den meisten Appetit haben.

Um aber dem Traum nicht auf den Leim zu gehen – weil eben unser vordergründiges Interesse schon wieder zweckgelenkt und absichtsvoll ist –, sollten wir uns erst einmal mit den scheinbaren Unwichtigkeiten und Nebensächlichkeiten, mit den Kleinigkeiten im Traum befassen. Sie sind die magischen Gegenstände, in denen die ganze verwandelnde Zauberkraft des Traumes energetisiert ist. Sie müssen genau angesehen werden. Nicht die äußere Fassade des im Traum auftauchenden Schrankes ist wichtig, sondern womöglich die Tatsache, daß der Honigtopf statt in der Küche auf den Nachthemden steht. »Warum wird für die Nacht mehr Süße gebraucht?«, wäre hier die erste Assoziation. Dort, wo unser Verstand kopfschüttelnd kapituliert, wird es im Traum erst interessant.

Stellen Sie sich folgende Fragen:

Welche Empfindungen hatte ich während des Traumes?
Wie war die Traumstimmung an sich? Heiter, ausgelassen, freudig, munter, bacchantisch, traurig, bedrückt, melancholisch, unangenehm, peinlich, verlassen oder...?
Was war mein erster Gedanke beim Aufwachen?
Was habe ich gerochen, gefühlt, geschmeckt, gekostet an Farben, Formen und Wahrnehmbarem?

Da der Traum vorwiegend unsere emotionale Ebene widerspiegelt, gelingt es uns am besten und schnellsten, über die Sensibilisierung unserer fünf Sinne ihm näherzukommen. Schalten Sie bei dieser Annäherung möglichst Ihr Wachbewußtsein aus und suchen Sie nach Gefühlen, Phantasien und Erinnerungen, die in Ihnen hochsteigen.

Die Standardfrage vor dem Hintergrund Ihrer Traumarbeit lautet:

Was will der Traum mir sagen? Gibt es einen direkten Bezug zu meiner Lebenssituation?

Überlegen Sie sich dann die passendste Überschrift für Ihren Traum und schreiben Sie sie sofort auf. Anschließend versuchen Sie die Erinnerungsuhr auf den letzten Tag zurückzustellen und noch einmal Revue passieren zu lassen, was an diesem Tag alles geschah und was Sie innerlich beschäftigt hat. Jeder Traum verarbeitet sogenannte Tagesre-

ste Ihres Erlebens und stellt aus diesen übersehenen und weggeworfe-
nen Eindrücken eine Story zusammen. Die Retrospektive gibt Ihnen
zumeist einen wichtigen Hinweis, an welcher Stelle Sie den Erken-
nungshebel für den Traum ansetzen können:

Was habe ich am Vortag erlebt, erduldet, ertragen oder erlitten?
Was hat mich am Vortag besonders erregt, und wofür brachte ich
überhaupt kein Verständnis auf?
Mit welchen Menschen hatte ich Streit oder Zank?
Was ist mir am Vortag mißlungen und hat mich deutlich frustriert?
Welche Bücher, welcher Lesestoff, welche Gespräche, Fernsehpro-
gramme oder Diskussionen, Verhandlungen und Begegnungen
könnten der Auslöser für diesen Traum gewesen sein?

Nun haben Sie eine Wünschelrute in der Hand, mit der Sie auf die
Suche nach einer erkennbaren Traumader gehen können. Ihr Bewußtsein sollte dabei noch weiter in den Hintergrund treten und die gesamte
Szene freigeben für das Spiel mit freien Assoziationen und Analogien.
    Natürlich müssen Sie auch alle Traumsymbole gewissenhaft notie-
ren, was später an einem Beispiel im Kapitel über das Nächtebuch
genau erklärt wird. Die öfter wiederkehrenden Symbole werden dabei
mit einem Kreuzchen versehen oder unterstrichen. Empfehlenswert ist
es, wenn man sich zum »Nächtebuch« zusätzlich noch eine Symbolkladde anlegt, in der alle aufgetretenen Symbole alphabetisch mit je-
weiligem Wiederkehrdatum und der jeweiligen Traum-Ordnungsnum-
mer eingetragen werden. Diese Symbolkladde leistet ähnlich gute
Dienste wie ein Synonymwörterbuch. Traumorte, Traumsubjekte,
Traumstimmungen, Traumobjekte werden markiert. Welche Traumelemente sind Ihnen vertraut, welche unvertraut oder fremd?
    Die folgenden zwölf Schritte helfen bei der Traumklärung:

1. erinnern (nach innen nehmen)
2. ausformulieren (im Original-Traumtext)
3. ins »Nächtebuch« schreiben
4. erzählen und monologisieren
5. ergänzen und anreichern
6. phantasieren und imaginieren
7. assoziieren und umkreisen
8. kontemplieren und meditieren
9. inkubieren (sich vom Traum lösen)

10. anschauen und erkennen
11. folgern und Konsequenzen ziehen
12. in handelnde Tätigkeiten umsetzen (die Quintessenz herausfiltern)

Der Traum gibt uns während der Bearbeitung selbst Hinweise darauf, was zutreffend ist und was nicht. Er »meldet« sich unaufgefordert. Wir spüren sofort, wenn ein »richtig« oder »ja, das ist es« aus dem Bauch aufsteigt und uns Gewißheit gibt. *Unsere Traumkraft wehrt sich ganz entschieden und hartnäckig, wenn uns der Traumbegleiter oder Therapeut auf einen Traumabweg bringen will, den wir selbst gar nicht gegangen sind.* Wenn wir den Träumer aufmerksam beobachten, können wir an winzigen, verräterischen Bewegungen und Zuckungen seiner Gesichtsmuskeln feststellen, ob der Traumzusammenhang mit einem Wort oder einer Bemerkung getroffen wurde oder nicht.

Der erkennende Impuls sollte immer zuerst vom Träumer kommen. Er muß ihn auch aussprechen, selbst wenn der Traumbegleiter die Spur schon vorher erkannt hat. Er darf die Aussage seines Gedankens keinesfalls vorwegnehmen. Sonst macht er den Träumer »traumunmündig« und läßt ihn auf einer unselbständigen Stufe seiner Traumarbeit zurück.

Sehr gute Dienste für die Traumarbeit leistet der Jungsche Deutungsansatz, der hier in einigen kurzen Merksätzen zusammengefaßt ist:

1. Text genau lesen. Alle Elemente einzeln beachten und analysieren. Die »Grundtönung« als Gesamteindruck beachten.
2. Stimmungen und Affekte nachempfinden.
3. Rolle des Traum-Ichs bestimmen.
4. Wo und wann findet das Geschehen statt? Zeit- und Raumkriterien beachten.
5. Sind Assoziationen des Träumers bekannt oder erfahrbar: Was bedeuten ihm die auftretenden Personen, Gegenstände, Objekte, Landschaften?
6. Welche allgemeine Bedeutung haben die im Traum erscheinenden Symbole und Bilder?
7. Irrationale, im Vergleich zum Wachleben unwahrscheinliche Gestalten und Vorgänge entschlüsseln.
8. Welche Rollen spielen die auftretenden Personen?
9. Entscheidung zur Deutung auf Objekt- oder Subjektstufe?

10. Wie sieht die Struktur des Traums aus?
11. Welche Probleme des Träumers spiegeln sich im Traum?
12. Zusammenfassung aller Gesichtspunkte zu einer Deutungshypothese.

»Die Assoziationen zu einem Traum«, erklärt Dr. Bonime sehr anschaulich, »bringen oft keine Erklärung, sondern häufen sich zu einer Sammlung scheinbar beziehungsloser Punkte an. Das Zusammentragen dieser Punkte, die Suche nach Assoziationen, ist jedoch der Beginn eines Prozesses. Jede assoziative Forschung ist wie Darwins Seereise auf der *Beagle*, wo er Spezimen aller Typen sammelte und sie auf ihre Beziehungen hin untersuchte; viele Spezimen waren nicht unmittelbar in Zusammenhang zu bringen, doch keines wurde als irrelevant beiseite gelegt.«

Der Traum spricht in fremden Bildmetaphern, die zwar von jeher in uns sind und verstanden werden können, dennoch müssen wir dieses Symbolverständnis erst wieder langsam lernen. Es hilft uns nicht nur in der Traum- und Selbsterkennungsarbeit, sondern integriert auch unser Kindheits-Ich und hilft - das ist das Allerwesentlichste – unserer Kreativität auf die Sprünge.

Dieckmann hat das Erlernen der Traumsprache einmal mit dem Erlernen der chinesischen Wortschrift gleichgesetzt. Im Chinesischen gibt es für ein Wort ein bestimmtes, anschauliches und kongenial bedeutungsumfassendes Zeichensymbol. Das Zeichensymbol indes kennt keine ein-*deutige* Zuordnung zu einem bestimmten Wort, sondern ist wesentlich komplexer und reicher angelegt. Es kann vieles meinen; die Bedeutung ergibt sich erst aus dem Lesekontext, an welchem Platz, in welchem Zusammenhang, zu welchem Inhalt dieses Wort/Bildzeichen in Beziehung steht.

Ich spreche bei der Traumarbeit gerne von der »Schweizer-Käse«-Taktik. Ich bohre so lange kleine Löcher in den Traumkäse, bis er von alleine in sich zusammenfällt und damit sein Inneres preisgibt. Dabei schieße ich ganze Fragenbatterien auf den Traum und auf mein Traum-Ich ab, sofern es hier agiert:

Was will mein Traum-Ich in diesem Traum, und was will es nicht?
Welche Symbole stechen mir am meisten ins Auge, und welche Symbole beschäftigen mich am stärksten?
In welchem Zusammenhang stehen die Symbole zu meinem Traum-Ich oder zu mir?

Was wandelt sich in diesem Traum und in welche erkennbare Richtung?

Ist der Traum nur ein Gleichnis oder eine Analogie oder spricht er mich direkt an?

Welche Beziehungsmuster deckt der Traum auf, und mit welchen kann ich mich nicht identifizieren?

Mit welchen Problemen oder Konflikten jongliert der Traum, die mir auch aus dem realen Leben bekannt vorkommen?

»Einem Bild wohnt immer etwas Dialogisches inne« sagt Ursula Baumgardt. Sie müssen deshalb mit Ihren Traumbildern ständige Zwiesprache halten und sie in Ihrer inneren Bildergalerie aufhängen. Je öfter Sie am Tag diesen Ausstellungsraum durchmessen, desto schneller kommen Sie über die unterbewußte Beschäftigung mit dem Trauminhalt in die Klarheit.«... von da aus wird klar, warum das Herstellen eines Bildes für den betreffenden Menschen etwas Klärendes, Erleichterung Schaffendes haben kann: *Es wird um Antwort gerungen!*«

Weil die Zeichensprache des Traums einen Zwittercharakter von Bild *und* Wort hat, aber vom Bild her entsteht, sollten Sie bei der Traumdeutung unbedingt das Malen versuchen. Ich halte es für noch wichtiger als das Ausagieren in der Art des Psychodramas. Sie brauchen wirklich keine Vorbildung, und ich sage das aus eigener Erfahrung.

Ich hatte vor mehr als einem Jahrzehnt in einem Traumseminar eine fast initiatische Erfahrung: Ein »großer« Traum, der etwas über meine fernere Zukunft auszusagen hatte, fesselte mich durch ein Panoramabild von ungewöhnlicher Impression. Ich sah im Traum eine Mönchsansiedlung hoch oben auf einem Berg aus der Vogelperspektive, sah alle Einzelheiten der verschachtelten Kemenaten und der kleinen Gärtlein davor, und mein »mind« konnte sogar ausfindig machen, was dort alles wuchs und zu welcher Jahreszeit dieses Bild entstand.

Schon in der Schule war es mir unmöglich, perspektivisch richtig zu zeichnen. Als ich aber nach diesem Traum spontan zu meinen Farbstiften griff, gelang mir ein unvorstellbar realistisches und getreues Bild meines Traumes, in dem sogar die Perspektiven stimmten. Ich war über mich selbst mehr als erstaunt: Ich konnte zeichnen! Der Traum hatte es mich gelehrt. Die innere Bildwirklichkeit schuf dieses Bild aus mir heraus – ohne mein Zutun. So stark, so eindrucksvoll, so unvergeßlich und von magischer Kraft können Traumbilder sein!

Dies sollte Sie ermutigen, sich auch in der Reproduktion ihrer Träume auf dem Zeichenblock zu versuchen. Beachten Sie hierbei folgende Tips:

Nehmen Sie ein großes Blatt Papier, Bunt- oder Farbstifte, Kohle oder Bleistift, Kugelschreiber, Filzstifte oder Wachsmalstifte, was Sie gerade zur Hand haben.

Schließen Sie zuvor Ihre Augen und besinnen Sie sich auf Ihren Traum. Malen Sie aus Ihrer Traumerinnerung heraus ein Bild.

Achten Sie besonders auf die kleinen, markant in der Erinnerung haftengebliebenen Details. Stecken Sie keinesfalls Ihre Bemühungen auf, auch wenn das Bild nicht Ihren eigenen Erwartungen entsprechen sollte. Vertrauen Sie darauf, daß Ihr Unterbewußtsein Ihre Hand führt.

Überlegen Sie sich genau, welche Farben Sie für welche Personen, Sachen und Details verwenden wollen und zeichnen Sie exakt so, wie Sie den Traum in Ihrer Erinnerung haben.

Welches ist die unangenehmste und bedrohlichste Figur in Ihrem Traumerleben? Was beeindruckt Sie in Ihrem Traumbild am stärksten?

Wenn Sie das Bild in allen Feinheiten liebevoll ausgeschmückt und beendet haben, dann lassen Sie Ihren Traum nochmals geistig hochsteigen und auf Ihrer eigenen Bildleinwand abspielen.

Haben Sie nicht doch noch etwas vergessen? Was kommt Ihnen sonst noch in den Sinn?

Schauen Sie sich jetzt Ihr Traumbild sehr genau an. Entspricht es Ihrer inneren Wirklichkeit? Stimmt alles überein?

Wen oder was können Sie von Ihrem Traumbild am wenigsten akzeptieren? Versuchen Sie, Ihren Unwillen und Ihre Ablehnung zu begründen. Wer ist schuld daran, Sie selbst oder die anderen?

An wen oder was erinnert Sie diese Sache, mit der Sie sich partout nicht einverstanden erklären können?

Das Ausagieren, das »Ausleben« des Traums ist genau wie das Malen eine Zwischenebene des handelnden Tuns, die den Traum verlebendigt und ihn aus der Abstraktion befreit. Die Schamanen wußten von jeher über diese Methode sehr gut Bescheid. Sie haben dargestellt, imitiert, gelockt und damit die Geister beschworen, die sich dann tatsächlich einstellten.

Ein Teil dieser Interaktion mit dem Traum geschieht ja schon über den gestalt-therapeutischen Dialog, der in die Auseinandersetzung zwingt und dabei die innerseelische Verstopfung auflöst. Alle animalischen Instinkte – und mit denen ist der Traum oftmals bis zum Bersten gefüllt – lassen sich wegtanzen oder wegschütteln. Tänzerische Meditation oder freies Improvisieren des Traums über den Körperausdruck sind Trauminjektionen, die unser Bewußtsein für die Traumerkennung merklich stimulieren. Schlüpfen Sie ruhig einmal in die Rolle ihres dramatisierenden Traum-Ichs und monologisieren Sie, was sich da im Bühnengeschehen des Traums abspielt. Ich arbeite bei der Traumauslegung sehr gerne mit der Pantomime und lasse jede Menge Fratzen und Grimassen schneiden, damit der Gefühlsausdruck des Traumalps auch im Träumer selbst noch einmal verlebendigt wird, ist doch all dies, was da in seinem Traum herumgespukt hat, eine energetische Feinentsprechung seines eigenen, tiefsten Wesens, bis auf dessen Urgrund er nur noch nicht heruntergeblickt hat.

Wenn Sie Ihren Traum körperlich nachvollziehen, entdeckt ihr Organismus seine tiefere Bedeutung. Der Kopf ist bei der Traumdeutung ohnehin ohnmächtig. Sie können ihre »Traumrolle« auch ein paar Tage lang in der Wirklichkeit ihres Lebens zu spielen versuchen, um zu entdecken, wie sich dieses Rollenspiel für sie »anfühlt« und ob es Ihrer Mentalität wirklich entspricht. Sie können einen ganzen Traum als Sketch oder Trauerspiel in Szene setzen und sich dabei eine vielsagende Doppelrolle zuschanzen, bei deren Interpretation Sie plötzlich entdekken, daß Sie genau diese Doppelrolle mit kleinen Abwandlungen wirklich in Ihrem Leben spielen. Wir proben solche Aufführungen in unseren Traumseminaren und kommen dabei zu verblüffenden Erhellungen, die manchmal eine ganze Gruppe in Begeisterung versetzen.

Ihre Traumwirklichkeit ist Ihrer realen Lebenswirklichkeit um Längen voraus. Sie ist nämlich gespickt mit höchst individuellen Ratschlägen, die Sie nur in die Tat umzusetzen brauchen, um sich selbst ganz nahe zu kommen. Im Tagesgeschäft leben wir weit von uns entfernt und verlängern damit noch zusätzlich die Wegstrecke zu den anderen, die ja nicht erkennen können, *wo* sie uns finden sollen, *wo* unser eigentlicher Platz im Selbst ist!

Alles, was wir im Traum erleben, steht für die mögliche, denkbare, erlebensfähige Wirklichkeit unseres vieldimensionalen Seins und ist somit prospektiver Vorgriff auf unser zukünftiges Leben.

Ramana Maharshi, ein indischer Guru, sagte einmal zu jener *Justitia personae*, die Freud als den großen Zensor und Aufpasser bezeichnete »Der Beobachter, der den äußeren Realitätszustand erlebt, ist derselbe Beobachter, der die Zustände der Traumrealität erlebt.

Diese distanzierte Haltung ist es, mit der wir das ewige Spiel in zwei Manegen unseres Bewußtseinszirkus erkennen sollen, um von beiden Vorstellungen Kenntnisse und Erfahrungen mitzunehmen, aber nicht beeindruckt und weggerissen zu werden. Wir müssen uns immer nur als stillen Beobachter verstehen, der das Segelschulschiff des Lebens zwar »im Wind stehend« beobachtet, aber nicht unbedingt drinsitzt. Imaginativ können wir jederzeit, wenn wir wollen, in das Ruder greifen und den Kurs ändern, die Besetzung austauschen, die Segel reffen, den Motor anwerfen, wenn es uns zu langsam geht, kreuzen oder einen Hafen anlaufen, wenn uns der Proviant ausgegangen ist. Indem wir auf uns selbst schauen, wie es der Traum uns lehrt, gewinnen wir Distanz zu unserem Lebensschauspiel und dadurch jenes Maß an innerer Freiheit, die unsere höchste Lebenssehnsucht ist.«

Professor Hall hat 10.000 Träume von Amerikanern dahingehend untersucht, an welchen Orten sie sich abgespielt hatten. Er kam dabei zu folgendem Ergebnis:

Bei 5 Prozent waren keine Ortsangaben möglich,
15 Prozent der Träumer benutzten irgendein Verkehrsmittel,
10 Prozent gingen eine Straße entlang,
10 Prozent befanden sich auf einer Party oder bei Vergnügungen,
10 Prozent in allen möglichen Umgebungen,
35 Prozent im eigenen Haus.

Nach meinen eigenen Beobachtungen und Aufzeichnungen nehmen bei den deutschsprachigen Träumern Berufs- und Familienkonflikte die erste Stelle ein, wohl weil hier die engsten Zwangsjacken getragen werden. Kompensatorische Träume, in denen den Schüchternen und Zurückhaltenden Berserkerkräfte und Goliath-Allüren erwachsen, sind an zweiter Stelle zu nennen. Erst die dritte Stelle nehmen innerpsychische Auseinandersetzungen ein. Diese Träume resultieren aus der Angst, mit dem Leben nicht mehr fertig zu werden, den Lebensauftrag nicht zu erkennen.

Wenn wir auch froh sind, nach ehrlichem Bemühen wenigstens eine Traumebene »geknackt« zu haben und erkennen, welche versteckte Botschaft der Traum uns präsentiert, so ist das Traumgeschehen doch wesentlich vielschichtiger und interessanter. Ich unterscheide sechs verschiedene Traumebenen:

1. Den »Originaltraum«, den die Traumkraft dem Träumer eingab und von dem er nur ein Fragment präsentieren kann.
2. Den manifesten Trauminhalt, den der Träumer behalten hat und den er für seinen Deutungsansatz benutzt.
3. Den latenten Trauminhalt, der auf einer Spiegelebene noch hinter dem eigentlichen Traum steht und eine illustrierende Analogie für den Trauminhalt anbietet
4. Den Traum, den der Traumbegleiter für sich träumt, während der Träumer seinen Traum erzählt.
5. Den Traum, der hintersinnig angereichert als Doublette im Geist des Träumers auftaucht, während der Traumbegleiter bei der Traumerkennung hilft.
6. Den Traum, zu dem sich beide, Träumer und Traumbegleiter, erklären und den sie für die Auslegung letztlich benutzen (denn die Imaginationen des Traumbegleiters sind ja dann auch schon in den Urtraum des Träumers hineinverwoben worden).

Eine große Gefahr besteht darin, daß gerade im letzten Fall eine unberechtigte oder allzu sorglose Symbiose aus dem Behandlungsgemisch von Träumer und Traumbegleiter entsteht, weil dann der Traum während seiner Behandlung auf der Strecke bleibt und letztlich eine ganz andere Traumsubstanz behandelt wird, die mit dem Originaltraum nicht mehr viel gemein hat. Das kommt immer dann vor, wenn ein übereifriger Traumbegleiter – und dies zeichnet alle hochbegabten Psychologen aus – zuviel aus seinem Inneren in den Träumertraum hineininterpretiert, wie das bei der herkömmlichen *Traumdeutung* leider oft der Fall ist.

Wie führe ich mein Nächtebuch?

Im Handumdrehen schreiben Sie Ihren eigenen Lebensroman

> Der Traum befreit das Ich von seinen künstlichen Hüllen und zeigt es in seiner ursprünglichen Nacktheit. Er bringt aus den halbdunklen Tiefen unseres unterbewußten Lebens die frühesten, instinktiven Impulse herauf und enthüllt uns eine Seite von uns selbst, die uns mit der großen, empfindenden Welt verbindet... Indem wir diesen Aspekt unserer Träume beachten, können wir viel über die organischen Substrate unserer unbewußten Persönlichkeit lernen, die uns mit den Tiergruppen verbindet...Der Schlaf tut für uns vorübergehend das, was das Alter dauernd tut: er schneidet uns von der Fülle der Gegenwart ab und erlaubt uns dadurch, in die Vergangenheit zurückzuschweifen.   James Sully

Weil der Traum ein so schnell schwindendes Gespinst ist, müssen wir versuchen, ihn mit aller List in dieser materiellen Welt zu manifestieren. Das kann nur gelingen, indem wir ihn so schnell wie möglich aufschreiben oder diktieren. Gerade dies – mehr ein technischer Akt als ein spiritueller – bereitet den meisten Träumern den größten Verdruß.

Tagebücher – früher ein hochspirituelles Befreiungsmedium selbst für erlauchte Geister – werden heute etwas hochnäsig als Seelenexkremente überspannter Teenager abgetan, die ihre Pubertätsschwierigkeiten und ersten Lieben im andrängenden Überschwang ihrer Gefühle irgendwo »ablegen« müssen. Das scheint mir eine recht oberflächliche Betrachtungsweise, denn die Materialisierung unserer Gefühle und Gedanken, in welcher Form auch immer, ist ein geistiger Klärungs- und Befreiungsakt und darüber hinaus eine schöpferische Betätigung, die nicht mit der Elle der Veröffentlichungsreife gemessen zu werden braucht. Ein Tagebuch ist ein intimer Seelenspiegel, der für das spätere Leben von Nutzen sein kann.

Da wir im Traumzustand von unseren inneren Sinnen Gebrauch machen, die wir im Wachzustand weitgehend ignorieren und verdrängen, ist ein Nächtebuch, in dem wir unsere Erfahrungen aus einer ganz anderen Bewußtseinsdimension festzuhalten versuchen, noch um vieles kostbarer und wertvoller.

Nirgendwo spiegeln wir uns besser als in unserem Nächtebuch. Es ist der Ausgleich zwischen tätigem Tun auf der Realitätsebene und schöpferischem Werden auf der Nachtseite unseres Lebens. Das Büchlein harmonisiert uns und ist zugleich der Katechismus unserer Seele, die sich nach der spirituellen Vereinigung mit der großen Allseele sehnt, aus der sie einst geboren wurde. Es ist unser stilles Gebetbuch für schweigende Meditation und meditatives Schweigen, und täglich kommen neue Lieder und Kontemplationen hinzu.

Wenn man wie Jung 40.000 Träume aufgeschrieben hat, hat man Jahrzehnte menschlichen Lebens im Sturmschritt durcheilt und eine kosmische Weltreise mit vielen Abenteuern bestanden. Dann kennt man das Leben und ein wenig auch diese äußere Welt und unsere innere Einstellung zu ihr, die ständiger Wandlung unterworfen ist.

Kein Wunder, daß bei so kostbarem Inhalt auch die äußere Aufmachung solcher Nächtebücher liebevoll ausgeschmückt und sehr persönlich sein kann. Ich muß oft in mich hineinschmunzeln, wenn Seminarteilnehmer oder Einzelträumer ehrfurchtsvoll und bedächtig ihre nächtlichen Erfahrungsberichte in wirklich traumschönen Büchern – mit Goldschnitt, Prägungen, Malereien, Mandalas, bestickt und gehäkelt, geklebt und gestanzt – liebevoll aufschlagen und daraus vorlesen! Wieviel persönliche Erfahrungsnähe spricht aus dieser Optik! Dennoch finde ich eine Ringbuchmappe oder einen Ordner mit losen Blättern einfach praktischer, da ich die Blätter besser ordnen und später auch für Vergleiche und Symbolbetrachtungen herausnehmen kann. Da Sie dieses Buch ja täglich und nächtlich in die Hand nehmen, sollte es stabil und widerstandsfähig sein.

Ich kenne viele Träumer, die sowohl ein Tage- als auch ein Nächtebuch führen. Sie notieren die wichtigsten Tagesereignisse, ohne daß sie wissen, was sie träumen werden. Träumen sie dann jedoch von diesen Tagesresten, haben sie eine wundervolle Gegenüberstellung von Tagesereignissen und Traumreflektion.

Die Traumauslöser für Ihre Nachtphantasien sind wichtig, weil sie das Saatgut für Ihre Träume markieren. Viele Tagesstimuli werden von Ihrer stets hellwachen Seele aufgegriffen und später verarbeitet. Notieren Sie auch die uninteressanteste Kleinigkeit. Alles erreichbare Traummaterial muß lückenlos aufgezeichnet werden.

Notieren Sie sich auch die wirkungsvollsten Programmierungen und Affirmationen für die Traumerinnerung. Loben Sie Ihre Traumkraft auch einmal in Ihrem Nächtebuch, ein solches Kompliment wird Ihnen »angerechnet«. Unterstützen sie die Träume immer wieder durch

Autosuggestionen und formelhafte Vorsätze: »Ich bin bereit für euch, Träume! Meine Traumwahrnehmung ist hellwach. Ich bin in der Lage, alle Träume dieser Nacht genau zu dokumentieren!«

Oder: »Wenn ich aufwache, wird ein wichtiger Traum ganz lebendig vor meinem geistigen Auge stehen, daß ich ihn lückenlos aufschreiben kann!« Ich habe mir angewöhnt, den Handlungsablauf des Traums im halbwachen Dämmerzustand noch einmal durchzuspulen, bevor ich ans Diktat gehe. Schreiben Sie Ihren Traum stets in der Gegenwartsform auf und benutzen Sie auch direkte und indirekte Rede, wie es Ihnen der Traum eingab. Besonders ungewöhnliche Ausdrücke, Worte, Buchstaben- oder Zahlenkombinationen erfordern höchste Genauigkeit. Dahinter steht zumeist ein Denkpuzzle von großer Bedeutung.

Vermischen Sie bei Ihren Notizen nicht die mechanische Logik und den Kopfverstand mit dem Gefühl und fragen Sie sich hier und bei der Betrachtungsarbeit immer: »Was spricht mein Herz?« Benutzen Sie auch das authentische Vokabular Ihrer Traumsprache und formulieren Sie nicht zwecks besseren Verständnisses etwas um. Erfassen Sie besonders alle Bildmetaphern haarscharf und inhaltsgerecht und malen Sie dazu. Das Formblatt auf Seite 229 bietet die Möglichkeit der kombinierten textlichen und bildlichen Aussage und hat sich gerade auch bei impressiven Tagträumen sehr bewährt. Machen Sie sich bei Ihren Traumaufzeichnungen immer wieder deutlich, daß im Traum alles über *Bilder* geschieht, über *Gleichnisse, Analogien, Parabeln, Geschichten oder sogar Anekdoten und Sketche.*

Die *Beschreibung des bewußten Selbst* zu Beginn des Formularbogens (der übrigens beliebig verändert, erweitert oder gestrafft werden kann), stellt die erste Spontanreflektion des Träumers zu seinem Traum dar und klärt die Traumbeziehung. An diesem Faden hangele ich mich dann weiter, indem ich die Art des Traums festzustellen versuche. Die Milieu- und Zeitschilderung fügt den äußeren Traumrahmen hinzu, die Traumerzählung steht zumeist auf der Rückseite des Blattes, weil sie wesentlich mehr Raum als den vorgegebenen beansprucht. Die *Gegenstände und Symbole* werden gleich mit meiner ersten Bedeutungsassoziation notiert, denen auch noch der »allgemein bekannte« Bedeutungsgehalt gegenübergestellt wird. Der allgemeine Erfahrungswert wird mit dem spezifisch persönlichen Erfahrungswert (der von Traum zu Traum wechseln kann) verglichen.

Die im Traum auftretenden Figuren und Gestalten, auch Tiere, Fabelwesen, Götter und Dämonen, werden nach Arten sortiert, genau beschrieben und auf ihren persönlichen Aussagegehalt hin untersucht.

Datum: Nächtebuch-Traumblatt   Nr.

Vollständiger Traum	Fragment	Hypnagoges Bild	Tagtraum

Beschreibung des bewußten Selbst	Was denke ich über den Traum?

Art des Traums	Milieu und Zeit

Traumerzählung:

Symbole und Gegenstände		
Beschreibung	Allgemeine Bedeutung	Persönliche Bedeutung

sonstige Traumrequisiten:

Figuren und Charaktere		
Mein Traum-Ich	Gestalten oder Tiere	Wie treten sie auf?

Tagesreste:

Datum: Nr.

Traum-Protokollblatt

Text: Skizzen/Symbole:

Die *Situation vor dem Traum* faßt die wichtigsten Tagesreste zusammen. Die *Gefühle beim Erwachen* vervollständigen das Bild. Zuletzt versuche ich die Traumerklärung und die Traumaussage zu formulieren. Das vorgegebene Blatt habe ich noch etwas erweitert. Die angegebenen Beispiele entstammen den Träumen meiner Seminarteilnehmer, die sie ohne meine Hilfe in der Selbstaufarbeitung notiert haben. Hier wurden keine späteren gemeinsamen Traumerkenntnisse aus der transpersonalen Traumarbeit angefügt. Auch erheben die selbst gegebenen und gefundenen Auslegungen der Träumer keinen Anspruch auf »richtige« und komplexe Deutungen im analytischen Sinn. Die Beispiele sind deshalb so unverfälscht wiedergegeben, um aufzuzeigen, wie schnell und sicher ein Laie diese Traumaufzeichnungen strukturieren kann. Die spätere Erkennungsarbeit wird hierdurch ganz wesentlich erleichtert. Eine vergleichende Betrachtung vieler Trauminhalte und -aussagen läßt dann später die insistierende Tendenz unserer Traumkraft erkennen, uns in eine ganz bestimmte Lebensrichtung zu führen. Auch erkennen wir so die Zäsuren in unserem Leben, die zu einschneidenden Veränderungen in unserem Lebenslauf geführt haben.

1. Ein blutendes, hellbraunes Fohlen lag am Boden. Viele Leute standen herum. Ich fragte, was mit ihm los sei. Man sagte mir, daß es krank sei und deshalb müsse es sterben, vielmehr müsse es getötet werden. Man hätte schon zweimal auf das Fohlen geschossen, aber es würde immer noch leben. Das Fohlen tat mir sehr leid. Es hatte die Augen noch geöffnet, dann schloß es sie. Meine Schwester kam mit einem dicken Knüppel und sagte, daß sie es erschlagen müsse. Das Fohlen blutete schon stark am Hinterlauf, zwischen Hinterlauf und Bauch, und am Vorderlauf, zwischen Vorderlauf und Brust. Ich war entsetzt und sagte, daß man es doch nicht erschlagen könne. Sie schlug aber feste darauf los, und dann verwandelte es sich in ein viereckiges Stück blutiges Fell. Dann war es plötzlich wieder ein Fohlen. Es zuckte noch etwas mit den Hinterläufen. Ich sagte: »Es lebt ja immer noch.« Dann verwandelte sich das sterbende Fohlen in ein junges, exotisches Mädchen von etwa zehn bis zwölf Jahren. Quer durch eine Augenbraue lief eine Platzwunde. Man wollte nun das Mädchen töten, ich war aber dagegen. Das Mädchen sah mich auch so flehend an. Ich fragte, warum es denn getötet werden soll, und man antwortete mir, daß es krank sei, und die Krankheit sei ansteckend. Das Mädchen sagte dann zu mir, daß es nur eine Halsentzündung hätte,

und diese würde doch wieder vergehen. Dann stand das Mädchen plötzlich auf und lief weg. Es lief auf dunklen blauschwarzen Nebel zu, der sich über die Erde wälzte. Er war zuerst in der Ferne zu sehen und kam immer näher. Dann blieb das Mädchen stehen. Als der Nebel immer näher kam, bemerkte ich, daß dieser sich aus mehreren Gestalten bildete. Ich glaube, es waren nur Frauen. Sie trugen nachtblaue feine Gewänder mit sehr weiten Ärmeln. Plötzlich umgaben sie das Mädchen von allen Seiten. Man konnte es nicht mehr sehen, aber man hörte einen lauten Schrei. Die Leute schauten alle in die Richtung und sagten: »‹Jetzt hat das Schicksal es eingeholt, das Schicksal war der Tod. Wir brauchen es also nicht mehr zu töten.«

2. Ich befand mich in einem Konzertsaal. Ich sah viele Menschen. Auf einem kleinen Tisch oder Schrank stand ein winziges silbernes Klavier. Es war nur etwa 20 cm lang und 10 cm breit. Zwei Mädchen standen am Klavier. Eines glich dem exotischen Mädchen. Es schlug mit einem kleinen silbernen Hammer auf den geschlossenen Klavierdeckel. Es kamen auch Klänge heraus. Ich sagte ihr, sie solle doch den Deckel öffnen. Dann öffnete ich ihn und spielte irgend etwas, aber nur kurz. Das Mädchen sagte, es wäre doch dasselbe, ob es nun auf den Deckel hauen würde oder auf die Tasten. Ich sagte ihr, daß es ein Unterschied sei. Wenn es auf den Deckel hauen würde, kämen Klänge heraus, wenn es aber auf die Tasten hauen würde, käme eine Melodie heraus.

3. Ich befand mich in einem Kuhstall. Rechts von mir stand eine Bäuerin. Vor uns stand ein Stier. In der rechten Wand des Stalls war eine große Öffnung. Draußen schien hell die Sonne. Hinter der Öffnung war ein großer Misthaufen, der eine tiefe Kuhle hatte. Ich bückte mich, um sehen zu können, was hinter dem Misthaufen war. Ich sah dann eine große Weide, sie schien endlos zu sein. In der Ferne sah ich schon mal rechts oder links einen Zaun, aber nie, daß eine Weide ganz geschlossen war. Eigentlich war es eine einzige riesig große Weide. Wozu die Zäune dienten, weiß ich nicht. Auf dieser Weide rannte ein Stier herum. Manchmal war er ganz in der Ferne zu sehen, dann wiederum konnte man ihn gut erkennen. Es schien mir, als wolle sich dieser Stier so richtig austoben.
Ich fragte die Bäuerin, warum sie denn nur einen Stier nach draußen ließe, es sei doch so schönes Wetter und im Stall sei es so dun-

Traum-Tagebuch (Beispiel)

Vollständiger Traum	Bruchstück	Datum
1 ×	3 ×	6./7. 2. 87

Beschreibung des bewußten Selbst
1. und 3. Traum: Ich kam mir hilflos vor
2. Traum: Ich verstand das Verhalten des Mädchens nicht
4. Traum: Ich kam mir verloren vor

Art des Traumes
1. und 3. Traum: Verurteilung unschuldiger Lebewesen
2. Traum: Ich mußte aktiv werden, Klavier spielen
4. Traum: Sehnsucht nach meinem Heimatort, mein Zug hielt aber
nicht an

Milieu und Zeit
Verständnislose und ungeschickte Menschen waren in meiner Nähe.
Milieu: 1. + 3. Landwirtschaft, 2. Konzertraum, 4. Bahnhofsmilieu.
Zeit: 1.: am Tage, Sommer oder Herbst, 2.: Abend.

Traumerzählung
siehe Seite 231 ff.

Gegenstände und Symbole

Beschreibung	Allgemeine Bedeutung	Bedeutung für mich
blutiges Fell	Jagd	Zerstörung und Tod
winziges Klavier	Musik	erstickte Stimme
Kuhstall und Mist	Landwirtschaft	Wärme, Gemütlichkeit
Zug und Bahnhof	Reise, Veränderung	Ruhelosigkeit

Charaktere und Figuren

Gestalt oder Figur	Bedeutung	Art
hilfloses, hellbraunes	Frühling, Leben?	Haustier;
Fohlen; brutale	Zerstörung, Krank-	weiße Menschen;
Menschen; Schicksals-	heit, Tod;	überirdische Wesen;
göttinnen; Stier	Kraft und Kampf	Haustier

Situation vor dem Traum
Am 6. hatte ich bei Ihnen den Termin. Als ich am frühen Nachmittag nach
Hause kam, war ich sehr müde und legte mich. Ich wurde erst gegen ein Uhr
nachts richtig wach.

Gedanken und Gefühle beim Erwachen
Ich dachte an meine Schwester, wie bestimmend und herrschsüchtig sie
besonders in den letzten acht Jahren war. Gefühle: deprimiert und ängstlich.

Meine Traumdeutung
1. + 3. Auch wenn ich keine Kämpfernatur bin, darf ich doch nicht Meinungen und Urteile anderer akzeptieren.
2. Ich muß anderen gegenüber toleranter werden.
4. Ich muß mich damit abfinden bzw. einsehen, daß mein früheres Zuhause
für immer verloren ist.

kel und beklemmend. Sie sagte: »Dieser Stier wird sowieso geschlachtet, der braucht vorher nicht mehr auf die Weide.« Ich wurde dann sehr traurig und fühlte mich in dem Stall nicht mehr wohl. (In der Realität fühle ich mich in Kuhställen wohl.)

4. Ich saß im Zug. Er war ziemlich offen. Es gab keine Fenster zum Schließen. Es muß wohl Sommer gewesen sein, denn mir war nicht kalt. Der Zug fuhr dann durch meinen Heimatort, hielt aber nicht an. Erst eine Station weiter – es ist eine D-Zugstation – hielt er. Ich stieg aus und fragte, wann der nächste Zug nach L. ginge. Man sagte mir am Bahnhof, daß da kein Zug mehr fahren würde, ich müßte schon zu Fuß zurücklaufen. Ich sagte dann, daß es mir zu anstrengend sei.
(In der Realität kann man aber gut zurücklaufen; man geht eine gute Stunde.)

Zwanzig praktische Hinweise zum Schreiben des besten Buches, das Sie je gelesen haben

1. Sie verfügen über ein lückenloses Traumerinnerungsvermögen und müssen es nur trainieren. Nehmen Sie Ihre Träume ernst und bemühen Sie sich darum. Akzeptieren Sie jeden Traum, auch wenn er Ihnen unwichtig oder fragmentarisch erscheint. Traumaufzeichnungen müssen regelmäßig erfolgen, wenn sie Ihnen einen lückenlosen Überblick über Ihre Traumarbeit verschaffen sollen.

2. Programmieren Sie sich jeden Abend vor dem Schlafengehen und beim Einschlafen darauf, sich an jeden Traum der folgenden Nacht zu erinnern. Legen Sie sich Schreibzeug oder Diktiergerät griffbereit (immer an denselben Platz) auf den Nachttisch.

3. Verbannen Sie jeden Wecker und programmieren Sie Ihre Aufstehzeit mit der »Kopfuhr«. Versuchen Sie dann später, schon zehn Minuten vor dem Aufstehen hochzudämmern, um in diesem Übergang der Bewußtseinstufen Ihren Traum aufzuzeichnen. Vermeiden Sie jede Eile beim Aufstehen, sie ist der erklärte Feind der Traumerinnerung.

4. Später gehen Sie dazu über, nach jeder REM-Phase, die Sie ermit-

telt haben, jeden Traum im Halbschlaf zu protokollieren. Geben Sie den einzelnen Sequenzen der Nacht Ordnungsnummern.

5. Nach dem Hochdämmern bleiben Sie noch eine Weile still im Bett liegen, bis die Traumbilder in Ihr Gedächtnis einströmen. Wenn Sie sich an nichts mehr erinnern können, stellen Sie sich die für Sie wichtigsten Menschen bildlich vor. Diese Assoziationen können die Wiedererinnerung des vorangegangenen Traums auslösen.

6. Verändern Sie vorsichtig Ihre Schlafpositionen im Bett, wenn Ihnen nichts mehr einfällt oder der Traum verlorengegangen ist. Die Erinnerung stellt sich nämlich wieder ein, wenn Sie die Schlafposition erwischt haben, in der Sie Ihren Traum geträumt haben.

7. Machen Sie sich bei schwer zu formulierenden Trauminhalten kleine Zeichnungen. Bildliche Inhalte lassen sich schneller in die Zeichen- als in die Wortsprache umsetzen. Benutzen Sie hierbei spezielle Traum-Hieroglyphen, die Sie selbst erfinden können.

8. Erzählen Sie Ihren Traum – wenn möglich – Ihren Angehörigen beim Frühstück. Er ist dann noch »frisch«, und es fallen Ihnen zusätzlich entgangene Bruchstücke wieder ein. Auch kommen Sie auf diese Weise Ihrer Lösung ein Stückchen näher.

9. Notieren Sie sich am besten noch abends vor dem Zubettgehen in Stichworten die markantesten Ereignisse des Tages, damit Sie die für die Traumarbeit unentbehrlichen »Tagesreste« schon protokolliert haben und nicht mehr danach fahnden müssen.

10. Wenn Sie erinnernd träumen wollen, sollten Sie abends Alkohol und Nikotin meiden und auch keine Fernsehkrimis ansehen. Das beeinträchtigt Ihre Traumkraft negativ.

11. Sie können Ihr Traumerinnerungsvermögen erheblich steigern, wenn Sie sich mit Traum-Bettlektüre eindecken und zehn Minuten vor dem Einschlafen noch etwas über Träume lesen. Ihr Unterbewußtsein schafft so ein freundliches Traumklima.

12. Alle Traumaufzeichnungen, nachts und am Morgen, sollen nach Möglichkeit mit geschlossenen Augen gemacht werden. Offene Augen verscheuchen die Traumerinnerung und bringen uns zu schnell ins Wachbewußtsein.

13. Notieren Sie sich zu den Träumen möglichst auch die nächtlichen oder morgendlichen Traumzeiten, damit Sie auf diese Weise Ihre REM-Perioden zeitlich einkreisen können.

14. Beschäftigen Sie sich täglich mindestens ein Viertelstündchen mit Ihren Träumen und machen Sie sich während dieser Traumarbeit laufend Notizen in Ihrem Nächtebuch.

15. Kooperieren Sie eng mit Ihrer Traumkraft und bitten sie täglich um ihren Beistand. Je mehr Sie Ihre Träume beachten und Traumfreundschaften schließen, desto besser werden Sie Ihre Träume erinnern und auch Hinweise für ihre Erkennung finden.

16. Notieren Sie mit Ihren Träumen später auch die Begleitumstände; wenn Sie beispielsweise wieder eingeschlafen sind, wenn Sie schon tagsüber ähnliche Bilder produzierten, wenn Ihr Ehepartner womöglich den gleichen Traum geträumt hat (siehe auch *Telepathische Träume*, Seite 274).

17. Versuchen Sie, sich mittags zu einem Nickerchen zu überreden. Eine Viertelstunde in einem bequemen Sessel reicht schon. Sie werden sehen, daß sich auch bei diesen Kurzschläfchen hypnagoge Bilder und Imaginationen einstellen.

18. Wählen Sie bestimmte Titelüberschriften für Ihre Träume. Sie helfen Ihnen, sich leichter an Ihre Träume zu erinnern und machen Sie auf besonders markante Details aufmerksam.

19. Mit dem Diktiergerät festgehaltene oder auf Tonband gesprochene Träume müssen schriftlich übertragen werden und sollten nicht später als eine Woche nach dem Traumereignis bearbeitet werden. Sonst gehen die Zusammenhänge verloren.

20. Legen Sie sich ein Traumglossar an, in dem Sie Symbole, Zahlenkombinationen, Verse, Aufrufe oder sonstiges Bemerkenswertes besonders festhalten.

Träume können heilen

Träume sind die vergessene Sprache Gottes

> Das Leben der Zellen wird von euren Träumen beeinflußt. Heilungen können im Traumstadium stattfinden, wo Ereignisse in einer anderen *Ordnung* der Existenz die Zellen selbst verändern.
>
> Jane Roberts

Können Träume wirklich heilen und ist es berechtigt, heute von einer Traumtherapie zu sprechen? Was tut sie, welchen Stellenwert besitzt sie innerhalb der psychologischen Heilungstechniken, wo ist sie einzuordnen? Welche Möglichkeiten hat der erkrankte Mensch, um sich selbst durch aktive Imagination, durch kreatives Visualisieren, durch Tagtraumführungen und Nachttraum-Anschauungen zu heilen?

In der Tat gibt es unzählige psychologische Interventionstechniken, die alle den Anspruch erheben, als könnten sie den Menschen von seinen Leiden befreien und gesund machen. Die wenigsten tun es! Warum? Weil die differenzierten Bewußtseinsebenen und spirituellen Konstitutionen des Menschen außer acht gelassen werden. Der Therapeut versucht, eine Krankheit zu diagnostizieren. Sie interessiert ihn, erst in zweiter Instanz interessiert ihn der Patient. Dann nimmt er unter Zuhilfenahme seines gesamten, aber seelenlosen Wissens-Instrumentariums den Kampf gegen die Krankheit auf, um sie zu vernichten (manchmal vernichtet er auch den Patienten damit). Für die Innerlichkeit des Patienten bleibt wenig Zeit. In diesem Boxkampf zwischen Therapeut und Krankheit bleibt der Patient draußen, vor den Seilen im Zuschauerraum und sieht sich alles geduldig an.

Heilen und Heil-Sein heißt, den Zustand der Gesundheit wiederzuerlangen, der die Abwesenheit von Krankheit bedingt. Beide Wörter haben mit »heilig« zu tun. Dies kennzeichnet die enge, unauflösbare Verkettung des Gesundungsprozesses mit dem *Heiligen*, dem Gläubigen, mit dem sich einer höheren Schöpfungsmacht *ausliefern Müssen*, ohne das eine Heilung einfach nicht möglich wäre, denn nicht der Arzt oder Therapeut heilt, sondern der Patient selbst. Setzt er die ihm innewohnende Heilkraft nicht selbst ein, haben die besten Therapeuten einfach verloren, verloren gegen die *Unheiligkeit* und den noch nicht für eine Gesundung förderlichen Bewußtseinszustand. Der Mensch ist dann noch nicht reif für die Heilung und bedarf einer verschärften Krankheitsattacke, um zur Besinnung zu kommen.

Gott hat den Menschen bedeutet, daß sie ihr Himmelreich in sich selbst finden. Du bist, der du bist. Ich bin, der ich bin. *Du* und *Ich* sind verlagerte Manifestationsebenen der selben Allkraft – *Gott!* In diesem höchsten *Ich bin* begegnen wir dem Göttlichen in uns. Das Licht dieses Seienden (nicht Wollenden) ist unser Bewußtsein. Erst wenn Licht und Schatten unserer Persönlichkeit integriert werden zu einem Licht, erst wenn Tagesbewußtsein, Unterbewußtsein und Urbewußtsein, das uns an das Göttliche anbindet, zusammenschmelzen, erst dann erstrahlt die Gnade der Heilung.

Gott spricht direkt über den Traum zu uns. Der Traum ist seine von uns vergessene Sprache, die Sprache unserer Seele, nicht die Sprache unserer Ratio, die des kühlen Verstandes! Unser Kopf hat keine Wahrnehmung für Zeichen und Symbole, wie sie Gott in unserem Leben immer wieder setzt.

»So also strömt mir Gottes lebendige Heilkraft, seine ganze Liebe, seine Weisheit und Allmacht zu und regelt alles für mich, so wie es zum Besten dient! Danke!« (Felix Riemkasten)

Wenn wir diese Liebe nicht erwidern, wenn wir sie nicht ausstrahlen, können wir sie auch nicht bekommen.

Die alten Griechen verstanden in ihren Traumkulten noch diese lautlose Sprache Gottes.

Der problembeladene, sorgenvolle Mensch, der nicht mehr ein noch aus wußte, kam in die Tempel zum Heilschlaf. Er wurde von einem Priester empfangen, gewaschen, gesalbt, in frische Gewänder gehüllt und durfte ausruhen, reflektieren, wie wir heute sagen würden. Er durfte zur Besinnung kommen, weil er vielleicht von Sinnen war. Nachdem er mit Weihrauch und Myrrhe beräuchert worden war, wurde er in den Schlaf gewiegt und seine Träume konnten sich enthüllen, um die Ursachen für Kummer und Last, für Sorge und Leid, für Krankheit und Schmerz anzuzeigen. Diese Träume wurden dann am nächsten Tag zusammen mit dem Priester durchgesprochen und erkannt. Sie gaben dem Ratsuchenden die Weisung zur *Selbstheilung*.

Der Traumkult im alten Griechenland war eine geradezu volkstümliche Therapieübung. Besonders beliebt waren die prodromalen Träume (Vorschau-Träume), die Krankheitssymptome noch vor Ausbruch der Krankheit anzeigten, die Dispositionen oder Latenzen, bestimmte Schwächen im funktionalen Körpergeschehen illustrierten.

Wichtig aber war, daß durch den Tempelschlaf oder beim Lustwandeln in den Gärten des Aesklepeions (übrigens ein Ort von einmaliger Naturschönheit und geomantischer Qualität) die Heilanzeige »von selbst« kam. Es bedurfte keines Arztes, keiner Klinik, keiner womöglich schmerzhaften Untersuchung.

Schon Aristoteles behauptete, daß die Halluzinationen von Irren, die Sinnestäuschungen von wachen Menschen und die Phantasien von Träumern einander nicht nur glichen, sondern daß sie einen gemeinsamen Ursprung haben. »Verrücktheit« ist kein unseliger Zustand, ganz im Gegenteil. Er beweist, daß sich ein Mensch gleichzeitig auf verschiedenen Bewußtseinsebenen aufhalten kann, was im Sinne einer erhöhten Sensibilität und dynamischen Beweglichkeit verstanden sein will.

Wenn wir den Traum als Indikator für unsere Heilung betrachten wollen, müssen wir uns vergegenwärtigen, daß wir durch das Festhalten am Primat des eigenen Ichs in keine Beziehung zum Traum gelangen können. Erst die Befähigung zum ganzheitlichen Erleben, erst die Integration aller (oder der meisten Schatten) in die eigene Persönlichkeit, schafft die Möglichkeit eines Heilens über eine andere Geistebene als die des rationalen Denkens. Wir müssen uns selbst erkannt, unsere Beziehung zur Umwelt, zu den Menschen geklärt haben und demütig aufschauen zu dem, der uns erschaffen hat und dem und dessen Schöpfung wir verantwortlich sind.

Seth sagt dazu: »Eure globale Situation als Rasse macht es nötig, daß ihr euch gewisse ›alte Künste‹ wieder aneignet. Diese können euch helfen, jene inneren Idealisierungen wieder bewußt zu machen, die eure private Wirklichkeit und eure Massenwelt formen... Ihr träumt, jeder von euch, aber es gibt nur wenige große Traumkünstler... Die bewußte Kunst, Träume zu kreieren, zu verstehen und zu *gebrauchen* ist größtenteils verlorengegangen; und die intime Beziehung zwischen täglichem Leben, Weltereignissen und Träumen wird fast völlig ignoriert. Die »Zukunft« der Spezies wird in den privaten Massenträumen ihrer Mitglieder ausgestaltet, aber auch das wird kaum je bedacht.« (The Unknown Reality, Sitzung 698)

Es steht außer Frage, daß die Traumarbeit sehr gut zur Lösung psychischer Probleme herangezogen werden kann. Eine bewährte »Problemlösungstechnik« besteht darin, vor dem Schlafengehen das Problem, die Krankheit oder das Leid zu strukturieren und in seine Elemente zu zerlegen. Hierzu gehört, daß Ursache und Ausmaß des Leids genau erfaßt sein müssen. Dann basteln wir uns Affirmationen, die wir vor dem Einschlafen dreimal still vor uns hinsagen:

Meine Träume werden immer klarer und klarer und geben mir immer bessere Informationen.

Ich bitte meine Traumkraft um Rat, wie ich meine Krankheit heilen kann.

Meine Traumkraft möge mir in dieser Nacht beistehen und mir einen Hinweis schicken, auf welche Weise ich meine Schmerzen lindern kann.

In blindem Vertrauen auf die göttliche Hilfe bitte ich meine Traumkraft, mir genaue Anweisungen zu geben, wie ich mich selbst weiterbehandeln kann.

Im Traum werden die seelischen und körperlichen Abwehrkräfte des Menschen in einem unvorstellbaren Ausmaß mobilisiert. Man sollte darauf achten, die Programmierung direkt in den Solarplexus einzufiltern. Manchmal kommen die Informationen verschlüsselt und gleichnishaft, manchmal dauert es lange, bis eine Information kommt, dann ist der Leidensprozeß des Ratsuchenden noch nicht an seinem Kulminationspunkt angekommen und der mit der Krankheit beabsichtigte Reifeprozeß noch nicht abgeschlossen. Antwort bekommt nur der Würdige!

»Wen der Herr seiner Liebe würdigt, den würdigt er auch seines Leidens. Eins ist nicht vom anderen zu trennen. Es hat noch nie einen Lebendigen gegeben, der nicht gelitten hätte. Eine Erfahrung des einfachen Lebens wie der hohen Mystik.« (Otto Gillen)

In der Traumbearbeitung bei Krankheit muß sich der Träumer zur schonungslosen Wahrheit hin entwickeln. Erst wenn er selbst sein Herz weit öffnet, kann er erwarten, daß sein Herz auch erreicht wird und er etwas erfährt, was tiefer greift und stärker wirkt. Tiefes Einfühlen und intensives Nacherleben eines Traumes ist wirklich nur bei geöffneten Gefühlsventilen und erhöhter Sensibilität möglich.

Eine Traumtherapie sollte meiner Ansicht nach auf Inhalten der aktiven Imagination, wie sie von C.G. Jung praktiziert wurde, dem Katathymen Bilderleben von Leuner, der Perlschen Gestalttherapie, dem kreativen Visualisieren, fortlaufenden Individuationsübungen nach Graf Dürckheim und der Daseinsanalyse von Medard Boss basieren. Selbstredend sollte auch die Tagtraum-Beobachtung einen breiten Raum einnehmen, über die ich an späterer Stelle noch etwas sagen möchte. Natürlich sollen Träume auch ausagiert werden – über das Symboldrama, über Malereien und Collagen, über »Schatzkarten« und Mandalas. Der Möglichkeiten sind viele, und auch hier richtet sich der Behandlungsrahmen nach dem Problem, der Persönlichkeits-struktur und der spirituellen Ausrichtung des Hilfesuchenden. Über in Tiefenentspannung eingeleitete Tagträume und Bilderreisen, über ver-schiedene Formen der Imagination werden unbewußte und unent-schiedene Konfliktstrukturen aufgedeckt und dem Träumer zu Be-wußtsein gebracht. Im Wachdialog gibt sich der Träumer selbst die Antwort, nicht der Begleiter. In Symboldramen werden die inneren Auseinandersetzungen angeheizt, provoziert und ausgetragen. Über Imaginationen, Visualisierungen und Träume werden die Schattenfi-guren und verdrängten Teil-Ichs des Träumers besprochen und inte-griert. Abgespaltene Bedürfnisse werden verdeutlicht und annehmbar gemacht. Über den luziden Traum werden Verhaltenskonsequenzen für das Wacherleben und die Lebensplanung vorsimuliert. Die Traumtherapie löst Konflikte auf, hilft zwischenmenschliche Bezie-hungen zu entproblematisieren und gibt deutliche Hinweise auf eine heilsame Lebensentwicklung. *In ganz besonderem Maße werden auch die unbewußten Selbstheilungstendenzen eines jeden Menschen ange-sprochen, aktiviert und zum Schlüsselimpuls für die Gesundung.*

Die Visualisierung ist ein hervorragendes Hilfsmittel für die Gesunderhaltung oder Heilung und zur Stärkung der inneren Ab-wehrkräfte. Ein Ratsuchender hat auf meinen Vorschlag hin monate-lang ein »Gesundbild« auf die Stelle seiner Arthrose gelenkt. Er hat den Hüftknochen in der Gelenkpfanne mit einer gelatineähnlichen Knorpelmasse beweglich und frei agieren sehen, während in Wirklich-keit schon beide Knochen ohne Gelenkschmiere aneinanderrieben und schwere Schmerzen verursachten. Dies hat zumindest nach gerau-mer Zeit zu einer wesentlichen Besserung des subjektiven Befindens und, wie die Röntgenaufnahme des behandelnden Arztes bewies, zu einem Stillstand und einer leichten Verbesserung der Bewegungsfähig-keit des einen Beins geführt. Die entscheidende Frage ist immer nur, mit welcher Konsequenz und Ernsthaftigkeit man diese autogenen Bildsuggestionen schafft, wiederholt und wieviel Vertrauen man da-hintersetzt.

Eine andere bewährte Methode ist der Organdialog, das Zwiege-spräch mit dem erkrankten Körperteil oder Organ. Voraussetzung ist eine liebevolle und achtsame Beziehung zum eigenen Körper, der keine unter ständiger Höchstleistung stehende Maschine ist, die ohne jede Wartung auskommt.

Felix Riemkasten beschreibt das in einem »Gespräch mit der Nie-re,« sehr anschaulich. Er hatte einen pflaumengroßen Stein in der linken Niere, und sofortige Operation schien unvermeidlich. So setzte er sich alleine hin und meditierte, lauschte auf seinen Atem und den Kreislauf und kontemplierte »...und das strömt und strömt, Danke! So also arbeiten die göttlichen Kräfte in mir, Kräfte der Allmacht. Danke!« Er schreibt weiter über die Introduktion seines Zwiegesprächs, über die Herbeiführung der eigentlichen Imagination: »Und ich stellte mir die Niere im Geiste vor, ihre Lage, ihre Funktion, und dorthin, in die Niere hinein, lenkte ich nun mein Denken und Vorstellen. Damit lenkte ich den Lebensstrom in die Niere.«

Tatsächlich wurde auf diese Weise, durch die Inbrunst und Aufrichtigkeit dieser Herzensbitte, der tiefe *Einsicht* vorausgegangen war, die Heilung erwirkt. *Solange aber keine wirkliche Bereitschaft zur Veränderung des Lebensstils oder Verhaltens besteht, solange man noch mit faulen Kompromissen herumjongliert und sich selber austrickst, so lange kann man beten, kontemplieren, meditieren und flehen – es wird nichts geschehen. Es ist überaus weise und arterhaltend eingerichtet, daß nur diejenigen Hilfe und Gnade erhoffen können, die Krankheit als Signal und Warnung verstehen und ihren Lebenskurs ändern.* Es kommt nicht darauf an, wie oft man im Leben hinfällt, sondern wie schnell man sich wieder hochrappelt und aufsteht. Die Wiederauferstehung indes ist die Geistheilung ad personam. Die Heilung kann *nur* vom Geist kommen, sonst nirgendwoher.

Eine weitere gute Heilmethode besteht darin, daß man nach völliger Ruhestellung von Geist und Körper mit jedem Atemzug beim Einatmen reines, weißes, klares Licht gebündelt auf die schmerzende Stelle richtet. Beim Ausatmen stößt man dann bewußt alles Krankhafte, Schädliche und Verbrauchte aus dem Körper aus. Weißes Licht hat die höchste Schwingung der Liebe im Universum und damit auch die größte Heilkraft. Dies sollte mindestens zweimal am Tage je zwanzig Minuten in völliger Einsamkeit geschehen und mehrere Wochen konsequent durchgehalten werden. Nicht selten spürt man dabei die bessere Durchblutung in der entsprechenden Gewebepartie oder im angegriffenen Organ. Es stellt sich ein Wärmeempfinden, oft auch ein leichtes Kribbeln ein, das deutlich die Wirkung der Imagination im Körper verdeutlicht.

Nicht umsonst spricht man in der Medizin wie im Volksmund vom Heilschlaf. Hiermit ist nicht allein die Regeneration des Körpers über die energiestärkende Entspannung gemeint, sondern etwas anderes, recht Geheimnisvolles, das mit dem veränderten biochemischen Haushalt unseres Körpers während des Schlafs zusammenhängt. Seth sagt in *Gespräche mit Seth*, Kapitel 13: »Wenn ihr krank seid, habt ihr im Traum häufig Erlebnisse, wo ihr jemand anderer mit einem völlig gesunden Körper zu sein scheint. Solche Träume sind oft therapeutisch, euch kommt ein älterer Reinkarnationskörper zu Hilfe, so daß ihr über die Erinnerung an seine Gesundheit neue Kraft schöpfen könnt.«

Damit eine erfolgversprechende therapeutische Interaktion überhaupt möglich wird, muß sich der Patient zunächst von der Ebene seines Krankseins lösen. Er sollte über den Traumbegleiter in die völlige Klarheit über seinen Zustand gelangen und sich vollbewußt darauf einlassen. Natürlich muß der Traumbegleiter selbst hohe geistige Reinheit repräsentieren und ein machtvolles Kraftfeld haben, das von bedingungsloser Liebe gespeist ist. Diese Feldaura wird dann von ganz alleine auf den Kranken überspiegeln und ihn auf eine andere Bewußtseinsebene bringen, wo er die Intentionen seiner Seele erkennt.

Wie kann nun das Medium des Tagtraums als zusätzliche und unterstützende Therapie, als Heilungshilfe für den Laien herangezogen werden? Nicht jeder kann sich ja in die Hände eines erfahrenen Traumtherapeuten oder Psychoanalytikers begeben. Dazu müssen wir uns einige wichtige Naturprinzipien vor Augen führen:

Jeder Gedanke ist eine feinenergetische Kraft, die in den Kosmos abstrahlt und nicht verloren gehen kann. Jeder Gedanke, jede Bildvorstellung formt und nährt deshalb die zukünftige Gegenwart, die gleichsam magnetisch von dem Aussage-Manifest eines Menschen angezogen wird. Die bildhafte Vorstellung ist die Grundlage allen geistigen Heilens. Die Denkdisziplin auf das erwünschte Ziel hin und die verinnerlichte Konzentration auf den immerwährenden und göttlich abgesicherten Stand der vollkommenen Gesundheit ist das Geheimnis aller alten Mysterienschulen und aller hermetischen Lehren. Das Denken ist nichts anderes als eine Form gelenkter Energie, die ihre Komplementärform in der Manifestation der Masse sucht. Im Zusammenspiel aller bewußten und unbewußten Kräfte entsteht ein unvorstellbar mächtiger Synergieeffekt, der den Menschen de facto befähigt, Materie in Energie und Energie in Materie umzuwandeln. Beweise hierfür gibt es in Hülle und Fülle, was uns heute sogar schon die aufgeklärten Physiker gerne bestätigen. *Daraus folgert, daß die Visualisierungstechnik als psychischer Laser Materialisation oder Dematerialisation bewirken und neues Gewebe schaffen oder krankhafte Zellen abstoßen kann.* Der Körper ist ja ohnehin nichts anderes als eine gigantische Transformatorenstation, die nach dem Prinzip der beständigen Umwandlung funktioniert. Jede Sekunde werden ein paar Millionen neuer Zellen geboren und die alten, verbrauchten dafür in einem Selektionsprozeß abgestoßen.

Um sich in den Selbstheilungsprozeß einzufädeln, muß man zunächst alle Spannung aus dem Körper entlassen. Das ist gar nicht so einfach, denn wir sind wandelnde Muskelkontraktionen, die unter Hochspannung stehen. Aus dem Riesenangebot von Entspannungstechniken, die in Büchern erläutert sind, muß jeder seine Methode finden. Manche gehen über das Autogene Training, andere über Meditation; ich selbst stelle mir vor, ich sei eine Feder, werde immer leichter und leichter und lasse mich dann vom ersten Windhauch wegtragen – egal wohin. Alle Wege sind gut und richtig, wenn das gewünschte Ergebnis damit erzielt wird.

Wir wissen, daß Angst, die tragischste Form der beklemmenden psychischen Einengung und Unfreiheit, durch Muskelanspannung verursacht werden kann. Solange der Körper entspannt ist, kann man unmöglich Angst haben. Beobachten Sie Ihren Körper und registrieren Sie, wo sich Verspannungen befinden. Atmen Sie diese durch tiefe, ruhige Atemzüge mit der Lichtvorstellung weg. Dann rufen Sie sich ein angenehmes Erlebnis aus jüngster Vergangenheit ins Gedächtnis zurück, beispielsweise wie Sie im Urlaub wohlig auf dem samtweichen Strand in der Sonne lagen oder gerade zum Baden in einen kalten Gebirgsbach stiegen. Es muß ein Erlebnis sein, das Ihnen wahre Wonneschauer beschert und sich als prototypisches Wohlgefühl tief in Ihre Seele gegraben hat. In diese Stimmung pegeln Sie sich nun langsam ein, denn jede Sorge, jede angstbesetzte Vorstellung, jedes Problem, jede Befürchtung konditioniert Sie zur negativen, reaktiven Erleidensseite hin, von wo Sie ja gerade wegkommen wollen. Einer Schwächung des Immunsystems, die ja die Ursache von Krankheiten wie AIDS, Krebs, Allergien und so weiter ist, geht oft eine negative psychische Einstellung des Erkrankten voraus.

»So wie du glaubst, so wird dir geschehen!« Die meisten Krankheiten gedeihen im Biotop der eigenen Vorstellungen. Ein Gefühl des Wohlergehens stärkt die Immunabwehr und nimmt der Krankheit damit ihren eigentlichen Nährboden.

Die positive Gefühlsstimmung muß also voll im Körper aktiviert werden, denn wenn Gefühl *und* Verstand sich zu einer unverbrüchlichen Glaubensgemeinschaft zusammenschließen, hat die Krankheit keine Chance mehr. »Rede nicht von deiner Krankheit, denke nicht an deine Krankheit, beschreibe sie nicht, belausche sie nicht, denn mit alledem wirst du sie nicht los, du nährst sie damit nur, befestigst sie.

Wende dich dem zu, was kommen soll, der Gesundheit, und befestige *dieses* Bild in dir!«

Bedanken Sie sich bei Ihrem Herrgott und Schöpfer, daß er Ihnen in diesem Augenblick schon die hilfreichen Kräfte zuführt, die Sie von Ihrem Leiden erlösen können, und fühlen Sie, wie die Erneuerung bereits in Ihren Zellen arbeitet. Legen Sie alles in die Hände der ordnenden, höheren Macht und lassen Sie sich von Liebe durchdringen, von Bereitschaft, Hinwendung und Anbetung aller Geschöpfe und der Natur um Sie herum und in sich selbst.

Nun sehen und erkennen Sie schon, wie sich in diesem Augenblick Ihr Zustand bessert und frische Vitalität in Sie einsickert. Sie sehen die Besserung, die Erneuerung des Gewebes, den Rückgang der Entzündung, die Reinigung von innen in klaren, illustrierten Bildern vor Ihrem geistigen Auge. Sagen und erklären Sie Ihrem Körper in einem stummen Zwiegespräch, was Sie für ihn zu tun beabsichtigen, wie Sie ihn unterstützen, wie Sie ihm durch Ihre eigene Handlungsweise helfen möchten und drücken Sie Ihre Zuversicht aus, daß Sie mit allen Leibes- und Geisteskräften fest an diese Heilung glauben.

Zum Schluß visualisieren Sie sich mit einem gesunden Finalbild. Das ist eine glückliche Bildkomposition des erfüllten Wunschzustandes. Sie sehen Ihren Körper in einer bewegten Szene, beim Laufen, Tanzen, Springen, Schwimmen, beim Sport - und sehen zugleich die bewundernden Blicke anderer Menschen auf sich ruhen, die Sie um diesen bewundernswerten Gesundheitszustand und um Ihre Körperkondition beneiden. Malen Sie dieses Bild in allen Farben, in allen Einzelheiten wie eine echte Bilddokumentation Ihrer Gesundheit aus und holen Sie es mehrmals am Tag in Ihre Träume hinein. »Steter Tropfen höhlt den Stein.« Das stete Bild sickert langsam und zuverlässig in Ihr Unterbewußtsein ein und verbündet sich dort mit allen Immun- und Heilfaktoren, die Ihr Körper aufzubieten hat. Sehen Sie Ihre Ganzheit, Ihre Vollkommenheit, die Gloriole hoher Segnung um Ihr Haupt. Sehen Sie auch Ihre Schutzbefohlenen, wie sie Sie freudig umringen und sich an Ihrer wiedergewonnenen Gesundheit erfreuen. *Jeder Mensch hat ein Geburtsrecht auf Gesundheit!*

Halten Sie sich nicht an allzu starre Regeln und machen Sie sich keine Gedanken darüber, ob Sie nun die Bilder wirklich sehen, ob Sie sie vielleicht nur in schwarz-weiß und nicht farbig sehen. Ihre gesunden Instinkte werden Ihnen von ganz allein den Weg weisen, der in die Gefilde der Gesundheit führt. Wenn der gewünschte Imaginationserfolg eingetreten ist, betrachten Sie ihn als Gnade, nicht als Freibrief für weitere, selbstzerstörerische Abenteuer, für die Sie ja gerade teuer bezahlt haben. Nehmen Sie ein Blatt Papier und notieren Sie Wort für Wort, was Sie künftig in Ihrem Leben verändern wollen und welche Vorkehrungen Sie dafür treffen. Schreiben Sie sich ein »Credo an meine Gesundheit« und lesen Sie sich diese Verpflichtung jeden Morgen und jeden Abend durch, damit Sie die schon lauernden Rückfalldämonen nicht wieder erwischen und auf ihre Seite ziehen.

Seth sagt dazu in *Das Seth-Material*, Kapitel 14: »Vieles wurde schon unternommen, um Träume zu interpretieren, aber wenig, um die Richtung in ihnen zu beeinflussen. (Anmerkung des Verfassers; Seth meint hier den luziden Traum, der im alten Griechenland schon zu wahrer Meisterschaft entwickelt wurde). Bei richtiger Suggestion kann dies eine vorzügliche Therapiemethode sein. Negative Träume tendieren dazu, die negativen Aspekte der Persönlichkeit zu verstärken und Teufelskreise mit unglücklichen Komplikationen zu bilden... *Viele Krankheiten könnten weitgehend durch eine solche Traumtherapie vermieden werden.* Ziemlich harmlos könnte man aggressiven Tendenzen im Traumzustand Freiheit gewähren. Suggestionen würden gegeben, damit das betroffene Individuum zum Beispiel Aggressivität im Traum erleben könnte. Es könnte auch dazu angeleitet werden, indem es sich selber beim Träumen beobachten würde...«

Wir müssen die geistigen und metaphysischen Kräfte und Gesetze beobachten und befolgen lernen. Unsere Gedanken können uns krank oder gesund machen, sie können Positives und Negatives bewirken.

Im Alten Testament gibt es eine Parabel, die verdeutlicht, welche Macht Gedanken haben können. Goliath rückt mit seinem Riesenheer an und der kleine David steht ihm ohne Waffen gleichsam wehrlos gegenüber. Aber er fürchtet sich nicht, denn das »Gedankenheer« ist auf seiner Seite. Er wendet sich gen Himmel und fleht: »Herr, hilf mir, aus tiefer Not schrei' ich zu Dir, Herr Gott, erhör' mein Flehen!« In diesem Augenblick muß der übermächtige Goliath dem kleinen David weichen. Das ist die Macht des Geistes, die über allem steht.

Sri Aurobindo sagt dazu: »In dem Raume unseres Geistes kann nicht zu gleicher Zeit der göttliche und der menschliche Gedanke sein. Entweder ist es die göttliche Welt oder die menschliche Welt. Entweder das eine oder das andere.« Es gibt also keine faulen Kompromisse, Gott handelt nicht mit uns!

Phantasieführungen für die Selbstheilung

(nach: *Put your Mother on the Ceiling* von Richard de Mille)

Nach vorangegangener Tiefenentspannung:
Stellt euch vor, daß wir einen Goldfisch vor uns haben. Stellt euch den Goldfisch ganz plastisch in einem großen, runden Glas vor. Nun laßt ihn einfach in eurem Mund schwimmen. Nehmt einen tiefen Atemzug, und laßt den Fisch in euren Lungen oder in der Brust herumrutschen. Spürt dabei, wie sich der Fisch fühlt, was er von eurem Körper sieht und was er über euren Körper denkt. Laßt den Fisch überall herumschwimmen, wo er will, und merkt euch die Stellen, wo ihr ihn spürt oder seht. Atmet langsam aus, und laßt den Fisch wieder im Zimmer herumschwimmen...

Nach vorangegangener Tiefenentspannung:
Atmet eine Menge Rosenblüten ein. Atmet sie einfach wieder aus. Atmet viel Wasser ein. Laßt es in eurer Brust gurgeln. Atmet es wieder aus. Atmet viele trockene Blätter ein. Laßt sie in eurer Brust herumfliegen. Seht, wie sie wirbeln, wie sie sich bewegen, spürt, wie sie sich fühlen. Atmet sie wieder aus.

Tagtraumreise zur Erweckung der inneren Heilkräfte:

Dein Tempel der Heilung

Vor die Tagtraumreise wird eine Entspannungs-Programmierung gestellt. Sie müssen tief in Ihr Unterbewußtsein abgesackt sein. Dazu können Sie auch meditative Musik mit lang und breit geschwungener Tonfolge benutzen.

»Du bist jetzt so tief in deinem Inneren, daß du dich jenseits von Raum und Zeit befindest, in einer anderen Dimension. Während dein Bewußtsein schläft und träumt, lauscht ein anderer Teil deines Ichs meinen Worten. Sie werden dir helfen, diesen beschützenden und ewigen Ort zu erreichen, wo du gesunden kannst...

Du stehst jetzt auf einer kleinen Anhöhe und vor dir breitet sich ein wundervoller, rechteckiger Tempel mit dorischen Säulen aus. Ein breiter, von Statuen gesäumter Weg führt direkt auf das kostbare Portal zu. Du gehst langsam auf diesen Tempel, auf deinen Tempel der Reinigung, der Läuterung, der Gesundung zu. Mehrere, in lange Gewänder gehüllte Priester erwarten dich bereits. Sie haben gütige und weise Gesichter. Sie haben schon auf dich gewartet. Sie wußten, daß du kommst. Gemessenen Schrittes führen Sie dich durch eine lange Wandelhalle in einen kuppelförmigen Raum. Nur drei kleine Seitenfenster geben spärliches Licht. Von der Kuppelmitte fällt ein kreisrunder Lichtstrahl genau auf den Mittelpunkt einer schweren Granitplatte, den Altar in der Raumesmitte. Neben der großen Steinplatte stehen auf Staketen zwei alabasterne, große Opferschalen. Leichter Rauch windet sich daraus in die Kuppel hoch. Freundlich geleiten dich die Priester an den Altar und fordern dich auf, dich auf die große Granitplatte zu legen. Dann verabschieden sie sich.

Nun liegst du bequem ausgestreckt auf dieser Steinplatte. Der Lichtstrahl aus der Kuppelmitte trifft direkt dein Herz. Du bist erstaunt, welche Ruhe von diesem Platz ausgeht und wie du plötzlich schläfrig und schwer wirst...ganz schwer. Du kannst kaum noch die Augen offen halten und schläfst ein. Du gleitest in einen tiefen Heilschlaf hinüber und spürst, wie dich die Dunkelheit schützend empfängt und einhüllt. Gott Morpheus hat dich in seine Arme genommen. Du schläfst... du schläfst so tief, daß dein Bewußtsein in eine ganz andere Dimension eingetaucht ist, die du nur in diesem Tempel erreichen kannst. Es ist die Welt der göttlichen Heilkräfte und Verordnungen, in die du jetzt eintauchst. Du spürst, wie sich auf deinen stummen Lippen plötzlich Worte formen, die du wie in einem Spiralnebel vor dir erblicken kannst:

›Ich bitte Dich, o Herr, schicke mir die Heilengel Deiner Hierarchien, die mir Beistand und Rat gewähren sollen für die Heilung meiner Krankheit durch göttlichen Ratschluß, in Deinem Namen, zu Deiner Ehre und Deinem Preis! Ich werde alle Anweisungen ausführen und mich dem höheren Ratschluß willig unterwerfen.‹

Während deines Traumes werden nun hohe Abgesandte der himmlischen Hierarchien und viele Engel der oberen Dynastien um deine Lagerstatt kreisen und einen Heilplan entwickeln, der dir Zug um Zug enthüllt wird. Sie werden beschließen, was alles getan werden kann, um deine Energien und Kräfte für die Bewältigung deiner Krankheit in Gang zu setzen. Sie werden auch beschließen, wie du fortan zu leben hast und dir einen Plan entwerfen.

Du spürst, daß alle diese Wesen aus einer anderen Dimension die Macht und Weisheit haben, dir wirklich zu helfen und zu dienen. Du bist nicht alleine! Du wirst diesen uralten Ritus in seiner zeitlosen Kraft und Tiefe, in seiner Tiefgründigkeit und Ergriffenheit genau spüren, und deine Seele wird zu einem Gefäß, in dem du alles aufnehmen kannst, was nun hier an diesem Platz geschieht. Du erlebst das alles in deinem tiefen, tiefen Schlaf, der alles andere auslöscht und dich aufbereitet.« (Anmerkung: Nun sollten etwa 15 bis 20 Minuten Zeit gewährt werden, um den Träumer seine inneren Bilder und Visionen entwickeln zu lassen. Hiernach erfolgt noch eine kurze Information für den Träumer und die langsame Rücknahme der Trance nach bewährtem Muster.)

»Du hast nun alle wichtigen Weisungen erhalten, über die du wieder gesund werden kannst. Die Mönche kommen herein und lösen sich aus dunklen Schatten, um sich um dich zu bemühen. Sie sagen dir, daß du jederzeit an diesen Platz zurückkommen kannst und herzlich willkommen bist, um neue Hinweise zu empfangen. Du bist noch ganz gefangengenommen von diesem wunderbaren Erleben und bedankst dich mit tiefer Verbeugung und gefalteten Händen. Freundlich geleiten dich die Priester wieder aus dem Portal heraus, und du nimmst den gleichen Weg zurück, den du gekommen bist.«

Ihr Traumzug hat immer Abfahrt

Wie sie die verschiedenen Traumzüge unterscheiden lernen

> Daß Träume bloß verdrängte Wunscherfüllungen sind, ist ein längst
> überholter Standpunkt. Gewiß gibt es auch Träume, die erfüllte Wün-
> sche oder Befürchtungen manifest darstellen. Aber was gibt es nicht
> alles sonst noch? Träume können unverbindliche Wahrheiten, philoso-
> phische Sentenzen, Illusionen, wilde Phantasien, Erinnerungen, Pläne,
> Antizipationen, ja sogar telepathische Visionen, irrationale Erlebnisse
> und Gott weiß was noch sein. C.G. Jung

Auf dem Verschiebebahnhof unserer Träume gehen fast jede Minute
Traumzüge in die verschiedensten Richtungen ab. Die Züge sind un-
terschiedlichster Bauart und unterschiedlichsten Typs. Da gibt es »In-
tercitys«, die mit wenigen Haltepunkten gleich zum Zielort durchra-
sen, da gibt es Schnellzüge, Eilzüge, Personen- und auch richtige Bum-
melzüge, bei deren gemächlicher Fahrt man unterwegs noch Blumen
pflücken kann. Jeder Traumzug hat einen anderen Namen und jeder
hat ein anderes Ziel.

Der ungeübte Träumer steht nun also nachts auf seinem psychischen
Rangierbahnhof und sieht vor lauter Zügen das Ziel nicht mehr. Die
meisten Menschen werden von ihren Träumen »fortgefahren«, anstatt
sich zu entschließen, erst einmal den Fahrplan zu studieren, um zu
wissen, welcher Zug welchen Typs mit welchen Wagen zu welchem Ziel
fährt. Schließlich können wir als denkende Menschen selbst entscheiden, *wohin wir wollen, und wir wissen ja auch, wohin wir sollen.* Im Stell-
werk unserer Träume können wir sogar entscheiden, wann wir die Signale für volle Fahrt für welche Züge auf grün stellen oder welche
Gleise wir vorübergehend freihalten möchten, um die dort einlaufen-
den Züge anzuhalten.

Am wichtigsten aber ist immer noch die Frage, mit welchem Zug wir
wohin fahren möchten. Auf den entsprechenden Bahnsteig gehen wir
schließlich und warten geduldig, bis unser Zug zur angegebenen Ab-
fahrtszeit einfährt und uns mitnimmt auf seine Reise.

Die Fahrgäste dieser Züge können abgespaltene Teilpersönlichkeiten unseres Ichs sein, die sich plötzlich verselbständigen und auf große Reise gehen. Zu den Fahrgästen können aber auch Energiewolken unseres Unbewußten zählen, beispielsweise verdrängte Komplexe, unterdrückte Triebe, spezifische Ängste und vieles mehr. Es können aber auch richtige Personen sein, Familienmitglieder, Chefs oder die Kollegen am Arbeitsplatz, Freunde und Bekannte, auch alte; ja gelegentlich sind auch Schutzengel unterwegs und »geistige Führer« oder unsere Traumkraft. Mit von der Partie sind auch manchmal die Energiegespinste aus früheren Leben. Gelegentlich drängeln sich sogar noch die Seelen von Verstorbenen in den zumeist überfüllten Zug. Da reisen große Erinnerungen mit, kurz eine bunt gemixte Traumgesellschaft, die Tag und Nacht mit unseren Traumzügen unterwegs ist und während der Fahrt die absonderlichsten Dinge aufführt.

Die Menschen, die in unseren Traumzügen mitfahren, haben unglaublich viel Gepäck. Sie sind schwer beladen mit Kisten, Koffern und Säcken, in denen persönliche Habe (und persönliches Gehabe) ist. Sie sind alle schwer vermummt, und man kann nur selten in ihre Gesichter schauen.

Wenn wir uns auf unserem Traumbahnhof besser auskennen, die Abfahrtszeiten studiert, die Bestimmungsbahnhöfe ermittelt und den Komfort der einzelnen Zugarten kennengelernt haben, wissen wir viel besser, was wir im einzelnen zu tun haben, um weiterzukommen. Verlassen wir nun unseren Traumbahnhof und sehen wir uns die verschiedenen Traumgebilde, mit denen wir am häufigsten konfrontiert werden, einmal aus der Nähe an.

Angstträume

Angstträume verfolgen uns mit zäher Hartnäckigkeit und können durch ihre weitaus aggressiveren Verwandten, die *Alpträume*, denen ich ein besonderes Kapitel gewidmet habe, noch an Vehemenz und Unannehmlichkeit zunehmen. Es sind die nach meiner Beobachtung häufigst auftretenden Träume. Sie beinhalten ein komplexes, starkes Angstelement, das entweder auf ein furchterregendes Kindheitserlebnis, einen Erlebnisschock oder auf ein unbearbeitetes, tieferes Gegenwartsproblem hindeutet, das unbearbeitet blieb. Oft wachen wir schweißgebadet auf und sehen uns immer wieder der gleichen Ungeheuerlichkeit einer bestimmten Situation gegenüber, durch die wir nicht hindurchgehen können.

Freud meinte noch fälschlich, daß hier der latente Wunsch des Träumers herauszulesen sei, für verbotene Gedanken, heimliche Unregelmäßigkeiten oder verdeckte Übertritte bestraft zu werden. Die moderne Traumforschung kann sich dieser Hypothese nicht mehr anschließen. Vielmehr will die Traumkraft mit solcher Art von Träumen ganz gezielt auf Konflikte und Probleme in der Lebenssituation des Träumers aufmerksam machen, die zur Bearbeitung anstehen. Die Angst muß erkannt, genau identifiziert, angesprochen und konfrontiert werden, um über diesen Stufenprozeß der Bewußtmachung desensibilisiert zu werden. Der psychotherapeuthischen Maßnahmen sind heute viele, jedoch bedarf es der einsichtsvollen Mithilfe des Angstträumers, wenn diese im Unterbewußtsein festgezurrten und energiebindenden »Masseblöcke« der Psyche aufgeweicht und letztlich aufgelöst werden sollen. »Tu das, wovor du dich fürchtest, und das Ende deiner Angst ist gewiß!« Ängste sind wie wilde Tiere. Wenn du vor ihnen davonläufst, greifen sie dich an. Trittst du ihnen mutig und entschieden entgegen, ergreifen sie die Flucht. Angriff ist die beste Verteidigung!

In der transpersonalen Traumarbeit finden wir meistens zunächst die leichter anzusprechenden und am äußeren Gebaren eines Menschen erkennbaren »Miniängste«. Die jedoch sind nur die Ableger der großen Angstkraken, die im Verborgenen lauern, um in bestimmten Situationen zuzuschlagen. Die kleine Angst führt uns zumeist sehr schnell auf die Spur der großen.

Serienträume

Der Serientraum ist der verschärfte Komperativ des Angsttraums. Er deutet unweigerlich darauf hin, daß eine psychisch untragbare Problemsituation vorliegt, die für den Träumer nicht länger tragbar ist. Deshalb wird die Art und Form der Traumintervention energischer. Das Auslöse- oder Spurerlebnis hat sich angereichert und mit anderen Problemen verkettet. Es erfährt letztlich eine Dramatisierung, damit der Träumer endlich »aufwacht« und einsichtig wird. Serienträume haben Umkehranzeige- und Aufforderungscharakter. Sie binden sich in einer Nacht zu einer »Traumtraube« zusammen. Alle Traumfrüchte hängen am gleichen Stengel, alle Traumstories sind verschiedene Fassungen des einen zentralen Problems, das sich in unterschiedlichen Trauminszenierungen aufzudrängen versucht.

Serienträume erleichtern uns die Früherkennung des beherrschenden Traumthemas. Wenn vier Sequenzen einer Nacht nur das eine Thema in wechselnden Variationen durchspielen, fällt es dem Träumer »wie Schuppen von den Augen«. Träume sind ein Echolot für das Ausmaß der Gefährdungen und Bedrohungen, denen wir am Tage ausgesetzt sind. Sie helfen bei der Aufarbeitung der verpatzten Gelegenheiten im Tagesgeschehen und machen uns auf lauernde Gefahren bereits vorsorglich aufmerksam.

Werden die getrübten Tagesabwässer nicht in die Kläranlage des Traums eingeleitet, kommt es zu Streßsituationen, die uns emotional stärker und ausfallender reagieren lassen. Wer träumt, erkennt ganz einfach besser die Dimension der vor ihm liegenden Lebensprobleme und wird bereits schonend auf sie hingewiesen und hingelenkt. Hat der Traum einen starken Thematisierungswunsch, dann greift er zum Gestaltungsmittel des Serientraumes. Wir müssen dann die Zusammenhänge erkennen und alle Träume an *einem* Problemkriterium messen. Das kann ein Weilchen dauern. Ich kenne Traumserien, die sich über zwei Jahrzehnte »frischgehalten« haben, es gibt jahre- und monatelange Prozesse, manchmal ist alles auch bereits in einer einzigen Traumnacht abgetan. Entscheidend ist Ihre Aufnahmebereitschaft und die Handlung, die Sie dem Traum folgen lassen.

Flugträume

Flugträume sind eine sicher »erhebende« Traumerfahrung, die sehr unterschiedliche Ursachen haben kann. Der alte Ikarus-Traum des Menschen, sich in die Lüfte erheben zu können, um wie ein Adler zu fliegen, ist fraglos ein Symbol der Transzendenz. Der Flug als Sinnbild für den spirituellen Aufstieg ist durch das Buch *Die Möve Jonathan* populär geworden wie nie zuvor. Flugträume sind übrigens Übungsplätze für das luzide Träumen, das über die Vorphase des Flugtraums sehr zuverlässig eingeleitet werden kann.

Der Flugtraum kann auch versinnbildlichen, daß sich der Träumer vom »Boden der Wirklichkeit« entfernt und einen Höhenrausch bekommt. In der Traumerkennung stehen alle Polaritäten hautnah beieinander und können nur im Zusammenhang mit der Gesamttraumhandlung zur einen oder anderen Seite hin verschoben werden. Nichts ist deshalb schwieriger, als »eindeutige« Zuordnungen zu geben. Auch Flughöhe und Fluggeschwindigkeit müssen beachtet werden. Wird frei geflogen oder noch mit einem Behelfsvehikel, einem Drachen, einem Windsegler oder sonstwas? Tiefe Flugmanöver haben einen observierenden Aspekt: Alles will genau betrachtet oder aufgenommen werden. »Überblick verschaffen« kommt uns hier sofort als Assoziation. »Höhe und Abstand gewinnen« steht auf der anderen Seite. Mit der Höhe wächst die Flugsicherheit, aber es wird auch zunehmend kälter. Der Abstand zur Erde wird größer, und man braucht länger, um wieder herunterzukommen.

Flugträume können auch Störungen im Stoffwechselhaushalt oder im Blutkreislauf anzeigen und gehen dann meist mit einengenden Gefühlen einher. Kindheitserlebnisse – das Kettenkarussell auf dem Kirmesplatz – können restimuliert werden und einen Flugtraum provozieren, eine wehmütige Reminiszenz an ein Kindheitserlebnis schöpfte dann dieses stellvertretende Symbol im Flugtraum. Lang gehegte Sehnsüchte bekommen Flugerfahrung und dynamisieren sich etwas erden- und realitätsferner.

Es gibt aber auch noch andere, gewagtere Hypothesen. Flugträume können auch als Vorstufen zu Jenseitserlebnissen und Astralreisen angesehen werden und deuten auch irdische Entstofflichung im Übergang zu einem anderen Leben an. Als Todessymbol ist der Flugtraum genauso glaubwürdig wie als Neugeburtsaspekt in anderer Atmosphäre. Die Synonyme der Traumsprache sind unendlich und unergründlich. Nur mit großer Hinwendung gelingt es uns, über das vorsichtige Abtasten der gesamten Traumhandlung im Erspüren ihrer dahinterliegenden Botschaft ausfindig zu machen, wie das Fliegen zu verstehen ist.

Die Traumforscher Mourly, Vold und Dr. Paul haben noch eine Freudsche Version für Flugträume anzubieten. Sie glauben, daß Flugträume bei Männern Erektionsträume sind, »weil die Phantasie unbewußt die männliche Erektion mit der Aufhebung der Schwerkraft verbindet«. Wenn man nach Jung unterstellt, daß das Symbol (in diesem Falle das Fliegen im Traum) immer in einer aparten Verpackung zur Darstellung eines nur artverwandten, sinnentsprechenden Zusammenhanges verwendet wird, dann mag man dieser Vermutung sogar hohe Wahrscheinlichkeit einräumen.

Fallträume

Wie oft sind wir als Kinder hingefallen, bis wir auf unseren Beinen stehen konnten. Wie oft war dieses Hinfallen mit einer schmerzlichen Erfahrung verbunden. »Auf die Nase fallen« wir auch noch als Erwachsene. Der Falltraum weist uns auf einen Stolperdraht hin, auf eine Barriere, auf einen Widerstand, auf den wir aufmerksam werden sollten. Auch geht es manchmal um das »Sich fallen lassen«, womöglich in die ausgebreiteten, schützenden Arme der Mutter. Es geht um das Getröstetwerden, um Schutzsuche, ganz einfach um Liebe oder um die Loslösung aus einer Verkrampfung, um die Befreiung von einem Zwang, aus einer Streßsituation, um die Ohnmacht, die man empfindet, wenn man mit einer Sache nicht mehr fertig wird.

Wie oft träumen wir, daß wir uns in einer Grenzsituation befinden, daß wir am Rande eines Abgrunds, auf einem steilen Felsen, auf einer Klippe im Meer stehen, in einer Gondelbahn sitzen, auf einem hohen Turm stehen und herunterschauen: unter uns der gähnende Abgrund, der wie ein unheimlicher, unerklärlicher Sog wirkt und uns förmlich hinabzieht. Wir haben das Gefühl, uns einfach fallenlassen zu müssen. Wir haben häufig Angst, »uns fallenzulassen«. Das wird oft gleichgesetzt mit Leichtsinn und Leichtfertigkeit, mit Nachgeben und »Sich-nicht-in-der-Gewalt-haben«. Eine puritanisch-strenge Erziehung kann der Grund dafür sein, der verdrängte Wunsch nach Liebe und Zärtlichkeit der Motor dafür, es doch zu tun. Sehr oft wird der tatsächliche Traumsturz zu einem genüßlich empfundenen Freiheitsakt, der uns ganz woanders hinträgt. Entscheidend bleibt im Traum, wie und wo wir landen. Nur das ist wichtig.

Spüren Sie, wie eine nicht endenwollende Assoziationskette ihre Fäden zieht und das Netz immer enger knüpft, um dann eben jenes einzigartige und unverwechselbare, mit keinem anderen Fall vergleichbare Fallen in diesem einen Traum richtig auszulegen?

In der Waite-Tarotkarte Nummer 16, Der Turm, fallen gleich zwei Gestalten kopfüber vom Turm herab auf den spitzen Felsen unter ihnen, und die große, goldene Krone stürzt ihnen nach und zermalmt sie vielleicht noch.

Ist das der Sturz vom hohen Roß oder das Zurückgeworfensein auf sich selbst? Ist es der Absturz aus der materiellen Höhe, der Bankrott oder ein Akt der Verzweiflung? Auf der Tarotkarte fallen auch die Flammen der Gnade unmittelbar hinterher!

Seth behandelt in seinen Gesprächen aus der profunden Überschau über das Traumgeschehen auch die Flug- und Fallträume: »Von der körperlichen Zentrierung befreit, können wir mit feineren Antennen mehr Stimmen aus dem Kosmos hören. Wahrscheinliche Handlungen leben wir im Traumzustand aus. Zwischen Schlafen und Wachen gibt es eine undifferenzierte Ebene, auf der wir passive und offene Empfänger sind für telepathische und hellseherische Botschaften, die uns ohne Mühe erreichen. Unser Bewußtsein ist dann unterwegs wie Treibsand. In diesem Zustand können Fall- und Flugträume auftreten, charakteristisch für die Grenzzone undifferenzierter Seelenbereiche. Die Größenempfindung ist zum Beispiel eine psychische Umdeutung der Ausdehnung.«

Nacktheitsträume

In diesen Träumen steht man ziemlich »bloßgestellt« da und empfindet Peinlichkeit, wenn man plötzlich auf der Straße an sich herunterschaut und bemerkt, daß man keine Hose oder keinen Rock anhat, auch keine Unterhose. Und man hält die Hände schützend über die Blößen, wünscht sich ein riesiges Feigenblatt, rennt und rennt und kommt doch nicht aus dem Gedränge heraus. Oder man ist auf einer piekfeinen Gesellschaft eingeladen, die Damen in großer Robe und alle Herren im Frack. Man selbst aber steht mit dem Sektkelch in der Hand pudelnackt in der Runde, weil die Garderobe wie von magischer Hand plötzlich weggezaubert wurde. Was bedeutet das?

Hier wird im wahrsten Sinn des Wortes unser Ich enthüllt, seiner Hüllen beraubt, und was übrig bleibt, ist nicht das kostümierte, aufgeputzte Ich, sondern das nackte, wahre Ich. Dies ist im wahrsten Sinne des Wortes eine Entkleidung, eine Offenlegung auch im Sinn von »Farbe bekennen«, die Wahrheit preisgeben, sich »mit nackter Brust« den Tatsachen stellen. Fast immer ist eine schonungslose Konfrontation gemeint. Wir fühlen uns durchschaut, alle anderen schauen auf uns. Es ist ein Proteststurm gegen die Konvention, kann aber auch das Bedürfnis sein, sich bar allen Mummenschanzes ehrlich und nackt zu zeigen. Auch die Angst spielt mit, unverhüllt entdeckt oder erkannt und voll identifiziert nun von anderen verfolgt zu werden, weil sie die eigenen (schlechten?) Absichten durchschaut haben. Die anderen sind hinter einem her, und auf der Flucht verliert man sogar noch den letzten Rest seines Schutzes, seiner Kleidungsstücke, den letzten Rest konventioneller Unauffälligkeit und sticht nun von den anderen ab. Im sexuellen Kontext kann natürlich auch ein exhibitionistischer Drang eine Rolle spielen. Ein unbestimmter Drang, sich sittlich bloßzustellen, kann zu einer gelinden Provokation werden, und unverhüllte Nacktheit im Liebesakt ist eher der triebhafte Wunsch nach vollkommener, verschmelzender Vereinigung ohne allen Anstand, ausgelebte Sexualität ohne Verklemmtheit und Beschränkung.

Steuern wir zum Schluß noch die Möglichkeit bei, daß wir ja auch manchmal einen anderen ausziehen wollen, nicht aus triebhafter Begierde, sondern aus Vorteils- und Machtstreben. Umgekehrt ist denkbar, daß wir selbst ausgezogen, ausgenutzt und mißbraucht werden.

Tierträume

Tiere verdeutlichen zunächst die ungezügelten Triebkräfte in uns, das Animalische, Instinkthafte, Kreatürliche, was wirklich nicht nur negativ, sondern im schamanischen Sinne sogar höchst positiv gedeutet werden kann. Schlau zu sein wie ein Fuchs oder klug wie eine Eule, beweglich wie ein Eichhörnchen, sind Komplimente für den Menschen, der gewohnt ist, öfter Haken zu schlagen wie ein Hase. Wir sind froh, wenn wir wie ein Delphin schwimmen können oder von den anderen als Wasserratte bezeichnet werden. Im verbalen Ausdrucksbereich greift man zum Bildgleichnis und projiziert das Wesensspektrum des jeweiligen Tieres auf den Menschen, um ihn dadurch besser zu charakterisieren. Der Traum macht von dieser Möglichkeit ebenfalls gerne Gebrauch!

. Die andere Seite ist die verhaltenspsychologische Komponente. Unser Verhalten kann verblüffende Tierentsprechungen aufweisen, auch unser Aussehen, denken sie an die »Geiernase«, das »Adlergesicht« der Indianer oder an das »Andackeln« eines Menschen, der sich verlegen, mit dem Gefühl, etwas ausgefressen zu haben, in scheinbarer Absichtslosigkeit seinem »Herrn« nähert. Tiere versinnbildlichen die schwer einzustufende und ebenso schwer zu beschreibende Temperamentsanlage eines Menschen. In einem schüchternen Menschen kann eine ganz hohe, verdrängte Triebsetzung stecken; denken Sie an den

»Wolf im Schafspelz«. Unausgelegte Aggressionen schlummern förmlich in Tiertraumbildern und warten auf »das große Fressen«, das ihnen vorgeworfen wird. Teile unseres Ichs rütteln manchmal aufgeregt an den Gitterstäben unseres Käfigs, wie wir es im Zoo betrachten können. Wir wollen triebhaft ausbrechen. Tiere sind beliebte Metaphern für Verdrängungen aller Art. Die Senoi müssen sich vor der Initiation mit Tieren gemessen haben. Das Bestehen eines sehr gefährlichen Tierabenteuers signalisiert den erfolgreichen Übergang in die Erwachsenen- und Reifephase.

In Schamanenritualen tanzen wir unser Krafttier. Über Imaginationen und kreative Visualisation erfahren wir, zu welcher Tierart wir starke archaische Verbindung unterhalten. Es dämmert hoch, welcher Gruppen-Tierseele wir uns selbst verwandt fühlen. Waren wir nicht alle in unserer Kindheit gut Freund mit irgendeinem Tier? Hat uns allen nicht schon einmal ein Tier geholfen und in bitterster Stunde beigestanden als Tröster und treuer, zuverlässiger Kamerad? Haben wir gar in Präexistenzen mit Tieren zusammengelebt? Denken Sie an die Wolfsmenschen, die immer wieder gefunden werden, an den Schneemenschen im Himalaya oder an die Riesen, die tierähnlichere Züge aufweisen und die es in Neuguinea heute noch geben soll.

Wenn wir unser Krafttier austanzen und uns in seine Seele versetzen, gelingen teils so perfekte Rollenspiele, daß eine tiefere Seelenbindung zum Tier im Menschen evident wird. Von diesen Tieren können wir uns ja auch Kraft holen, Stärke, Mut und Selbstvertrauen und den sicheren Instinkt dafür, wie wir uns in diesem Leben bewegen sollen. Michael Harner hat in seinem Buch über die Schamanen solche Rituale sehr anschaulich beschrieben.

Über die Tierarchetypen, die sehr lebendig in uns sind, gelingen uns oftmals hervorragende Traumeingänge. Da versinnbildlicht beispielsweise die Katze Unabhängigkeitswünsche oder erotisches Schmusebedürfnis, die Kuh etwas Muttertierhaftes, große Geduld und abgeklärte Ruhe.

Einer meiner Dauerträumer hatte einmal monatelang mit einem mächtigen, wilden und aufbegehrenden Schimmel in seinem Gatter zu tun, den er nicht unter Kontrolle bekam. Es waren seine eigenen, sehr starken und unausgelebten körperlichen Kräfte, mit denen er sich schlecht zu arrangieren wußte, die er auch durch erhöhte sexuelle Aktivität in den Griff bekommen mußte. Das Gatter charakterisierte im Traumbild das Eingesperrtsein.

»Ein Bär von Mann« sagt eigentlich genug und muß nicht gedeutet werden, und »falsche Schlange« als Bezeichnung für eine Frau sagt ebenso genug wie »Geier« für einen Geschäftsmann. Der Löwe deutet vielleicht noch eine gelungene Familiensynthese und harmonisches Eheleben an, denn die Löwen sorgen sich entzückend um ihre Aufzucht, während wir uns mit vorgeschobenem Egoismus manchmal bewegen wie die »Elefanten im Porzellanladen«.

Wunschträume

Mit unseren Wunschträumen, die ja das Lieblingsfeld von Freud waren, der ihnen vor allem im unterdrückten sexuellen Bereich einen hohen Stellenwert einräumte, sind wir mitten im schönsten und üppigsten Selbstbedienungsladen unserer Psyche. Ein Schlaraffenland eröffnet sich für uns alle. Ich vertrete wie Jung die Ansicht, daß es nicht so sehr um die verdrängten Wunschvorstellungen geht, sondern vielmehr um die Kompensation von Ausgelassenem, Versäumtem, von allem, was uns ein wenig stiefmütterlich am Rand des Lebens zurückgelassen hat, wo wir doch eigentlich Anrecht auf viel mehr gehabt hätten. Der mit beiden Beinen in der Lebensrealität stehende Gegenwartsmensch weiß sehr genau und übersieht, was er sich bei seinem Lebensstandard leisten kann und was nicht – mit Auf- und Abschlägen selbstredend. Er verdrängt nicht, sondern er resigniert allenfalls, er memoriert und phantasiert ein bißchen über seine Wünsche. Hier nun öffnet der Traum alle Türen und Tore und sagt: »Hereinspaziert, ihr Wünsche, Hoffnungen, Sehnsüchte und Visionen von einem besseren Leben. Mit deiner eigenen Laterna magica kannst du alles haben. Setz' nur dein Traumfernrohr ans Auge und du wirst sofort beliefert!« Hier macht uns der Traum deutlich, daß es unser Schöpfungsanrecht ist, *aus der Fülle und in der Fülle* zu leben. Wir leben im ständig an uns vorübergleitenden Überfluß – so ist es in der Natur, so ist es im Leben. Wir müssen uns nur *nehmen* aus den großen, mit Geschenken und Lebensfrüchten überladenen Angeboten, was uns geziemt und was für jeden einzelnen von uns bereitliegt. Wir selbst fließen über von Energie, die wir bereitwillig unserem höheren Selbst zur weisen Verteilung an andere Menschen zur Verfügung stellen sollen. Mit vollen Händen sollen wir geben, um auch nehmen zu dürfen.

Der Wunschtraum hat hier eine geradezu phänomenale Aufgabe,

nämlich uns an den Reichtum des Lebens heranzuführen und auf einer anderen Ebene mit ihm leben zu lernen, wenn wir es in Wirklichkeit noch nicht können. Ich nehme deshalb die unbestellten Wunschträume, also nicht die hochbesetzten Finalbilder, gerne als »Chancenbörse« für den Menschen. Er kann über solche Träume genau erkennen lernen, wo er investieren, wo er – um im Börsenjargon zu bleiben – »kaufen« oder »verkaufen« muß, welche Papiere er »halten« oder »abstoßen« muß. Unsere Traumkraft sitzt mitten in unserem Begabungspotential, möchte es im Sinn unserer evolutionären Entwicklung zur Blüte und Entfaltung bringen und bemüht sich rührend darum. Mit Engelszungen werden wir aufgefordert, doch dies und das zu versuchen, weil wir es *können*! Für diese unmißverständlichen Traumaufforderungen müssen wir künftig offen sein.

Präkognitive Träume

Um angenehme und vorausschauende Träume zu haben, »esse man nach einer sehr mäßigen Abendmahlzeit eine ziemliche Portion grüner Melissen als Salat mit Wein und Zucker, oder mit Essig und Öl angerichtet. So werden sich dann im Traume nur angenehme, freundlichste und anmutigste Vorstellungen zeigen. Diese Wirkung hat auch das Ochsenzungenkraut, auch genannt Augenzier, Bauernboretsch, Liebäugel (Anchusa officinalis). Beide Kräuter zusammengenommen sind noch besser«, lesen wir in einer alten Anweisung, wie man auch prophetische Träume evozieren und begünstigen kann.

Ich selbst habe eine Unmenge Konditionierungen ausprobiert und muß etwas ernüchternd bekennen, daß sich keine Traumart so wenig »händeln« und beeinflussen läßt wie die präkognitiven Träume. Am besten sind sie noch über die Calligaris-Technik, über die mechanische Reizung der Fingeraxialen und -digitalen nach einem bestimmten System zu holen. Aber auch hier verlangt es viel Geduld und eine hohe spirituelle Einstimmung und Vertiefung, bevor sich die Traumkraft in diesem elitären Feld die Ehre gibt.

Jung spricht beim zeitgleichen Zusammentreffen eines äußeren Ereignisses mit einem Traumhinweis von »Synchronizität«. »Ein solches Zusammentreffen von einem Traummotiv mit einem äußeren, sinngleichen Ereignis, von dem man nicht nachweisen kann, daß das eine ursächlich vom anderen erzeugt wird, nannte Jung das Synchronizitätsphänomen«. Schreibt Louise von Franz:»Wenn man seine Träume regelmäßig beachtet, sieht man, daß ein solcher sinngleicher Zusammenhang von außen und innen häufig vorkommt.«

Wenn wir uns noch einmal in Erinnerung zurückrufen, daß der Traum die Zeitachse aufhebt und im astro-physikalischen Sinne zu einer Kreisform ausweitet, dann kann unsere Gegenwart nicht nur die Zukunft und Vergangenheit, sondern die Zukunft auch die Vergangenheit *und* Gegenwart und die Vergangenheit (immer im Kreisfortschritt gesehen) auch die Gegenwart und Zukunft ein- oder überholen. An unser Vorstellungsvermögen sind hier erhebliche Anforderungen gestellt. Es ist zumindest hypothetisch bewiesen, daß präkognitive Träume an der Tagesordnung sind, und jeder Profiträumer wird eine Fülle solcher Dokumentationen bereithalten. Die Beweiskette ist schlüssig zu knüpfen.

Bevor ich einige aparte Beispiele von Seminarteilnehmern wiedergebe, möchte ich einen besonderen präkognitiven Traum des Psychiaters Dr. Bernhard Alois von Gudden schildern. Gudden erzählte morgens beim Frühstück völlig verstört seiner Frau, daß er nächtens mit einem starken Mann im Wasser um sein eigenes Leben gekämpft habe. Am 13. Juni 1886, einige Wochen später, wurde dieser Traum zur grausamen, finalen Wirklichkeit. Gudden rang mit seinem prominenten Patienten, König Ludwig II. von Bayern, dem populären und unvergessenen»Kieni« im Starnberger See, um ihn vor dem Selbstmord zu retten und fand dabei selbst den Tod durch Ertrinken.

Viele aufgezeichnete Träume von Teilnehmern meiner Traumgruppen haben sich später bewahrheitet. So auch der Traum einer medial begabten Träumerin, der sechsundvierzigjährigen Frau eines bekannten Top-Managers:

»Ein junger Mann rennt keuchend die einsame Bergstraße zwischen zwei kleinen bayrischen Dörfern hinunter. Sie schlängelt sich an einem schmalen, fast zugefrorenen Fluß entlang, begrenzt von verschneiten, hohen Tannen und den Eisschollen, die sich am Ufer stapeln. Der junge Mann fängt an zu taumeln. Blut sickert unter der Kapuze seines Anoraks hervor, tropft von der Augenbraue auf die Wange. Er hat gerade einen Unfall gehabt, will für seinen verletzten Kameraden im Auto Hilfe holen. Doch statt auf der Straße weiterzulaufen, stapft er im wilden Schneegestöber unversehens auf die Eisschollen in Richtung Fluß zu. Plötzlich ist er nicht mehr zu sehen, seine Fußspuren verlieren sich...«

In diesem Augenblick erwachte die Träumerin schweißnaß und fühlte, daß ein entsetzliches Unglück passiert war. Noch wußte sie es nicht einzuordnen, nicht zu klassifizieren, den Traum nicht zu deuten. Doch mit feinem Instinkt identifizierte sie bereits den jungen Mann. Es war Stefan, der Sohn ihres Onkels Ludwig. Eine eigenartige Unruhe ergriff sie auch für die nächsten Stunden...

Drei Tage später hatte sie diesen bedrückenden Traum schon fast vergessen, als das Telefon schrillt. »Hier ist Ludwig«, hört sie eine tränenerstickte Stimme sagen, »Stefan hat heute morgen einen Autounfall gehabt. Er ist im Fluß ertrunken, als er für seine Freunde Hilfe holen wollte...« Lange hat es gebraucht, bis sich die hellsichtige Träumerin von diesem Schock erholt hatte. Auch in der Folge produzierte sie noch eine ganze Reihe von hellsichtigen Träumen, allerdings nicht mit so dramatischer Wendung wie bei dem vorbeschriebenen Traum.

Ein anderer Seminarteilnehmer träumte immer wieder einen Wiederholungstraum: Er fuhr mit seiner Frau und seinen vier kleinen Kindern durch eine bestimmte Straße in Wien. Dabei hatte er das unbestimmte Gefühl, daß diese Fahrten immer von bedeutender Wichtigkeit für ihn waren, es ging gleichsam um Leben und Tod, um eine lebenswichtige Entscheidung. Michael, so hieß der Träumer, hatte sich gerade in seinem Fachbereich selbständig gemacht und war erfüllt von Existenzsorgen.

Eines Tages bekam Michael im Nachträumen den Schlüssel für seinen beunruhigenden Wiederholungstraum in die Hand. »Wohllebengasse« hieß die besagte Wiener Straße, in die er immer wieder einkehren mußte. Der Traum wollte ihm auf sehr schnelle Weise verdeutlichen, daß er sich um seine nahe Zukunft keine Sorgen zu machen brauche. Es würde alles glattgehen, so verstand Michael den Traum, wonach ihn ein seltsames Gefühl von absoluter Sicherheit und innerer Geborgenheit überkam. Und so war es dann auch wirklich. Der neu eröffnete eigene Laden von Michael entwickelte sich hervorragend und blühte förmlich auf, das »Wohlleben« für ihn und seine Familie wurde positive Wirklichkeit!

Warnträume

Unser Unterbewußtsein hat die bemerkenswerte Fähigkeit, über die seismographische und authentische Erfassung aller unserer Lebens- und Erlebensdaten, die in seinem unvorstellbar großem Computer erfaßt werden, eine sogenannte Vorspeicherung künftiger Ereignisse vorzunehmen. Wir können das mathematisch nur im Sinne der bekannten Wahrscheinlichkeitsberechnungen oder Langfrist-Prognosen verstehen. So werden unwirkliche Wirklichkeiten mit hohem »Verwirklichungsgrad« vorgeträumt, um den Träumer auf denkbare und wahrscheinliche Wirklichkeiten seines Lebens hinzuweisen. Dahinter stehen langfristige seelische Entwicklungen, die irgendwann zu einem Eklat neigen. Der Übertritt in die reale Lebenswirklichkeit vollzieht sich dann wie das Überlaufen eines sich ständig auffüllenden Gefäßes: Der letzte Tropfen ist es, der den Übergang in die sichtbare Erscheinungsform bewirkt. Zumeist ist schweres inneres Ringen vorausgegangen. Unentschlossenheit ist der Sendbote solcher Warnträume, die uns auf mögliche Entwicklungen hinweisen wollen, die Gefährdungen bringen. Der Eintritt des angekündigten Ereignisses ist keinesfalls zwingend, obwohl Warn- und Wahrträume oftmals identisch werden.

Unsere Traumkraft arbeitet ganz anders, viel subtiler und besser als unser Wachverstand an den logischen Fehlerquellen und Trugschlüssen unseres Intellekts. Konflikte werden hier viel tiefgründiger behandelt, und der Traum unterzieht unser Wachleben einer gnadenlosen Kontrolle.

Irgendwann – wie auch bei leichtfertigen Vergehen gegen die unerschütterlichen Gesundkräfte in unserem Körper – wird die Rechnung vom Computer ausgedruckt. Im Körper heißt sie Krankheit – es somatisiert sich, sagen wir. Im geistigen Bereich gibt es zuerst Verwarnungen und, wenn alles nicht mehr hilft und fruchtet, den »blauen Brief« unseres Schutzengels, mit dem er sein Geleit vorübergehend aufkündigt. Dieser »blaue Brief« wird zumeist im Traum, im Warntraum angekündigt, der eine fast unvermeidbare Entwicklung aufzeigt. Wenn wir nicht hören und folgern, folgt der Unfall, die Verwicklung, die Bestrafung, der Eklat, die Lebensbedrohung. Alles *nur* zu unserer Hilfe, zu *unserer* gut gemeinten Entwicklung. Dabei bekommen wir bereits einige Bilder des zukünftigen Ereignisses geliefert, damit wir auch plastisch begreifen lernen, worum es sich bei dem künftigen Ereignis eigentlich handelt.

Hanns Kurth hat uns die erschütternde Geschichte der italienischen Schönheitskönigin Marcella Mariani hinterlassen, die das Vorangegangene sehr anschaulich erläutert. Marcella hatte böse Ahnungen, als sie einen Flug antreten sollte. Sie träumte von einem Flugzeugabsturz und berichtete ihrer Mutter von diesem Warntraum, den sie selbst jedoch in den Wind schlug, obwohl sie vier Stunden vor dem Start auch noch körperliche Reaktionen bekam, so daß sie einen Arzt konsultieren mußte. Sie bekam plötzlich hohes Fieber, Schüttelfrost, hatte Nervenschmerzen und ein Flatterherz. Sie erzählte sogar noch ihrem Arzt von ihrem furchtbaren Warntraum. Der Arzt beruhigte sie. Marcella wollte (oder mußte?!) das Schicksal offensichtlich herausfordern und bestieg trotz allem die Todesmaschine, die wenig später an einem Felsenhang des Monte Terminillo in den Apenninen zerschellte.

Zwei Tage später bekam die Mutter folgenden Brief ihrer Tochter: »Liebe Mutter, ich hoffe, daß dieser Brief einen anderen Weg nimmt als ich, mit einem anderen Flugzeug reist als mit dem, das ich benutze. Ich habe in der letzten Nacht einen furchtbaren Traum gehabt. Unser Flugzeug zerschellte an einem riesigen Hang. Ich stürzte in eine tiefe Schlucht. Um mich her war nur Feuer. Und dann war alles hell, als sei ich in der Sonne, der ich aber in Wirklichkeit entgegenflog. Ich war krank, als ich erwachte, ich rang nach Luft. Ich will dir keine Angst machen, Mutter, aber mein Herz klopft. Ich habe einen entsetzlichen Alpdruck auf meiner Seele, und doch wage ich es nicht, von diesem Flug zurückzutreten. Man könnte sonst über mich lachen...«

Dieser Fall schildert mit seinem vieldeutigen Hintergrund auch die unbarmherzige, zwingende Schicksalhaftigkeit unseres vorgelösten Lebensbilletts, das einfach zu einem bestimmten Zeitpunkt abgegeben werden muß. Lauschen wir daher sehr sorgfältig auf unsere Warnträume. Sie haben mir schon geholfen, Autounfälle, ernsthafte Verwicklungen, unausbleibliche Arbeitspannen und unangenehme Konfrontationen mit anderen Menschen zu verhindern, sie haben mich vor Verlusten gewarnt, die zweifelsfrei eingetreten wären. Sie haben mich auch an den wegsetzenden Marksteinen meines Lebens in die richtige Richtung gewiesen und in deutlichen Bildern die Gefahren von Verirrungen aufgezeigt.

Diagnostische Träume

»In der symbolisch-prälogischen Bildersprache der Träume werden
unsere Konflikte und Probleme dargestellt, mithin auch Krankheiten
seelisch-geistiger und körperlicher Natur. Viel häufiger als der Träumer und bis zum heutigen Tag auch die meisten Traumanalytiker es
wahrhaben wollen, künden Traumerlebnisse Unfallbereitschaft oder
aber eine im Organismus sich anbahnende Krankheit an«, sagt der
französische Traumforscher Professor Lhermit.

Dr. Wassilij Kassatkin, der am Neurochirurgischen Institut in Le-
ningrad Traumforschung betreibt, hat interessante Hypothesen aufgestellt, die ich aus meiner eigenen Arbeit bestätigen kann: »Wiederkehrende Träume sind die ersten Warnsignale schwerer Krankheiten.
Obwohl ihr Arzt in der Deutung von Träumen nicht geschult sein mag,
kann durch die Schilderung eines sich häufig wiederholenden Traums
seine Aufmerksamkeit auf einen bestimmten Teil eines Körpers gelenkt werden, der medizinisch untersucht werden sollte«. Kassatkin
will in Reihenversuchen auch festgestellt haben, daß bestimmte
Traumtypen eine Disposition für bestimmte Krankheiten erkennen
lassen. Schließlich hat er sogar eine Phänomenologie von Diagnose-
träumen aufgestellt. Brustverwundungen können einen Herzinfarkt
signalisieren. Eine Verletzung des Magens deutet auf Magenkrebs
oder Nierenschaden hin. Schwierigkeiten in der Fortbewegung warnen vor einem Wirbelsäulentumor. Sprachstörungen kündigen die
Parkinsonsche Krankheit an. Gehirntumore können durch Sprech-
verhinderungen angezeigt werden (man macht den Mund auf und bekommt kein Wort mehr heraus). Auch durch Gesichtsdeformationen
oder ungewöhnliche, verbergende Kopfbedeckungen.

Kassatkin meint, daß diese Früherkennungsträume schon Monate
vor Ausbruch der latenden Krankheit geträumt werden und dem Betroffenen die Chance eröffnen sollen, rechtzeitig Vorsorgemaßnahmen
zu ergreifen. Er hält seine Forschungsergebnisse für eine revolutionie-
rende Chance der medizinischen Frühdiagnostik.

Die Imaginationsübungen geben eine gute Möglichkeit, die
»traumhafte« Selbstuntersuchung einmal auszuprobieren. Verzichten
Sie aber deshalb keinesfalls auf einen Gang zum Arzt, wenn Sie eine
ernsthafte Unpäßlichkeit und den kognitiven Verdacht auf eine Er-
krankung spüren. Für mich habe ich im Traum geringe Subluxationen
von Rückenwirbeln entdeckt, die später dem Chiropraktiker die exak-

te Handhabe zum Eingriff gaben. Ich habe meine Gelenke in den Gelenkpfannen arbeiten und sich bewegen sehen und konnte dabei die Befindlichkeit jener etwas eingeschränkten Mechanikkörper genau beobachten und rezitive Vorgänge studieren. Wir können auf diese Weise auch über eine wirkliche Trance unseren ganzen Körper durchchecken oder durchleuchten und bekommen ins Gespür, wo Energieströme blockiert oder unterbrochen sind und wo das Wechselspiel von Ying und Yang im Ungleichgewicht arbeitet.

Die Neuronen, unsere Traumerzeuger, sind ja letztlich Bausteine unseres Nervensystems, das von einem Krankheitsverlauf unmittelbar in seinen Leitungsbahnen geschädigt wird. Warum sollen sie dann nicht auch die in ihren Reihen entstehenden Unregelmäßigkeiten anzeigen und uns Hinweise geben? Zumindest beginnt ja fast jede Krankheit in unserer Psyche, die Disharmonien oder zerstörerische Attacken nicht mehr bewältigen kann und nun das Symptom in den Körper zwingt, damit wir endlich verstehen sollen, was unheil geworden ist und wieder anders zusammengefügt werden muß, damit die Schwingungsoktave in einem bestimmten Organ- oder Körperbereich wieder zum Tönen kommt.

Heilträume

»Der Patient«, sagte einmal Dr. Fromm-Reichmann, »braucht eine Erfahrung, keine Erklärung!« Unsere so aufgeklärte Schulmedizin gibt dem Patienten heute noch nicht einmal mehr eine Erklärung (denn dazu reicht die Zeit bei der Fließbandtherapie nicht), geschweige denn eine Erfahrung. Die einzigste Erfahrung, die der Patient machen kann, ist sein Leidensschmerz, und auch der wird ihm noch durch schnellwirkende Mittelchen genommen. Wie soll der Mensch da noch gesunden?

In den Gärten des Asklepeion träumte man nicht selten auch die eigene Therapie im Tempelschlaf, der mit bestimmten Ritualen induziert wurde. Unsere Traumkraft weiß sehr wohl, wo wir ansetzen müssen und welche Systeme in uns welcher Stärkung bedürfen. Nach meiner Erfahrung gibt der Traum bei Erkrankungen serienweise versteckte und offene Hinweise, wie wir durch Veränderung unserer Lebensführung Heilung erreichen können. Aber gerade dieser Punkt ist ja unpopulär und wird deshalb geflissentlich überhört oder verdrängt. Wir wollen ja genau so verrückt und ungesund weiterleben wie bisher und erwarten dennoch Heilung. Als ob die Krankheit, die momentane, selbstverschuldete Abwesenheit von Gesundheit, nicht gerade eine nach höchstem Ratschluß beschlossene Mahnung sei, wirklich *etwas zu verändern in unserem Leben*. Diese wichtigste Indikation wird heute schnöde ausgeklammert, weil der Patient in der Verantwortung für seine Krankheit draußen bleibt.

Ich kann nur eindringlich sagen, hören Sie auf Ihre Träume! Sie sagen Ihnen etwas über die Herkunft und Entstehung Ihrer Krankheit und schildern Ihnen das »krankhafte Milieu« den angefaulten Nährboden, auf dem sich Ihre Krankheit erst entwickeln konnte. Sie sagen es Ihnen, weil Sie diese schlechte und schwächende Konditionierung in ihrem Leben *aus eigener Kraft* ausräumen sollen.

Nicht umsonst sagt der Volksmund, daß man sich »gesund schlafen kann«. Der Schlaf mit gesunder Traumtätigkeit ist das wichtigste Therapeuticum des Menschen. Wir können um Heilung bitten, aber wir können unseren Heilungsprozeß in der Nacht auch aktiv beschleunigen helfen, indem wir genau die traumgegebenen Anweisungen durchführen. Überdies kommen nachts unsere Heilengel und unternehmen viele Anstrengungen, um unser Befinden schnell zu verbessern, *wenn Einsicht in die Zusammenhänge und die Entstehungsursache der Krankheit vorhanden sind und ehrliches, gläubiges Bemühen, in Selbstregie wieder gesund zu werden!*

»Wir können Heilungsvorgänge im Körper steuern durch Bestimmung, daß sie auf einer der Ebenen des Schlafbewußtseins aktiviert werden sollen. Auch können wir erbitten, uns die für die Aufrechterhaltung unserer Gesundheit nötige psychologische Führung zuteil werden zu lassen«, erklärt Seth, dessen Marginalien über den Traum und seine psychologische Funktion für mich zum Besten gehören, was nach Freud, Jung und Adler je geschrieben wurde. »*Krankheit und Leid sind ein Nebenprodukt des Lernprozesses, von uns selbst geschaffen und als solche neutral.* Krankheit und Leid sind das Resultat einer falschen Verwertung schöpferischer Energien. Sie sind jedoch ein Teil der Schöpferkraft. Und sie sind auch nicht anderen Ursprungs als zum Beispiel Gesundheit und Vitalität. Leid ist an und für sich nicht gut für die Seele, es sei denn, wir lernen dadurch, ihm ein Ende zu setzen. Darin liegt sein Zweck!«

267

Todesträume

Haben Sie keine Angst! Es passiert selten, daß man seinen eigenen Tod vorausträumt. Hier hat unsere Traumkraft wieder eine sehr weise Sperre in das Differential unseres Unterbewußten eingesetzt, die wir nicht beseitigen können. Daß vielfach schon der Tod eines nahen Angehörigen oder bekannter Menschen vorausgeträumt wurde – und zwar in allen Einzelheiten – gehört zum festen Erfahrungsfundus der Traumforschung. Denken wir nur an Cäsars Gattin Calpurnia, die seine Ermordung in allen Details vorträumte und ihren Gatten sogar noch eindringlich warnte. Der aber fühlte sich über solches Weibergeschwätz erhaben. Zwei Tage später war er tot. Ein modernes Beispiel von einer unserer Traumfreundinnen mag dies ebenfalls belegen:

»Sämtliche Rolläden am Haus meiner Nachbarin sind heruntergelassen. Ich stehe mit einem unheimlichen Gefühl vor dem Haus und entschließe mich dann zu läuten. Lange Zeit rührt sich nichts. Endlich öffnet sich die Türe und die Tochter der Nachbarin steht in Trauerkleidung vor mir. Anstatt ihres blonden Pferdeschwanzes, den sie seit Jahren trägt, hat sie eine vollkommen andere Frisur. Sie trägt die Haare in einer Art Innenrolle. Sie sagt zu mir: »Wissen Sie nicht, daß meine Mutter gestorben ist?« Ich bin sehr traurig und wache weinend auf.

»Die Nachbarin bekam etwa ein halbes Jahr später völlig unerwartet einen Gehirninfarkt, an dem sie einige Wochen später starb. Die Tochter trug zur Beerdigung die gleiche Frisur, wie ich sie im Traum gesehen hatte.«

Im Aramäischen, der Sprache, die Jesus sprach, bedeutet Tod »nicht hier, sondern anderswo anwesend«, denn das Leben währt ja ewig. Nur unser physisches Dasein ist begrenzt. Rocco A. Errico sagt: »Tod ist nicht nur eine Funktion des Lebens, sondern auch ein Teil des Gleichgewichts des Lebens. Jeder Eingang hat auch eine Art Ausgang, da die ganze Natur von wechselseitigen Gesetzen beherrscht wird und der Tod ein Freiwerden eines größeren Lebens bewirkt.«

In der Bibel haben wir ein sehr schönes Gleichnis dafür. Wenn ein Weizenkorn in die Erde fällt und stirbt, trägt es eine Frucht in sich. Diese Frucht kennt seine ganze, spätere Erscheinung. Inmitten des Wechsels müssen wir erkennen, daß wir an die unveränderbare Güte, ja sogar an die höhere Bestimmung unseres Lebens glauben müssen, die unvergänglich ist und uns allezeit trägt. Wesentlich harmloser dagegen sind die meisten Todesträume aufzufassen, die Ablösungscharakter haben und einen neuen Beginn, eine verkehrte und umgedrehte Sicht, also eine spirituelle Markierung andeuten, bei der etwas in Wandlung begriffen ist.

In der Esoterik verbinden wir diesen Transformationscharakter ja ohnehin mit dem Tod, der den Übergang in eine andere Dimension, die Lösung der Bindung an die materielle Welt oder auch das Goethesche »Stirb'- und-Werde«-Prinzip symbolisieren kann. Wir sterben in jedem Moment und werden in jedem Moment neu geboren, weshalb der wirklich einzig schöpferische Akt unseres Seins nur in der Gegenwart liegen kann. Der Tod als Erlösungsprinzip ist geduldet und angenehm. Sehr oft stirbt eine Beziehung in uns ab, eine Liebe erlischt, eine Leidenschaft kommt zum Verglimmen. Irgend etwas haucht den Lebensodem aus und wird kühl und kalt.

Hochgradige, versteckte Aggression kann auch ein Grund für Todesträume sein. Wie oft würden wir jemanden gerne umbringen. Ganz primitive Vernichtungstriebe toben sich in solchen Todesbildern aus wie Höllenhunde. Wie oft wünschen wir jemanden zum Teufel und würden ihn am liebsten auf dem großen Spieß leibhaftig rösten sehen. Todessymbole treten auch hier in verschiedensten Variationen auf und spiegeln nur unsere verwünschende Boshaftigkeit, unsere brutale Gemeinheit wider, mit der wir einem anderen buchstäblich das Herz brechen können.

Ein einziger mir bekannter Wahrtraum spielt mit dem eigenen Tod, tut das aber in unnachahmlicher Taschenspieler-Manier in der dritten Person und ist somit de causa hier nicht einzureihen, sei kurioserweise aber doch erwähnt. Ward Lamon, der Biograph des ehemaligen amerikanischen Präsidenten Abraham Lincoln, hat diesen Traum überliefert. Kurz vor seiner Ermordung träumte Lincoln: »Ich habe geträumt, ich gehe durch das Weiße Haus, Zimmer für Zimmer (Anmerkung: Letzte Inspektion!). Alle waren leer, aber von irgendwoher höre ich einen Laut, wie Wehklagen war es oder Weinen. Ich kam in das Ostzimmer, und dort sah ich eine trauernde Menschenmenge. In der Mitte des Zimmers stand ein Sarg. »Wer ist denn gestorben?«, fragte ich. »Der Präsident«, antwortete jemand, »er ist ermordet worden««.

Kunstvoll wird das Traum-Ich zum Beobachter des eigenen Todes und nennt den Betroffenen nur über seinen Titelstand. Damit ist wohl alles klar. Auch der junge Kennedy soll kurz vor seiner Erschießung eine sehr deutliche Vision gehabt haben. Seine Familie wollte nur nie darüber sprechen, und das Thema war für die Medien tabu.

Gruppenträume

Gruppenträume zu provozieren, gelingt mir nach langen Versuchsreihen mit einer erstaunlichen Erfolgsquote in meinen Traumseminaren. Ohne jegliche Vorwarnung wird bereits beim Abschluß des zweiten Abends, eine halbe Stunde vor dem Schlafengehen, über eine Trauminduktion bestimmter Art ein Gruppentraum über das Seminar heraufbeschworen. Durchschnittlich 76 Prozent der Teilnehmer haben am nächsten Morgen einen solchen Traum parat, der auf den ersten Blick nicht immer gleich in die Seminartraum-Kategorie einzureihen ist, nach einiger Betrachtung dann aber doch indirekt dem Kriterienkatalog entspricht. Die Traumelemente sind dabei so verschieden wie die Träumer selbst. Überwiegend behandeln diese Träume

- Beziehungen zu den anderen Gruppenteilnehmern und spiegeln eventuelle Befürchtungen über eigenes Versagen oder unliebsame Konfrontationen mit den anderen.
- Aufgestaute Gefühlskompressionen, die angesichts der Entdeckung des neuen Befreiungsventils Traum in der anonymen Gruppe endlich einmal losgelassen werden können.
- Haargenaue Details der Seminaratmosphäre und der Begleitumstände, die aus den Tagesresten herrühren.

Dabei hatten wir nicht selten auch telepathische Anzapfungen in der Form, daß ein Seminarteilnehmer einen ähnlichen Traum wie ein anderer träumte oder sogar – bei starker Spontansympathie – den Traum eines anderen eine Nacht in grober Struktur vorträumte. Traumdubletten sind in solchen Seminaren nicht ungewöhnlich, wenn sie den gruppendynamischen Prozeß ansprechen oder sich insgesamt mit dem Gruppengeschehen – auch am Rande des Seminars – auseinandersetzen. Zweifellos verlebendigt die Gruppe die Traumtätigkeit der einzelnen Teilnehmer und gibt ihr wesentliche Impulse. Viele Teilnehmer berichten auch nach den Seminaren noch, daß ihnen das Gruppenträumen zum Traumdurchbruch überhaupt verholfen habe und daß von diesem Zeitpunkt an der Traumkanal freigelegt worden sei. Ein Beweis dafür, daß die fortgesetzte, intensive Stimulation der Traumkraft zu ihrer Auferstehung verhilft.

Über Gruppenträume kommen wir auch zu »Beistandspakten« für kranke oder notleidende Menschen, denen wir Hilfe schicken wollen.

Die Energiefokussierung manifestiert einen starken Leitstrahl, der bei dem ausgesuchten Partner ankommt und ihm nicht nur zu einer fühlbaren Steigerung seiner Aktivkräfte verhilft, sondern auch noch eine Fülle von Heilimpulsen und Befreiungsgedanken vermittelt. Nicht auszudenken, wenn eines Tages Millionen Menschen ihre nächtliche Traumarbeit auf den Friedensgedanken ausrichten würden: Die Repräsentanten des großen Säbelgerassels zwischen Ost und West würden – wie magisch von ihren bisherigen Kampf-Denkmustern und Aggressionen befreit – erschöpft im Sessel zusammensinken und wie verwandelt um den Finger zu wickeln sein.

Amerikanische Physiker haben ausgerechnet, daß die Energiepolung von sechs Millionen Menschen zum gleichen Zeitpunkt auf dieser Welt eine Veränderung des Polmagnetismus unserer Erdkugel bewirken könne. *Der menschliche Wille ist in diesem Kosmos die stärkste Zentrierungskraft, die dem Menschen als einzigstem Lebewesen von Gott verliehen wurde. Der menschliche Wille ist unser großes Mittel zur Wiedererlangung unserer göttlichen Ausdruckskraft.* Bisher haben wir uns dieser Gabe wenig würdig erwiesen!

Initialträume

Aus der klassischen Psychoanalyse, aus anderen Therapieformen, die sich heute gerne des Traums als wesentlicher Einblickhilfe in die seelische Struktur des Patienten bedienen, aber auch aus der transpersonalen Traumtherapie, die immer mehr zu einem eigenständigen Zweig der Psychotherapie überhaupt wird, wissen wir, daß sich im Großen oder Initialtraum zu Beginn der Therapie ein Schlüssel für das akute Gegenwartsproblem des Patienten versteckt hält. Dieser erste große Traum ist die Startbahn für die gesamte weitere Analysearbeit und deckt auf, mit welchen Mitteln und mit welchem Beteiligungsengagement der Patient an seiner Wiederherstellung mitwirken will. Hier taucht zumeist auch das Kernproblem seiner Verstrickung auf, die Ohnmacht und Ergebnislosigkeit aller bisherigen Versuche, aus dem Teufelskreis von Zwangsvorstellungen oder fixierten Lebensmustern auszubrechen. In diesen Träumen kündigt sich zugleich nicht selten ein prognostischer Ausblick darauf an, was die gemeinsame Arbeit überhaupt erreichen kann. Bekommt der Träumer über solche Initialträu-

me nicht selbst eine gewaltige Initialzündung, die seinen Bewegungs-
motor endlich wieder auf allen Zylindern arbeiten läßt, steht auch der
Therapeut ziemlich verlassen auf weiter Flur. In der Traumtherapie
löst eben der Traum am schnellsten den gordischen Knoten, ohne daß
der Patient bewußt zum Zeugen seiner eigenen Enthüllungen wird.
Erst ein wenig später – nach erfolgtem Abstoßen seiner Seelenschad-
stoffe – wird er sich der eigenen Energieleistung voll bewußt. Die
Traumarbeit invoziert einen unmerklichen, unabsichtlichen und später doch ganz klar zu konkretisierenden Prozeß der inneren Entschlei-
mung, der befreiend wirkt.

»Eigentliches Leben heißt, Erfülltes loszulassen, um sich Neuem zu
öffnen. In diesem Sinne kennt unser Leben auch nicht nur *einen* Frühling. Er wiederholt sich immer wieder«, sagt Seth. Der Initialtraum
kündigt in der Regel eben jenen *neuen* Frühling im Leben eines Menschen an, den wir auch Wendepunkt nennen. Ich spreche auch gerne
von »Kreuzweg«- oder »Markstein«-Träumen. Wir stehen symbolisch
gesehen an einer Weggabelung unserer Lebenstraße und haben mehrere Möglichkeiten für den Fortschritt, für das Weitergehen. Es sind
Entscheidungsstationen von großer Tragweite, in denen wir uns *nur*
blindlings der inneren Weissagung aussetzen dürfen und niemals einem zweckbestimmten Kopfentschluß oder dem Geplapper anderer
Menschen.

Bahnhöfe, Eisenbahnen und Reisen sind das Symbol-Handwerks-
zeug des Traums für solche Richtungsweiser. Ich selbst träumte so oft
von einem Bahnhof, bis ich die individuelle Bedeutung dieses persönlichen Symbols für mein Leben verstanden hatte: Ich sollte umsteigen,
aussteigen aus meinem bisherigen Karrierezug des Lebens und in
einen ganz anderen Zugtyp einsteigen und natürlich auch in eine ganz
andere Richtung fahren. Bis ich das begriff, mußten Monate vergehen,
aber der Initialtraum schickte mir in Dutzenden von schönen und alle-
goriereichen Ablegern immer wieder das Zentralsymbol Bahnhof, das
im Sinne meines Kreuzweges zu verstehen war.

Große oder Initialträume schöpfen gerne aus dem Meer des kollektiven Unbewußten und arbeiten mit den Archetypen. Diese Träume
werden lebhaft und genau erinnert. Sie prägen sich unauslöschlich in
unser Gedächtnis ein und sind nach Monaten und Jahren noch verfügbar.

Reinkarnationsträume

Sehr viele Träume suchen sich absichtlich eine fremde Umgebung, eine exotische Atmosphäre, historische Zeitmuster, um über diese Stilmittel eine bestimmte, kombinierte Aussage zu provozieren. Über die Manipulation der Verfremdung soll ein ganz bestimmter Aspekt im verstehenden Träumer wachgerufen werden. Ähnliches trifft auch für den Reinkarnationstraum zu, der im Gegensatz zu allen anderen Traumarten schlecht zu induzieren ist. Wir können ihn nicht bestellen, nicht herbeirufen. Er gehört zu den ungehorsamen Ablegern der Traumkraft und ist ein ganz eigenwilliges Kind.

Der Inkarnationstraum ist schwer zu erkennen. Für mich gibt es nur zwei wesentliche Kriterien, das eine sehr subjektiv, das andere schon faßbarer. Zunächst ist die gesamte Traumfärbung anders, das Licht, der gesamte Schwingungsbereich, man »riecht« förmlich die andere Zeitebene und ist, trotz hoher Ich-Identifikation, jemand ganz anderes. Ein Stückchen jener Verwandlung, jenes plötzlichen Rollentausches ist für den Träumer spürbar, wenn er sensitiv an diese kostbaren Remiszenzen seiner Seele herangeführt wird.

Das zweite Kriterium für den Reinkarnationstraum ist ein starkes Ich-Gefühl, ein Verwobensein, ein förmlich »In-dieser-Person-Aufgehen«. Es besteht kein Zweifel, daß der Träumer, das heißt sein *Selbst,* damit gemeint ist und niemand anderes. Bei der Erzählung bekommt er einen somnambulen Ausdruck und geht sofort zur Körpersprache über. Er zeigt eine so erkennbare und unmittelbare Betroffenheit, wechselt Farbe, Geruch, Geschmack und Ausdruck in einem. Der Träumer bekommt auch sofort das richtige Zeitgefühl eingeblendet und weiß auf Anhieb das Jahrhundert und nicht selten die exakte Jahreszahl. Die Traumschilderungen haben phänomenale Klarheit bei merkwürdiger Fremdheit, und die authentische Bestimmtheit der Aussage geht mitten ins Herz. Der Träumer empfindet ein Gefühl des Vertrautseins und Verwobenseins mit dem Geschehen.

Hinter dem Erzähldrang des Träumers steht eine fast zwanghafte Triebkraft. Stoppen Sie deshalb als Traumbegleiter die Schilderungen dieser Traumerlebnisse nie zu früh und geben Sie dem Reinkarnationsträumer erst einmal Luft und Raum, daß er sich verbreiten kann. Später können dann die führenden Fragen immer noch folgen.

Das Abfangen des Traumes durch den Traumbegleiter muß delikat und behutsam vor sich gehen. Er muß sich versichern, daß alles aufgeräumt und keine Residualenergie mehr vorhanden ist, denn nicht selten kommt es noch zu einem zweiten, großen Aufstand, mit dem sich eine neue Schlachtphase im Leben ankündigt. Dann wird der Träumer vorsichtig auf die Zeitschiene gesetzt und wieder in die Wirklichkeit zurückgefahren. Zuletzt möchte ich noch die eindringliche Warnung anfügen, sich bei solchen Experimenten wirklich nur einem erfahrenen Traumtherapeuten anzuvertrauen, denn es ist nicht ausgeschlossen, daß der Träumer in der Regression hängenbleibt. (Es ist mir schon passiert, daß ich fast zwei Stunden gebraucht habe, um das Baby wieder in die erwachsene Frau zurückzuverwandeln.) Es kann auch sein, daß sich der Träumer unversehens ein neues Trauma anlacht und dies auf ein schon vorhandenes potenzierend aufsetzt. Also Vorsicht!

Telepathische Träume

Über dieses Thema sind schon ganze Bücher geschrieben worden. Mir liegt nicht am Aufwärmen der Phänomenologie. Auch hilft keine Beispielsammlung zum Verständnis. Wir wissen nur (und dies sogar ganz bestimmt), daß es auf unserem Erdball noch eine andere, unentdeckte, aber dennoch »reale« Kommunikationsform zwischen Menschen, zwischen Pflanzen und Menschen, zwischen Pflanzen und Tieren und zwischen Tieren und Menschen gibt, eine feinstoffliche Biokommunikation, die hervorragend funktioniert und auf einer anderen Verständigungs- und Wellenebene ein Beziehungsmuster von phantastischer Komplexität schafft.

Daß jeder Mensch telepathische Fähigkeiten besitzt oder entwickeln kann, demonstrieren wir in unseren Seminaren mit dem »stummen Befehlsgeben«. Zur Einstimmung geht man zunächst paarweise nebeneinander, dann kommandiert der eine seinen Partner unhörbar, wobei dieser den stummen Befehlen, in eine bestimmte Richtung zu gehen, anzuhalten oder weiterzugehen, meist präzise folgt.

Ein guter Traumbegleiter kann sich in die Träume anderer Menschen telepathisieren, er kann aber auch ganz indiskret in die Träume anderer Menschen einsteigen und sie ohne Wissen der Träumer belauschen, ja sogar beeinflussen. Hier geraten wir allerdings schon an die Grenzen des Erlaubten, an Fähigkeiten, die nur auf höhere Weisung gezielt eingesetzt werden dürfen.

Lang verheiratete Ehepartner haben oft die gleichen oder sehr verwandte Träume. In einem sehr interessanten Fall, der mir aus meiner Praxis bekannt ist, war eine Frau von den Träumen eines anderen Menschen besetzt, so daß gleichsam durch sie hindurch geträumt wurde. Sie wurde als Medium für die Traumarbeit einer Fremdseele benutzt, die gar nicht mehr auf dieser Erde weilte. Es war in diesem Fall nicht einfach, die Türen vor diesem Traumeindringling zu verschließen, der zu sehr unruhigen Nächten geführt hatte.

Ein Selbsterfahrungsexperiment soll diesen kurzen Exkurs über telepathische Träume abschließen. Wir hatten vor Jahren in unserer Münchner Selbsterfahrungs-Traumgruppe ein junges Ehepaar, das in esoterischen Disziplinen schon weit fortgeschritten war. Die jungen Leute fuhren nach Tibet, und wir verabredeten einen bestimmten Tag und eine feste Stunde (unter Berücksichtigung der Zeitverschiebung), zu der sie mit unserer seinerseits sieben Mann starken Traumgruppe in Kommunikation treten sollten. Allerdings hatten wir den beiden die vorgesehene Stunde nicht verraten. Sie wußten nur den Tag.

Zum fraglichen Zeitpunkt gingen wir in München nach intensiven meditativen Vorbereitungen eine Viertelstunde lang mit hoher Energiezentrierung auf »Sendung«. Wie wir später, nach Rückkehr der Reisenden hörten, wachten beide in dieser Nacht unabhängig voneinander fast gleichzeitig auf und fühlten unsere Anwesenheit, wobei sich Bilder von unserem Gruppenraum und Inhaltsfetzen der von uns behandelten Träume einstellten. Zeitsynchron hatten sie unsere Botschaft aufgenommen und empfangen.

Telepathisch können wir natürlich auch mit anderen Welten, jenseitigen Bewußtseinsebenen und damit auch mit den in Zwischenreichen befindlichen Seelen von Verstorbenen Traumkontakt aufnehmen. Eine Träumfreundin hat ihre verstorbene Mutter zwei Wochen lang mit intensiven Träumen in der schwierigen Eingewöhnungsphase »begleitet«. Dabei hat sie die Seele ihrer Mutter bei der Loslösung von der Erde und der Integration im Jenseits vorbildlich unterstützt. Über die lebhafte Traumkommunikation mit ihrer Mutter hat sie selbst erkenntnisbringende Einblicke in diese Jenseitssphäre gewonnen. In Träumen sind die Seelen nahestehender Verstorbener leibhaftig gegenwärtig, wenn auch stumm. Solche Erscheinungen führen zu überaus beglückenden Erlebnissen, bei denen der Träumer auch noch Abbitte leisten kann für begangenes Unrecht am Verstorbenen, um seine eigene Seele hierdurch zu erlösen.

»Es gibt eine Art von Gestalt-Traum«, sagt Seth, »einen Kerntraum, durch welchen die, die sich aus früheren Leben kennen, einander Mitteilung machen. In solchen Träumen wird eine allgemeine kollektive Information verteilt, die von den Individuen beliebig genutzt werden kann.« Mit anderen Worten: Die Akasha-Chronik, das große und lückenlose Tagebuch der Welt von Beginn an, öffnet sich ganz einfach an bestimmten Stellen für bestimmte Menschen, die in dieser Chronik lesen dürfen, um über diesen Wissenszuwachs wichtige Informationen für den Aufstieg in ihrem jetzigen Erdendasein zu erhalten, aber auch Verbindungen zu nahestehenden Menschen aus Präexistenzen, die auch zur jetzigen Lebensaufgabe in Beziehung stehen.

Problem- und Konfliktträume

Unser Unterbewußtsein ist ein Diagnose-Institut von unvorstellbaren Ausmaßen. Da finden wir riesige Parabolspiegel, die auf unseren Interessenbahnen über jedwede Entfernungen alles anpeilen und erfassen, was für unsere Entwicklung von Nutzen sein könnte. Seismographen registrieren die feinsten und subtilsten seelischen Erschütterungen, und natürlich ist dort auch das EEG unserer Gehirnströme aufgezeichnet. Die Tätigkeit aller Körpersysteme ist dort in einem gläsernen, transparenten Vergleichsmodell unseres Körpers einzusehen, der Stoffwechsel wird laufend überwacht, die Homöostase, das harmonische Gleichgewicht unserer Physis gemessen. Alle autonomen, vegetativen Systeme werden von dort ferngesteuert, und die Bemühungen jener genialen Computerstation werden erst dann gemindert oder erlöschen, wenn wir durch ständige zerstörerische Manöver dieser Kommandozentrale, die für unser gesamtes Wohlbefinden verantwortlich zeichnet, den Krieg erklären. Die meisten Menschen führen Krieg mit ihrer unterbewußten Kommandozentrale. Sie führen damit einen verborgenen, aber zerrüttenden und lebensgefährlichen Partisanenkrieg gegen sich selbst.

Für den selbst verursachten psychischen Terror, den wir uns bereiten, gibt es zwei beliebte Vokabeln in unserer hochkomplizierten Gesellschaft: *Problem* und *Konflikt*. Das sind zugleich die Hauptarbeitsgebiete unserer Traumkraft, die hier eine ungeheure Aufräum- und Ausgleichsarbeit leistet, die wir gar nicht hoch genug einschätzen können. Jung hat erkannt, daß sich der Traum dabei einer ebenso genialen wie einfachen Strategie bedient, der Kompensation. Das Wort kommt aus dem Lateinischen und bedeutet soviel wie »etwas gegen etwas anderes abwägen«, »dagegenhalten«, »etwas mit etwas anderem aufwiegen, wiedergutmachen oder ersetzen«. Gemeint ist also die ausgleichende, die harmonisierende, die heilende Funktion, die der Traum mit der *Kompensation* besitzt.

Da wir ja immer wieder von einem Extrem ins andere fallen, ist es die symbiotische Aufgabe unserer Träume, unser Gleichgewicht zu erhalten. Durch den Traum wird unserem Bewußtsein immer genau das eingespielt, was unser Verstand nur unzulänglich oder bruchstückhaft erkannt hat, was für ein vollständiges Erscheinungsbild fehlt.

So kommen wir zu einer objektiveren Sicht des Lebens, zu einer vollständigen Perspektive. Je einseitiger wir werden, je verbissener wir uns in irgendeine bestimmte Kopfstrategie verrannt haben, desto dringlicher und dramatischer werden unsere Träume. Unser Organismus verfügt hier über eine phantastische Selbststeuerung, die aber nur im *Miteinander* von Bewußtsein und Unterbewußtsein wirksam wird. Alle Schatten- oder zurückgedrängten Triebaspekte, die nicht leben dürfen, da sie eingesperrt im Verborgenen wuchern müssen, werden hier angesprochen und verlebendigt. Es kommt immer das hoch, was zu kurz kam oder das, was extrem übersteigert, übertrieben wurde und nun wieder auf ein normales Maß eingepegelt werden muß.

Damit die verleugneten Lebensbereiche, die zu den Hauptästen unseres Daseins gehören, nicht absterben, werden sie von unserer Traumkraft in den Problem- und Konfliktträumen immer wieder beschnitten, wodurch sie stark und lebensfähig bleiben. Aber wir müssen auch unser Bewußtsein in diese Äste schicken, damit die Arbeit des Unbewußten bewußt durchdrungen wird. Sonst bleiben alle Bemühungen aussichtslos.

Wenn Sie in Schwierigkeiten sind, gibt es wirklich keinen besseren Helfer als Ihre Traumkraft. Füttern Sie Ihr Unterbewußtsein vor dem Einschlafen mit dem Problem in seinen Einzelelementen. Wenn Sie dann morgens aufwachen, haben Sie die Lösung.

Weil ein Bild, eine Metapher, unter Umständen für den Traum nicht ausreicht, um seinen Standpunkt darzulegen, benutzt er komplementäre, sich ergänzende Sequenzen in der Serie, wenn er nicht verstanden wird. Er schmilzt zu Symbolen zusammen, was einzeln zu knapp, zu rudimentär, zu belanglos ist, damit das Ganze mehr Kraft bekommt.

Liebesträume

Freuds Libido-Theorie ist weitgehend überholt. Woher also kommt das Phänomen, daß gerade moralisch hochstehende Personen die absurdesten und orgiastischsten Sexträume produzieren? Wie sind sexuelle Szenen im Traum wirklich zu beurteilen, und können wir uns die erträumten Liebesabenteuer, zu denen wir im wirklichen Leben, warum auch immer, nicht kommen, im Traum wirklich bestellen?

Die kompetenten Traumforscher neigen heute eher zu der Hypothese, daß Sexualität im Traum gar nicht Sexualität meint, sondern nur eine chiffrierte Verkleidung ganz anderer Triebregungen oder Emotionen ist, die sich lediglich in der symbolhaften Verpackung von Sexualität darstellen. Jung sagte dazu: »Wenn man nun, wie es die Freudsche Schule getan, einmal damit anfängt, gewisse manifeste Inhalte des Traums als uneigentlich zu nehmen und zu erklären, der Traum spreche zwar von Kirchturm, meine aber Phallus, so ist es nur ein nächster Schritt, wenn wir sagen, daß der Traum öfter von Sexualität rede, aber keineswegs immer Sexualität meine.« W. von Siebenthal hat dann später ausgeführt, daß Analität und Oralität nur zur symbolhaften Darstellung ganz anderer seelischer Funktionen herhalten. Zwei andere Forscher, Roffenstein und Schrötter, haben dann versucht, über hypnotische Tiefenbeeinflussung Versuchsträumern den Auftrag zu erteilen, sexuelle Träume zu träumen. Das Ergebnis war harmlos und enttäuschend, denn es tauchten ganz übliche und herkömmliche Symbole auf, die das Traumergebnis unabsichtlich verstellten. Erst als umgekehrt Metaphern für relativ harmlose Symbole eingegeben wurden, tauchten in den Träumen deftige sexuelle Symbole auf.

Wir müssen uns wirklich fragen, was sich hinter den potenzübersteigerten und perversen Traumszenen verbirgt? Ich glaube, daß sich dahinter mystische Rituale von Urmythen aus dem Fond unserer wirklichen Archetypen bewegen, die Energietransformationen psychischer und physischer Art in »Aktverschmelzung« aufzeigen, die den Menschen zu höchst schöpferischen Leistungen anregen. Es sind vielleicht Einblicke in die eigene Gebärmutter unserer Schöpferkraft.

Gehen wir aber noch einen Schritt weiter. Höhere psychische Aktivitäten lösen uns ab von der Erdhaftigkeit unserer Diesseitsverwirklichung und mutieren uns zurück in die Urvergangenheit des Schöpferischen – und damit zugleich auch in die Fernzukunft menschlichen Seins. Könnten diese fleischstrotzenden und teils vulgären Ausbeulungen unseres Traumlebens nicht auch telepathische Ankoppelungen oder Präkognitionen auf in uns und gleichermaßen im Makrokosmos stattfindende Energietransformationen sein?

Sind nicht auch unsere Tagträume ausgelassen und hochschäumend sexuell, wenn wir der Vereinigung mit einem geliebten Menschen entgegenfiebern?

Es käme triebhafter »Halsabschneiderei« gleich, wenn wir uns diese Traumexzesse ängstlich oder scheu versagen würden, nur weil »man das nicht macht«! Gönnen Sie sich doch Ihre ausgelassenen Vergnügungen mit dem anderen oder auch Ihrem eigenen Geschlecht einmal in ausgelassenster Weise wenigstens im Traum, wenn Sie schon im Wachen keinen Mut dazu haben.

Charles Mac Creery, ein englischer Traumforscher, ist genauso wie seine amerikanische Kollegin Patricia Garfield der Überzeugung, daß sich jeder von uns seine schönsten Liebesabenteuer mit der reizendsten und begehrenswertesten Frau der Welt herbeiträumen kann. Und Jane Roberts meint in ihren Seth-Durchsagen: »Die spontane Aktivität ist aber zugleich auch ein Training in der Kunst, Ereignisse zu bewirken!«

Bewirken Sie also einmal eine ausschweifende Liebesnacht. Visualisieren Sie Ihren Herzenspartner in einer möglichst anregenden Aufmachung und suggerieren Sie sich in eine erotische Erwartungsspannung hinein. Besetzen Sie Ihr Gefühlsleben mit Bildern jeder Art. Denken Sie an den Partner, bevor Sie einschlafen, kosten sie ein wenig vor, und bereiten Sie sich auf diese orientalische Liebesnacht wirklich vor. Duschen Sie und salben Sie sich. Koppeln Sie Ihr Gefühl nach Möglichkeit vor dem Einschlafen noch mit ganz bestimmten, geschlechtsspezifischen Duftassoziationen oder auch mit betörenden Parfümdüften, die Sie lieben. Geruchsempfindungen sind die besten Traumbrücken für sexuelle Wunschträume. Und dann warten Sie einmal ab...

Daß unsere Träume ohnehin die Libido anregen und daß in den REM-Phasen die Erektion des Mannes unabsichtlich provoziert wird, bei der Frau die Schwellung der Klitoris und Kontraktion der Vagina, ist doch eigentlich ein deutlicher Hinweis darauf, daß der Traum unsere Triebe nicht unter den Teppich kehren, sondern im Gegenteil etwas stimulieren und unbewußt »anheizen« möchte.

Alpträume sind Kraftträume!

Lassen Sie Ihre eingesperrten Energien frei!

Selbst ein Alptraum kann uns erfrischen, denn nicht der besondere Inhalt der Träume, sondern die Erfahrung der Grenzenlosigkeit an sich beruhigt und heilt und macht es möglich, das Spiel der Spiele einen weiteren Tag zu spielen.
George Leonhard

Alpträume sind enervierend, in höchstem Grade kraftraubend und entsetzlich. Ich kenne Fälle, in denen Menschen durch ihre Alpträume bis an den Rand des Wahnsinns getrieben wurden. Wer scheucht die schrecklichen Nachtmahre auf und läßt sie ihren Höllenspektakel gerade in unserem schönsten Schlaf – meist kurz nach dem Einschlafen – vollführen? Warum werden wir, gerade wenn wir uns erholen wollen, derartig drangsaliert und mit den wütenden Mächten alles Bösen unliebsam konfrontiert? Ergreift etwas Besitz von uns, werden wir »mitgenommen«, und wenn ja, wohin? Warum müssen wir die schrecklichsten Abenteuer und atemberaubendsten Erlebnisse gerade im Traum bestehen und dafür manchmal mit panischem Entsetzen büßen, das uns noch am folgenden Tag in den Gliedern steckt?

Da fliehen wir in Todesangst vor irgendwelchen Ungeheuern und ekelerregenden Monstern, verwandeln uns sogar selbst in diese abscheulichen Zwitter und werden zu saugenden Vampiren. In ausweglosen Situationen tritt uns der Angstschweiß auf die Stirn, wir bewegen uns ständig eskalierend am Abgrund unseres Seins, darauf gefaßt, in jedem Augenblick aus schwindelnden Höhen abzustürzen, um jählings im Höllenschlund zu versinken. Immer sind es Grenzsituationen, in denen wir umzukommen drohen. Immer sind es gewaltige Kraftproben, die wir nicht immer bestehen, um dann im Versagensmoment schweißgebadet aufzuwachen. Es braucht manchmal viele Minuten, bis wir aus der Desorientierung unserer Traumsicht wieder in die Bewußtseinswirklichkeit zurückgekommen sind und erkennen, daß wir »nur« geträumt haben. Wer peinigt uns da unausgesetzt, und warum gibt es Menschen, die ihre sich wiederholenden Alpträume als jahrelange schreckliche Gefährten des Nachts um sich wissen?

Wir wissen heute zuverlässig, daß wir schon als unschuldige Kinder diesen Hyänen der Nacht ausgeliefert sind, also noch in einem Stadium völliger Unschuld und Unbenommenheit. Kann deshalb der Alptraum überhaupt etwas mit Strafe oder Vergeltung zu tun haben? Drei Prozent der Ein- bis Vierjährigen werden von nächtlichen Schreckensvisionen gequält. Überwiegend tauchen Alpträume zwischen dem dritten und siebenten Lebensjahr auf, also gerade in jener Zeit, in der die Persönlichkeit mit den wichtigsten Erziehungsstempeln markiert wird.

Die Meinungen dazu sind unterschiedlich. Meine Arbeitshypothese lautet, daß wir auf diese Weise in der Kindphase von den »mitgenommenen Horrortrips« aus früheren Existenzen befreit werden sollen, daß Alpträume einen psychohygienischen Akt der Säuberung und Befreiung darstellen. Wir schleppen ja ungeheure Hypotheken grausamster Vorbelastungen aus früheren Existenzen mit uns herum, die uns unbemerkt belasten. Ein jeder von uns hat schon einmal gemordet, gesengt, geschändet oder im Laufe der Jahrhunderte Böses erlitten.

Außerdem haben wir von Beginn unseres Erdendaseins an gravierende Schockerlebnisse, unter denen unsere Geburt als schmerzvoller Übergang in eine neue Welt wohl das belastendste darstellt. In den ersten Lebensminuten, -tagen und -monaten erleben wir eine Reihe höchst unangenehmer Dinge, die tiefe Seelenfurchen hinterlassen. Es beginnt damit, daß das lichtscheue, kleine Menschlein mit den zugekniffenen Augen ans Tageslicht gezerrt wird, um es der staunenden Umgebung zu präsentieren, setzt sich fort in dem vermeidbaren Klaps auf den Po, der es zum Schreien bringen soll, und gipfelt darin, daß man den hilflosen Säugling von der Mutter trennt und ihn zusammen mit anderen, ebenso hilflosen Würmchen irgendwo »aufschichtet«. Meine Erfahrungen mit Alpträumen laufen darauf hinaus, daß gerade Schockerlebnisse aus den ersten vier Monaten – und dann analog aus den ersten vier Lebensjahren eines Menschen – die hartnäckigsten Prägungen hinterlassen.

Der amerikanische Psychoanalytiker Harry Wilmer hat durch seine eindrucksvollen Berichte über die Alpträume amerikanischer Vietnam-Veteranen bewiesen, daß nicht nur frühkindliche Traumata den Stoff für Alpträume liefern, sondern daß auch die Seelenwunden, die wir uns im Laufe unseres Lebens zugezogen haben, im Alptraum »behandelt« werden.

Ein 31jähriger Mann berichtete dem Wissenschaftler, daß er während seines Vietnam-Einsatzes eine unbekannte Gestalt von hinten erschossen habe, die unvermutet und bedrohend plötzlich aus dem Dschungel aufgetaucht sei und sich auf ihn zubewegt habe. Als er den leblosen Körper umdrehte, sah er, daß er eine Frau erschossen hatte. Von jetzt an hatte er schreckliche Alpträume, die ihn jede Nacht bis zum Wahnsinn folterten. Immer wieder tauchten in bedrohlichen Situationen Leichen in seinen Träumen auf. Wenn er sie umdrehte, grinsten ihn jedesmal verzerrte und widerliche Fratzen an und schleuderten ihm hohnlachend den Schmähruf »Killer, Killer« entgegen. Schweißüberströmt wachte er jede Nacht auf und war am nächsten Tag kaum zur Arbeit fähig. Auch eine totale Blockade im Umgang mit Frauen war die »natürliche« Folge dieses nicht überwundenen Schockerlebnisses.

Warum aber insistiert der Traum so hartnäckig und grausam, wenn schon das Urerlebnis ein so schreckliches Entsetzen war? Ich glaube, der Traum will uns helfen: »Schau hin«, mahnt er, »da hast du etwas Schreckliches getan oder erlitten in deinem Leben, das noch nicht aufgearbeitet ist. Du willst es einfach wegstecken und verdrängen, aber es ist *in dir* und du kannst es nicht herausreißen, ohne es nicht zu erkennen und daraus eine Lehre zu ziehen. Es ist *dein eigener Schatten,* den du hier gelebt hast und der zu deiner eigenen Natur gehört im Wechselspiel von Hell und Dunkel und Gut und Böse!«

Ein anderes Vietnam-Erlebnis bekräftigt diese Hypothese. Ein 36jähriger Zugführer erzählte Harry Wilmer, wie er in Vietnam 17 junge, gerade an die Front gekommene Rekruten durch einen Hohlweg führen sollte. Dabei wurde fast das gesamte Kommando durch einen Hinterhalt von den Vietnamesen getötet. Als er mit nachgeholter Verstärkung zum Gegenschlag rüstete und an den Tatort zurückkehrte, waren die Köpfe der jungen Soldaten von den Vietnamesen auf Bambusstöcke aufgespießt worden. In seinen Alpträumen wurde der arme, unschuldige Kerl nun regelmäßig von den getöteten Mitgliedern seines Kommandos verfolgt, gehetzt und mißhandelt. Sie banden ihm die Hände auf den Rücken und er mußte sich wie zu einer Exekution niederknien. Mit einem »riesigen Schwert« schlugen sie ihm dann jedesmal den Kopf ab. Jener Schuldkomplex, den Tod seiner Kameraden verursacht zu haben, hatte sich tief in sein Traumbewußtsein eingegraben.

»Wie im Wachen der Geist mitten unter den bewußten Anstrengungen noch Kraft für die unbewußten seiner Körperfähigkeiten behält, so muß er ebenso gut, wo nicht mehr, im Traume, bei Stillstand der bewußten Macht die unbewußten übrig haben und zeigen«, sagt Jean

Paul sehr richtig. Schläft das eine Bewußtsein, dann entfaltet sich das andere zu seiner höchst aktiven Bewährungsphase und interveniert auf einer anderen Ebene! In einer Periode der Unbewußtheit zeigt uns der Alptraum, daß unser Gedächtnis eine Lücke hat, in der Ereignisse stattgefunden haben, die für unser Leben wichtig waren und die noch immer eine Unmenge psychischer Energie binden. Der Traum fordert uns auf, diese Energie freizulassen und die Erfahrung sinngerecht in unser Leben einzubauen. Tun wir das, dann zieht sich der Alptraum langsam zurück.

Die Physiologie des Alptraums ist bereits recht gut erforscht. Die harmlosen Alpträume, etwa zwei Drittel, tauchen in der ersten REM-Phase, also eineinhalb Stunden nach dem Einschlafen auf. Die Schrecklichkeit der Alpträume nimmt zu, je länger wir uns in der Fast-Bewußtlosigkeit des Delta-Zustandes befunden haben. Dann steigt der Puls des Schläfers auf 180 Schläge innerhalb von 15 Sekunden, und es entsteht massiver Streß, wie wir ihn bei keiner Anstrengung im Wacherleben erleiden müssen. Die Alpträume in der NON-REM-Tiefschlafphase sind die schlimmsten Ungeheuer. Männer werden öfter von ihnen gebeutelt als Frauen. Je mehr sich die Träume auf den Morgen verlagern, desto besser können wir sie mit der Technik des luziden Träumens beeinflussen und aktiv in den Kampf mit feindseligen Traumgestalten eingreifen.

Aus Objektivitätsgründen dürfen wir nicht verleugnen, daß es gewisse psychische Dispositionen für den Alptraum gibt, der die Menschen auf einem »Grat zwischen Gesundheit und Pathologie« wandeln läßt, wie der Münchner Psychologe Franz Strunz meint. Bei den hartnäckigen NON-REM-Alpträumern stellte er gehäuft »Charakterstörungen« fest. Die auffälligen Kinder-Alpträumer stammten überwiegend aus »konfliktreichem Elternhaus«, die Eltern stritten, Väter waren häufig Trinker. Psychische Auffälligkeiten begünstigen also das Alptraumgeschehen, das auch eine tendenzielle Anfälligkeit für Schizophrenie ausweist.

Vorsicht Alptraum

Angriff ist die beste Verteidigung

> Träume können wie wilde Tiere sein. Wenn Sie furchtsam sind, greifen sie Sie an. Wenn Sie sich ihnen mutig entgegenstellen, dann weichen sie zurück!

Für den Umgang mit Alpträumen möchte ich Ihnen nachfolgend einige goldene Regeln mitgeben, die Ihnen bei der Überwindung Ihrer eigenen Furcht helfen. Wird von den heulenden Bestien zum Angriff geblasen, was zumeist in Alpträumen geschieht, dann müssen Sie sich dem Kampfe stellen und hierfür alles vorbereiten. Was da nämlich auf Sie zurollt, sind die bösen Geister Ihrer verdrängten, unterbewußten Impulse, die sie ausgesperrt haben und die nun – ihrer Sache sicher – an die Tür Ihres Bewußtseins klopfen und Einlaß begehren. Je mehr Sie weghören, desto energischer und dringlicher werden die Appelle an Sie. Wenn Sie gar nicht hören wollen, wird »eingebrochen«. Dann stürzen die Bestien sich mit wildem Ingrimm einfach auf Sie, um Ihr Bewußtsein zu zerfleischen. Beachten Sie deshalb meine Regeln zum Umgang mit Alpträumen:

1. Alpträume symbolisieren die Schatten unserer Persönlichkeit, die unbekannten oder nicht verwirklichten, aber triebhaft drängenden Seiten unseres Ichs, die bisher zu kurz kamen und nun aus dem Käfig ihrer bewußten Zügelung in die Freiheit ausbrechen wollen.
2. Ausnahmslos jeder Mensch hat Schatten und verdrängte Persönlichkeitsanteile. In jedem Menschen schlummern Haß, Neid, Mißgunst, Schadenfreude, Impulsivität, Gewalttätigkeit, Zorn und Sadismus. Sie bilden keine Ausnahme!
3. Die Boten des Bösen gefährden Ihren freien Willen und Ihre freie Entscheidung. Sie müssen deshalb angehört und dauerhaft befriedet werden, wenn Sie in Ruhe ungestört leben wollen.
4. Alpträume sind wichtige Nachrichten an uns selbst, die einen hohen Bedeutungsinhalt haben und deshalb sogar unverschlüsselt auf schnellstem Informationsweg durchgegeben werden. Sie ticken unverzüglich in unser Bewußtsein ein, und wir müssen sie lesen.
5. Wenn Sie Moral, Enthaltsamkeit und Prüderie zu übersteigerten Scheinhaltungen und fixierten Begrenzungen Ihres Lebensraumes

ausgebaut haben, müssen Sie sich nicht wundern, wenn Sie gerade im Traum gegenpolar agieren und sich orgiastisch auszuleben versuchen.

6. Wenn der eigene Teufel Sie aber mit seinen (Ihren) Heerscharen angreift, dann ermuntern Sie ihn noch: »Ja, kommt nur, ihr dunklen Schatten und Quälgeister, ich erwarte euch bereits und werde euch das Fürchten lehren. Ich bin auf euren Angriff wohl vorbereitet und werde euch »spielend« überwältigen und in die Flucht schlagen. Euch wird die Lust vergehen, mich noch einmal zu besuchen... kommt nur... wir werden sehen, wer der Stärkere ist!«

7. Wenn Ihr Alptraum nun zum Sturmangriff bläst, dann holen Sie sich im Traum einfach ein paar Raketen und feuern Sie gezielt auf die Angreifer, die alle mit einem Todesschrei in die Luft fliegen werden.

8. Falls es auf der Gegenseite noch Überlebende geben sollte, falls noch eine bedrohende Person, ein gewaltiges Ungetüm oder sonst irgendein Feuerzeichen übrig geblieben sein sollte, dann treten Sie in »Friedensverhandlungen« und führen Sie einen Dialog mit Ihren Höllenhunden. Durch diesen Dialog können Sie wichtige Teile Ihres höheren Selbst weiterentwickeln. Es werden Ihnen in diesen Konfrontationen ungeahnte Kräfte zuwachsen.

9. Ihre Phantasie sollte immer wieder Ihren Alptraum umkreisen und neue Strategien für die Auseinandersetzung entwickeln. Suggerieren Sie sich dabei einen erfolgreichen Kampfesverlauf und eine in jedem Fall siegreich gewonnene Schlacht!

10. Wenn Sie überhaupt nicht klarkommen sollten und Sie noch immer irgendein Spezial-Ungeheuer hartnäckig verfolgt, dann verwandeln Sie sich doch einfach einmal selbst in das rasende Tier und fühlen dabei nach, was da in Ihnen gegen wen oder was tobt. Auf diese Weise kommen Sie sich gut auf die Schliche!

Das persönliche Symbol ist ein Schlüssel

Arbeiten Sie mit Ihren psychischen Energietransformatoren

Zwischen unseren Tages- und unseren Traumsymbolen herrscht große Übereinstimmung, jedwede persönlichen Assoziationen sind auf das engste mit unserem persönlichen Symbolfond verquickt. Der Symbolfond gehört uns von der Stunde unserer Geburt an und schon früher. Dieser innere Symbolfond ist wie ein Girokonto, das in seinem Reichtum latent bleibt, solange man davon nichts abhebt. Wir denken ja auch schon, bevor wir die Sprache erlernt haben, und manche Kinder denken in der Sprache eines früheren Lebens, bevor sie die neue Sprache erlernen. Auch der Ton ist ein Symbol, und jeder unausgesprochene Gedanke hat einen Ton, den wir zwar nicht wahrnehmen, der jedoch auf einer anderen Realitäts- und Wahrnehmungsebene deutlich vernehmbar ist. Auch Bäume sind Töne, die wir gleichfalls nicht hören.

Jane Roberts: *Gespräche mit Seth*

Eigentlich gibt es gar keinen ausgesprochenen Symboltraum, sondern jeder Traum ist mit Symbolen angereichert und gespickt. Wir träumen nicht als rationalistische Menschen eines aufgeklärten Zeitalters, sondern wir träumen archaisch primitiv in der Bildersprache unserer ältesten Vorfahren. Einige Wissenschaftler vermuten – und das bestätigt eben die Ana-Logik der Symbolsprache des Traums – daß wir wie unsere Vorfahren für die Traumarbeit in der Nacht das limbische System des Klein- oder Säugetierhirns benutzen und daß somit der Bildprozeß der Nacht dem Denkprozeß des Tages polar entgegensteht. Das macht ja letztlich auch die Verständigungsschwierigkeiten zwischen den beiden Prozessen und die Verstehensschwierigkeiten für den Traum insgesamt aus. Wir können ihm mit dem Verstand auf keinen Fall zu Leibe rücken.

Vernarrt sind wir heute in die Vormachtstellung unseres »klaren Verstandes«. Wenn wir sagen, ein Mensch verfüge über einen klaren Verstand, machen wir ihm damit ein zweifelhaftes Kompliment, denn damit bezeichnen wir ihn als einseitig, beschränkt, unintegriert, unkreativ und zweckstrebend. Letzteres wäre ja gerade noch annehmbar. Im Neo-Cortex, dem Großhirn, das in den letzten Jahrhunderten eine eminente Entwicklung mitgemacht hat, liegt das Hirn des Verstandes, des Wertens und Urteilens.

»Während wir träumen, schläft unser neues Hirn« sagt Doris F. Jonas, »und damit nehmen wir die Welt nach den Maßstäben unseres älteren Gehirns wahr. Diese Welt ist alleine eine Welt der Gefühle, der Stimmungslagen und der überkommenen Reaktionsbereitschaften. Logik hat darin keinen Platz.« Das erklärt schon hinreichend die Symbolfülle unseres Traums, seine Ana-Logik, seine Liebe zu Metaphern, Analogien, Parabeln und der Poesie, die er in unvergleichlicher Weise beherrscht. Wie ich schon an anderer Stelle ausführte, ist in der chinesischen Schrift diese Synthese zwischen Wortlogik und Bild noch vorhanden: Ein Mund und ein Vogel bedeuten »Gesang«, eine Frau in einem Haus »Frieden«, und Sonne und Mond zusammen symbolisieren »Licht«. Wie einfach zu verstehen, wenn man nur hinschaut und das Denken sein läßt.

Der Begriff Symbol kommt aus dem Griechischen und setzt sich zusammen aus »sym« – zusammen und »ballein« werfen, bedeutet also »Zusammengeworfenes«.

Im Symbol sind unendlich viele Gestaltungskomponenten zu unbewußten Intuitionen zusammengeworfen, zusammengeschmolzen zu einem spezifischen, charakteristischen Bild für eben jenen, unverwechselbar einmaligen Menschen in der nicht nachahmbaren und niemals von einem Computer zu simulierenden Vielfalt *seiner* Struktur.

Wir wissen heute, daß wir eigentlich über nichts so *schnell* an die Psyche eines Menschen herankommen wie über die Symbolsprache seiner Träume, über seine Wachtraumphantasien am hellichten Tage, aber auch über die gelenkten Tagträume und das katathyme Bilderleben. Sicherlich sind diese Symbole oder die Symbole schlechthin die in unserem Inneren zumeist in verschütteten Bildfolgen aufleuchten, Urphänomene, mit denen wir uns kreativ auseinandersetzen müssen.

Das Traumsymbol ist ein unterbewußter Bedeutungsträger, der mehrdeutige Aussagen kongenial zu einem Bild verwebt. Er braucht von unserem Gehirn nicht geschaffen zu werden, er ist von jeher vorhanden, genetisch codiert, verfügbar, abrufbereit. Die Symbolsprache schmilzt selbst Antagonismen zu einfachsten Bildformen zusammen. Sie drückt komplizierte Zusammenhänge in der Natur auf zwingend einfache, verblüffende Art aus und liebäugelt ständig mit der hohen Kunst der Vereinfachung, die Goethe als die größte menschliche Ausdrucksfähigkeit überhaupt bezeichnete. Das Symbol ist gleichsam der

Urstoff, die »prima materia« unseres Traummaterials, aus der alles entstanden ist und in die alles Geträumte auch wieder eintaucht.

Wenn wir das Symbol als Übertragungskraft psychischer Spannungsbögen betrachten, wenn wir uns erinnern, daß jeder Gedanke nichts anderes als ein feinstoffliches Energiegespinst ist, das eine bestimmte Schwingungsamplitude erzeugt, dann lesen wir auf den richtigen Seiten der Entstehungsgeschichte unseres Universums. Dort sind die Symbole aus dem flüssigen Magma des geistbewegten Urrohstoffs zusammengeschmolzen worden und dann erstarrt, aber doch nicht erstarrt, weil sie über Jahrtausende in beständiger Wandelbarkeit ihre Aussagefunktion für das einzelne Individuum immer weiter transzendiert haben. Im Symbol sucht unsere Seele die unbewußte Identität unseres Menschseins mit den natürlichen Erscheinungsformen unserer äußeren Welt. Denn aus diesen sind wir ja selbst hervorgegangen und in diese tauchen wir nach diesem Inkarnat auch wieder ein. Mit jeder Gestaltwerdung, die unsere Seele in den vielen Jahrhunderten immer wieder erfahren hat, haben sich diese persönlichen, kulturellen und religiösen Ursymbole in uns angereichert, erweitert und sublimiert. Diese Latifundien, aus denen der Traum sich speist, sind im Gegensatz zur Speicherkraft des logischen Verstandes unerschöpflich, riesig und nie versiegend.

Diese Symbole, so meint Jung, »können nicht ohne ernsthaften Schaden ausgerottet werden. Wo man sie unterdrückt oder vernachlässigt, da verschwindet ihre spezifische Energie mit unberechenbaren Folgen ins Unbewußte«. Symbole sind einfach die Auffangschalen, in denen alles Unerkannte, Mystische und Rätselhafte weitergart und brodelt, um eines Tages in neuer Form und Symbolkonsistenz wieder aufzutauchen und uns einen neuen Bedeutungsinhalt unseres Lebens nahezubringen.

Damit unterliegen Symbole dem Gesetz der permanenten Veränderung. Sie sind noch nicht einmal in einem einzigen Traum identisch, sondern stets vieldeutig und vielgestaltig. Das macht den Umgang mit ihnen so faszinierend. Viele denkgeschwängerte »Neuweise« meinen, daß unsere Fortschrittswelt von allen irrationalen und abergläubischen Vorstellungen ein für allemal befreit sei. Im Gegensatz dazu müssen wir feststellen, wie wir durch die Entzauberung auch der letzten Mysterien gerade die Sehnsucht nach den uralten Symbolen wieder nähren und förmlich heraufbeschwören.

Der Individuationsprozeß ohne Symbole ist wie ein Falke ohne Flügel. Der Mensch kann sich nicht mehr in die Lüfte erheben, um seinem himmlischen Einstand entgegenzuschweben. Ein Volk, ein Staat, eine Ideologie, die überkommene Symbole aus den Herzen der Menschen zu verscheuchen versuchen, richten sich selbst, weil sie sich den geistigen Urboden unter dem eigenen Körper wegziehen und schließlich im Leeren stehen.

Feuer, Wasser, Erde, Luft und Äther sind die lebensumspannenden Symbole unseres Daseins, die in allen Geheimlehren der alchemistische Stoff für die Entwicklung zu höheren Systemen sind. Sie gehören zu den natürlichen Symbolen, zu denen nach Freud noch die Libido hinzukam. Sie sitzen unter der Haut eines jeden Menschen und bestimmen seine Körperfunktionen, auf deren Energie sich erst die geistigen Aufbauten manifestieren können. Unübersehbar sind sodann die kulturellen Symbole, die über Jahrtausende urgewaltige Entwicklungen mitgemacht haben und zu energetischen Kolossalstatuen gewachsen sind. Wir werden uns nie von ihnen lösen können. Ihre ewigen Wahrheiten tauchen auf in kollektiven Bildern, die eine hohe Stellvertretungsqualität haben, also für viele, um nicht zu sagen für alle verständlich sind und beflügelnd wirken. In ihnen steckt die Numinosität, die unaussprechliche Distanz zum Göttlichen, der Zauber des Unergründlichen, des einzigen, was uns außer dem schnöden Beweiswillen unseres Kopfes noch übernatürlich anbindet an die allzeit tröstende Gottnähe, den letzten Haltepunkt in unserem Leben.

»Lernen Sie so viel wie möglich über Symbolik, aber vergessen Sie dann alles wieder, wenn Sie einen Traum analysieren«, scherzte Jung einmal. Was wollte er damit ausdrücken? Wir müssen den Geschmack dieser Ursuppe auf den Lippen haben und die verschiedenen Gewürze herausgeschmeckt haben, um später den Traum überhaupt charakterisieren zu können. Wir dürfen aber nie einzelne Namen, Bilder und Bezeichnungen für die Symbole behalten, weil wir sie sonst bei der Traumarbeit viel zu eingeengt begrifflich zuzuordnen versuchen.

Das Symbol von gestern ist heute schon weiterentwickelt oder verändert, und Ihres ist nicht meines und umgekehrt! Symbole sind spontan, gegenwärtig und nie vorgeplant, sie sind eruptiv in ihrer Erscheinungsform und kündigen sich nicht an. Alle unbelebten Objekte um uns herum arbeiten mit den Symbolen zusammen und feilen ständig an ihrer Außenhaut. Wir sind durchdrungen von ihrer Feinstofflichkeit und fungieren im Traum als ihr Medium.

Wenn wir die Materie als »die große Mutter« bezeichnen und die Schöpferkraft als »unseren Vater«, dann ist die eine Bedeutungsebene der Worte nackt und leer, die andere schwingt mit den Obertönen unseres Gefühls. Ein Symbol beginnt erst mit hoher emotionaler Besetzung zu leben, denn die bildhafte Sprache ist gefühlsintensiv, und deshalb malt sie in prächtig kolorierten Bildern. Zeichen haben einen hinweisenden Informationsgehalt, Symbole sind vieldeutig auslegbar und immer nur aus der spezifischen Erlebnisdichte des Träumers zu verstehen.

Unser Bewußtsein ist nur eine kleine Insel im riesigen Meer des Unbewußten. Die Insel kann untergehen, aber das Meer bleibt. Das Wort bleibt oftmals stumm, weil ihm die Aussage fehlt; das Symbol führt immer zum Evidenzerlebnis des einzelnen. Deshalb üben auch unsere Träume eine stabilisierende Funktion aus, gelegentlich ohne daß wir sie mit dem Bewußtsein überhaupt wahrnehmen. Immer will uns das Symbol sagen: »So kann es sein, es kann auch noch anders sein!« Dies macht wiederum das hohe Spannungsfeld des Symbols aus, das beide Pole einschließt und es uns überläßt, welchem Pol wir uns zuneigen wollen. Wichtig ist deshalb immer die Frage: »Was bedeutet das Symbol für mich?«

»Symbole sind im Traum ein Mittel, um innere Realität zum Ausdruck zu bringen. Im Traum fangen wir uns in den verschiedenen Bewußtseinszuständen ab und können uns beobachten. Unser Körper ist hierbei unser intimstes und zugleich augenfälligstes Symbol. Wenn wir die Bedeutung unserer eigenen Symbole kennenlernen, dann kommt uns dieses Wissen nicht nur bei der Deutung unserer Träume zugute, wir können mit Hilfe dieser Symbole auch Bewußtseinszustände markieren, in denen diese Symbole vorkommen. Symbole wandeln sich in verschiedenen Bewußtseinszuständen, aber nicht in logischer Folge; ein intuitiver Schöpfungsakt verändert diese Symbole auf ähnliche Weise, wie der Künstler seine Farben wechselt«, beschreibt Seth sehr anschaulich diese Zeugnisse der großen Kunstausstellung unserer Seele.

Über die Archetypen erfolgt eine weitere, spezifischere Bearbeitung. Wir haben die angeborene Tendenz, bestimmte bewußte Motivbilder zu formen, keine ererbten, sondern unbewußte, aber von jeher in uns liegende Vorstellungsmuster, die jetzt eine Struktur und Ausprägung erhalten. Über die Archetypen werden die großen Symbole gleichsam spezifisch für uns institutionalisiert und aufbereitet.

Eines der ältesten Symbole ist der Heldenmythos vom siegreichen Kampf gegen die Mächte des Bösen. Der große alte Weise, dem wir auch in Form unserer Traumkraft wieder begegnen, ist ein symbolischer Ausdruck des Saturn-Prinzips. Immer sind die großen Symbole der Menschheit aus dem analogen, intuitiven Denken entstanden: Das Kreuz als Begegnung der aufsteigenden, transzendentierenden und der erdhaft gebundenen, konkretisierenden Linie. In seiner Mitte, im Schnittpunkt, der leiderfahrene Mensch. Das Dreieck steht als Symbol für die drei Phasen des Mondes und für das weibliche Geschlecht. Der Kreis symbolisiert das All und die Einheit. So läßt sich die Welt auseinandernehmen und in ein klar gefügtes Ordnungssystem bringen, denn auch in der Symbolsprache gibt es eine strenge Hierarchie. Jedes Symbol gehört einem nächsthöherem Symbolsystem an, das man dann »Symbos« nennt.

Die Symbolsprache des Traumes kann nie durch einen kognitiven Lernakt erfaßt werden. Deshalb wird sie auch nur von so wenigen, gefühlsbetonten und hochsensiblen Menschen beherrscht. Menschliche Reife muß sich mit Gefühl paaren, wenn Symbole verstanden werden wollen.

Dennoch sollten wir uns nicht entmutigen lassen, denn die Beobachtung des ständigen Symbolwandels können wir auch auf der wachbewußten Ebene vorüben. Legen Sie sich doch einmal wach, aber mit geschlossenen Augen hin. Tauchen dann nicht auf Ihrer inneren Mattscheibe eine Menge von Bildern und Vorstellungen auf, wenn Sie die Fühler Ihrer Sinnesorgane aus der Außenwelt zurückgezogen haben? In dem Ausmaß, in dem Sie den physischen Stimuli den Rücken kehren, entfaltet sich in Ihrem Innern ein wahres Symbol-Kaleidoskop von faszinierender Vielfalt. Immer erkennen Sie sehr schnell und unmittelbar, in welcher Richtung Ihre Gefühlsindikatoren vorfühlen, mit welcher Tendenz sich Ihr Gemütszustand bewegt und von welchen Negativ-Gefühlen Sie »gerädert« sind. Seth schreibt dazu: »In einem leichten Trancezustand kann auch die Bedeutung von Traum-Symbolen erschlossen werden, wenn wir darum bitten. Die Symbole können dann persönlichkeitsindividuell suggestiv eingesetzt werden«.

Wenn wir beispielsweise herausfinden, daß ein Springbrunnen in einem Traum Erfrischung bedeutet, dann können wir bei Müdigkeit und Abgespanntheit einfach an einen Springbrunnen denken.

Entscheidend für die Deutung von Traumsymbolen ist immer der Gesamtzusammenhang der Traumhandlung. Wenn wir im Nächtebuch die einzelnen Symbole säuberlich auflisten, sie isolieren und dann gesondert intuitiv umkreisen, können wir sie anreichern, indem wir uns nach den ihnen innewohnenden Eigenschaften fragen und ihre Charakteristika beschreiben. Wir können über das Symbol frei assoziieren und selbst weitläufige Verbindungen zu religiösen, kulturellen und mythologischen Einheiten herstellen. Wir können das Symbol auch metaphorisch verarbeiten, indem wir es in Beziehung zu unseren eigenen Gefühlstönungen und Triebkräften stellen, und wir können es letztlich über die Meditation vertiefen und sich verwandeln lassen.

In jedem Falle sollten wir sehr aufmerksam in den vorangegangenen Träumen nachstöbern, ob ähnliche oder gleiche Symbole erschienen sind und dann in eine vergleichende Betrachtung des Symbolumfeldes eintreten.

»Symbole sind nie eindeutig, sie sind immer mehrdeutig. Sie können von einem Bedeutungsextrem ins andere umschlagen, beide Seinspole, Leben und Tod, Gut und Böse, zum Ausdruck bringen. Die Erde bringt die Menschen hervor und verschlingt sie. (Gott, Kronos).« Die Zahl Sieben ist die Zahl der Todsünden, aber auch der Sakramente. Den sieben Lastern Hochmut, Zorn, Neid, Unzucht, Völlerei und Trägheit des Herzens stehen auch die sieben Tugenden der Geduld, Keuschheit, Mildtätigkeit, Liebe, Demut, Mäßigkeit und Andacht gegenüber. Wir können nicht würfeln, sondern nur den Zufall abwarten, der uns das zufallen läßt, was in der gegenwärtigen Seinsqualität seine Entsprechung sucht.

Nehmen Sie zum Schluß noch ein Symbolgemälde in sich auf, das von einer ungeheueren allegorischen Weite und Tiefsinnigkeit ist und ein wundervolles Gleichnis für den Individuationsprozeß, dem wir alle entgegenstreben, abgibt. Es stammt von dem chinesischen Weisen Chuang-Tse:

Ein wandernder Zimmermann namens »Stein« sah auf seiner Wanderung einen riesigen alten Eichbaum, der beim Erdaltar im Felde stand. Der Zimmermann sagte zu dem ihn bewundernden Gesellen: »Das ist ein unnützer Baum; wolltest du ein Schiff daraus machen, es würde bald verfaulen; würdest du Geräte daraus machen, sie würden bald zerbrechen... Aus dem Baum läßt sich nichts machen, man kann ihn zu nichts gebrauchen, darum hatte er es auch auf ein so hohes Alter bringen können.«

Als aber der Zimmermann an diesem selben Abend einkehrte und übernachtete, erschien ihm der Eichbaum im Traum und sprach: »Willst du mich vergleichen mit euren Kulturbäumen, wie Weißdorn, Birnen, Orangen, Apfelsinen und was sonst noch Obst und Beeren trägt? Sie bringen kaum ihre Früchte zur Reife, schon mißhandelt und schändet man sie. Die Äste werden abgebrochen, die Zweige werden geschnitzt, so bringen sie durch ihre eigenen Gaben

ihr eigenes Leben in Gefahr und vollenden nicht ihrer Jahre Zahl...
So geht es überall zu. Darum habe ich mir schon lange Mühe gegeben, ganz nutzlos zu werden. Sterblicher!... Nimm an, ich wäre zu irgend etwas nütze: hätte ich dann diese Größe erreicht? Und außerdem, du und ich, wir sind gleichermaßen Geschöpfe. Wie soll ein Geschöpf dazu kommen, das andere von oben herab beurteilen zu wollen? Du, ein sterblicher und unnützer Mensch, was weißt du von unnützen Bäumen?«
Der Zimmermann erwachte und überdachte dann den Traum, und als sein Geselle ihn fragte, wieso gerade dieser Baum dazu kam, dem Erdaltar zu dienen, antwortete er ihm: »Halt den Mund, kein Wort mehr darüber; er wuchs absichtlich da, weil sonst die, die ihn nicht kannten, ihn mißhandelt hätten. Wäre er nicht Baum im Erdaltar, so wäre er wohl in Gefahr gekommen, abgehauen zu werden.«

Unsere wahre Aufgabe, an die uns der Traum durch seine Symbole behutsam heranführt, ist, unsere gottgewollte Bestimmung zu erreichen, die zuletzt unter dem Gesichtspunkt des zweckorientierten Lebenserfolges gesehen werden darf.

Wenn wir von Symbolen sprechen, dürfen wir zwei hochwichtige Archetypen nicht vergessen, die für die Traumarbeit bedeutsam sind. Es sind die gegengeschlechtlichen Verkörperungen des Unbewußten, in der Frau der Animus, im Mann die Anima. Hintergrund für diese Archetypen ist die Mutterfigur beim Mann und die Vaterfigur bei der Frau, die entscheidende Lebensprägungen vorgeben für das Ausleben der bigeschlechtlichen Komponente, die gerade in der Altersreife zur Integration und Verinnigung drängt.

Für mich ist der optische Reifegrad bedeutend, in welchem dieses gegengeschlechtliche Beziehungsbild als abgespaltenes Teil-Ich im Traume aufscheint. Animus oder Anima verkörpern sich im Traum zumeist prototypisch. Es kann die Trösterin sein, die immer begütigend zurückhält, die »Mater dolorosa« mit dem etwas resignierten Leidenslächeln, oder bei einer Frau der verführerische Don Juan und Frauenliebling, vielleicht sogar eine antike Ausprägung des modernen Playboys, der sie in wahnwitzige Scharmützel verfangen möchte. Achten Sie einmal auf diese sich erst aus mehreren Traumbeobachtungen klar und deutlich herauslösenden Gesellen, die uns immer wieder deutlich machen wollen, welche Rolle unsere gegengeschlechtlichen Hormone in unserem Leben zu spielen beabsichtigen. Die Aufarbeitung der Mutter- und Vaterbilder hilft dabei entscheidend.

In diesem Bereich gären bei vielen Träumern verdrängt – unbewußte Komplexe von riesigem Ausmaß. Die meisten glauben, aufgeräumt und die Vergangenheit oder die Kindheit im Griff zu haben, doch der Schein trügt. Ich spreche hier aus eigener Erfahrung: Dreißig Jahre lang habe ich fleißig an meiner eigenen autoritären Anima, die mir von einer unglaublich starken und herrischen Supermutter »eingeneralisiert« worden war, gearbeitet. Ich glaubte, nunmehr mit dieser »Heldenmutter« fertiggeworden zu sein, zumal sie mir auch lange nicht mehr im Traum erschien (was immer ein Zeichen dafür ist, daß die Energiebesetzung nachgelassen hat), bis ich mit einem Gestalttherapeuten arbeitete, der unversehens den Finger auf die noch nicht vollkommen zugeheilte Wunde legte, – und ein Feuerstrom in meinem Inneren loderte hoch und kochte noch kiloweise Energien aus, die irgendwo in der Tiefe verborgen geschlummert hatten. Die Sache mit der Anima war eben immer noch nicht erledigt.

Sie können Ihre Träume steuern lernen

Die Kunst des luziden Träumens

> Wenn wir bewußte, spezifische Ziele haben und sicher sind, daß sie prinzipgetreu und moralisch tauglich sind, dann können wir uns auch Träume wünschen, in denen sie vorkommen, denn Träume beschleunigen die physische Verwirklichung. Im physischen Leben findet zwischen der Konzeption einer Idee und ihrer physischen Verwirklichung eine Verzögerung statt. Nicht so im Traum. Wenn wir die Natur unseres eigenen Träumens erkennen und erforschen lernen, haben wir uns mit der jenseitigen Realität im voraus vertraut gemacht.
>
> Seth in *The Unknown Reality*

Der Terminus »luzider Traum« geht auf den holländischen Physiker van Eden zurück, der zu Anfang dieses Jahrhunderts lebte. Inzwischen wurde für das Phänomen, den eigenen Traum mit einer anderen, halbbewußten Instanz des Bewußtseins kontrollierend verfolgen zu können, viele andere Bezeichnungen kreiert, von denen keine besonders glücklich ist. Der hochverdiente deutsche Traumforscher Professor Tholey spricht von »Klartraum«, manche sprechen von »Hellträumen«, wieder andere vom »Wahrtraum«, weil er einem wahr vorkommt. Keiner der Begriffe wird indes nach meiner Auffassung dieser Traumbesonderheit gerecht.

»Klartraum« ist schon deshalb nicht besonders präzise, weil sich die beiden nebeneinander laufenden Traumebenen nicht scharf abgrenzen lassen und beide Bewußtseinsschichten sich ständig gegenseitig durchdringen. Die Energie diffundiert, und es gibt erhebliche Schwankungen bei der Observation dieses Traumes, bei dem wir ebensogut wieder in den Volltraum hineinschlummern können oder unfreiwillig aufwachen und den »luziden Traum« damit vorzeitig beenden. Im eigentlichen Sinne »klar« ist beim Träumen überhaupt nichts, und das Bemühen, scharfsinnige logische Klarheit in das diffuse Traumgeschehen hineinprojizieren zu wollen, ist typisch wissenschaftlich, scheitert aber an diesem exzentrischen Medium. Wird der Traum an das Tageslicht gezerrt, verabschiedet er sich und löst sich in Nichts auf. Er scheut die Feststellung, weil er keine Ortsfestigkeit besitzt und jederzeit hier und nirgendwo anzutreffen ist. Ist denn sicher, daß nicht auch der Traumbeobachter oder der Traumanalytiker selbst zum Zeitpunkt der »Feststellung« gerade träumt?

Aber entfachen wir keinen Definitionsstreit. Warum lassen wir diesem schönsten aller Träume nicht seine ursprüngliche Bezeichnung »luzider Traum«, die etwas von »erlichtet« (nicht »erleuchtet«) durchschimmern läßt? Da wird so ein ganz kleines Türchen ins Jenseits geöffnet, das der luzide Traum ja auch wirklich kennt und zum Körperaustritt benutzen kann.

Über den luziden Traum eröffnet sich eine neue Wahrnehmungsdimension. Man kann auf zwei Hochzeiten gleichzeitig tanzen und fast ein artistisches Bewußtseinskunststück aufführen.

»Klarträume sind solche Träume, in denen man völlige Klarheit darüber besitzt, daß man träumt und nach eigenem Entschluß handelnd in das Traumgeschehen eingreifen kann«, definiert Professor Tholey. Viele luzide Träume unterscheiden sich dabei in der Art, wie Körper-Ich und Umgebung erscheinen, in keiner Weise von der Wachwirklichkeit. Aber ein gleichsam außen vorangestellter Teil des Ichs wird aufpassend und aktiv tätig in diesem Traumgeschehen, verfolgt den Handlungsfaden des Traums und knüpft ihn dann von einem gewissen Punkt an in die Richtung weiter, die dem beobachtenden Traum-Ich richtig erscheint. Der »Traumpolizist«, ein Teil-Ich, kontrolliert also die gesamte Szene, paßt auf, daß nichts Unrechtes oder Gefährliches passiert und greift sofort intervenierend ein, wenn Gesetzesübertretungen vorkommen und unliebsame Händel, Streit, Kampf oder gar tätliche Auseinandersetzungen entstehen.

Luzide Träume haben also eine ganz eigene Dynamik. Sie bringen die in wirren Träumen oftmals streunende Energie auf Vordermann, machen Sandkastenspielchen, üben Manöver wie auf dem Exerzierplatz, geben Befehle und Anweisungen. Somit gehören luzide Träume zu den aufregendsten Grenzbereichen der menschlichen Erfahrung. Als Diplomstufe des Träumens, die jedoch relativ leicht zu erlernen ist, begeistert sie nicht nur die Träumer selbst, sondern auch Traumtherapeuten, Parapsychologen und Psychiater.

Den eigenen Traum aktiv zu gestalten, geht noch einen wesentlichen Schritt über die Befähigung hinaus, ihn in einer gewünschten Themenschneise zu bestellen und zu induzieren, und eröffnet ein ganz anderes und viel weiter gespanntes Feld von Möglichkeiten. Denn wenn wir in den Dialog des Traums aktiv und lenkend eingreifen können, dann schaffen wir damit die Voraussetzungen, in gleichen oder ähnlichen Situationen unseres Realerlebens spiegelbildlich reagieren zu können. Damit wird das luzide Träumen zu einer echten Konditionierungstechnik des Unbewußten für die erbitterten Schlachten und Kämpfe des Daseins.

Somit ist der Traum zur großartigen und perfekten Simulationswerkstatt für das Wacherleben geworden. Er hat sich gleichwertig an die Seite seines hellwachen Bruders gestellt und bringt diesen mit allen Finessen und Tricks in eine bessere Tagesform. Damit ist eine Integration verschiedener Bewußtseinsschichten erreicht, die auch im Sinne des Einswerden wirkt und eine gute Voraussetzung für die innere Harmonie und Seelenruhe eines Menschen schafft.

Das luzide Träumen ist längst nicht so schwer zu erlernen wie immer behauptet wird. Es bedarf lediglich einiger Vorarbeiten und gezielter Übungen, die Sie schon absolvieren können, bevor sie in die eigentlichen, geheimen Jagdgründe der luziden Traumweise einsteigen. Natürlich müssen Sie beweisen, daß Sie vorangegangene Elementarstudien im Traumbereich absolviert haben. Nichts beginnt in der esoterischen Arbeit von hinten, sondern die Wegetappen sind klar und deutlich vorgezeichnet und werden dem Adepten individuell von innen her eingegeben. Fragen Sie sich also, ob Sie für das luzide Träumen schon reif sind. Bekommen Sie eine zustimmende Antwort, dann wagen sie den ersten Versuch!

Tholeys Schlüsselfrage heißt: »Wach ich oder träum ich?« Man kann diese Frage natürlich auch umdrehen. Ich habe viele Traumabsolventen gehabt, die auf diese sicherlich gute Fragestellung innerlich überhaupt nicht angesprungen sind. So haben wir viele Monate immer wieder mit anderen Prüfsuggestionen gearbeitet und sind dabei zu der Stop-Technik gelangt.

In allen ungewöhnlichen, wenig realen Situationen im Tageserleben, bei Erlebnisdubletten oder Spontanerinnerungen an schon einmal erlebte Begebenheiten, bei phantastischen Wahrnehmungen, die uns zuhauf am Tage unterlaufen und überschwemmen, bei Erstaunen und Entsetzen, bei Verblüffungen und großen Überraschungen, sagen Sie einfach zur Wahrnehmungskontrolle nach innen: »Stop! Träume ich eigentlich?« Die unausgesprochene Antwort wird oftmals »Ja« sein.

Gerade in extremen Streßsituationen, bei ekstatischen Gefühlsaufschwüngen, bei extremen Belastungen werden Schalterumstellungen in unserer Psyche vorgenommen, die durch diese Grenzsituation ausgelöst werden. Das eine Relais wird abgeschaltet und ein anderes dafür eingeschaltet. An diesen Scheidewegen operiert der luzide Traum. Er wandelt auf einem haarfeinen, steilen Grat zwischen Halbwachheit und oberflächlichem Träumen, er balanciert auf dem Dachfirst des Traums wie ein Schlafwandler und stürzt dennoch nicht ab. Wie oft sind wir geistig weggetreten, mit unseren Gedanken im Abseits und hören gar nicht hin, was der andere sagt. Wir schweben auf »Wolke 7« und fliegen in solchen Momenten weit über die Gefilde unseres Wachbewußtseins hinaus in andere Bewußtseinsebenen, um danach wieder besonders aufmerksam und wach zu sein. In solchen Fällen »träumen« wir wirklich mit offenen Augen am hellichten Tag, nur wissen und erkennen wir es nicht. Bringen Sie sich mit einem kritischen »Stop« sofort wieder in die Einsicht Ihrer Lokation und schauen Sie sich den Zeitsprung an, den Sie gerade vorgenommen haben, ohne daß Sie es wußten.

Einen großen Teil des Trainings können wir daher in den gewöhnlichen Alltag verlegen und schlagen dabei zwei Fliegen mit einer Klappe: Wir erkennen in unserer Realität die Irrealität und entscheiden uns für die eine oder andere Betrachtungsebene. Dabei kommen wir zwangsläufig in die Klarheit und bessere Übersicht, denn am Tage wachend zu träumen oder träumend zu wachen, ohne daß es uns bewußt ist, kann gefährlich werden und zu empfindlichen Wahrnehmungsverschiebungen führen, die wir nicht mehr im Griff haben. Oder wir entscheiden uns für einen gewissen Moment für die Irrealität in der Realität und geben unserer Seele damit einen kurzen Erfrischungstrunk aus der Flasche des ewigen Lebenswassers. Wir koppeln damit wirklich für einen Moment ab und regredieren, was einen äußerst wohltuenden und seelenhygienischen Effekt hat.

Der Luzidträumer verfolgt also seinen Traum und ist sich immer klar darüber, daß er träumt. Er erkennt auch im luziden Traum, wer er ist, was er ist, wohin er geht, was er sich für diesen Traum, für diese Erlebnisphase vorgenommen hat. Er besitzt also Identitätswissen und operiert mit Zielvorstellungen. Mit einem kühnen Satz wird der Traum hier von seinem starken Bruder, dem Bewußtsein, in die Pflicht genommen. Wenn Sie die Ausbildung zu streng vornehmen und im Kasernenhofton mit ihrer Traumkraft »umspringen«, wird sie Ihnen sehr leicht die Gefolgschaft versagen. Also diplomatisch vorgehen!

Im luziden Traum sehen, hören, riechen, schmecken und fühlen Sie wie im Wachzustand, Sie befinden sich also in der Phase einer weitgehend bewußten Wahrnehmung, die ein klein wenig verschleiert sein kann und »Fading« besitzt wie Radiowellen bei unklarem Empfang. Dies ist die schon von mir zitierte Unklarheit, die wir niemals absolut zuverlässig manipulieren können. Letztlich begreifen wir auch noch, was sich da im Traum abspielt, wer was von uns will, und haben die Entscheidung behalten, es zu gestatten oder zu verweigern! Man kann lernen, zu bestimmten Orten, zu ausgesuchten Zeiten, zu Lebenden, zu Toten, zu sinnlichen und außersinnlichen Welten zu reisen. Wir können sogar weit hinaus in den Kosmos. Es gibt keine Grenzen mehr, keine Begrenzungen unseres Lebens und Erlebens! Ist das nicht phantastisch?

Luzide Traumerlebnisse lassen sich lückenlos in ein kritisch-realistisches Weltbild einfügen. Damit können wir auch die Traumgegner ein wenig ködern, die seelische Prozesse ohne jedwede Eingriffsmöglichkeit als unnütze Zeitverschwendung abtun. Wir können jene auf Dauer gewinnen, die gegenwärtig noch ein gestörtes Verhältnis zu ihren Träumen haben.

Sie brauchen keine Angst zu haben, wenn Sie luzide träumen. Sie heben nicht ab. Sie bleiben auf der Erde, Sie bleiben in der Wirklichkeit, die nur »traumdurchsetzt« wird. Dabei haben Sie sich dennoch mit dem luziden Traum schon auf eine wichtige Startrampe katapultiert, von wo es sogar möglich ist, in astrale Welten abzuheben.

Wie lernt man, luzide zu träumen? Nichts leichter als dies, wenn Sie die nachfolgenden Grundregeln beherrschen lernen:

– Entwickeln Sie im Wachzustand eine kritische Einstellung zu Ihrem augenblicklichen Bewußtseinszustand.
– Fragen Sie sich mehrfach und immer wieder »Stop! Träume ich eigentlich?«

Sie werden sehen, daß sich diese kritische Fragestellung allmählich auch auf den Traumzustand überlagert, denn drei Faktoren sind für die Herbeiführung von luziden Träumen wichtig:

die Häufigkeit der Fragestellung,
die zeitliche Nähe am Einschlafen,
die Ähnlichkeit der Situation.

Sie müssen sich vor Ihr inneres Auge immer wieder das Bild holen, daß Sie mit Ihrem Bewußtsein auf einem Felsgrat wandeln und daß links und rechts (wie bei Gehirnhemisphären) völlig verschiedene und unterschiedliche Wirklichkeiten sind. Sie sehen optisch gleich aus und sind doch verschieden. Sie entscheiden nämlich selbst, welche Wirklichkeit im Moment die wirkliche Wirklichkeit für Sie ist. Letztlich ist ja auch das Traumerleben im Moment der Bilderfolge so realistisch und »wirklich«, daß Sie alles aufgreifen und fassen können und doch unfähig bleiben, es zu tun. Die Vorstellung allein entscheidet.

Wann werden sich nun die ersten luziden Träume einstellen, fragen dann gleich die Ungeduldigen, die Erfolgserlebnisse haben möchten. Wir haben ganz außergewöhnliche Erfolgsquoten in unseren Traumseminaren, in jener dritten Stufe »Schöpferische Kreativität durch gelenkte und luzide Träume«. Von zehn Träumern (mit Traumvorbildung) träumen bereits sechs bis sieben in der ersten Nacht luzide. Manche brauchen vierzehn Tage, manche sogar bis zu zwei Monaten. Wir haben jedoch nur eine ganz geringe Ausfallquote von Träumern, die es gar nicht lernen. Auch stelle ich bei der Traumarbeit immer wieder fest, daß viele Träumer schon luzide geträumt haben, ohne es selbst zu wissen oder identifizieren zu können. Ich werde deshalb später auch noch einige untrügliche Erkennungszeichen für den luziden Traum beschreiben.

Die Häufigkeit des luziden Träumens nimmt dann später, wenn erst einmal der Durchbruch erzielt wurde, schlagartig zu. Sie können dann luzide Träume zu jedem gewünschten Zeitpunkt, besonders aber in Vollmondnächten oder bei starker negativer Ionisierung der Luft, ganz nach Belieben vorgewählt bestellen. Legen Sie sich vorher aber eine Strategie zurecht, was Sie über den luziden Traum für Ihr Leben positiv verändern wollen und womit Sie besser fertig werden möchten. Manipulative Absichten sollten Sie vermeiden. Sie schlagen ohnehin nur auf Sie zurück! Denken Sie aber immer wieder mehrmals täglich an Ihre Zauberformel »Stop! Träum ich eigentlich?«

Tholey spricht von drei verschiedenen Grundhaltungen, mit denen man dem luziden Traum begegnen kann:

1. Versuchen Sie, den Traum gemäß der ihm innewohnenden Dynamik »weiterlaufen« zu lassen. Tun Sie so, als ob Sie den Traumzustand gar nicht erkennen.
2. Setzen Sie sich nach Erkennen des Traumzustandes neue Zielorientierungen und Handlungsabsichten (die sich aus der speziellen Traumsituation für Sie als zwingend ergeben).
3. Erinnern Sie sich dabei an die im Wachzustand formulierten Vorsätze und führen Sie diese im Traum durch.

Wir gehen also mit einem vorgefertigten Konzept, mit einem gedachten Rohmanuskript in den Traum hinein, den wir nicht mehr passiv erleben, sondern steuernd und handeln, verändern und beeinflussen wollen. Versuchen Sie in jedem Fall, wenn Sie den Traum geortet und erkannt haben, bewußt in das Traumgeschehen einzugreifen. Reflektieren Sie anschließend Ihren Erfolg – oder auch Mißerfolg – und resümieren Sie für sich, was diese Intervention im Traum für Sie gelöst hat.

Um den luziden Traum aber überhaupt orten zu können, müssen wir einige Phänomene beachten, die uns als Erkennungssignale dienen können. Wenn Sie ein Gefühl großer Leichtigkeit und Schwerelosigkeit Ihres Körper-Ichs im Traum erleben, wenn Sie also Flug-, Fall- oder Schwebeträume haben, dann besteht große Wahrscheinlichkeit, daß Sie in einen luziden Traumzustand eingetaucht sind. Wenn Sie zum Beispiel versuchen, Ihren Arm hochzuheben, mit Ihrem Zeigefinger auf etwas zu deuten oder Ihr Knie anzuwinkeln und es geht nicht, Ihr Körper folgt den Befehlen Ihres Geistes nicht und versagt Ihnen den Gehorsam, dann sind Sie sicher in einem luziden Traum.

Ein anderer Trick: Sie können sich in den Finger zwicken oder schmerzhaft zu kneifen versuchen. Wenn Sie überhaupt keine oder eine deutlich geringere Schmerzempfindung haben als in Ihrer Wachwirklichkeit, dann träumen Sie luzide. Auch das Auftreten strahlender Farben von besonderer Leuchtkraft und Intensität oder das völlige Ausbleiben jeglicher Kolorierung sind Charakteristika des luziden Traums.

Oftmals verschwimmen Teile des optischen Umfeldes, Sie haben partielle Unschärfen im Traum wie bei Überblendungen im Film oder Trickeffekten. Auch perspektivische Verzerrungen wie Rundoptiken, konkave oder konvexe Verschiebungen sind typisch für den luziden Traum. Bei mir hat er die Angewohnheit, auf einer viel breiteren Leinwand, also mit einem optisch größeren Blickfeld zu arbeiten.

Tholey empfiehlt auch noch andere Tests, die sich als sehr praktisch erweisen und die von mir durchexerziert worden sind:

– Führen Sie eine schnelle Drehung um die Körperlängsachse (etwa um 180 Grad) durch. Wenn Sie weiterwirbeln und ein gleichsinniges Weiterdrehen Ihres Körpers oder ein gegensinniges Drehen des Umfeldes bemerken, dann träumen Sie.
– Springen Sie im Traum einfach mal in die Höhe. Wenn Sie nicht gleich wieder auf Ihre Füße fallen, sondern ein leichteres Körpergefühl verspüren oder im Schwebezustand bleiben, dann ist dies ein sicheres Indiz dafür, daß Sie träumen.

Das Unterbewußtsein ist aber ein listiger Geselle und täuscht uns gelegentlich, dann kommt es zu einem Kurzschluß, zum »falschen Erwachen«, das wir eigentlich gar nicht beabsichtigt hatten. Die Erkenntnis zu träumen führt zum Erwachen, obwohl man in Wirklichkeit weiterträumt. Auf diese Weise dämmert man wieder in den gewöhnlichen Traumzustand über und verliert die Übersicht über den luziden Traum. Sie brauchen auch mehr oder weniger lange Reflexionsphasen, um sich in diese Erkenntnisphase des doppelbödigen Bewußtseins hineinzupegeln. Dem gesamten Traum mit beobachtender, aber doch gelassener und in Winkelphasen aktiverer Präsenz und Handlungsbereitschaft zu folgen, setzt schon einige Erfahrung und Experimente voraus, über die man auch sehr genau Buch führen sollte.

Über den luziden Traum kommen wir in eine wichtige Bewußtseinsdifferenzierung, die im Sinn der wirklichen Bewußtseinserweiterung wirkt. Um ein modernes Gleichnis zu gebrauchen, das uns wieder viel besser ins Bild setzt: Unser Verstand, der große »Zampano«, ist der Regisseur unseres Wirklichkeitsdaseins. Zugleich spielt er sich aber auch als Zirkusdirektor und Dompteur auf, der die wilden Raubtiere des Unterbewußtseins »in Schach« zu halten versucht. Es besteht ja ständig die latente Gefahr, daß sie aus ihrem Laufgitter einmal ausbrechen und dann einiges anstellen. Eines Tages lernt unser strenger Dompteur einen gemütlichen und friedfertigen Tanzbären kennen, der unsere Traumkraft symbolisiert. Nachts läuft ihm der Bär unentwegt über den Weg und unterhält den Dompteur mehr oder weniger originell. Unser Dompteur merkt sehr bald, daß er den liebenswürdigen Tanzbären so schnell nicht abschütteln kann. Er entschließt sich deshalb zu einer friedlichen Kooperation. Er stellt den Tanzbären einfach in seinen Dienst und gibt ihm in seinem Zirkus eine Manege, in der er nach freiem Willen wirken und auftreten kann, bevorzugt natürlich nachts: Das ist im Anstellungsvertrag zwischen den beiden sehr genau vermerkt. Weil nun die Vorführungen des Tanzbären wirklich »sehenswert« sind und er über mehr Unterhaltungsfähigkeiten verfügt, als man ursprünglich annehmen konnte, hat auch der Dompteur Spaß an seinem neuen Ensemblemitglied. Deshalb besucht er oftmals nachts dessen Vorstellungen, setzt sich dann genüßlich in die Loge und läßt das Schauspiel an seinen Augen vorüberziehen. Nur wenn es zu arg kommt und sich der Tanzbär »daneben« zu benehmen droht, wenn irgendeine unliebsame Konfrontation mit einem anderen Zuschauer die Vorstellung zu »schmeißen« droht, dann tritt unser Dompteur in die Manege und sorgt für Ordnung.

Das ist in etwa das Verhältnis zwischen beobachtendem Verstand, dem Dompteur, und dem Traum, dem Tanzbären, der sich ja immer wieder neue Schnurren einfallen läßt, um den Dompteur zu nasführen. Selbst hartgesottenen Managern kann man mit einer solchen »zielgerichteten Traumaufgabe« Geschmack an dem riesigen blinden Fleck ihrer eigenen Psyche verschaffen. Denn letztlich dürfen sie ja auch hier den großen Matador, den Raubtierdompteur ihres Unterbewußtseins spielen, mit dem sie auf diese Weise endlich einmal in Blick- und Fühlkontakt geraten.

Warum aber sollen wir uns mit dem luziden Traum überhaupt beschäftigen? Was bewirkt er innerseelisch in uns und was lösen wir durch ihn für uns?

Neben der schon erwähnten echten Kooperation zweier Bewußtseinsebenen, für die er eine Brücke baut, schafft er als Therapeutikum nicht geringen Grades Lebenskraft und Lebensmut. Mit starker Integrationskraft klammert er die beiden – an sich feindlichen – Bewußtseinsebenen zusammen und erwirkt hierdurch harmonischen Ausgleich und innere Befriedung. Gerade bei Alpträumen schafft er die bewußte Konfrontation mit feindseligen Traumgestalten, die dann nicht mehr weiter in der Verdrängung leben können. Er wirft unsere Konflikte wahrhaft auf und provoziert hierdurch unser handelndes Eingreifen über kognitive Erkenntnisse. Wir können frei entscheiden und unseren persönlichen Kampfstil wählen, wir bleiben unabhängig und frei. Es ist ein Traum-Überlebenstraining mit ausgesprochenen Härtetests, die unser Selbstbewußtsein aufbauen und uns viele Fähigkeiten und Talente erkennen lassen, die wir in der Realität gar nicht in uns vermutet hätten.

Durch die wesentlich schärfere unterbewußte Erkennungslinse gibt uns der luzide Traum Einsicht in schwelende Konflikte und menschliche Unzulänglichkeiten um uns herum und führt uns bedächtig, aber doch sicher auf die richtige Verhaltensschneise. Er legt Hemmungen in uns offen, die uns an der Entfaltung unseres Potentials hindern. Er bricht sogar Urängste in uns auf und läßt sie sich ungehindert austoben, damit sie ihre Energiedichte verlieren und uns nicht ständig Kraft und Lebensmut stehlen. Er vergrößert oder verkleinert den Maßstab unserer Sicht je nach Bedeutungsinhalt des Erlebens, gleicht aus und rückt ins rechte Betrachtungslicht, in eine objektiv-neutrale Sphäre. Er ist ein echter Friedensspender, dieser luzide Traum mit dem Januskopf, mit dem er nach zwei Seiten gleichzeitig spähen kann und somit einen Allround-Blick um die gesamte menschliche Eigenachse besitzt.

Er sucht Kontakt mit unserem Kopf, den er nicht gerade befehdet, aber hintergründig belehrt und mit dem er sogar des öfteren gemeinsame Sache macht. So schaffen die beiden, die sich sonst als feindliche Brüder mit großem Argwohn begegnen, *miteinander*.

Sehr gut können Sie Ihre Probleme über diesen koexistentiellen Weg Ihrer verschiedenen Bewußtseinsschichten aufarbeiten. Was bewegt Sie gegenwärtig? Wer oder was verfolgt Sie? Wo haben Sie Schwierigkeiten? Womit wird Ihr *Verstand* nicht mehr fertig? Wofür sucht er noch eine Lösung? Haben Sie Wiederholungsträume oder bedrängende Alpträume? Genau das wären Bearbeitungspakete, die Sie schleunigst schnüren und an Ihre luziden Träume weiterleiten sollten.

Auf diese Weise kann man »Neuröschen« schon im Keimstadium erkennen; auch die psychische Früherkennung latent schwelender Konflikte kann durch die Kooperation mit dem luziden Traum kultiviert werden. Auch bei der Auflösung von Psychosen kann er unschätzbare Dienste leisten. Überhaupt schafft dieser Zwittertraum ein hochschöpferisches Wachleben und klopft gleichzeitig an die Pforte zu außersinnlichen Wahrnehmungen. Er setzt sich ein für die Befriedigung und Einigung der abgespaltenen Teil-Ichs und vermittelt auf diese Weise wichtige Situationsklärungen.

Die hierfür wichtigen Fragen an unsere Traumakteure sollten immer wieder lauten:

Wer bist du?
Was willst du?
Was hältst du von mir?
Wie schaust du mich an?
Warum verfolgst du mich?
Warum bist du mir feindlich gesonnen?
Warum ärgerst du mich?
Warum willst du mir schaden?
Warum erschreckst du mich?
Warum bist du nicht mein Freund?

Wer fragt, der führt – auch im Traum. Stehen Sie nicht allem Geschehen duldend und erleidend gegenüber, sondern rüsten Sie zum Angriff. Wenn Sie im luziden Traum gleich die erste Fragenbatterie abfeuern, setzen Sie sofort einen Prozeß mächtiger Verwandlungen in Gang. Wie auf der Drehbühne eines Theaters erscheint im gleichen Akt eine veränderte Szenerie mit anderen Charakteren in anderem Gewand.

Nachteilige Folgen des luziden Träumens sind mir weder aus der Literatur, noch aus eigener Erfahrung bekannt. Alpträume waren ja sicher schon vorher da und sind Eingangsstoff für den luziden Traum, nicht aber sein Ergebnis. Selbst hochbrisante und langwierige Alpträume werden durch die Anwendung der Traumluzidität eliminiert und lösen sich in Wohlgefallen auf. Ann Faraday berichtet nur gelegentlich von klaustrophobischen Gefühlen, denen jedoch ein sehr positiver Erfahrungskatalog auf der Haben-Seite gegenübersteht, nämlich

- psychologische Einsichten,
- schöpferische Inspiration,
- Erweiterung des menschlichen Erfahrungsbereichs,
- mehr Demokratiebewußtsein,
- größere Friedfertigkeit,
- stabile Gesundheit,
- höhere Kreativität.

Nach meiner Beobachtung findet ein ganz stupender Aggressionsabbau bei den luziden Träumern statt, die im Alltagsleben nach den Beobachtungen ihrer Umgebung fügsamer, lenkbarer und bescheidener werden.

Daß wir sogar kognitive Prozesse parallel schalten können, wurde durch Untersuchungen an der amerikanischen Hull-Universität bestätigt. Mit einer eigens von ihm erfundenen und konstruierten »Helltraum«-Maschine gelang es dem britischen Traumforscher Keith Hearn, seinen Luzidträumern anzutrainieren, den Übergang in diese besondere Traumphase durch eine Veränderung ihres Atemrhythmus kundzutun. Der Träumer wird hierdurch fähig, mit der Außenwelt zu kommunizieren und eröffnet somit auch der Forschung tiefere Einblicke in die Phänomenologie dieser Traumart.

Anderen Versuchspersonen brachte Hearn bei, mit den Augen bestimmte Signale zu »morsen«, wenn sie sich in der Luzidität glaubten. Es klappte. Mit nur einer Versuchsperson gelangen Hearn in 45 Nächten immerhin acht luzide Träume, die im Schnitt eine bis sechs Minuten dauerten und gewöhnlich zwischen 6.30 und 8.00 Uhr auftauchten, genau 24 Minuten nach dem Beginn einer REM-Phase.

Hearns Luzidtraummaschine ist ein weiterentwickeltes Biofeedbackgerät, das eine bestimmte Kombination von physiologischen Reaktionen ortet und genau mißt. Er glaubt, daß in diesem »veränderten

Bewußtseinszustand« noch weitere, spektakuläre Entdeckungen möglich sind, obwohl seine ersten Versuche, mit dem Träumer auch in telepathischen Kontakt zu kommen, scheiterten. Von ihm ausgesandte vierstellige Zahlenkombinationen kamen bei den Versuchspersonen nicht an, obwohl wir von anderer Seite wissen, daß das Auswendiglernen von zweistelligen Zahlen auch während des Träumens gut gelingen kann.

Über die Aufhebung der Atonie, jener eigentümlichen im Traumzustand auftretenden Lähmung der Körpermuskulatur, kann nunmehr der luzide Traum sogar »abgefragt« werden. Auch bei Katzen ist dieses Experiment gelungen: Die träumenden Tiere schnappten plötzlich nach imaginären Mäusen. Über bestimmte Affirmationen und durch einen Zusatz an seiner Helltraummaschine gelang es Hearn, in einer Nacht acht von zwölf Träumern zu »luzidieren«. Unmittelbar nach Beginn der am Gerät aufgezeigten »Traumzeit« bekommen die Träumer einen leichten Elektroschock am Armgelenk verpaßt, über den sie bewußtseinsmäßig in den Traum hineingeschleust werden können. Keinem der Träumer gelang jedoch die absichtliche Erhellung der Traumszene.

Wir haben also weder emotionale Einschränkungen durch den luziden Traum, noch einen Wirkungsverlust im Sinne des Kläreffekts für die Psyche, es kommen sogar noch zusätzlich die intellektuellen Fähigkeiten hinzu, die in anderen Träumen ausgeschaltet sind. Unser feinstofflicher Körper setzt sich luzide über alle Hindernisse hinweg; es gibt keine Beschränkungen mehr, die Welt wird grenzenlos. Wir können sogar »aussteigen« zu den asomatischen Erlebnissen, unseren Körper verlassen und mit dem Seelengespinst allein auf große Reise gehen.

Es besteht weitgehend Einigkeit darüber, daß wir luzide Träume am leichtesten über hypnagoge Bilder während des Einschlafprozesses erreichen. (Wir sehen rote, sich verändernde Punkte, Lichtblitze, ausufernde Schlieren, unser eigenes Augengrau und rasch wechselnde, ornamentale Strukturen, die dann in schemenhafte Bilder überführt werden). Zumeist treten danach im Eintrittsstadium zum Traum schon Gegenstände oder Gesichter (aber noch vereinzelt) auf, die dann zu den ersten Traumszenen zusammenkonfiguriert werden.

Wir können nun direkt in den Traum hineinspringen, um dort die Rolle unseres Traum-Ichs zu spielen. Wir wachsen aus dem Nichts plötzlich in die Traumhandlung hinein und imaginieren uns genau an die Stelle, die wir im Traum einnehmen möchten. Oder wir schlüpfen sehr sanft auf »weicher Welle« zu einem geeigneten Zeitpunkt, auf das rechte, vom Traum gegebene Stichwort in die Traumhandlung hinein.

Wir suggerieren uns vorher, daß wir da unbedingt dabei sein möchten und nutzen hierfür die typische Neugierde, die wir angesichts unserer Träume haben und die hochenergetisch besetzt ist. Mit diesem zusätzlichen Trick gelingt das ausgezeichnet. Wir sollten auch noch nach einem persönlichkeitsspezifischen Trick suchen, der eine starke Sogwirkung auf uns ausübt und uns förmlich wie Phönix aus der Asche in den Traum katapultiert.

Auch luzide Träume präparieren wir über Affirmationen, die mehrfach am Tage einsuggeriert werden, wie beispielsweise die Generalformel »Träum ich eigentlich?«, die aber während der entscheidenden Einschlafphase über die porös gewordene Membrane zum Unterbewußtsein noch viel schneller an den Empfängerort geraten. Solche Affirmationen sind:

– Heute Nacht werde ich mir in meinen Träumen bewußt sein, daß ich träume.
– Meine Traumkraft wird mir heute Nacht Wachheit in meinen Träumen verleihen.
– Ich bleibe heute Nacht einfach wach, während ich träume.
– Mein Bewußtsein wird heute Nacht auf zwei Ebenen arbeiten. Erkennend lenke ich meine Träume.
– Ich danke dir, Traumkraft, daß du mich heute nacht meine Träume aufmerksam beobachten läßt und daß ich sogar lenkend in meine Traumhandlungen eingreifen kann.

»Wenn du der Träumer bist, bin ich dein Traum, doch wenn du wachen willst, bin ich dein Wille«, sagt Rilke verstehend über die komplikationslose Befolgung unserer inneren Absichtserklärungen, auf welcher Stufe unseres Bewußtseins auch immer.

Wenn Sie nicht schon eine bestimmte Marschroute für Ihr Eingreifen haben, können Sie während des luziden Träumens überlegen, in welcher Weise Sie die Traumszenerie verändern wollen. Sie können ganz einfach einen anderen Ort wählen, Sie können den Traum auch beliebig weiterspinnen, bis Sie eine für Sie interessante und bedeutsame Position erreicht haben. Verweilen Sie dann dort. Negative Traumerlebnisse werden zwar wahrgenommen, können aber sofort positiv umgepolt werden. Stellen Sie sich die Initialfrage »Stop! Träum ich eigentlich?« in allen traumähnlichen Situationen Ihres Wacherlebens. Besonders günstig sind Traumserien mit wiederkehrenden Inhalten, die gut in die luzide Bearbeitung einzufädeln sind. Welche Gefühle tauchen dort immer wieder auf? Welchen Peinlichkeiten begegnen Sie immer wieder? Entwickeln Sie Ideen, wie Sie diesen Begebenheiten nicht ausweichen, sondern wie Sie sich ihnen nur mit verändertem eigenen Verhalten stellen werden.

Es gibt ja auch für solche Traumsequenzen jede Menge parallel laufender Situationen in unserem normalen Tagesablauf (sonst würde unser Traum diese Reminiszenzen, in denen wir »schlecht« aussehen, ja überhaupt nicht aufgreifen), bei denen Sie sich dann sofort fragen sollten »Stop! Träum ich eigentlich?«. So legen wir während des ganzen Tages gezielt Köder für unsere Traumkraft aus, derer sie sich dann in der Nacht unauffällig zu bemächtigen sucht. Wie oft haben wir traumhafte Erlebnisse am Tag, beispielsweise das »leise Wegtreten«, das uns aus dem Tagtraum wohlbekannt ist. Bei langen Autofahrten bekommen wir am Steuer unseres Wagens oft das Gefühl zu schweben oder zu gleiten. Wenn wir lange genug im Wartezimmer unseres Zahnarztes geschmort haben, erhalten wir plötzlich die Fähigkeit, schon im Behandlungsstuhl zu sitzen und verändern so im Wachbewußtsein plötzlich die Örtlichkeit. Derlei Beispiele gibt es viele.

Denken Sie jedoch bei der Vorbereitung zum luziden Träumen immer an ihr Aktionskonzept. Sie müssen wissen, was im Traum passieren soll, wenn diese oder jene Situation, die Ihnen bekannt ist, eintritt. Dazu benützen wir die Vorstellung einfacher Bewegungsabläufe. Wir können den Gegner treten, wir können ihm drohen, wir können ihm schmeicheln und ihn zu umgarnen versuchen, wir können mit ihm kämpfen, wir können uns ihm ergeben, wir können mit ihm boxen oder ringen. Es gibt so viele verschiedene Formen der körperlichen Zurwehrsetzung!

Üben Sie am Anfang das luzide Träumen ohne Unterbrechung und jede Nacht. Setzen Sie sich aber keine Fristen und kein Muß, sondern bewahren Sie Geduld! Geben Sie niemals auf. Glauben Sie fest an Ihre Fähigkeit, luzide träumen zu können. Warum sollen Sie es nicht schaffen? Aber alle diese an das Unterbewußtsein gerichteten Techniken und Taktiken sind nicht mit forciertem Willen durchzusetzen. Damit erreichen wir eher das Gegenteil!

Das Symboldrama, die kämpferische Auseinandersetzung von polaren Kräften, findet beim luziden Traum bereits während seiner Handlung statt und verlagert sich somit von außen nach innen. Das spart Zeit und ist wesentlich effektiver. Damit verlagert sich auch die katalysatorische Funktion des Therapeuten auf den Träumer selbst. Auch der Perlsche Dialog der Gestalttherapie wird zum Handlungsbestandteil des luziden Traums und erfüllt alle Vorbedingungen, nämlich die Erfahrung des Unangenehmen und die offene Auseinandersetzung mit dem Unangenehmen. Der luzide Traum schlägt also mehrere Fliegen mit einer Klappe. Auch er dient damit dem schon zitierten Grundsatz »Heal thyself« und wird zum selbsttherapeutischem Medium par excellence.

Für die, die auch für den Traum ein Ordnungsgefüge suchen, seien hier die verschiedenen luziden Träume, nach ihrem Zweck geordnet, aufgelistet. Diese Aufstellung stammt von Tholey.

1. Experimentierträume (sie dienen der Durchführung von Experimenten, die im Wachzustand geplant wurden).
2. Deutungsträume (sie sollen uns Informationen und wesentliche Aufschlüsse über uns selbst und unsere gegenwärtige Lebenssituation geben).
3. Inspirationsträume (sie sollen uns kreative Einsichten und schöpferische Eingebungen vermitteln).
4. Vergnügungsträume (sie sollen uns angenehme Erlebnisse vermitteln und uns für vielleicht entgangene Vergnügungen entschädigen).
5. Trainingsträume (hier haben wir ein Spielfeld, um sensomotorische Fähigkeiten zu üben und zu verbessern).

Wie kommen wir aus dem luziden Traum wieder heraus? Wir dämmern ganz ohne Dazutun in den gewöhnlichen Traum über, wie ich schon ausführte. Wir können in den traumlosen Tiefschlaf hinübergleiten, was dem normalen Schlafrhythmus entspricht. Wenn wir nicht »falsch« erwachen, können wir auch noch »echt« erwachen, was angezeigt sein kann, wenn sich der Traum eigenständig unangenehm weiterentwickelt und ein Abbruch zwingend werden sollte. Fixieren Sie dann einfach einen bestimmten Punkt in Ihrem Traum. Die Szene beginnt langsam zu verschwimmen und sich in die Grauskala aufzulösen. Es dauert nur wenige Lidschläge – und Sie sind wach!

Die große Phantasiereise:

Wie ein Adler hoch in den Lüften

Eine doppelbödige Bewußtseinserfahrung zum luziden Traumtraining

Suchen Sie sich einen stillen, abgelegenen Ort, wo Sie nicht gestört werden, und legen Sie sich dort ganz entspannt hin. Räkeln Sie sich ein wenig hin und her, um für den Körper die entspannteste Lage zu finden. Achten Sie auf die Stelle, an der Ihr Kopf auf der Erde aufliegt. Markieren Sie diesen Punkt geistig mit großer Bequemlichkeit.

Spüren Sie hinein in die Arme, in die Beine, um festzustellen, ob Sie die für Ihren Körper optimale Bequemlichkeit erreicht haben. Dann schließen Sie langsam die Augen und genießen den Balsam von Ruhe und Wohligkeit, Ruhe und Wohligkeit, die in Ihr gesamtes System einfließen. Lassen Sie los von allen Sorgen, von allen Bedrückungen, und verändern Sie nochmals die Körperlage solange, bis Sie die wirklich bequemste Liegestellung gefunden haben.

Sie haben Zeit, unendlich viel Zeit. Und Sie lassen los von allem Geschehen, von allem Tun, von allem Wollen. Lassen einfach geschehen, was von selbst geschieht, und das, was nicht von selbst geschieht, ist ebenso gut. Denn alles, was kommt, ist gut und willkommen, ist Sinn und Sein in einem, ist Tun und Lassen in einem. Und so werden Sie ruhig, ganz ruhig und immer ruhiger. Alles um Sie herum ist ruhig, und Sie schwingen ein in die Musik, in die Klangfarben dieser Töne und lassen sich davon forttragen, lassen sich davon abheben, hochheben, wegführen, ganz langsam entführen.

Sie spüren, wie der Wille, wie das Wollen sich auflöst wie ein Nebelgespinst, wie eine Wolke, die entschwindet, verschwindet, bis Sie das Nichts schnuppern, diese köstliche Leere, dieses Garnichtsmehr und Überhauptnichtsmehr. Und Sie fallen noch tiefer und spüren, wie Sie aufgehoben und fortgetragen werden von den Tönen, von den Schwingungen dieser sphärenhaften Musik. Denn das ist Sphärengesang, Äonenharfe der Ewigkeit, Mantram des Kosmos. Sie spüren, wie Sie langsam einschweben in das Reich, in das Königreich der Träume, in das Reich der Märchen, der Sagen, der Mythen.

Sie sehen jetzt, wie Sie begrüßt werden an der Pforte, der himmlischen goldenen Pforte des Götterpantheons der Träume. Und Sie spüren, wie Sie immer weitergetragen werden, immer ferner entschweben, immer weiter enteilen, entrückt, wie Sie all dem entgleiten, was noch vor wenigen Augenblicken unruhevolles Tun, Wollen und Denken war.

In dieser erdenfernen Unwirklichkeit huschen jetzt die ersten Traumgestalten, gleiten jetzt die ersten Bilder lautlos an Ihrem geistigen Auge vorbei. Auf Ihren inneren Bildschirm kommt Leben, anfangs schemenhaft, nebelhaft, dann immer deutlicher Gestalt annehmend, formengeprägt, erkenntlich. Und während diese ersten Schlieren Kreise formen, während geometrische Figuren in Ihrem Inneren auftauchen, sinken Sie immer noch tiefer, tiefer, noch tiefer unergründlich tief in Ihr Unbewußtes hinab, was kein Ende kennt, keinen Anfang, keine Dimension.

Plötzlich sehen Sie eine Landschaft. Es ist eine liebliche Landschaft, die auf Ihren inneren Bildschirm projiziert wird. Eine heitere, eine bukolische, eine paradiesische Landschaft. Sie ist ganz unbewohnt, nur von Ihnen besessen, nur von Ihnen entdeckt. Es ist vielleicht eine Landschaft, die noch nie ein Mensch außer Ihnen gesehen hat, eine Landschaft, nach der Sie sich lange gesehnt, nach der Sie lange gedürstet haben, eine Landschaft, nach der Sie schon immer Ausschau gehalten haben.

Und nun sehen Sie sich selbst in dieser Landschaft, wie Sie herumgehen, wie Sie beobachten, wie Sie schauen, wie Sie anschauen, ganz absichtslos, ganz zufrieden, ganz zweckfrei. Und Sie schauen sich einfach zu, erkennen sich, sehen sich so, wie man einen einsamen Wanderer aus großen Fernen in der Natur heimlich beobachtet. Und dann wieder sind Sie der Wanderer selbst und halten Ausschau nach einem besonders schönen und behaglichen Platz, wo Sie ein wenig ausruhen, wo Sie ein wenig rasten, wo Sie ein wenig träumen können.

Ja, suchen Sie einen Platz, den schönsten in der gesamten Landschaft. Sie entdecken ihn beim Herumgehen, vielleicht ist es ein Platz mit weichem, grünen, samtenen Moos neben einem schattenspendenden Baum, denn die Sonne scheint weich und warm auf Ihren Körper und taucht die wundersame Landschaft in ein weiches, goldenes Licht. Sie spüren die wundervolle, sichere Schwingung dieses Ortes, der nun für Sie zu einem geheimen Refugium wird. Es ist der Ort Ihrer Stille und Ihrer Besinnung, ein Ort Ihrer Träume und Ihrer Entrückung, ein Ort Ihrer neuen Kreativität, der Ort Ihres schöpferischen Lebens. Und nun lassen Sie sich einfach hinfallen in das duftende, weiche Moos, und versenken sich in den Duft der Erde, in den Duft des Mooses, in den

Duft des Waldes . . . Sie riechen die Qualität dieses Ortes und nehmen Sie mit allen Sinnenfasern in sich auf. Denn dieser Ort ist der schönste Ihres Lebens in dieser Welt. Und er wird es immer bleiben, von nun an.

So, wie Sie sich nun im weichen Moos ausgestreckt haben, überkommt Sie wohlige Müdigkeit, werden die Augenlider schwer und schwerer, kriecht heilsamer Schlaf wie ein geheimer Freund in die Glieder Ihres matten Körpers. Morpheus hüllt Sie in den samtenen Mantel schwindenden Bewußtseins auf der Reise in eine ganz andere Wirklichkeit, in eine andere Welt. Und Sie spüren die Klippe, auf der Ihr Verstand endgültig abzustürzen droht in den Abgrund der Entrückkung.

Noch stehen Sie, noch verweilen Sie einen Augenblick sinnend und schwankend an diesem Abgrund, um plötzlich auf der anderen Seite des Schlafs tief hinüberzudämmern. Schlaf umfängt Sie, Schlaf, der Sie in seine ausgebreiteten Arme nimmt, Schlaf, der Sie in die ewige Seligkeit hinübergleiten läßt, Schlaf, der Sie wiegt und der summt, Schlaf, der wundersame Bruder des Todes, der Weltabkehr und des Vergessens. Und Sie selbst sind Schlaf.

Nun tauchen ganz reale Traumbilder auf. Die Bilder werden deutlicher, sie bekommen Kontur, sie werden schärfer wie unter einem Vergrößerungsglas. Sie werden lebendig, entstehen aus den Schwingungen in ihnen, bekommen Farbe, Töne, werden selbst zur Schwingung, zur Energie und Dynamik. Sie sehen sich selbst an einem menschenleeren Strand sitzen und langsam aufstehen. Sie sind vollständig nackt, ohne Kleider, braungebrannt von der Sonne, kräftig im Muskelspiel, gesund in der Ausstrahlung, heiter im Gemüt, erhaben im Bewußtsein Ihrer Nähe zu Gott, im Bewußtsein Ihrer göttlichen Natur.

Jetzt wieder sind Sie selbst der Körper und spüren den feinen Sand, wie er sie streichelt, wie er sie kitzelt, wie er ihnen wohltut. Und Sie spüren die warme, sonnendurchglühte Erde unter Ihren Füßen und die Kraft dieser Erde, die in Ihnen hochsteigt. Und Sie lauschen dem ewigen tosenden Mantra des Meerwassers, das in immer gleichem Rhythmus das Wasser in kleinen Wellenkämmen an den Strand wirft und es sich dort überschlagen läßt.

Nun schauen Sie sich wieder zu, wie Sie aufstehen und am Strand entlang gehen, schauen, wie Sie schreiten, langsam, federnden Schrittes. Sehen zu, wie Sie auf die Muscheln, Algen, Steine, auf den sich bewegenden Sand unter Ihren Füßen schauen, der schmiegsam nachgibt und sich dann wieder aus der Form in die glatte Ewigkeit, in das vollkommene Gleichmaß zusammenzieht und ausbreitet.

Jetzt sind Sie wieder selbst der Schritt, der mühelos federnde, elastische, immer leichter werdende Schritt. Alle Erdanziehung ist gewichen, fast aufgehoben. Und am endlosen Horizont tänzelt die Sonne in feinen Kräuseln und Streifen auf der blauen bewegten Fläche des sich endlos dehnenden Meeres schierer Unendlichkeit.

Da spüren Sie plötzlich einen Luftzug an Ihrem Kopf, schauen instinktiv hoch, heben den Kopf und sehen einen Adler, einen riesigen, sehr stolzen Adler, der geradewegs im Sturzflug auf Sie zugeschossen kommt. Kraftvoll schwebt er seitlich an, nimmt Ihren Körper liebevoll in seine riesigen Fänge, hebt Sie hoch wie eine Feder und entschwebt mit Ihnen langsam steigend, unablässig steigend in die blaue, himmlische Ferne, immer höher, immer höher, noch höher. Und Sie fliegen und ruhen ganz sicher in den Fängen dieses riesigen Vogels, spüren den Lufthauch seiner harmonischen, gleichmäßig rudernden Schwingen, und tief unter Ihnen dehnt sich das riesige Wasser, die blau glitzernde Fläche des Meeres.

Über Ihnen spannt sich die Kuppel eines riesigen Firmaments, türkisblau. Und was Sie in diesem Augenblick ausschließlich beherrscht, ist dieses unglaubliche Gefühl des Fliegens, diese Schwerelosigkeit, das Aufgehobensein allen Gewichts, das Gefühl des »Selbst + Luft + Seins«.

Jetzt sind Sie selbst der Adler, der kühne Pilot, der sich spiralig immer höher und höher schraubt, immer noch höher in schwindelnde Höhen. Und Sie spüren den Menschen, den Sie tragen, der mit Ihnen fliegt, der mit Ihnen verschmolzen ist zu einer Einheit. Als Adler sehen Sie nur noch einen Strich, das Meer wie einen Kreis, den Himmel wie eine Kugel. Sie spüren, wie Sie plötzlich gar nicht mehr aufzupassen brauchen, wie alles ganz von alleine geht. Wie Sie und dieser Mensch zu einem Wesen der Luft geworden sind, wesenlos leicht, selbst Luft, selbst Atem, selbst Schwinge, selbst Ruder und selbst Adler.

Sie kosten dieses einmalige Gefühl in tiefen Zügen. Spüren die Schwingen, das Singen, den Luftzug an Ihrem Körper, die Kraft Ihres Schnabels, aber allen voran diese grenzenlose Freiheit, die in Ihnen ist, das Königliche, das Uneinholbare, das Unübertrumpfbare, den Odem des Alls und den Windhauch des Kosmos. Sie fliegen ganz mühelos, ganz selbstverständlich, als ob Sie immer nur geflogen wären. Sie waren immer schon Raubvogel, König der Lüfte. Sie spüren die wirbelnde Energie in Ihrem Körper, den belebenden Ozon der Atmosphäre, die Reinheit der Luft, den kosmischen Kraftstrom, der Sie speist und der Ihnen ewige Kraft verleiht.

Jetzt sind Sie selbst die erhabene, die nie versiegende Kraft aus wunderbarer Quelle höheren Seins. Jetzt sind Sie ein dynamischer, ein fliegender Punkt am Firmament, ein Teil dieses Firmaments, bestimmend, richtunggebend, lenkend. Das Fliegen ist Ihnen angeboren, eingeboren. Sie kurven, steigen wieder steil in die Höhe, setzen an zu senkrechtem Sturzflug, fangen sich ab, drehen Loopings, halten an und stehen fast ruhig und unbeweglich inmitten der Luft. Sie *sind* ein beflügeltes Wesen, Schöpferschwinge und Adlerkraft, Gottes Windhauch und Erkenntnis zugleich. Während dieser rauschartigen Beglückung taucht plötzlich die Erkenntnis auf: Sie sehen es ganz deutlich, es trifft Sie wie ein Sonnenblitz auf den silbernen Kopffedern, Sie träumen, fliegen und erkennen zugleich, daß Sie träumen. Zwei Zustände, zwei Zustände in einer Form. Zwei Wirklichkeiten in *einem* All. Diesseits und Jenseits in inniger Verschmelzung. Körperlos und doch körperhaft unbewußt und doch bewußt, teilbewußt und doch fliegend, erlichtet und erkannt, von sich selbst und von Höherem.

Jetzt wird Ihnen klar, was da eigentlich passiert, was möglich ist, welche Entdeckung Sie in diesem Moment machen: Sie träumen *und* beobachten, können beides ganz ohne Absicht, ohne Zwang, ohne Zweck, Sie träumen und fliegen, schauen und registrieren. Sie beobachten jetzt, daß Sie überall hinkönnen, ja, überall, an jeden Platz der Erde, an jeden Fleck auf diesem Globus. Sie können unmittelbar in jedes Herz hineinfliegen, in das Herz eines jeden Menschen, in jedes Haus, in jede Situation, und von nun an können Sie auch alles in Ihrem Leben aus der sicheren Höhe der Vogelperspektive anschauen, aus sicherem Abstand, mit jedem Gefühl, das Ihnen gerade recht ist, mit jedem Gedanken, den Sie gerade ersinnen, mit jedem Atemzug Ihrer denkenden, Ihrer fühlenden Kreativität.

Weil es so schön ist, machen Sie gleich noch einmal die Probe aufs Exempel. Sie holen aus der schier endlosen Weite und Freiheit Ihrer Gefühle oder Gedanken einen einzigen heraus, nehmen ihn im Sturzflug in den Schnabel und fliegen mit Ihrem inneren Radar jetzt genau an den Ort, an den Sie sich in Sekundenschnelle sehen, erleben und beobachten wollen. Und auf gehts!

Na, wie war's, geschafft? War's schwer, kinderleicht? Na also! Ohne Anstrengung – ganz ohne Kraft, auf den Flügeln Ihrer Sinne, mit dem Atem göttlicher Kraft. Was das nicht ein toller Trip?

Können Sie jetzt die Macht Ihrer Gedanken, die Kraft Ihrer Gefühle, die Sicherheit Ihrer Bewegungen erraten und genießen lernen? Wissen Sie jetzt um die Uneingeschränktheit Ihrer visualisierten Vorstellungen? Wissen Sie nun, daß Sie besser sind als jeder Adler, höher fliegen können als jede Rakete im Weltraum?

Jetzt schon – mit einem winzigen kleinen Druck auf die Gedankentaste – fliegen Sie, spüren Sie sich schon wieder in der Luft schweben, sehen Sie sich schon wieder äonenfern unterwegs, so wie Sie wollen, wie Sie fühlen, wohin Sie wollen. Sie sind schon wieder der Adler, nehmen im Gleitflug die nächste Kurve und verändern mit einem einzigen neuen Impuls den alten Kurs Ihres vergangenen Lebens!

So können Sie alles anschauen, alles verändern, alle Orte erreichen, alle Nahrung finden, alles Leid vergessen, alle Not vermeiden, jedes Glück aufspüren, jede Minute wegfliegen, irgendwohin in Gedanken, Träumen, wo es sich noch zu leben lohnt, wo Sie noch verstanden werden und wo Sie selbst noch einmal verstehen können.

In diesem seligmachenden Gefühl entdecken Sie sich plötzlich wieder auf der Wiese, auf dem samtenen Grün des Mooses oder unter einem schattenspendenden Baum, wo Sie sich vor einer Weile hingelegt haben. Sie wissen, daß Sie das alles geträumt, aber doch erlebt, in Wirklichkeit empfunden haben . . . und sind *dankbar* dafür!

Unterwegs mit dem fliegenden Teppich

Eine Phantasiereise
für die psychische Integration von zwei Bewußtseinsstufen

Legen Sie sich zu Hause auf einen mittelgroßen Teppich, der möglichst frei im Raum liegt. Achten Sie darauf, daß Sie bequem und entspannt liegen. Nur für den Kopf sollten Sie eine kleine Unterlage, ein kleines Kissen haben. Ihre Arme liegen locker seitlich neben dem Körper, und Sie entspannen Ihren Körper so gut es geht. Vertrauen Sie sich ganz dem Teppich an, auf dem Sie liegen. Er wird Ihr Vehikel sein, mit dem Sie in die Welt hinausfliegen, die Trägerrakete ihrer eigenen Phantasie, mit der Sie in alle Welt reisen können, wohin Sie auch immer wollen. Sie spüren schon jetzt, daß Sie getragen werden und genießen es, denn im Traum besitzen Sie absolute Schwerelosigkeit, denn im Traum sind alle physikalischen Gesetze für Sie aufgehoben.

Kontrollieren Sie, wo noch verspannte Muskelkraft einen Gedanken in Ihrem Körper festhält und entlassen Sie auch diesen. Sie liegen in diesem Universum auf Ihrem Teppich. Da liegen Sie richtig, da liegen Sie eingebettet in das Vertrauen auf Ihre geistige Mobilität und den ständigen Begleitschutz, den Sie von göttlicher Seite um sich haben. So können Sie sich tief und tiefer fallenlassen. Loslassen, fortschwimmen mit Seele und Körper von all dem, was Sie noch eben beschäftigt hat. Und Sie spüren, wie alles leer in Ihnen wird, wie alles verschwimmt in Ihren Gedanken, wie sich alles von Ihnen abkehrt, was eben noch da war und wichtig schien. Eine wundervolle, vollkommene Ruhe und Stille bemächtigt sich Ihrer. Sie kriecht langsam in alle Zellen Ihres Körpers, senkt sich wie leise rieselnder Schnee auf Ihr ganzes Gemüt. Sie sind ruhig, ganz ruhig, lassen geschehen und sich dorthin tragen, wo ich Sie hinführen werde und wo Sie die Welt einmal aus einer ganz anderen Perspektive betrachten können.

Mit jedem Atemzug gleiten Sie tiefer in Ihre Mitte, in Ihr kosmisches Seinsgefühl. Sie können geschehen lassen, was auch immer von selbst geschieht. Sie können von innen heraus beobachten, was auch immer zu sehen sein wird. Sie können von woanders her empfinden, riechen, schmecken und fühlen, was immer um Sie herum sein wird. Denn ein

Teil Ihrer Sinne ist hellwach und ein anderer Teil ist ganz weit fort in einer anderen Dimension Ihres Bewußtseins. Sie vertrauen sich ganz diesem Spiel an, haben alles Wissen entlassen, alle Absicht, alles Tun und Wollen, denn es wird ja schon alles getan, was für Sie gut ist. Es ist ja schon alles da, was Sie haben sollen. Sie brauchen sich nur mitnehmen und hinbringen zu lassen – so wie jetzt! Heute und Morgen verschwimmen in Gleichzeitigkeit, warm und kalt sind eines geworden, oben und unten fallen zusammen. Und Sie achten nur noch auf Ihren Atem, der ohne Ihr Dazutun ein- und ausgeht.

Sie sind im Orient, in einem wunderschönen Sultanspalast und liegen auf einem großen, herrlich bunten Orientteppich. Über Ihnen hängt in einer kupfernen Lampe eine brennende Kerze, die Ihren Blick wie magisch anzieht. Sie fixieren diese Kerze und werden selbst zur Kerze, denn in dieser Wunderkerze liegen alle Fähigkeiten, die Sie jetzt für Ihre Reise mit dem fliegenden Teppich brauchen, liegen alle Zauberkräfte, mit denen Sie sich jetzt bewegen werden, ohne daß Sie jemand sieht, ohne daß Sie jemand entdecken wird. Niemand wird Sie sehen, aber Sie werden alles sehen können, jetzt – als Traumfürst oder Traumfürstin von Kolossia, dem ältesten Reich dieser Welt, wo alle Erinnerung und alle Zukunft in dem einen Moment der Gegenwart zusammengeschmolzen werden kann.

Jetzt setzen Sie Ihren Teppich in Bewegung, indem Sie einfach in seine Fransen pusten. Sie erheben sich sanft, bekommen Fahrt, steigen höher und höher hinauf, dem Firmament entgegen und spüren den weichen Fahrtwind in Ihrem Gesicht und an Ihren Schläfen. Sie können Ihren Teppich auch beschleunigen, indem Sie Ihren rechten Arm nach vorne strecken, und bremsen, indem Sie den ausgestreckten linken Arm langsam zurückziehen – aber mit Gefühl! Es ist ganz einfach. So schön und sanft sind Sie noch nie durch die Welt gereist. Wenn Sie Fahrtwellen genießen möchten, dann können Sie mit Ihrem Teppich auch Wellen schlagen. Dann ist es, als ob Sie durch ein Weltmeer segeln würden.

Jetzt können Sie aus der Vogelperspektive deutlich die Ortschaft erkennen, in der Sie wohnen. Sie erkennen sogar Ihr Haus und all die Menschen, die für Sie wichtig sind und mit denen Sie in Ihrem Leben zu tun haben. Sie sehen, in welcher Umgebung sie tätig sind und womit sie sich gerade beschäftigen. Jetzt stellen Sie sich vor, daß sich, während Sie fliegen, zwischen Ihren Händen und den Menschen da unten, die Sie kennen, Fäden spannen wie bei einer Marionettenfigur. Und so, wie Sie Ihre Hände jetzt bewegen, so zappeln plötzlich auch die Figuren da unten und gehorchen Ihnen. Und sie bewegen sich alle so, wie Sie es gerne haben möchten, denn Sie sind jetzt in Ihrem eigenen, magischen Theater. Sie genießen diesen Augenblick, in dem Ihnen die ganze Welt gehorcht, in dem Sie der Schöpfer sind, in dem alles so abläuft, wie Sie es in Ihrer geistigen Vorstellung haben.

Jetzt machen Sie einen Szenenwechsel und sehen, daß Sie – während Sie auf Ihrem fliegenden Teppich sitzen – auch noch da unten unter den Menschen zu erkennen sind und sich auch dort noch bewegen, und zwar so, wie Sie gerne möchten, daß Sie sich bewegen. Sie beobachten sich von da oben da unten und von da unten da oben. Sie sehen, wie der da oben die Fäden an seinen Fingern hält, und Sie spüren unten, wie Sie diesen Bewegungen einfach gehorchen müssen. Sie können sich sogar miteinander unterhalten, Sie da oben und Sie da unten. Sie können sich auch verständigen, welche Bewegungen am schönsten sind, wo Sie hinwollen und wohin nicht. Lassen Sie sich Zeit für dieses Spiel!

Nehmen Sie das Gefühl in sich auf, wie es ist, wenn Sie jetzt die Fäden einmal loslassen, an denen Sie sich bewegt haben. Fühlen Sie sich freier? Dann lassen Sie die Fäden einfach fallen, fliegen weiter und steigen noch höher, damit Sie einen noch besseren Überblick über die Welt gewinnen. Steigen Sie weiter auf, damit Sie auch noch die fremden, Ihnen unbekannten Gegenden überblicken können. Vielleicht finden Sie dort einen Platz, an dem Sie gerne einmal verweilen würden.

Sie fliegen noch weiter in den kosmischen Raum hinaus, der Sonne, dem Mond und den Sternen entgegen, zu fernen Galaxien. Sie können mittlerweile alle Erdteile unter sich entdecken, alle Gegenden, wo Völker wohnen, die sich gegenseitig aufhetzen und bekriegen. Sie können jetzt alle Zusammenhänge erkennen und staunen, wie diese Welt eigentlich beschaffen ist.

So beobachten Sie von Sonnenaufgang bis Sonnenuntergang einen ganzen Tag im Weltraum, einen Kreislauf unseres und Ihres Universums, in dem die Sonne einmal aufgeht und einmal untergeht, oder einen großen Kreislauf, in dem Ihr eigenes Leben einmal aufgeht und einmal untergeht.

Sie empfinden plötzlich, daß Sie schon in einer Gegend schweben, wo man die Ewigkeit spürt, wo wirklich Ewigkeit *ist* und wo Ihre eigene Seele ihr großes Zuhause hat.

Nach diesem unaussprechlichen und unbegreiflichen Erlebnis schweben Sie langsam wieder der Erde zu, gleiten langsam, aber beständig wie ein Segler tiefer und tiefer, bis Sie von oben schon wieder die Umrisse der Stadt entdecken, in der Sie leben, das Haus, in dem Sie schlafen und wohnen. Mit einer eleganten Kurve schweben sie in den Landeanflug. Sie brauchen keine Angst zu haben, es geht alles von alleine. Langsam schweben Sie mit Ihrem Teppich in jenes Zimmer in der Wohnung, in dem dieser Teppich auch sonst liegt und setzen weich auf!

Sie haben eine wundervolle Reise gemacht und lassen die einzelnen Stationen mit geschlossenen Augen nochmal an sich vorüberziehen. Sie haben unterwegs einen Entschluß für Ihr zukünftiges Leben gefaßt, als Sie alles so klar und deutlich unter sich liegen sahen. An diesen Entschluß denken Sie jetzt noch einmal, damit er sich stärker manifestiert. Sie brauchen nur noch einmal an die Szene zurückzudenken, als Sie sich da unten an Ihren eigenen Fäden bewegten.

Sie empfinden Dankbarkeit und tiefen inneren Frieden in sich, schicken die Muskelkraft in Ihren Körper, kehren zurück in das »Hier und Jetzt« und öffnen die Augen!

Werden Sie ein Murmeltier!

Wie man sich selbst erfolgreich von Schlafstörungen befreit

> Keine Tablette kann den Schlaf ersetzen, weil in diesem Zustand einfach zu viel Arbeit geleistet wird.
> Wir haben uns auf naturfremde Verhaltensmuster eingepegelt, die die Entfremdung zwischen dem Wachen und dem Träumen selbst vertiefen. Tiere schlafen, wenn sie müde sind und erwachen auf eine viel natürlichere Weise. Der Körper sollte gleichmäßiger verteilte Perioden der Ruhe erhalten. Jetzt muß er in der Regel sechzehn Stunden auf Erholung warten. Ein anderer Schlafrhythmus wäre auch Vorkehr vor Schizophrenie und eine allgemeine Hilfe für Menschen mit depressiver Veranlagung oder mit Geistesstörungen. Das Zeitgefühl wäre weniger starr. Schöpferische Fähigkeiten würden angeregt. Viele Menschen fürchten die lange Spanne der Auslöschung des Bewußtseins im Schlaf. Psychische Aktivität hat nachts eine andere Auswirkung im Körper als die gleiche bei Tage. Beide Wirkungen sollten sich jedoch ergänzen. In der Nacht zum Beispiel sind die negativen Ionen viel stärker und zahlreicher als bei Tage.
>
> Jane Roberts in *Gespräche mit Seth*

Schlafstörungen, des Bundesbürgers erster und gefährlichster Feind, sind unaufhaltsam auf dem Vormarsch. Die Dunkelziffer ist immens, und dieses Leiden wird in unverantwortlicher Weise einfach heruntergespielt. Nach vorsichtigen Schätzungen gibt es rund sechzehn Millionen Menschen in unserem Lande, die schlecht schlafen und symptomatische Schlafstörungen haben. Daß auch hier eine Breitbandtherapie versagt, leider auch seitens der Homöopathie und der Heilpraktiker, kümmert niemanden außer den Schlafgestörten selbst, deren Verzweiflung immer größer wird.

Unrast und Hektik unserer Tage sind schuld an diesem Übel. Mit Beruhigungs- und Schlafmitteln, die heute in der Bundesrepublik tonnenweise für mehrere Milliarden Mark an jeden verkauft werden, der sich nachts betäuben möchte, kann das Problem nicht angegangen werden. Auch Alkohol ist ein sehr schlechter Weggenosse bei Schlafstörungen. Der Traum zieht sich ohnehin zurück, und der gesamte Schaffensbereich unserer unterbewußten nächtlichen Kläranlage für die Psyche wird einfach stillgelegt und narkotisiert. Ein Wissenschaftler hat es einmal drastisch so formuliert: »Inzwischen sind wir soweit, daß wir abends Schlafmittel verschiedener Art nehmen, weil wir nicht einschlafen und morgens Aufputschmittel, weil wir nicht wachwerden können.«

In Amerika beschäftigt der Schlafmittel-Mißbrauch mittlerweile sogar das Weiße Haus und die Nationale Akademie der Wissenschaften. Man schätzt, daß mehr als ein Drittel aller Amerikaner über achtzehn Jahre lang an Schlafstörungen leiden. Sechzehn Millionen Amerikaner, das ist die aktuellste Zahl, haben ein rezeptpflichtiges Schlafmittel mindestens einmal eingenommen. Fast fünf Millionen davon nehmen jedoch diese Schlafmittel länger als zwei Monate allabendlich ein, und da beginnt der Wahnsinn! Trotz der Abkehr von den früher verschiedenen Barbituraten und der Hinwendung zu den etwas ungefährlicheren (aber immer noch gefährlichen) Benzodiazepinen, gibt es eine Fülle unkontrollierter Nebenwirkungen, zumal gewisse Wirkstoffe im Körper gar nicht mehr aufgelöst werden, sondern in die eigene Giftdeponie abwandern. In einem Expertenbericht heißt es: »Nicht erwähnt wird, daß die Mittel auch am nächsten Tag noch die Koordination ungünstig beeinflussen und ebenfalls noch am nächsten Tag im Zusammenwirken mit Alkohol nachteilige Folgen haben können.« ·

Die Technische Universität Berlin hat jetzt auch den zunehmenden Lärmeinfluß als Schlafstörfaktor einer umfassenden Breitenuntersuchung unterzogen. Schließlich knabbern wir an unserer eigenen Vitalkraft mit immer raffinierteren Methoden. Bis jetzt waren 35 Dezibel (dB) als Lärmpegel vor dem Schlafzimmerfenster erlaubt. Wer nachts aufgemotzte Mofas vorbeituckern hört, weiß, daß diese Lärmwerte von denen in Großstadtstraßen weit übertroffen werden. Obwohl die Untersuchungen noch nicht abgeschlossen sind, weiß man heute schon, daß ab 40 dB bis 45 dB erhebliche Beeinträchtigungen der Traumphase auftreten und es somit bei permanenter Störbelastung zu empfindlichen seelischen und körperlichen Störungen kommen kann. Der gezielte, nächtliche Lärmschutz ist völlig neu zu überdenken.

Noch eine weitere, hochinteressante Meldung kommt von der Psychiatrischen Universitätsklinik Berlin. Dort haben die Psychiater eine sensationelle Entdeckung gemacht. Sie heilen Depressionskranke durch Schlafentzug! Als man das Schlafverhalten von Depressiven überwachte, kam man zu der inspirierenden Beobachtung, daß alle Depressiven einen leichten, flachen und unruhigen Schlaf haben. So bildete man zwei Versuchsgruppen, Patienten mit endogenen, also von innen heraus entstandenen Depressionen, und eine Gruppe mit exogenen, durch Umwelteinflüsse hervorgerufen. Die erste Gruppe sprach auf den Schlafentzug sofort fast hundertprozentig an, bei den exogenen Depressiven sprach nur jeder zweite an. Der Kranke wird durch Schlafentzug in eine Streßsituation hineinversetzt und bekommt nicht mehr so viel Möglichkeit, sich mit seinen trübsinnigen Grübeleien aufzuhalten, was indirekt auch wieder beweist, daß ein beliebig ausgedehnter Zeitfaktor ohne Beschäftigung oder feste Verpflichtungen die Entstehung von Depressionen begünstigt.

Bei dieser Gelegenheit muß noch einmal deutlich betont werden, daß es keine »angeborenen« Früh- oder Spättypen, auch keine angeborenen Kurz- oder Langschläfer gibt, sondern daß alles Angewohnheit ist. Langschläfer sind Tagträumer, introvertiert und empfindlich, leicht aus der Fassung zu bringen, launisch bis depressiv, labil und auch zuweilen ein wenig neurotisch. Für sie ist das Bett die Fluchtburg, in der sie sich verschanzen können vor den Unbilden des feindlichen Lebens. Wir alle können nämlich feststellen, daß unser Schlafbedürfnis in Krisen- oder Sorgenzeiten ganz erheblich zunimmt. Die Kurzschläfer dagegen, die manchmal bis zu vier Stunden weniger schlafen und eine wesentlich bessere Schlafqualität produzieren als die leicht und flach schlafenden Langschläfer, sind extravertiert, vital, gesund, lebensbejahend und anpackend. Sie sind realistisch und akzeptieren, was immer der Tag ihnen an Überraschungen zu bieten hat. Ihre Emotionalität halten Sie in Schach.

Wir müssen also erst einmal generell kritisch unterstellen, daß ein subjektiv schlechtes Erholungsgefühl oder eine subjektiv als schlecht bezeichnete Schlafqualität noch keine zweifelsfreien Indizien für Schlafstörungen darstellen, sondern daß hier ein hoher Dramatisierungseffekt Schule macht: *Schlafgestörte Menschen sind in den wenigsten Fällen überhaupt in der Lage, ihren Schlaf angemessen einzuschätzen.* Es fehlen Vergleichsmaßstäbe.

Wenn wir einen methodischen Ansatz suchen, dann müssen wir zwischen sechs verschiedenen Schlafdimensionen unterscheiden, deren unterschiedliches Zusammenspiel überhaupt erst eine wirkliche Schlafstörung ergibt:

Schlafdauer,
Schlafperiodik,
Schlaftiefe,
Schlaffestigkeit (Weckbarkeit),
psychisches Aktivgeschehen (Traum),
Erholung.

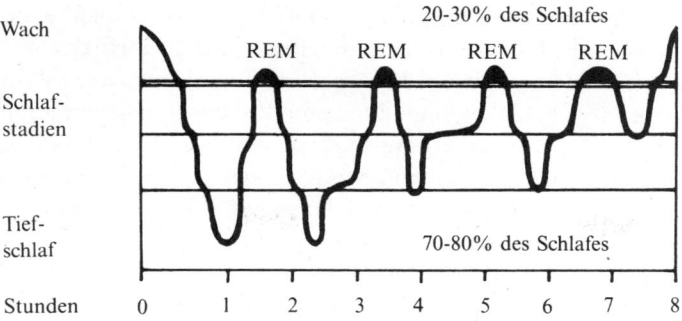

Schlafverlauf und REM-Phasen
Das Schlafprofil eines achtstündigen Schlafes bei einem gesunden Erwachsenen. Deutlich erkennt man die beiden unterschiedlichen Schlaftypen: den Traum-Schlaf (REM-Schlaf), durch schnelle, heftige Augenbewegungen gekennzeichnet, und die Phasen des Tiefschlafes. Sie sind in den ersten beiden Stadien am tiefsten und werden dann immer flacher.

Die letzte Dimension ist die Synthese aller anderen fünf.

Schlafforscher haben inzwischen 120 verschiedene Schlafstörungen genau katalogisiert. Diese Aufzählung würde Sie noch viel mehr verunsichern, wie es wohl auch nicht hilfreich ist, wenn man seine Schlafstörung richtig benennen kann, aber nicht weiß, wie sie zu beheben ist.

An allererster Stelle stehen heute die psychogenen Schlafstörungen, die aus einem verdrehten Lebensgefühl und der modernen Dislokation und Desorientierung des Menschen resultieren, der sich zwischen den Mühlsteinen unserer strapaziösen Zivilisation zerbröselt fühlt und nicht weiß, warum! In jedem Fall sollten Sie Ihre Schlafstatt auch versuchsweise einmal verstellen oder bei chronisch schlechtem Schlafbefinden einen erfahrenen Radiästheten bestellen, der überprüft, ob Sie auf einer Wasserader, einem Currykreuz oder einer anderen riskanten geopathischen Zone liegen. Auch sollten alle elektrischen Geräte wie Radios, Kassettenrecorder, Radiowecker und Quarzuhren vom Nachttisch verschwinden. Es ist schon schlimm genug, daß in den meisten Schlafzimmern unsere Betten von Nachttischsteckdosen eingerahmt sind. Die elektromagnetischen Felder können nämlich bei starker Aufladung unsere eigenen biologischen Uhren empfindlich verstellen. Auch Vitamin- oder Spurenelementenmangel führt oft zu überhöhter Schlafnervosität und Unruhe.

Achten Sie bei Kindern sehr genau auf die Einschlafrituale, denen ja ein bestimmtes Zeremoniell zugrundeliegt. Eine geringfügige Veränderung dieses äußerlich bedingten Einschlafmusters kann Kinder schon aus der »Schlaffassung« bringen. Die heute massenweise anzutreffenden Hyperkinetiker, die modernen »Zappelphilippe«, brauchen enorme Zeit, bis sie sich abends eingelullt haben. Mischen Sie einen Schlaftee aus 10 g Melissenblättern, 10 g Baldrianwurzel, 10 g Lavendelblüten, 10 g Malvenblüten, 5 g Orangenblüten und überbrühen Sie einen halben Teelöffel davon mit einer Tasse kochendem Wasser für Ihre Kleinen. Wer dann noch nicht schläft, bekommt's nicht etwa mit dem Stock, sondern wird für einige Minuten liebevoll in den Arm genommen und gewiegt.

Eigentlich gilt der Schlaf als etwas so Natürliches und Selbstverständliches, daß wir überhaupt nicht über ihn nachdenken müssen. Das ist im Prinzip ja auch richtig, weil der Schlaf sich von alleine einstellen muß und nicht heraufbeschworen werden kann. Er ist etwas unabsichtlich Natürliches, das wir niemals absichtlich unnatürlich in den Griff bekommen können.

Rund ein Drittel seines Lebens verbringt der Mensch im Schlaf, der die größte Labsal für ihn ist. Beim Erwachsenen beträgt das Verhältnis zwischen Schlaf und Wachen 1:2 (acht Stunden Schlaf zu 16 Stunden Wachzeit), beim Säugling haben wir den umgekehrten Wert 2:1 (16 Stunden Schlaf zu acht Stunden Wachzeit). Bis zum Erwachsenen-Alter erreichen wir also die vierfache Menge des Wachseins, was sich dann beim Zerfallen des Schlafrhythmus mit zunehmenden Alter fast wieder dem Ursprungskonzept des Säuglings annähert. Alte Menschen brauchen nicht mehr so viel Schlaf, aber öfter ein Nickerchen!

Hypnos, der Schlaf, so meinten die alten Griechen, sei der Bruder des Todes und jeden Abend, wenn wir zu Bett gehen, erprobten wir den Tod. Ich kann dieser archaischen Vorstellung sehr viel abgewinnen, weil sie uns wieder bewußt in den Kreislauf der Materie einfädelt und uns die Endlichkeit unserer irdischen Existenz mindestens einmal im Vierundzwanzig-Stunden-Rhythmus unseres Lebens deutlich vor die sich abends schließenden Augen führt. Grob gesagt können wir also zwischen zwei verschiedenen Bewußtseinszuständen unterscheiden: Tagsüber agieren wir im Wachbewußtsein, nachts ziehen wir uns angeblich ruhend, dabei aber sogar hyperwach, in das Unterbewußtsein zurück, das wir auch als Schlafbewußtsein bezeichnen können.

Unser Wachbewußtsein nimmt Informationen über das Nervensystem auf. Für die Einweg- oder Zweiwegkommunikation braucht es

Energie, und sie ist somit auch in der Lage, von sich aus wieder Informationen zu liefern. Während dieser Zeit liegt unser Unterbewußtsein in einem Dämmerschlaf. Wenn wir abends zu Bett gehen, kehren sich die Bewußtseinsverhältnisse um. Das Hell- oder Wachbewußtsein tritt ab, und das Unterbewußtsein übernimmt die Wachablösung. Unser Wachbewußtsein bleibt in somnambuler »Hab acht«-Stellung und springt nur notfalls ein oder, wenn wir es in luziden Träumen für eine gelegentliche Zusammenarbeit mit unserer Traumkraft erziehen.

Wir liegen völlig falsch, wenn wir glauben, daß wir uns inaktiv in die Schlafphase zurückziehen. Im Gegenteil! Im Schlaf ist ein großer Teil unseres Nervenkostüms hellwach, weil die unterschwellig während des Tages aufgenommenen Informationen weiter verarbeitet, umgespeichert, selektiert und geklärt werden müssen. Dieser Regressionseffekt der Schichtablösung bewirkt, daß dann am Morgen unser Tagesbewußtsein wieder vollfit ist, um bei der Ausgangszeigerstellung Null erneut sein Tagewerk zu beginnen. Egal, ob beim Früh- oder Spättyp, der arbeitsphysiologische Spannungsbogen *muß deshalb* morgens viel größer sein, als am Abend.

Die Schlafqualität ist heute über Hirnstrommessungen und über die Kohlendioxydmenge, die wir bilden, medizinisch exakt kontrollierbar. Mit der Schlaftiefe wächst auch der Kohlendioxydausstoß. Eine körperlich gesunde Erschöpfung bringt nachts eine erhöhte CO_2-Produktion, die sich auch vorteilhaft auf die Schlafkürze auswirkt. Dabei haben wir auch die eigentlichen Schlafkrankheiten schon gut im Visier, allen voran die obstruktive Schlaf-Apnoe. Dabei erschlafft die Kehle überdurchschnittlich und verschließt sich so, daß die Atemmuskulatur keine Luft mehr einlassen kann. So kommt es mehrfach zum Atemstillstand. Der Schläfer muß aufwachen, um nach Aufhebung der Atemblockierung recht laut und vernehmlich zu atmen und dann wieder einzuschlafen. Ein teuflischer Kreislauf, dem auch das Schnarchen in gewisser Hinsicht ähnelt, bei dem die Zungen- und Gaumenmuskeln derart erschlaffen, daß die hintere Rachenöffnung, der Oropharynx, in sich zusammensackt. Das führt dann bei geöffnetem Mund zu den bekannten Schnarchgeräuschen, die, laut genug geworden, den Schläfer selbst zu wecken vermögen (von seinen »Mitschläfern« gar nicht zu reden).

Wenn wir gleich einmal bei den chronischen Schnarchern bleiben: die Seiten-Schlaflage ist immer noch das probateste Mittel, um das Schnarchen zu verhindern. Weniger trickreich ist eine drastische Gewichtsverringerung, damit die Fettpartien im Hals- und Nackenbereich, die zur Verengung der Oropharynx beitragen, abgetragen werden. Alle Alkoholiker schnarchen überdies, und der Australier Sullivan meint sogar, daß schnarchbedingte Atemstörungen die Ursache sind für die nach Alkoholgenuß eintretende Gehirnzellenstörung. Schweres Schnarchen ist auch nicht harmlos, da es zu überhöhtem Blutdruck und zu Beeinträchtigungen der Gehirnfunktionen führt. Deshalb ist es geradezu unverantwortlich, wenn Ärzte ihren schlaflosen Patienten Beruhigungsmittel oder schwere Tranquilizer verordnen. Das Schnarchen wird dadurch weder behindert noch aufgehoben. Nur wird die Aufwachreaktion hinausgezögert, und damit kommt es zu einem weiteren Abfall der Blutsauerstoffkonzentration und zu noch schlechterer Regression.

Viele Menschen haben einen asynchronen Schlaf, der ihren eigenen, fest eingestellten inneren Rhythmussystem zuwiderläuft. Darüber hinaus konstatieren wir zumeist auch noch einen verkehrten Schlafrhythmus, der nicht persönlichkeitsgerecht ist und mehr als eine Zwangsverordnung des eigenen Ich empfunden wird. Psychologisch gesehen handelt es sich hier um sehr komplizierte Schlafneurosen, die sich über viele Jahre hochgeschaukelt haben und dann meist – von Barbituraten lange Zeit zugedeckt – so verfahren sind, daß die Heilungsprozesse langwierig und schwierig werden.

Bei den sogenannten Einschlafstörungen, die von den Durchschlafstörungen genau abzugrenzen sind, fällt die Umpolung vom Wach- zum Unterbewußtsein schwer. Mit einem hohen Erregungspegel, zu »aufgekratzt« wie wir sagen, können sich die meisten Menschen auch abends nicht mehr von ihren Tagesproblemen lösen, die sie buchstäblich mit in den Schlaf nehmen. Wir verspüren unter Umständen eine erschlaffende, physische Müdigkeit, aber der Kopf ist noch immer hochaktiv und fabriziert schnelle und sich überschlagende Gedankenmuster. Latente Ängste und Selbstzweifel tun ein übriges und beschleunigen die einmal rollende Gedankenmaschine noch mehr. In der ersten Einschlafphase vollzieht sich bei diesen Menschen eine »Grübel-Introduktion«. Aufmüpfige und nicht zu besänftigende Anteile des Wachbewußtseins fordern ihr Recht und bringen die Mühle unserer hastigen Gedanken erst richtig in Schwung. Die Gedanken laufen immer wirrer. Schließlich schwirrt uns der Kopf. Wir können (und sollten) in solchen Phasen hellwach wieder aufstehen. Mit der willentlichen Anstrengung, unbedingt einschlafen zu wollen, setzt sich eine umgekehrt proportionale Reaktion in Gang: das Wiederauftauchen in die totale Wachheit! Zermürbt fallen wir dann nach einer Ewigkeit (so

Tabelle 1: Kurzgefaßte Beschreibung relevanter Kriterien der Schlafstadien und deren psychische Korrelate

Schlafstadien	Beschreibungskriterien	Psychische Korrelate
Wachsein	Alpha-Wellen-Grundrhythmus, 8–13 Hz	Ruhiges Wachsein bei geschlossenen Augen
Phase A	Abnahme des *kontinuierlichen Alpha-Wellen-Grundrhythmus in Menge, Frequenz, Amplitude*; allmähliches Auftreten einer „Null-linie" beim Einschlafen.	**Ermüdung,** Schläfrigkeit, Dösen zwischen Wachen und Schlafen. Beim Einschlafen: psychische und physische Entspannung, Vorbereitung auf das Einschlafen. Beim Aufwachen am Morgen: psychische und motorische Vorbereitung auf das Wachsein.
Phase B	Gemischte EEG-Frequenz mit *Dominanz von Theta-Wellen* (6–7 Hz, 20–120 µV).	**Übergangsstadium** Am Abend häufig als **Einschlafstadium** (sleep onset' definiert: Stadienbeginn wird subjektiv als „Entschweben"... „Abgleiten" erlebt, häufig mit hypnagogen Halluzinationen und mit wechselnder Bewußtseinstrübung bzw. mit zunehmendem Verlust des Wachbewußtseins. Es erfolgt eine Adaption an den eigentlichen psychophysiologischen Schlafzustand. Während der Nacht: Sub-Aufwachen ohne klares Wachbewußtsein: oberflächlicher, wachnaher Schlaf. Am Morgen: Aufwachstadium.
Phase C	Langsame, *stabile Theta-Wellen-Frequenz* mit hoher *Amplitude* (3–6 Hz, 100–150 µV); charakteristisches Auftreten von Beta-Wellen-Spindeln (kurze, schnelle Abläufe von 12–14 Hz und von zu- und dann wieder abnehmender Amplitude von 10–70 µV) und von K-Komplexen (langsame, biphasische Potentialschwankungen, 1–6 Hz mit hoher Amplitude von 100–200 µV).	**Leichtschlaf.** Beim Einschlafen beginnt der eigentliche psychophysiologische Schlaf mit gänzlichem Verlust des Wachbewußtseins. Unterschiedliche Reaktion auf Weckreize, je nach deren motivationaler Besetzung.
Phase D	*Relativ rasche Delta-Wellen* mittlerer Amplitude (2–3,5 Hz, 50–100 µV) in mindestens 20% bis max. 50% des Auswertungsbereiches.	**Mitteltiefer Schlaf.** Fehlendes Wachbewußtsein, psychophysische Ruhe bei vorhandener, reduzierter psychischer Aktivität.
REM	Desynchronisiertes EEG mit einer Mischung *aus stabilem Theta-Wellen mit kleiner Amplitude* (4–6 Hz, 40–50 µV) *und Alpha-Wellen.* EOG: periodisch auftretende, rasche, horizontale und vertikale, konjugierte Augenbewegungen *(rapid eye movements).* EMG: stark reduzierter Muskeltonus, unterbrochen von feinen, kurzdauernden Muskelzuckungen (Myokloni) an Armen, Beinen, Gesicht.	**Traumschlaf.** Nach dem Wecken Träume, werden im allgemeinen Traumerlebnisse berichtet, zumeist erhöhte Weckschwelle.

327

empfinden wir es) in einen matten und flachen Halbschlaf, der uns am Morgen erschöpft aufwachen läßt. Die eigentliche Schlafqualität, die wir in der Tiefschlafphase erzielen, kam zu kurz. Abgeschlagenheit während des ganzen Tages ist die Folge.

Von vielen Schlafgestörten wird diese Phase des Leichtschlafs dann noch fälschlich mit Wachsein verwechselt, weil die Gedankenkarawanen auch in dieser Schlafphase noch langsam mitwandern und uns das Gefühl suggerieren, wir wären nie weggetaucht und hätten überhaupt nicht geschlafen. Dagegen sagen wir nach dem Tiefschlaf öfter: »Ich war wie weggetreten« oder »Ich war total weg«. Wir waren in einen viel tieferen, komaähnlichen Bewußtseinszustand abgesunken.

Ein noch ärgeres Problem stellen die Durchschlafstörungen dar. Die Symptomatik ist auch hier klar zu definieren: Nach einer bestimmten Schlafquantität wachen wir mitten in der Nacht (meist zu einer ganz bestimmten Zeit) auf und tauchen wieder voll an die Oberfläche des Wachbewußtseins auf. Die Gedankenrotation beginnt erst unmerklich oder langsam, steigert sich dann bis zum Karusselltempo, und das erneute Einschlafen wird so gut wie unmöglich. Es wird aber auch deshalb unmöglich, weil wir krampfhaft und verzweifelt *willentlich* versuchen, wieder einzuschlafen. Diese Vergewaltigung aber läßt sich unser Unterbewußtsein unter keinen Umständen gefallen. Es revoltiert, erklärt dem anderen Bewußtsein den Krieg und zieht sich beleidigt zurück.

Wie rücken wir nun den Schlafstörungen am besten zu Leibe? Verblüffend einfache, aber höchst wirkungsvolle Übungen zur Rhythmusveränderung finden Sie im nächsten Kapitel, das unter dem Aspekt der natürlichen Selbstheilung den Experimentierhebel an den eigenen, schlechten Schlafgewohnheiten ansetzt.

In jedem Fall ist es besser, einmal eine »ganze Nacht« scheinbar wach zu liegen, als dem Körper eine medikamentöse Tortur zuzumuten, und das auch noch in Serie mit dem Aspekt der schleichenden Vergiftung und Vernichtung des ursprünglichen Schlafrhythmus. Wir erholen uns auch im wachen Liegen, und der Körper kommt durch das Zurückgehen seiner Systeme auf Sparflamme zum gewünschten, wenn auch nicht so intensiven Erholungs- und Wiederaufladungseffekt.

Grundverkehrt ist es, den Nachtschlaf durch verschiedene Stadien des Vorsichhindösens schon anzuknabbern, was ja vielfach beim Kurzschläfchen vor dem Fernseher passiert. Die vorzeitige Ruhigstellung des Körpers, wenn man abends von der Arbeit müde nach Hause kommt, ist grundverkehrt. Der Körper ist nach der Arbeit noch auf einem relativ hohen Energieniveau. Lassen Sie sich dann sofort fallen, kommt dies einer unliebsamen Schockreaktion für Ihren gesamten Körper gleich, der eine Adaptionsphase braucht, um sich in den Feierabend einzupendeln. Viel besser ist es, wenn Sie sofort, nachdem Sie zu Hause angekommen sind, zu einer möglichst körperlichen Freizeitbeschäftigung überwechseln, die Sie intensiv fordert. Arbeiten Sie im Sommer in Ihrem Garten oder auf dem Balkon, verrichten Sie Aufräumungs- oder Ausbesserungsarbeiten im Haus, machen sie Jogging oder fahren Sie eine Stunde auf dem Rad durch die Landschaft. Strampeln Sie sich ruhig noch etwas ab vor dem Abendbrot, um Ihrem Kräftepotential sozusagen noch den Rest zu geben. Die scheinbare Erschlaffung, mit der Sie erschöpft von der Arbeit kommen, ist nämlich nur eine psychisch unlustvolle, keine körperliche. Sie »reden« sich müde und hätten noch unbändige Kraft, sich zu ganz großen Energieaufschwüngen hochzureißen, wenn Sie Lust dazu hätten.

Hier setzt der Hebel an. Die »falsche Müdigkeit« ist eine seelisch resignierende. »Immer der gleiche Trott«, »keine Abwechslung«, »immer der gleiche Zirkus«. Hören Sie einmal hin, wie oft Ihre Mitmenschen am Tag diese Selbstbeschwörungsformeln wiederkäuen, um sich damit immer matter und lustloser zu machen? Es fehlt das Kontrasterleben, es fehlt der Rhythmuswechsel, denn erst im Wechsel, im Auf und Ab, im Hoch und Tief, im Hin- und Herschwingen liegt die gesunde Phasenhaftigkeit des Lebens in allen seinen Systemen.

Lassen Sie den »Kunstschlaf«, auch im Büro oder an Ihrer Arbeitsstelle; er macht Sie kaputt und beeinträchtigt später den wertvolleren Nachtschlaf. Strapazieren Sie vielmehr Ihren Körper durch eine sinnvolle Freizeitbeschäftigung, arbeiten oder schaffen Sie sich wirklich müde, auch physisch, anstatt Ihre Sinne durch das Flimmern des Fernsehschirms noch weiter hochzukitzeln oder sogar durch den abendlichen Lieblingskrimi auf »Hochspannung« zu bringen.

In den meisten Fällen ist neurotisches Verhalten auf schlechte Schlafgewohnheiten zurückzuführen. Auch der Eß- oder Mahlzeitenrhythmus muß in diesem Zusammenhang als diagnostische Hilfsgröße betrachtet werden. Der Körper stellt nämlich relativ früh am Abend, vornehmlich im dunkleren Winter, die Herstellung der Verdauungsenzyme ein. Essen wir nicht früh genug zu Abend, braucht der Körper für die Verdauung wesentlich länger und mehr Energie.

Lassen Sie mich an dieser Stelle etwas zu den Schlaf- und Beruhigungsmitteln sagen, die ja zu »Bestsellern« der Pharmaindustrie und zu Sargnägeln der Schlafgeschädigten und Nervösen geworden sind.

Wir müssen grundsätzlich von der Annahme ausgehen, daß es sich dabei um Beruhigungs- oder Blockierungssubstanzen handelt, die darauf abzielen, das Wachbewußtsein abzuschwächen und einzululen. Ihre wichtigste Wahrnehmungsebene wird also unterhöhlt und angegangen, verringerte Wahrnehmungsfähigkeit ist in jedem Fall der hohe Preis für die künstlich erzwungene Ruhe. In gleicher Weise sind wir natürlich auch den Problemen und Anforderungen des Tages nur noch halb- oder viertelwach gegenübergestellt, je nach Dosierung und Wirkungsgrad des eingenommenen Schlafmittels. Wir vergiften einen Teil unseres Nervensystems, um den Schlaf künstlich herbeizuzitieren. Wir schränken Wahrnehmungsqualitäten und Informationsaufnahme partiell ein, um dem Unterbewußtsein scheinbar zu helfen. Das ist ein Bärendienst, denn über kurz oder lang kommt es zu einem Informationsstau, weil das narkotisierte Nervensystem nicht mehr die üblichen Speicherkapazitäten anzubieten vermag. Hier kommen wir dann in den Teufelskreis der DIS-Streß-Entstehung. Wir können die Null-Ausgangsmarke unseres Nervensystems nicht mehr erreichen. Die tieferen Schlaftiefen werden gemieden, das Gefühl, nicht richtig geschlafen zu haben, nimmt zu, die Dosis wird verstärkt, der Informationsstau wird größer. Der teuflische Kreislauf schließt sich.

Alle natürlichen Sedativa, auch ein Gläschen Bier oder Wein, ein warmes Bad vor dem Schlafengehen, einige Schluck Milch mit einem Teelöffel Honig, ein Täßchen Baldriantee tun eher Gutes. Auch ein kleiner Abendspaziergang oder ein Viertelstündchen gemächliches Lesen schöngeistiger Bücher bewirken Wunder. Auch jede körperliche Aktivität mit Puls über 120, etwa zwei bis drei Stunden vor dem Schlafengehen, ist ein wichtiges Hilfsmittel zur Erzielung eines gesunden Schlafs.

In meinen Traumseminaren experimentiere ich seit einiger Zeit mit vielen Einschlafhilfen und Durchschlaftricks, mit Homöopathika, Mineralien und Atemübungen. Die Versuche sind noch nicht abgeschlossen und veröffentlichungsreif. Eine ganz heiße Spur hat sich indessen über den empfindlichsten der insgesamt achtundzwanzig Muskeln unseres Gesichts ergeben, den Zungenmuskel. Er ist von ganz besonderer Empfindlichkeit und hat offensichtlich eine schlafweisende oder schlafverhindernde Funktion. Kommt der Zungenmuskel nicht zur Ruhe, liegt er nicht schlaff und entspannt im Mundraum, kann der Mensch nicht einschlafen. Zwischen Gaumensegel und Kieferboden muß sich eine »magische Zone« befinden.

Mit einer speziellen Zungengymnastik habe ich bei Einschlafstörungen phänomenale Erfolge erzielt, wenn die Entkrampfung der Zunge gelang, die besonders bei kommunikativ sehr aktiven Typen offensichtlich unter Dauerspannung zu stehen scheint. Langzeitergebnisse dieser Therapie sind natürlich noch abzuwarten und müssen auf breiterer Grundlage verifiziert werden.

»In vielen Fällen zwingen wir uns zum Schlaf, wenn wir wachbewußt auf dem Höhepunkt sind«, sagt Seth. »Das ist zum Beispiel in den Stunden vor Sonnenaufgang der Fall. An Nachmittagsstunden hat das Bewußtsein einen Tiefpunkt und braucht Erholung, die ihm verweigert wird. Bei vielen Menschen flackert das Bewußtsein nur noch«... und auch der Schlaf, möchte ich da anfügen. Halbwachzustände bedingen auch Halbschlafzustände, und wir müssen versuchen, daß wir uns hier ganz vorsätzlich in die wirkliche Polarität begeben.

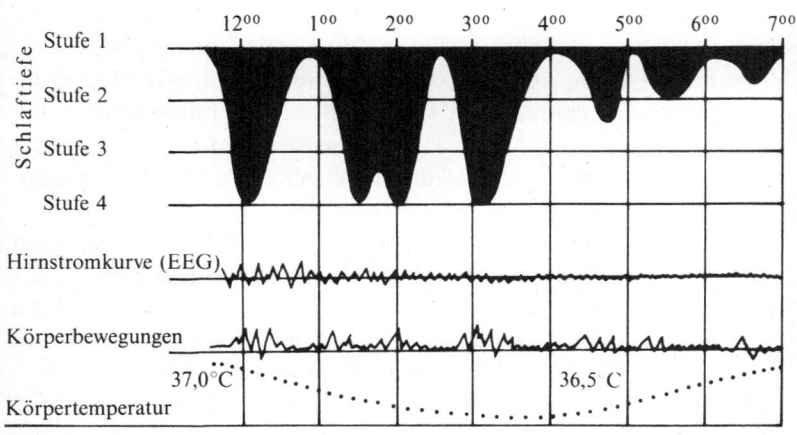

331

Imaginative Abschirmübung:

Nimm die Rose als deinen Schutz und Schirm

Die Übung hat ihren Ursprung in der Psychosynthese-Technik von Assagioli und ist in ähnlicher Form von Piero Ferucci überliefert. Sie ist hier leicht variiert dargestellt und etwas erweitert.

Wie du deiner Rose jede Bedeutung zuerkennen kannst, wie du sie als vielfältiges Symbol immer wieder neu besetzen kannst, so soll dir diesmal die Rose als psychisches Schutzschild von magischer Kraft dienen.

Wir sind vielen offenen, aber mehr noch versteckten Angriffen am Tage ausgesetzt, daß wir nicht nur die Fähigkeit erlangen müssen, eine feine Antenne für die Agressionen unserer Umwelt zu haben und sie rechtzeitig zu erspüren, wir müssen dann auch »zumachen«, unsere Chakras schließen und abschirmen. Sonst werden wir übermäßig energetisch entladen und buttern bei negativen Einflüssen aller Art unnötige Kraft zu, gegen die wir uns anstemmen, anstatt nur abzuwiegeln und die Schotten unseres feinstofflichen Körpers dicht zu machen.

Dabei müssen wir immer wieder die absolute Gewißheit in uns tragen, daß jede höhere Schwingung in diesem Universum die niederen »auffrißt«, sie eliminiert und unwirksam werden läßt. Die alles überstrahlende, höchste Kraft der Liebe, wenn wir sie aus dem tiefsten Inneren unseres Herzens abzustrahlen vermögen, weicht alles auf und läßt dem zuschlagenden Mörder im Augenblick der Tötung, im allerletzten Moment, das Messer aus der Hand fallen. Liebe wandelt und bezwingt ihn, transformiert ihn zum Guten. Hier stehen wir demütig vor dem unerklärlichsten und größten Phänomen unserer menschlichen Existenz, unter dem ständigen Schirm der in uns und über uns waltenden göttlichen Allmacht. Alles Ungemach und jede unangenehme Bedrängung von außen entsteht und lebt aus uns heraus und ist Echo auf von uns ausgesendete Signale, die jetzt verstärkt zu uns zurückfluten, damit wir uns über die Resonanz des Angreifenden als den eigentlichen Aggressor erkennen lernen.

Wir wissen alle um dieses Reflektionsgesetz und sind nur blind, es auf die eigene Person bezogen zu erkennen. Wir sehen die Richtigkeit dieses Prinzips bei allen anderen und wollen einfach die Rückschlaggefahr auf uns selbst verleugnen, weil die Schlitzperspektive »aus unserer subjektiven Sichthöhle« nur einen winzigen Ausschnitt ergibt. Was wir unbedingt sehen müßten, ist gar nicht in unserem Blickwinkel. Wenn wir uns also abschirmen, weisen wir im Prinzip nicht den anderen ab, sondern stellen uns nur selbst in die »Zurückhaltung«, halten uns nur selbst ab von dem drohenden Ausfall aus unserer Grundhaltung und vor dem Sturz in die bereits erkenntliche Finte, die den andern über kurz oder lang zum Angreifer werden lassen muß - und uns dazu.

Nicht immer handelt es sich ja gleich um einen Angriff. Wir setzen diese aktive Imagination auch dann ein, wenn andere Menschen uns anzapfen wollen und *unseren* psychischen Brennstoff auf sich selbst umfüllen wollen. Wir sind umringt von einer Unmenge psychischer Schmarotzer, von Parasiten, die anderen ihre Lebenskraft absaugen wollen.

Hole dir einfach deinen Bildschirm und visualisiere nach vorausgegangener, leichter Entspannung vor deinem geistigen Auge eine Rose. Nimm dir in deiner Vorstellung vorweg einen archetypischen Auslöser für Angriff, irgendein persönlich gefärbtes Symbol, von dem du dich sehr bedroht fühlst: Messer, Speer, Schwert, Axt, Pistole oder Gewehr. Wenn dieses Stichwort aus dem Souffleurkasten deines Verstandes kommt, ist später sogleich deine Rose da. Wie auf ein geheimes Kommando, im Nu!

Stell' diese Rose einfach vor dich hin, vor deine Stirn, laß sie aus deinem dritten Auge herauswachsen und sieh sie in voller Pracht und Schönheit. Später kannst du dies mit offenen Augen, während deine Netzhaut ein ganz anderes, äußeres Bild wahrnimmt. Du weißt, daß deine Rose als starker Magnet wirkt, der über seine Energiefäden, die er nach allen Seiten aussendet, alle häßlichen und schädlichen Ausstrahlungen einfängt und absorbiert, die dich sonst erreicht hätten.

Die Rose schluckt alles und läßt es einfach nicht mehr weiter zu dir strahlen. Sie wirkt als psychisches Schutzschild und ist ein absolut sicherer Abfang, der alles Angreifende ins Leere laufen läßt oder zurückwirft.

Während der andere immer zorniger und ausfälliger wird, während der Ansturm negativer Kommunikation auf dich immer stärker und unangenehmer wird, überprüfst du nur in aller Seelenruhe deine Rose und ihren Platz vor deiner Stirn. Du stellst dich einfach in ihr »inneres«, in dir befindliches Bild hinein, und alles prallt an dir ab – wie Tropfen an einer Ölhaut! Wenn die Gefahr vorüber ist, ziehst du deine Rose wieder ein und verwahrst sie gut in deinem Inneren für spätere Fälle.

Ein solcher Schutz und Schirm ist von unvorstellbarem Wert im täglichen Leben, weil er dich selbst befriedet. Dein polternder Chef wird nicht mehr an dich herankommen, und der Nachbar kann schäumen und rasen, du wirst immer ruhig und ausgeglichen bleiben, und die Wogen der Erregung anderer werden ganz einfach und leicht über dich hinwegschwappen. Abends bist du nicht mehr so müde und ausgelaugt und fühlst dich einfach besser.

Wie schlafe ich mich gesund?

Weniger und intensiver Schlaf ist mehr

In vielen Fällen ist neurotisches Verhalten auf die gegenwärtigen Schlafgewohnheiten zurückzuführen. Auch Nahrung sollte über die 24-Stunden-Schlafperiode verteilt sein und nicht nur auf die Wachzeit. Mit anderem Eßrhythmus können wir auch unsere telepathischen Fähigkeiten besser realisieren. Das Bewußtsein kann bei gesteigerter Flexiblität mehr Lebensfreude entdecken . . .
Einige Traumaktivitätsperioden lösen gewisse Wachzustände ab. Gewisse Bewußtseinszustände nähern sich dem natürlichen Schlafzustand weitgehend an. Im Wachbewußtsein werden chemische Substanzen im Blut aufgebaut, die im Schlafen wieder abgebaut werden. Doch bei längerer Wachphase machen sie den Körper müde und erschweren die Bewußtseinskonzentration. Ein Teufelskreis baut sich auf. Das Ich fühlt sich bedroht durch den verlängerten »Urlaub«, den es nehmen muß, bekommt Angst vor dem Schlaf und errichtet Barrieren gegen den Traumzustand. Dualität ist das Ergebnis von Mißtrauen. Bei abwechslungsreicherer Phasenverschiebung würde es eine weitaus bessere Kommunikation zwischen den subjektiven Schichten des Selbst geben . . .

Jane Roberts in *Gespräche mit Seth*

Anstatt uns auf die naturgegebene Ausgangssituation unseres Schlafs zu besinnen, zäumen wir auch hier wieder das Pferd am Schwanz auf und greifen ohne Rücksichtnahme auf die subjektiven Rhythmussysteme des Menschen willkürlich und gedankenlos bei Schlafstörungen in den empfindsamen vegetativen Haushalt ein. Ohne uns um die Veranlagung des Schläfers zu kümmern, stellen wir einfach seine Schlafzimmeruhr anders und glauben, mit dieser Manipulation zum besseren Schlafverhalten beizutragen. Mehr Naivität kann man sich von dem höchstentwickelten Lebewesen, der intelligentesten Spezies auf unserem Planeten, einfach nicht vorstellen.

Vergegenwärtigen wir uns doch einmal, daß der Höhlenmensch zwischen Abenddämmerung und Sonnenaufgang jeweils zwei, maximal drei Stunden ununterbrochen schlief. Dazwischen gab es lange Phasen äußerster Wachsamkeit und großer Aktivität. Er mußte seinen Besitzstand absichern und wahren, er mußte sich gegen aufziehende Naturgewalten verteidigen und schützen, er hatte Angriffen von lauernden wilden Tieren zu begegnen und mußte sich nicht zuletzt auch gegen die Aggressoren seiner eigenen Rasse massiv zur Wehr setzen, die seinen eigenen Lebensraum anzugreifen wagten.

Der Höhlenmensch unterlag noch dem cirkadianen Rhythmus, der das ursprüngliche Schlafverhalten des Menschen nach der Tag-und-Nacht-Gleiche regelt und steuert. Bei Dämmerung legte er sich hin, bei Sonnenaufgang oder kurz davor erhob er sich wieder. »Die Zeit vor Sonnenaufgang ist ein kritischer Punkt für Schwerkranke« berichtet Seth im vorher zitierten Buch, und ich habe diese Behauptung von vielen Krankenhausärzten bestätigt gefunden, »weil es sehr große Kraftanstrengung für das wiederkehrende Bewußtsein bedeutet, den kranken Organismus erneut bewußt zu übernehmen . . .«. Wir können dies getrost auch auf seelisches Ungleichgewicht oder psychische Störungen beziehen und haben dann eine einleuchtende Erkärung dafür, warum die Neurotiker morgens so schwer aus dem Bett kommen.

Wir wissen von den Urchristen, den Essenern, daß die letzten zwölf Minuten *vor* Sonnenaufgang die energiegeladenste Zeitspanne des gesamten Tages überhaupt ist, in der wir kosmische Kraft sozusagen containerweise übernehmen und in uns speichern können. *Eine Vorsonnenaufgangsmeditation hat eine fast injektionsartige Wirkung auf den Organismus* und belebt und aktiviert ihn ungemein für den ganzen Tag. Auf Lanzarote habe ich beobachtet, daß sich wie auf ein magisches Zeichen hin die Vögel fünf Minuten vor Sonnenaufgang in den wenigen Palmen am Meer zusammenrotten, um dann einen fast kreischenden Chorgesang wie ein Loblied zum Preis der gleich erwachenden Sonne anzustimmen. Etwa fünf Minuten vor Sonnenuntergang wiederholt sich das gleiche Schauspiel. Anschließend, wenn die Sonne untergegangen ist, herrscht tiefer Frieden. Im Verhalten der Tiere in der Natur können wir noch die vitale Gesundheit allen Lebens erkennen. Wer von uns erlebt heute noch den Sonnenaufgang? Wir sind so vernarrt in die alles bestimmende Seligkeit unseres Tagesbewußtseins, unseres Wachzustandes, daß wir die Nacht und unseren Schlaf nur noch als lästiges Anhängsel, als ein unvermeidliches Übel ansehen, dem wir ein Drittel unserer Lebenszeit ziemlich sinnlos zu opfern haben. Dies ist die immer wieder von mir unterschwellig georte te Auffassung der meisten Menschen von ihrem Schlaf.

Ein Tier kuschelt sich in die schönste Kuhle ein, sucht seinen Schlafplatz mit größter Akribie und Aufmerksamkeit und tritt dann nach alter Steppenmanier in Kreisform um den ausgewählten Liegeplatz erst einmal das Gras herunter, um sich dann genüßlich und ganz bedacht hinzulegen. Oftmals wird dann noch mehrmals die Ruhe- und Schlafposition korrigiert und auf den optimalen Bequemlichkeitsstand gebracht. Beobachten Sie doch einmal eine Katze oder einen Hund! Die Katze zumindest wird mit dem angewiesenen Schlafplatz längst nicht zufrieden sein. Sie spürt die geomantische Bodenqualität und sucht sich einen elektromagnetisch störfreien Platz mit günstigen Erdstrahlen. Wie primitiv ortet dagegen der Mensch seinen Schlafplatz und mit welcher Nonchalance und Unordnung läßt er sich abends ziemlich bewußtlos wieder an dem gleichen Platz niederfallen.

Dabei sollte schon die Schlafvorbereitung zu einem Ritual werden. Wir sollten uns erst vom Staub des Tages befreien, uns entspannt und bewußt auf diese schöpferische Phase der Nacht vorbereiten. Für mich heißt das auch, daß man viel für die Schlafstatt investiert. Meine ist aus edelstem Holz, und zwar nur aus Holz. Da gibt es keine Metallschrauben und keine Eisenteile. Die Matratze hat eine natürliche Durchlüftung und ist aus edelstem Naturmaterial. Daß Wäsche, Zudecke und Kissen ebenfalls nur aus Baumwolle sind, braucht eigentlich nicht mehr angefügt zu werden. Äußerste Behaglichkeit und atmosphärische Wärme des Schlafplatzes, der umrahmt sein kann von Büchern, Hobbygegenständen und Liebgewordenem, spiegelt Schlafkultur wider. Den Platz habe ich bereits beim Bau des Hauses ausgependelt und bestimmt; der Kopf liegt gen Osten. Das behagliche Licht ist zweistufig, einmal zum Träumen, einmal zum Lesen. Fernseher gehören nicht in die kreative Wohnwerkstatt Ihres Schlafzimmers. Er zerstört Ihren Schlaf.

Machen wir uns doch einmal klar, daß wir im Schlaf noch um vieles bewußter sein können als in unserem vergötterten Wachzustand. Das Bewußtsein erholt sich ja auch nicht im Schlaf, es kehrt sich nur um, wird in eine andere Richtung gelenkt. Wenn die Sonne untergeht, geht sie ja gleichzeitig woanders auf, und wenn sie bei uns aufgeht, geht sie woanders unter. Genauso ist es mit unserem Bewußtsein. *Für mich geht im Schlaf mein Traumbewußtsein auf, und es scheint für mich die helle Sonne meines schöpferischen Lebens*, die sich am Tage unter dem schonungslosen Zugriff der brutalen Wachwirklichkeit zunehmend verfinstert und zurückzieht. Unser Bewußtsein denkt also gar nicht daran zu schlafen, sondern geht nur in eine andere Sendezentrale, um von dort auf einer anderen Frequenz zu arbeiten. Auch unser Geist befindet sich also bei scheinbar abgeschaltetem Bewußtsein niemals im Zustand der Inaktivität oder des Nichtseins. Bewußtsein wird niemals ausgelöscht, sondern ist die überall in uns vorherrschende, latente Stromspannung, die da ist, egal wie viele Lampen oder Geräte wir in unserem Haushalt gerade in Betrieb haben.

Die meisten Menschen schlafen zuviel. Ein verständiger Arzt wird uns auf die Frage nach der adäquaten Schlafdauer pro Nacht erst einmal aufmerksam studieren, um unseren Typ zu durchleuchten, wird dann sehr vorsichtig antworten und normalerweise ein Schlafquantum von sechs bis sieben Stunden als die Regel setzen. Es gibt einige Schlaf-Richtwerte, die ich auch schon wieder für eine unzulässige Verallgemeinerung halte, aber sie seien dennoch genannt:

Neugeborene schlafen etwa siebzehn Stunden am Tag, Kleinkinder bis zu dreizehn Stunden, Schulkinder zwischen acht und zehn Stunden, junge Erwachsene zwischen siebeneinhalb und acht Stunden, Erwachsene zwischen 25 und 45 Jahren in der Regel zwischen sechseinhalb und sieben Stunden, ältere Menschen über 50 Jahre benötigen nur noch maximal sechs Stunden, kommen aber auch mit erheblich weniger Schlaf gut über die Runden.

Sehr viele Schlafstörungen habe ich gerade dadurch heilen können, daß ich das Schlafquantum zunächst drastisch reduziert und gleichzeitig in mehreren Verschiebungsphasen auch die Einschlaf- und Aufwachzeiten modifiziert habe. Die Mär vom wichtigen und besseren Schlaf vor Mitternacht müssen wir dabei sehr schnell begraben, sie ist medizinisch nicht mehr aufrechtzuerhalten. Auch hat mich immer die Frage berührt, ob der Schlaf nichts weiter als eine »schlechte« oder »gute« Angewohnheit des Menschen ist, nur ein biopsychologischer Luxus oder lebensnotwendig, weil er dem geschwächten Körper über die geheimnisvollen Vorgänge im Hormonstoffwechsel wieder neuen Spezialbrennstoff liefert, ohne den wir am Tage zusammenbrechen würden. Es gibt darüber immer noch verschiedene Hypothesen. Daß der Schlaf nicht nur »entmüdet«, ist schon durch die Lebhaftigkeit unserer REM-Traumphasen widerlegt, die sich noch nicht einmal durch verkürzte Schlafdauer ausschalten lassen. Bei entgangenem Schlaf werden in der nächsten Nacht die eingebüßten REM-Phasen durch schnelleren Wechsel der Periodizität unserer Schlafrhythmen eingeholt.

Es ist unsinnig, nach einer durchfeierten oder durcharbeiteten Nacht am nächsten Abend besonders früh ins Bett zu gehen, denn es kommt nicht auf das entgangene Schlafquantum an. Vielmehr wird sich der Körper durch eine wesentlich verbesserte Schlafqualität in der nächsten Nacht – innerhalb des üblichen Schlafquantums – wieder selbst entschädigen und regenerieren.

Die »adaptiven Traumtheorien« gehen davon aus, daß unser Schlaf atavistischer Natur ist und darauf zurückzuführen ist, daß wir einer stammesgeschichtlich bedingten, biologisch sinnvollen Funktionsreduzierung unterliegen, die unserem Gehirn nachts eine Generalreinigung vorschreibt. Diese Theorie kann auch von der modernen Computerwissenschaft adäquat nachvollzogen werden. Bewiesen werden kann sie allerdings nicht.

Professor Stefan Pavel, ein bulgarischer Schlafforscher, hat kürzlich eine aufsehenerregende Entdeckung gemacht. Er fand bei Schlafenden in der REM- und nur in der REM-Phase das Peptid-Hormon Vasotocin, das etwas mit der bislang unentdeckten Schlafsteuerung zu tun haben muß. Katzen fielen sofort in Schlaf, nachdem ihnen eine ganz geringe Dosis dieses Hormons eingespritzt worden war. Pavel konnte dieses Hormon auch verstärkt bei Neugeborenen nachweisen, die ja zunächst schlafend auf die Welt kommen (50 Prozent REM-Schlafmenge). Die Verringerung des REM-Schlafanteils ist wiederum ein Zeichen für die zunehmende Gehirnreifung. Die REM-Phasen, so meint Pavel, sind nicht nur für die psychische Reinigungsprozedur des Menschen im Traum sehr wichtig, sondern auch physiologisch für die Restaurierung der chemischen Prozesse im Gehirn. Es werden also nachts neue Essenzen aufgeschüttet, damit am Tage der Chemiehaushalt wieder funktioniert.

Vasotocin wirkt in Hochpotenzierung, es ist 6000 Milliarden mal wirksamer als alle bekannten schlafauslösenden Peptizide. Schon 0,001 Milligramm Vasotocin, in die Nase des Schlafenden eingegeben, produziert aufsehenerregende und lebhafte Farbträume. Haben wir die Traummaschine gefunden? Es ist zu hoffen, daß Pavels Arbeiten nicht nur für die Provokation des Traumlebens, sondern auch für die Behebung hartnäckiger Schlafstörungen revolutionierend sein werden. Schon jetzt hielt die Wirkung einer winzigen Vasotocin-Dosis über drei Nächte an, obwohl die Lebensdauer dieses Hormons nur einige Minuten beträgt.

Die Schlafdauer unterliegt nach meiner Beobachtung einem autosuggestiven Trauma. »Wenn ich nicht mindestens acht Stunden Schlaf habe, bin ich tagsüber nicht fit«, lautet eine selbsthypnotische Formel. Damit verfangen wir uns aber womöglich in eine körperlich unzuträgliche Konditionierung, die uns lediglich unser Bewußtsein diktiert. Wenn diese Menschen in einer Nacht wirklich einmal nur sechs Stunden geschlafen haben, zählen sie morgens mit kritischem und besorgten Blick auf der Armbanduhr ihre Schlafstunden, um sich das Defizit bewußt zu machen. Gleichzeitig durchzuckt die Autosuggestion »dann muß ich ja noch müde sein« wie ein Blitz ihren Körper. Nach Coué ist dann alles weitere klar! Obwohl objektiv nicht müde, drucken die Körperzellen nach dem eingegebenen Entscheidungsprogramm »dann muß ich ja müde sein« innerhalb weniger Minuten das Generalprogramm »müde« aus, und der betreffende Mensch *fühlt* sich müde. Er hat es sich ja gerade selbst verordnet und eingeredet. In Wirklichkeit arbeiten alle seine Körpersysteme mit zufriedenstellender Wachheit und Natürlichkeit. Die geistige Entscheidung konditioniert aber anders. Ich meine nach vielen Experimenten, daß ich nach zwei Stunden Schlaf genauso leistungsfähig bin wie nach vier oder sechs Stunden. Ich muß mir nach sehr wenig Schlaf lediglich viel mehr kleine Ruhepausen am Tag gönnen und gegebenenfalls mein Schrittempo ein klein wenig verlangsamen.

Alles andere läuft wirklich von alleine. Wenn Sie Ihre falschen Autosuggestionen erkennen und stornieren können, sind Sie frisch wie ein Fisch im Wasser. Sie holen Ihren Schlaf und auch Ihre entgangenen Träume in der nächsten Nacht ganz automatisch nach.

Natürlich müssen wir uns auch mit unserer physiologischen Leistungskurve etwas näher auseinandersetzen. Wir können sie uns nach einer gewissen Zeit der aufmerksamen Selbstbeobachtung sogar selbst malen. Die sogenannte Refa-Normleistungskurve kennt zwei Leistungsamplituden, also Höhepunkte. Die bedeutende Aufschwungphase mit dem höchsten Energie-Output liegt am späten Vormittag, die andere Hochphase, die aber längst nicht mehr so üppig ist wie die erste, am späten Nachmittag. Das statistische Tief liegt etwa bei 14.38 Uhr. Zu dieser Zeit wird das Blut zur Verdauung aus dem Kopf geholt, und wir leiden unter dem »Streichholz-Syndrom«, die Augendeckel werden schwer, der Körper fühlt sich müde, wir möchten ein Nickerchen machen. Eigentlich sollten wir das wirklich tun, denn zehn oder fünfzehn Minuten »Augenpflege« würden Wunder wirken. Mit siebenminütigen Alpha-Tiefenentspannungen bringe ich mich mehrfach am Tage wieder auf volle Leistungsnorm. Wenn Sie noch ein paar Tiefenatemübungen anschließen, wird das Müdigkeitsgefühl gar nicht erst aufkommen.

Wenn wir die waagerechte Achse der Leistungskurve nach rechts verschieben, dann haben wir zeitverschoben den ausgesprochenen »Frühtyp«, der früh anläuft und sein Pulver zumeist mittag schon

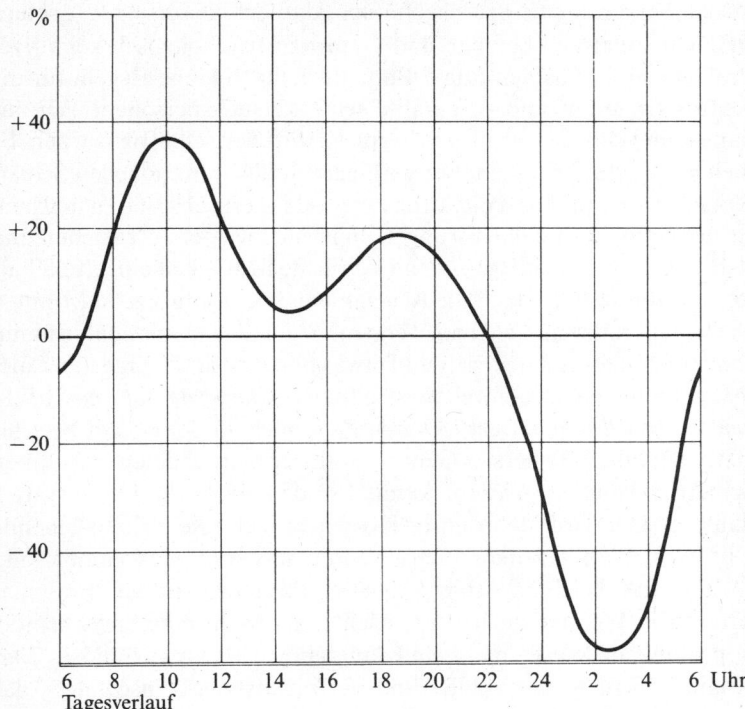

Physiologische Leistungskurve

verschossen hat; laufen wir mit der Zeitachse nach links, dann begegnen wir dem »Spättyp«, der das Lampenlicht braucht, um richtig in Fahrt zu kommen. Früh- oder Spättypen – und dieser Hinweis ist an dieser Stelle *nochmals* angebracht – werden nicht geboren, sondern *erzogen*. Es besteht keine genetische Codierung für den Zeittyp. Er wird über den Sorge- und Fütterrhythmus in den ersten Lebenswochen und -monaten »gelegt«.

Auf den Schlaf hat das insofern Rückwirkungen, als wir die latente unterschwellige Sorge um »genügend Schlaf« endlich einmal aufgeben sollten. *Die Sorge um den Schlaf verscheucht den Schlaf.* Die Kontrolle des Schlafes zermürbt den Schlaf. Die Feindseligkeit dem Schlaf gegenüber verscheucht wiederum den Traum. Das ist die geheimnisvolle Wirkungskette, die etwas alogisch, also nicht ganz beweiskräftig, funktioniert.

Der amerikanische Forscher Richard Bootzin hat in einer interessanten Versuchsreihe herausgefunden, daß Schlafstörungen – sofern sie nicht organisch bedingt sind – ein rein psychologisch-kognitives Problem sind. Was heißt das? Bootzin stellte goldene Regeln für die Reizkontrolle auf und veranlaßte seine Versuchspersonen, sich nur dann zum Schlafen hinzulegen, wenn sie wirklich schläfrig wurden. Er hielt sie an, das Schlafzimmer wirklich nur als »funktionellen Schlafplatz« zu benutzen und nicht zur Lese- oder Fernsehstube zu machen. Er riet an, bei Einschlafstörungen ungerührt wieder aufzustehen und sich erst wieder hinzulegen, wenn sich echte Müdigkeit eingestellt hatte. Von ihm stammt auch die Regel, niemals länger als zehn Minuten wach im Bett liegenzubleiben, wenn man nicht mehr einschlafen kann, sondern einfach aufzustehen und etwas anderes zu tun. Tagsüber niemals zu schlafen, ist ein weiterer Heilpunkt. *Das morgendliche Aufstehen zu einer festen, unverrückbaren Zeit,* auch an Sonn- und Feiertagen, ist überhaupt oberstes Gebot, damit der Körper einen konstanten Schlafrhythmus entwickeln kann, für den auch Ihr Organsystem dankbar sein wird, denn unser Körper braucht die präzise gehende Uhr unseres Entgegenkommens, wenn er uns entgegenkommen soll.

Eine Gute-Nacht-Geschichte oder ein Märchen vor dem Einschlafen wirken Wunder, auch etwas leichte, aber sehr einschmeichelnde, unpersönliche Musik, mehr ein Klangteppich als ein melodiöses Tongespinst, fördert das ruhige und vertrauensvolle Einschlafen, das angstfrei sein muß. Sonst ist eine entsprechende Desensibilisierung und gezielte Körperarbeit im Jacobssonscher Muskelentspannung, Autogenem Training oder Alpha-Training vorzuschalten. Eine vor dem Einschlafen durchgeführte Phantasiereise mit Kassette gibt dem Traum natürlich Futter und stimuliert ihn frei paraphrasierend für die Nacht. Sie können auch gezielte Traumindutkionen und -programmierungen vorschalten, die Ihnen eine traumschöne und erlebnisreiche Nacht garantieren.

»Fünf Stunden durchgehender Schlaf genügt, dazu einen ein- bis zweistündigen Mittagsschlaf. Mit richtig erteilter Suggestion kann sich der Körper auf die Hälfte der gewöhnlichen Schlafzeit zurückziehen«, sagt Seth. Nach Eigenexperimenten finde ich diese These voll bestätigt.

Bei Schlafreduktion muß man darauf achten, daß man von den 10 Prozent weniger Schlaf bei durchschnittlich acht, von den 15 Prozent bei neun und von den 20 Prozent bei zehn Stunden Schlaf etwa zwei Drittel auf die Verzögerung der Einschlafzeit und nur ein Drittel auf das frühere Aufstehen umlegt. So kommt man zu einer harmonisierten Verkürzung und muß dann beobachten, wie der Körper auf den neuen Rhythmus reagiert. Jedes Experiment sollte mindestens drei Wochen lang durchgeführt und bei unbefriedigendem Ergebnis nochmals geändert werden. Die noch »tote« Zeit bei sehr frühem Erwachen kann durch Meditation genutzt werden. Es lassen sich hier nach meiner Erfahrung keine festen Regeln aufstellen, sondern Schlaftherapien gehören mit zum Individuellsten, was man sich überhaupt zur Harmonisierung des Lebensgefühls eines Menschen vorstellen kann.

Daß es ganz empfindliche Vollmondschläfer, oder besser »Vollmondwacher« gibt, ist wohlbekannt. Unsere Erde ist ja von einem gewaltigen elektrischen Kraftfeld umgeben, das der Mond durch seine jeweilige Position stark beeinflußt. Wie bei vielen Pflanzen das elektrische Potential bei Vollmond wächst, was durch Messungen einwandfrei bestätigt wurde, so »spinnen« auch manche Menschen bei Vollmond und stehen nachts aufrecht im Bett! Die Schriftstellerin Anais Nin nahm gerne »Vollmondbäder« statt Sonnenbäder. Frauen werden durch ihren der Mondphase ähnlichen Menstruationsrhythmus noch stärker als der Mann vom Gezeiteneffekt irritiert. Die Blutungsintensität der meisten Frauen nimmt bei Voll- und Neumond zu, und auch ihr Schlaf wird unruhiger und traumreicher. Die Primaten haben bei Vollmond ihre höchste sexuelle Potenz. Selbstgestellte Traumaufgaben gelingen mir bei Vollmond mit besonderer Bravour, und luzide Träume gedeihen unter silbrigem Schein besonders gut.

Darauf, daß die liegende Schlafposition unter Umständen für den Menschen gar nicht die beste und erholsamste ist, brachte mich kürzlich mein Heilpraktiker, der sich mit dieser Frage eingehend auseinandergesetzt hat und der jetzt einen Langzeitversuch zur Erforschung des »Sitzschlafs« starten will. Genau wie unsere Wirbelsäule ursprünglich nicht für unseren (jetzt selbstverständlichen) aufrechten Gang vorgesehen war und sich deshalb heute noch als wirklich schwächstes Glied einer Kette präsentiert, so sind unsere wichtigsten Organe im Körper senkrecht aufgehängt und nicht für die Schlafposition im Liegen. Das Liegen verursacht vielen Organen sogar ausgesprochene Pein und Mühe. Haben nicht unsere Väter und Großväter, vor allem auf dem Lande, viel öfter im Lehnstuhl geschlafen? Und warum neigt der älterwerdende Mensch dazu, den Kopf immer höher zu betten, als den übrigen Körper? Er entwickelt sich instinktiv vom Flachschläfer zum »Fast-Sitzend-Schläfer« und findet in dieser Körperposition die optimale Erholung im Schlaf. Ich selbst werde mich diesem Versuch anschließen, um herauszufinden, inwieweit auch dem Traum die sitzende Position besser bekommt, vor allem dem luziden Traum, der ja ein »aufrechtes« Bewußtsein als Kontrollinstanz braucht.

Wir müssen abends durch verschiedene Tiefenentspannungstechniken wirklich versuchen, unsere Probleme beiseite zu legen, ganz besonders auch im Vertrauen darauf, daß die klärende und helfende Instanz unseres Unterbewußtseins dafür verantwortlich ist, mit dieser Arbeit fertig zu werden. Wir brauchen den nächtlichen Freiraum für unsere Träume, auch wenn viele Menschen behaupten, sie träumten nie. Sie wissen nur nicht, daß auch sie jede Nacht vier bis fünf Träume produzieren, ohne sich daran erinnern zu können.

Stellen Sie sich doch einfach vor, daß es in Ihrem Unterbewußtsein Heinzelmännchen gibt, die in der Nacht sehr fleißig für Sie arbeiten und die als allzeit dienstbare Geister gerne für Sonderaufgaben herangezogen werden, wenn sie ein wenig geschickt hofiert werden. Wie wäre es sonst denkbar, daß Sie manchmal morgens mit einem grandiosen Aha-Erlebnis aufwachen und das sichere Gefühl haben, plötzlich den Stein der Weisen gefunden zu haben? Das waren Ihre Traum-Heinzelmännchen, und Sie sollten ihnen anschließend herzlich danken, um sie auch weiterhin kooperationsfreudig zu stimmen.

Ein probates Rezept zum sicheren Einschlafen, das etwas Überwindung kostet und von meinem Heilpraktiker stammt, will ich Ihnen zum Schluß noch verraten: Gehen Sie wie üblich ins Bett und warten Sie, bis Sie richtig warm geworden sind und sich eingekuschelt haben. In der Zwischenzeit lassen Sie Ihre Badewanne voll kaltes Wasser laufen. Dann geben Sie sich einen Ruck und setzen sich bis zum Hals in das kalte Wasser. Dreißig Sekunden sollten Sie in diesem kalten Wasser eingetaucht bleiben. Dann schnell heraus, kräftig abfrottieren und zurück ins warme Bett, wo Sie garantiert einschlafen.

Am einfachsten aber machen Sie es sich, wenn Sie nach Martin Buber dem Rat des Jakob Jizschak folgen, den er wiederum von dem alten, erfahrenen Rabbi Bunam von Lublin bekommen hat:

»Wenn man mich fragen sollte, was ich in Lublin gelernt hätte, werde ich doch alles andere nicht sagen können, weil es unsagbar ist, und nur das eine werd ich zur Antwort berichten, daß ich hier einschlafen gelernt habe. Aber was heißt das? Wie geht das zu, daß ich sogleich einschlafe? Es geht so zu, daß ich mich hergebe. Wie in mütterliche Arme gebe ich mich her. All mein Widerstand fällt im Nu ab und ich gebe mich her.«

Für Spaziergänger,
die sich gelegentlich einmal
bei einem Nachtspaziergang
vor ihm verbeugen,
hat der Mond nicht viel übrig.
Den Mondträumern aber
gibt er sich ganz hin.
Für sie überbietet er sich
an Süße und Silber.
Mit Mondträumern ist der Mond
immer bereit
zu spielen und zu spaßen.
Mit ihnen hext er auch gern,
läßt Monumente niesen,
was steinern ist fließen,
heizt mit Schneemännern ein.

Hans Arp

Wie man Traum-Yoga übt

Der Traum führt auf den Pfad zur Erleuchtung

> Traum-Yoga wird schon seit alter Zeit geübt. Warum? Weil alle Welt Probleme hat, und jedes Individuum hat seine eigenen Probleme. Irgend etwas ist unangenehm, unausgeglichen oder unbefriedigend . . . Wir leben in innerem Zwiespalt. Der Geist ist unglücklich . . . sogar krank . . . vielleicht oft, vielleicht immer. »Der Hauptgrund für diese Misere«, sagen die Traumphilosophen, »ist euer Ernst. Ihr glaubt daran und haltet diese Wirklichkeit für die wahre. Ihr glaubt allen Ernstes daran, daß eure subjektive Sicht wirklich und unverrückbar ist.« Ich nehme meine Wirklichkeit also sehr ernst und muß feststellen, daß sie mit meinen Wünschen und Erwartungen keinesfalls übereinstimmt. Ich habe meine Vorstellungen nach ganz bestimmten und sehr beschränkten Regeln konstruiert. Ich habe eine feste Vorstellung davon, was Glück ist und was andere Dinge sind. Stimmt die Wirklichkeit nicht mit diesen Vorstellungen überein, dann zappele ich in ihrem Netz und leide.
>
> Sobald wir unsere Erfahrungen als Teil eines Traumes verstehen und den Traum als keine feste, endgültige Wirklichkeit ansehen, müssen wir unser Leben nicht mehr als ernstes Problem betrachten. Begreifen wir dies wirklich, werden selbst schmerzliche Erfahrungen oder geistige Konflikte zu einem Teil des Traums. Wir müssen nicht länger an unseren Interpretationen leiden. Wir sind weniger verkrampft, sind beweglicher!
>
> Tharthang Tulku

Wenn wir den Traum insgesamt als Musterbild für einen geistig gesünderen, ausgewogeneren Lebensstil ansehen, dann muß uns der Traum auch auf dem Weg unserer spirituellen Entwicklung die Steigbügel halten. Das tut er auch in nicht geringem Maße. Wir müssen uns aber zuerst das feinstoffliche Schwingungsfeld, den Resonanzboden, den feinen Leib, den *Linga Sharira*, geschaffen haben, wenn wir unsere innere Stimme erspüren wollen. Karge, natürliche Ernährung und das Meiden von Fleisch und Fisch sind wichtige Voraussetzungen dafür. Wie innen, so außen!

Der Traum-Yoga kommt aus der tibetanischen Glaubenslehre, wo der unserer Ansicht polar entgegengesetzte Standpunkt vertreten wird, daß der Traum an sich überhaupt nicht interpretiert zu werden braucht, weil er eben für sich alleine spricht. Dabei sind die Tibeter nicht dagegen, Träume anzuschauen und zu kontemplieren. Allerdings bedeutet »anschauen« bei ihnen noch nicht »denken« und »grübeln« und dann »verstehen wollen«. Anschauen heißt vielmehr »nach innen nehmen« und »widerspiegeln lassen«.

Durch den Traum-Yoga sollen wir zu einer höheren und vor allem *permanenten* Wachheit kommen, die letztlich noch nicht einmal mehr durch den Schlaf zu unterbrechen ist. Das ist das hohe Ziel des tibetischen Traum-Yoga. »Sogar das Träumen wird unmöglich für einen, der in sich selbst ruht, der das innere Wesen unmittelbar erkannt hat«, sagt Bhagwan. »Diese Wachsamkeit läßt keinen Traum zu; du kannst nur träumen, wenn die Wachheit verlorengegangen ist«. Für uns dagegen gilt, daß wir alle träumen müssen, weil wir eben noch keine Wachheit haben und daß wir den Traum brauchen, um zur Wachheit zu kommen. Dann können wir ihm endgültig entsagen.

Wenn unsere Träume schon eine ständige Erfahrungsebene unserer Psyche sind, wenn dieser Zustand körperphysiologisch schon seine eigenen Gesetzmäßigkeiten hat, die über die Drüsenarbeit, den eigenen Stoffwechsel und die Atonie gekennzeichnet sind, dann sollten wir diese Erfahrungsebene auch als Sprungbrett für unsere geistige Entwicklung nutzen, meinen die Tibeter. Der Traumyogi gibt sich nicht mehr damit zufrieden, seine Träume nur anzuschauen, er will sie auch vorausplanen und lenken lernen, um damit andere Seinsweisen zu ergründen. Damit haben wir für den Traum-Yoga den gleichen Ausgangszustand wie für das luzide Träumen, allerdings noch mit feineren Nuancen und Wandlungen.

Der schöpferische Einsatz des Traums ist nur über eine Teilbewußtheit beim Träumen zu erreichen, für die wir ja mit dem Luzidtraum bereits die analogen Vorstufen erarbeitet haben. Traum-Yoga geht in konsequenter Weiterentwicklung dieses Systems noch einen Schritt weiter und strebt die Vollendung des Träumens in höheren Sphären und endlich die völlige *Loslösung* vom Traum an. Nur über das Durchschreiten der gesamten Vielschichtigkeit des Traums ist es möglich, diese Energieebene für immer aufzulösen.

Während Tholey noch bevorzugt von der Konfrontation im luziden Traum spricht und in der Auseinandersetzung den konfliktlösenden kognitiven Ansatz der Traumarbeit sieht, geht es dem Traumyoga mehr um die geistige Verwandlung, die Transzendierung von Gegenständen, Menschen und Tieren auf Symbolebene, um Levitation, Dematerialisierung, um Psychokinese und andere »Gipfelerlebnisse« im Traum. Es beginnt vielleicht mit der Meditation im Traum und erlaubt später telepathische Kontakte und die Evokation besonderer Wirkkräfte im Traum. Im Traum-Yoga können wir Reisen in die Vergangenheit, aber auch in die Zukunft unternehmen. Je mehr wir forschend und ergründend in uns selbst eingedrungen sind, um hinunterschauen zu können bis auf den Urgrund unserer Seele, desto weiter können wir in die Welt der Materie und die Welten dahinter eintauchen. Das eine löst erst das andere aus. Erreichen wir den absoluten Pol der Wachheit, dann haben wir gegenpolig die totale Leere im Unbewußten erreicht, aus der alle göttliche Eingebung entstanden ist und hochquillt. Über Astralreisen landen wir dann letztendlich in Bewußtseinskaskaden psychedelischer Art, die sonst nur durch Drogeneinnahmen zu erreichen sind. Hier vertrete ich den Standpunkt: Was auf natürliche Weise durch strenge und disziplinierte Geistesarbeit zu erreichen ist, braucht der Mensch nicht mit irgendwelchen Hilfsmitteln vorzeitig zu provozieren. Die Gefahr liegt doch immer darin, daß er die Zusammenhänge noch nicht übersieht, daß seine Seele noch nicht reif ist und daß er dann einfach abhebt, entschwebt, ohne die spirituellen Botschaften bekommen zu haben, auf die er so sehnsüchtig lauerte. Das ist die Crux eines jeden esoterischen Erfahrungsweges: *Zu früh bringt den jähesten Absturz mit unübersehbaren Folgen!* Wir wollen immer als erste ankommen, wissen aber leider nicht wo.

Die schon erwähnte telepathische Kommunikation ist ausbaufähig und dürfte die gesamten konventionellen Kommunikationstechniken revolutionieren. Stanley Krippner hat mit seinen Mitarbeitern im *Dream Laboratory* des *Maimonides Medical* in New York viele Versuche unternommen, bei denen es gelang, Gemäldereproduktionen auf schlafende Testpersonen in entfernten Räumen telepathisch-medial zu übertragen. Aus einem vorgelegten Satz von Reproduktionen waren die Testschläfer nach dem Erwachen in der Lage, die ihnen übermittelten Motive mit hoher Trefferquote zu selektieren. Sie konnten sogar Stegreifzeichnungen von den einzelnen »Funkbildern« anfertigen. Wo sind hier die Grenzen, und gibt es im psychischen Bereich überhaupt Grenzen?

Wenn Traum-Yoga im Prinzip also Aufmerksamkeitstraining ist, dann sollten wir den ganzen Tag Achtsamkeitsübungen machen, die uns dann zu höherer Bewußtheit im Traum befähigen.

»Zwischen Morgengrauen und Sonnenaufgang ist die beste Zeit, seine Träume zu beobachten, denn man hat zu dieser Stunde die Abendmahlzeit vollständig verdaut, ist ausgeruht und nicht über-

mäßig schläfrig, und das Bewußtsein ist klar. Wer nur einen leichten Schlaf besitzt, kann auch während der Nacht üben.
Der Yogi sollte eine dünne Matratze und ein dickes Kopfkissen benutzen. Er sollte auf der Seite liegen. Vor dem Einschlafen sollte er sich vertrauensvoll dazu entschließen, bis zu einundzwanzig, mindestens jedoch siebenmal den Traumzustand erkennen . . .
Er sollte vermeiden, lange an einem Stück zu schlagen. Nach jedem Aufwachen sollte er sich fragen, ob es ihm gelungen ist, seine Träume während des vorausgegangenen Schlafes zu erkennen.«

Diese Empfehlungen von Walt Anderson aus seinem Buch *Das offene Geheimnis. Der tibetische Buddhismus als Religion und Psychologie* bestätigen nochmals in vollem Umfang, was ich im vorigen Kapitel über die Schlafgewohnheiten gesagt habe. Wenn wir willens sind, unsere falschen Schlafgewohnheiten zu ändern und individuell anzupassen, anstatt uns um das Übliche zu kümmern, leisten wir einen nicht hoch genug zu wertenden Beitrag zum Traumstudium, insbesondere auch für das luzide Träumen und den Traum-Yoga.

Streng betrachtet ist Traum-Yoga eine Trickster-Technik und insofern hochmodern. Während wir hellwach sind und uns mit allen Sinnen- und Gedankenfasern wahrnehmen, müssen wir uns suggerieren, daß wir eigentlich träumen. Wenn wir das geschafft haben, drehen wir den Spieß einfach um. Wir erkennen mittels der luziden Traumtechnik, daß wir ganz bestimmt träumen und stellen uns dabei jetzt einfach vor, wir seien hellwach. In dieser gewagten Umkehrformel liegt eine gewisse Paradoxie, die esoterisch betrachtet aber nichts weiter als einer jener beliebten mehrstufigen Analogieschlüsse ist, mit denen wir die tiefere Dimension unseres Universums ergründen können. Achtsamkeit und Laufenlassen müssen wir austauschen und letztlich verschmelzen können zu einem Vielbewußtsein, in dem wir überall gleichzeitig sind, dann haben wir es geschafft. Erst wenn wir das Spiel durchschauen, können wir es spielen. Um aber das Spiel zu durchschauen, müssen wir es erst einmal spielen.

»Halte mit nicht nachlassender Aufmerksamkeit die Vorstellung fest, daß alles ein Traum ist.
Ganz gleich, ob du gehst, sitzt, ißt, dich bewegst oder sprichst.
Wenn du nicht getrennt bist von der Vorstellung, daß alles, was dir gegenwärtig erscheint,
alles, was du tust, alles was du denkst, ein Traum ist,

dann schulst du dich in totaler Nicht-Subjektivität, indem du erkennst,
daß dein Traum keinen eigentlichen Wahrheitsgehalt besitzt,
sondern fadenscheinig ist, ätherisch und ungreifbar, daß er nur
flüchtig ist und verschwindet.«

Diese Worte von Longchempa muß man auf der Zunge zergehen lassen. Wir können die Traumdinge wirklich auf die Spitze treiben und gewinnen dann im Umgang mit ihnen so viel spielerische Leichtigkeit, daß alle Gegenwarts- und Diesseitsprobleme wie ein einziges Amüsement anmuten. Die Verklärung des Traum-Yoga besteht darin, die Schwere in die Leichtigkeit umzukehren, um mit der Leichtigkeit in den schöpferischen Atemfluß einschwingen zu können.

Gurdjeff berichtet von einer alten tibetischen Traummethode, über die viele Sucher tief in die Traumwelt eingedrungen sind und sie wirklich durchmessen haben. Sie ist in der nachfolgenden Übung frei übersetzt und nachempfunden und mit einer weiteren Variante von mir angereichert worden. Ich nenne diese Übung »Schlaf mit deiner Rose ein«.

»Die Tibetaner haben sich der Traum*erzeugung* bedient, denn durch die Traumerzeugung kannst du deinen gesamten Verstand – seine Struktur – verändern. Und wenn es dir mit Träumen gelingt, dann kann es dir auch im Schlaf gelingen . . . Aber durch Träume wirst du lernen, bewußt zu sein, und diese Bewußtheit kann bis in den Schlaf hineingetragen werden . . .«, erklärt Bhagwan. Meditationen auf das Kehlkopf-Chakra leisten hierbei wertvolle Hilfe. Imaginieren Sie im Kehlkopf-Chakra einen achtblätterigen Lotus und stellen Sie ihn in gleißend weißes, reines Energielicht. Oder visualisieren Sie im gleichen Chakra ein feuerrotes ॐ (OM), das bei jedem Atemzug einen langen roten Schweif bekommt, der wie eine Energiesäule durch den ganzen Körper pulst. Wichtig sind auch die Meditationen auf das Herz-Chakra, das einen ungeheuren Liebeschwall absendet, dem Sie nur noch die Leitstrahlung für die erwünschte Richtung mitgeben müssen.

Ich setze meinen Traumwunsch gerne in eine rosarote Imaginationswolke und lasse ihn dort gut einpacken und verwahren. Dann entlasse ich die rosarote Liebeswolke wie einen Luftballon in den Himmel und übergebe den Wunsch so gleichsam dem ihm bekannten Empfänger, von wo aus er schon weitergeleitet werden wird.

Alles kommt in die gewünschten Bahnen, wenn Sie die Dinge nur laufen lassen. Der heilende Strom göttlicher Liebe fließt mitten durch uns hindurch, weil seine allumfassende Kraft, seine unendliche Weisheit und seine Allmacht alles so zu lenken verstehen, daß es sich zum Besten für alle Menschen auswirkt.

Yoga-Traumübung:

Schlaf mit deiner Rose ein

Geh' in das nächste Blumengeschäft und kaufe dir eine Rose. Wenn du einen Garten mit einem Rosenbeet hast, ist es noch schöner, denn dann hast du bereits eine vertraute Beziehung zu deinen Rosen.

Schau dir alle Rosen genau an und such dir die schönste von allen heraus. Die Farbe ist ganz gleich, die Größe auch, nur soll die Rose dir gefallen; du sollst einen Seelenfinger nach ihr ausstrecken. Gib deshalb deinem ersten Impuls nach, kaufe sie und trage sie vorsichtig nach Hause. Stell sie in eine schöne, schlanke Vase und gib ihr zu trinken. Schenk sie dir einfach!

Dann stellst du deine Rose an einen Platz, wo du dich den Tag über am meisten aufhältst, wo du der Rose so häufig wie möglich begegnest. Sprich auch mit der Rose. Sag ihr, wie schön sie ist, was dir an ihr gefällt, warum du gerade sie ausgesucht hast. Frag sie, wo sie herkommt, wer sie gezüchtet hat, wie sie sich bei dir fühlt. Fühl dich richtig in diese Rose hinein und versuche mit ihr eine Einheit herzustellen.

Wenn du abends noch meditierst, stell die Rose vor dich hin. Kontempliere anfangs nur die Rose. Bei jedem Atemzug inhalierst du auf »Ro« und beim Ausatmen hauchst du die zweite Silbe »se« aus. Meditiere so lange, bis du die Rose nicht mehr auf dem Tisch, sondern in dir selbst siehst, bis du sie in deinem Herzen fühlst.

Wenn du schlafen gehst, nimm die Rose mit und stelle sie auf den Nachttisch. Lege dich so in deinem Bett auf die Seite, daß du vor dem Einschlafen nichts anderes als nur die Rose siehst. Überleg dir, wie sie heute morgen ausgesehen hat, als du sie kauftest, wie sie heute mittag aussah und wie sie dir jetzt erscheint. Was hat sich an deiner Rose verändert? Was glaubst du, hat sich in dir selbst verändert, daß du deine Rose jetzt *verändert* siehst?

Wenn du das Licht ausmachst, siehst du im Dunkeln weiter *deine*

Rose – in der Haltung, aus jenem Blickwinkel, aus dem du sie zuletzt bei Licht angeschaut hast. Laß die Rose jetzt auf deiner inneren Imaginationsleinwand erscheinen, wo sie vielleicht noch viel schöner aussieht als in deiner Wirklichkeit. Mit diesem Bild und der Traumaufforderung »Ich werde heute nacht ganz bestimmt von einer Rose träumen und diesen Traum auch erinnern« dämmerst du ganz langsam und sanft hinüber in die Leichtschlafphase. Immer wieder murmelst du diesen Satz in dich hinein, bis du plötzlich weggetaucht bist in das Reich deiner wirklichen Bilder, Formen, Farben, Schwingungen und Töne.

Vielleicht schon an diesem ersten Abend, aber ganz bestimmt in den darauffolgenden Nächten wirst du *deine* Rose im Traum holen und heimbringen. Denn jetzt kannst du stolz darauf sein, einen wichtigen Teil deines Traums selbst veranlaßt, selbst bewirkt zu haben. Du bist ein Magier geworden. Du hast eine Blume gesehen, nicht irgendeine, sondern deine, deine Lieblingsrose, mit der du schon eine innige Beziehung unterhältst, – und jetzt kannst du diese Rose sogar in deinen Traum bestellen. Sie hält die Verabredung ein und kommt. Was sagst du nun?

In dem Augenblick aber, wenn in deinem Traum der vertraute Anblick deiner Rose auftaucht, von der du schon eine Bildkopie in deinem Unterbewußtsein *und* deinem Bewußtsein aufbewahrt hast, wird es »klick« machen, und du wirst im Schlaf mit dem einen Teil des Verstandes erkennen, daß du träumst. Das ist der ganze Kniff! Wenn beide Bilder aus beiden Bewußtseinsschichten in Deckung geraten, dann fließen auch beide Bewußtseinsteile zusammen und du träumst luzide. Du bist auf dem besten Weg, dein eigener Traum-Yogi zu werden.

Die Blume und das Bewußtsein, daß dies ein Traum ist, werden assoziativ zusammengeworfen und Traum, Blume und erkennendes Bewußtsein haben sich in diesem Moment glücklich umarmt. So leicht ist das! Während dieses Schmelzprozesses, der deine Rose dreifach energetisiert, wird sich plötzlich die Rose bewegen und zu leben beginnen. Sie wird damit zum zeugenden Handlungssymbol in deinem Traum und schiebt etwas an, was nun den bewegten Traum in Fahrt bringt. Was da auch immer geschieht, du wirst es natürlich sehr aufmerksam verfolgen, weil die Rose ja *dein* Star, dein Hauptdarsteller, dein »deus ex machina« ist, um den sich gleich eine wunderschöne Geschichte herumranken wird. Paß nur einmal genau auf!

Du kannst jetzt gelassen zuschauen, was sich da an Traumhandlung entwickelt, aber du kannst auch eingreifen, wenn deiner Rose Gefahr droht, wenn sie nicht gegossen wird oder am verkehrten Traumplatz steht. Wenn sie womöglich der »falschen« Frau überreicht wird und du eigentlich eine ganz andere Empfängerin im Sinn hattest, dann kannst du einfach etwas verändern, es ist ganz leicht. Wenn dir die Sache zu langweilig wird, kannst du ganz leicht auf die Aus-Taste deiner Traummaschine drücken und weiterschlafen oder aufwachen.

Mach dir deutlich, daß niemand anderes hinter deinem Traumprojektor steht und die Filmrolle einlegt als du selbst! Du bist der Operateur in deinem Traumkino, du bist aber auch der Produzent, Regisseur, der Filmverleih und die Kopieranstalt in Personalunion!

So kannst du deine eigenen Träume produzieren lernen. Denn anstelle einer Rose, die sich gut für den Einstieg und zum Probieren eignet, kannst du nehmen, was du willst. Und wenn du deinen Traum in der Nacht dennoch vergessen haben solltest, dann wach ganz vorsichtig auf und schau auf die Rose auf deinem Nachttisch. Blinzele sie einmal kurz an und schließ sofort wieder die Augen. Und der Traum wird flugs angerollt kommen, und sein Sinn wird dir noch einmal mit allen Einzelheiten bewußt werden.

Bibliographie

Aeppli, Ernst: *Der Traum und seine Deutung.* Zürich: Verlag Eugen Rentsch, 1983[9].

Beradt, Charlotte: *Das dritte Reich des Traums.* Frankfurt: Suhrkamp Verlag (vergriffen).

Borbély, Alexander: *Das Geheimnis des Schlafs.* Stuttgart: Deutsche Verlagsanstalt, 1991.

Boss, Medard: *Der Traum und seine Auslegung.* München: Kindler Verlag (vergriffen).

Boss, Medard: *Es träumte mir vergangene Nacht.* Bern: Hans Huber Verlag, 1991[2].

Bossard, Robert: *Traumpsychologie.* Frankfurt: Fischer Taschenbuch Verlag (vergriffen).

Bunge, Peter und Christ, Christina: *Bewußtes Träumen.* Düsseldorf: Econ Verlag (vergriffen).

Cantor, Alfred J.: *Training des Unterbewußtseins.* Freiburg: Verlag Hermann Bauer (vergriffen).

Cartwright, Rosalind D.: *Schlafen und Träumen.* Frankfurt: Fischer Taschenbuch Verlag (vergriffen).

Coxhead, David und Hiller, Susan: *Träume.* Frankfurt: Umschau Verlag (vergriffen).

Davis, Roy Eugene: *So kannst Du Deine Träume verwirklichen.* Bad Homburg: CSA-Verlag Rosemarie Schneider, 1984[3].

Dieckmann, Hans: *Träume als Sprache der Seele.* Stuttgart: Verlag Adolf Bonz, 1989[5].

Dieckmann, Hans: *Umgang mit Träumen.* Zürich: Kreuz Verlag, 1978.

Donahoe, James J.: *Die Kunst des Träumens.* Basel: Sphinx Verlag (vergriffen).

Doucet, Friedrich W.: *So deuten Sie Ihre Träume richtig.* Wien: Verlag Kremayr & Scheriau (vergriffen).

Doucet, Friedrich W.: *Traum und Traumdeutung.* München: Heyne Verlag, 1973.

Epstein, Gerald: *Wachtraumtherapie.* Stuttgart: Klett-Cotta, 1985.

Ermann, Michael: *Der Traum in Psychoanalyse und analytischer Psychotherapie.* Heidelberg: Springer Verlag (vergriffen).

Faraday, Ann: *Deine Träume.* Schlüssel zur Selbsterkenntnis. Frankfurt: S. Fischer Verlag, 1991[13].

Faraday, Ann: *Die positive Kraft der Träume.* München: Droemer Knaur, 1984.

Feyler, Günther: *Träume – Suchbilder der Seele.* Freiburg: Verlag Hermann Bauer, 1994.

Franz, Marie L. von: *Träume.* Zürich: Daimon Verlag (vergriffen).

Freud, Sigmund: *Die Traumdeutung.* Frankfurt: Fischer Taschenbuch Verlag, 1991.

Freud, Sigmund: *Über Träume und Traumdeutungen*. Frankfurt: Fischer Taschenbuch Verlag, 1992[21].

Fromm, Erich: *Märchen, Mythen, Träume*. Stuttgart: Deutsche Verlagsanstalt, 1980.

Garfield, Patricia: *Kreativ träumen*. München: Droemer Knaur, 1986.

Garfield, Patricia: *Das Traum-Mandala*. Interlaken: Ansata Verlag (vergriffen).

Gendlin, Eugene T.: *Dein Körper – Dein Traumdeuter*. Salzburg: Otto Müller Psychologie, 1987.

Golowin, Sergius: *Das Traumdeutungsbuch des Fahrenden Volkes*. Freiburg: Verlag Hermann Bauer (vergriffen).

Gottschalk, Herbert: *Die Wissenschaft vom Traum*. München: Goldmann Verlag.

Griesbeck, Robert: *Das Schlummerbuch*.

Haddenbach, Georg: *So deutet man Träume*. Niedernhausen: Falken Verlag, 1991[14].

Hall, James A.: *Arbeit mit Träumen in Klinik und Praxis*. Paderborn: Junfermann Verlag (vergriffen).

Hark, Helmut: *Träume als Ratgeber*. Reinbek: Rowohlt, 1986.

Hark, Helmut: *Der Traum als Gottes vergessene Sprache*. Solothurn: Walter Verlag, 1989[5].

Hark, Helmut: *Jesus der Heiler – Vom Sinn der Krankheit*. Die Traumstruktur biblischer Texte. Solothurn: Walter Verlag, 1991[2].

Hartzell, Harmon: *Traumdeutung in Trance*. Verlag Ramon F. Keller (vergriffen).

Hell, Renée: *Traumdeutung in der Ehepaar-Therapie*. München: Kindler Verlag (vergriffen).

Hillmann, James: *Am Anfang war das Bild*. München: Kösel Verlag (vergriffen).

Hillmann, James: *Pan und die natürliche Angst*. Zürich: Schweizer Spiegel Verlag (vergriffen).

Holland, Susan: *Ehekrise und Traum-Signale*. Stuttgart: Verlag Adolf Bonz (vergriffen).

Holroyd, Stuart: *Traumwelten*. Berlin: Ullstein Verlag (vergriffen).

Jens, Hermann: *Mythologisches Lexikon*. München: Goldmann Verlag (vergriffen).

Jovanovic, U. J.: *Schlaf und Traum*. Jena: Gustav Fischer Verlag (vergriffen).

Jung, C. G.: *Vom Traum und Selbsterkenntnis*. Solothurn: Walter Verlag, 1991[5].

Kemper, Werner W.: *Der Traum und seine Be-Deutung*. München: Kindler Verlag (vergriffen).

Krumm-Heller, Arnold: *Vom Weihrauch zur Osmotherapie*. Berlin: Bermühler Verlag (vergriffen).

Kurth, Hanns: *So deute ich meine Träume*. München: Goldmann Verlag, 1991.

Lenk, Elisabeth: *Die unbewußte Gesellschaft*. München: Matthes & Seitz Verlag, 1983.

Leuner, Hanscarl: *Katathymes Bilderleben*. Stuttgart: Thieme, 1989[4].

Lischka, Alfred: *Erlebnisse jenseits der Schwelle*. Interlaken: Ansata Verlag (vergriffen).

Luce, Gay Gaer und Segal, Julius: *Besser schlafen*. Genf: Ariston Verlag (vergriffen).

MacKenzie, Norman: *Träume*. Genf: Ariston Verlag (vergriffen).

Masterton, Graham: *Erotische Traumphantasien* (Geheime Wünsche im Traum offenbart). München: Heyne Verlag (vergriffen).

Meder, Harald: *Träume bewußt machen*. Wien: Herder Verlag (vergriffen).

Meier, C. A.: *Die Bedeutung des Traumes*. Solothurn: Walter Verlag (vergriffen).

Meirowvitz, Marco / Jacobs, Paul I.: *Visuelles Denken*. DuMont Buchverlag, 1990.

Müller, Lutz: *Suche nach dem Zauberwort*. Stuttgart: Kreuz Verlag, 1986.

Murphy, Joseph: *ASW Ihre außersinnliche Kraft*. München: Verlag Das Besondere.

Mylius, Christine: *Traumjournal Experiment mit der Zukunft*. München: Fischer Taschenbuch Verlag (vergriffen).

Nell, Renée: *Traumdeutung in der Ehepaar-Therapie*. München: Kindler Verlag.

Passouant, P. / Riechniewski, A.: *Der Schlaf*. Düsseldorf: Econ Verlag (vergriffen).

Perls, Frederick S. / Hefferline, Ralph F. / Goodman, Paul: *Gestalt-Therapie, Lebensfreude und Persönlichkeitsentfaltung*. Stuttgart: Klett-Cotta, 1991 [5].

Peto, Les: *Traum-Partner*. Braunschweig: Aurum, 1992.

Petzold, Hilarion: *Angewandtes Psychodrama*. Paderborn, 1993.

Pössiger, Günter: *Was bedeuten meine Träume*. Zürich: Delphin Verlag (vergriffen).

Riemkasten, Felix: *Einkehr in die heilige Stille*. Freiburg: Verlag Hermann Bauer, 1990 [12].

Rossbach, Gaby: *Visuelle Meditationen*. Aitrang: Windpferd Verlag, 1993.

Ryzl, Milan: *ASW-Training*. Genf: Ariston Verlag, 1992 [7].

Schilling, Jürgen: *Phantasie-Reisen*. Westerngrund: Pattloch Verlag, 1991.

Schirin, Abu: *Das goldene ägyptisch-arabische Traumbuch*. Hoffmann, 1991.

Schnelting, Karl: *Hilfe, ich träume!* München: Goldmann Verlag (vergriffen).

Schultz, B. J.: *Was weiß man von den Träumen?* Zürich: Kreuz Verlag (vergriffen).

Schwarz, Hildegard: *Aus Träumen lernen*. Frankfurt: Knaur Verlag, 1987.

Schwarz, Hildegard / Teupert, Norbert: *Das Bilderbuch der Träume*. Genf: Ariston, 1992.

Spiesberger, Karl: *Masken der Träume*. Berlin: Verlag Richard Schikowski, 1986.

Tholey, Prof. Dr. Paul / Utech, Kaleb: *Schöpferisch träumen*. Niedernhausen: Falken Verlag, 1989 [2].

Thomas, Klaus: *Träume – selbst verstehen*. Trias Verlag.

Tietze, Henry G.: *Imagination und Symboldeutung*, Genf: Ariston Verlag, 1983.

Ullmann / Krippner / Vaughan: *Traum Telepathie*. Telepathische Experimente im Schlaf. Braunschweig: Aurum Verlag (vergriffen).

Walden, Peter: *Die hohe Schule der Traumdeutung*. München: Heyne, 1985.

Watts, Alan: *Psychotherapie und östliche Befreiungswege*. München: Goldmann Verlag (vergriffen).

Wiesenhütter, Eckart: *Traum-Seminar*. München: Kindler Verlag (vergriffen).

Williams, Strephon-K.: *Durch Traumarbeit zum eigenen Selbst*. Interlaken: Ansata Verlag, 1987 [2]

Winson, Jonathan: *Auf dem Boden der Träume*. Beltz Verlag, 1986.

Winterstein, Hans: *Schlaf und Traum*. Heidelberg: Springer Verlag (vergriffen).

Wittgenstein, O. G.: *Märchen, Träume, Schicksale*. Fischer Verlag, 1989.

Zimmer, Dieter E.: *Wenn wir schlafen und träumen*. München: Kösel Verlag (vergriffen).

Literatur zum Thema Traumsymbolik:

Bauer, Wolfgang / Dümotz, Irmgard / Golowin, Sergius: *Lexikon der Symbole*. Fourier Verlag, 1991 [11].

Hartzell, Harmon: *Herder Lexikon Symbole*. Freiburg: Herder Verlag (vergriffen).

Jung, C. G.: *Der Mensch und seine Symbole.* Solothurn: Walter Verlag, 1993 [13]

Kassel, Maria: *Biblische Urbilder.* Tiefenpsychologische Auslegung nach C. G. Jung. München: Pfeiffer Verlag, 1987 [3].

Kurth, Hanns: *Lexikon der Traumsymbole.* München: Goldmann Verlag, 1992.

Leuner, Hanscarl/Lang, Otto: *Lexikon der Symbole.* Wiesbaden: Fourier Verlag (vergriffen).

Sahili, Arman: *Altpersische Traumsymbole.* Genf: Ariston, 1992.

Traumseminare und Traumkassetten

Der Autor Günther Feyler unterhält in Unterwössen im Chiemgau eine TRAUMWIRK- UND LEHRWERKSTATT, in der *transpersonale Traumarbeit* sowie Traum- und Schlaftherapie ausgeübt und gelehrt werden.

Die seit etwa zehn Jahren von Günther Feyler in fünf europäischen Ländern (Deutschland, Österreich, Schweiz, Italien und Spanien, in diesem Jahr erstmalig auch in den USA) durchgeführten Traum-Workshops sind fünfstufig ausgebaut:

TRÄUME – SUCHBILDER DEINER SEELE
Die Entwicklung der inneren Vorstellungskraft und bildernden
Phantasie (für Anfänger)

DER TRAUM – DEIN ZWEITES LEBEN
Schau in dein Leben und erkenne dich selbst!

SCHÖPFERISCHE LEBENSKRAFT DURCH GELENKTE
UND LUZIDE TRÄUME
Der bewußte Dialog mit dem Traumkörper

TRÄUME KLÄREN DEINEN LEBENSWEG
Bildere und träume deine Wirklichkeit und Zukunft

TRÄUMEND IN ANDERE WELTEN
Neue Erfahrungen bei Astralprojektionen und Seelenreisen

Parallel und ergänzend hierzu werden in den Sommermonaten *Traumwochen* an besonders schönen Plätzen in Deutschland (»Die Lichtung« – Schönau am Königsee), in Österreich und in der Toscana, auf Lanzarote und Fuerteventura (Kanarische Inseln) sowie Traumheilungsseminare als Sonderveranstaltungen angeboten.

Ebenfalls im Verlag Hermann Bauer sind zwei Cassettenzyklen zur Traumarbeit von Günther Feyler erschienen:

TRÄUME – WEGWEISER DEINES LEBENS
3 Kassetten im Album mit Begleitbroschüre
Spieldauer 180 Minuten
Bestell-Nr. 8576

DER TRAUM – DEIN ZWEITES LEBEN
4 Kassetten im Album, Spieldauer 240 Minuten
Bestell-Nr. 8623 (vergriffen)

Auch als Einzelkassetten erhältlich

Diese Kassetten unterstützen das in den Seminaren vermittelte Rüstzeug und die Techniken für die individuelle Traumbearbeitung mit praktischen Übungen und Visualisationshilfen, Selbstsuggestionen und Frageprogrammen. Tagebuchhinweise und Dialogbeispiele geben den Trauminteressierten die Möglichkeit zu einer gestalttherapeutischen Arbeit an sich selbst mit dem Ziel, in einen lebhaften Dialog mit den eigenen Träumen zu kommen. Das Kassettenprogramm ist über jede Buchhandlung oder direkt vom Verlag Hermann Bauer, Freiburg im Breisgau, zu beziehen.
Falls Sie sich für Traumseminare, Traum- und Schlaf-Einzeltherapie oder für die Ausbildung zum Traum-Master interessieren, wenden Sie sich bitte an

TRAUMWIRK- UND LEHRWERKSTATT
Günther Feyler
Postfach 1258
83244 Unterwössen
Telefon: 0 86 41/6 17 37; Fax: 0 86 41/6 19 31
Sprechen Sie mit Frau Holzner

Das neue *esotera-Taschenbuch*
im Verlag Hermann Bauer

Richard L. Johnson
Ich schreibe mir die Seele frei
Wege zur Harmonisierung des ganzen Gehirns
264 S.; kart.; ISBN 3-7626-0659-5

Swami Vivekananda
Karma-Yoga und Bhakti-Yoga
Zwei wahre Perlen indischer Weisheit
2. Aufl.; 272 S.; kart.; ISBN 3-7626-0653-6

Alan Young
Das ist Geistheilung
Ein Leitfaden für alle, die heilen und geheilt werden wollen
280 S.; kart.; ISBN 3-7626-0661-7

Robert B. Tisserand
Das ist Aromatherapie
Heilung durch Duftstoffe
386 S.; kart.; ISBN 3-7626-0660-9

Eknath Easwaran
Mantram
Hilfe durch die Kraft des Wortes
3. Aufl.; 256 S.; kart.; ISBN 3-7626-0629-3

Erlendur Haraldsson
Sai Baba – ein modernes Wunder
Die paranormalen Phänomene des spirituellen Meisters
Sathya Sai Baba
3. Aufl.; 297 S.; kart.; ISBN 3-7626-0631-5

Verlag Hermann Bauer · Freiburg im Breisgau

Verlag Hermann Bauer · Freiburg im Breisgau

Surya Green

Der Ruf der Sonne

Eine spirituelle Reise: Ausgangsort Indien

384 Seiten, gebunden, ISBN 3-7626-0464-9

Eine Reise nach Indien wird für die Journalistin Surya Green zum Wendepunkt ihres bisherigen Lebens! In einer göttlichen Vision hört sie den Ruf der allmächtigen Sonne.

In lebendigen Bildern schildert sie die Schönheit Indiens und führt den Leser einfühlsam in die Vorstellungen und Grundsätze hinduistischen Denkens und anderer spiritueller Traditionen ein. Einfache, intensiv erlebte Wahrheiten öffnen dabei die Pforte zum eigenen Selbst und verbinden beim Lesen mit hohen spirituellen Energien. Geheimnisvolle Erlebnisse und zahlreiche Begegnungen mit erleuchteten Meistern schenken tiefes Verständnis ewiger kosmischer Gesetzmäßigkeiten.

Verlag Hermann Bauer · Freiburg im Breisgau

Verlag Hermann Bauer · Freiburg im Breisgau

Huston Smith

Eine Wahrheit, viele Wege
Die großen Religionen der Welt

470 Seiten, gebunden, ISBN 3-7626-0465-7

Eine Wahrheit, viele Wege, mit 1 500 000 verkauften Exemplaren Bestseller in den Staaten, will den interessierten Laien mit den großen spirituellen Traditionen der Menschheit vertraut machen und zeigen, wie diese Weisheitslehren in das menschliche Leben hineinwirken. Ungemein lebendig und direkt wird hier die zugrunde liegende Einheit, die gemeinsame kosmische Quelle aller Religionen sichtbar gemacht.
Erklärte Absicht des Autors: nicht trockene Daten und Fakten zu vermitteln, sondern Verständnis, Einfühlung, Wissen zu mehren und Toleranz zu wecken für die Vielfalt der Wege, denn »alle Wege führen zum Gipfel«.

Verlag Hermann Bauer · Freiburg im Breisgau